# Pierre Bourdieu

**Dados Internacionais de Catalogação na Publicação (CIP)**
**(Câmara Brasileira do Livro, SP, Brasil)**

Pierre Bourdieu : conceitos fundamentais / editado por Michael Grenfell ; tradução de Fábio Ribeiro. – Petrópolis, RJ : Vozes, 2018.

Título original : Pierre Bourdieu : Key concepts
Vários autores.
Bibliografia
ISBN 978-85-326-5687-2

1. Bourdieu, Pierre, 1930-2002  2. Ciências sociais – Filosofia  3. Sociólogos – França  I. Grenfell, Michael, 1953-.

18-11990                                                                                    CDD-301

Índices para catálogo sistemático:
1. Bourdieu, Pierre : Sociologia    301

**Editado por
Michael Grenfell**

# Pierre Bourdieu
## Conceitos fundamentais

Tradução de Fábio Ribeiro

EDITORA
VOZES

Petrópolis

© Organização editorial e seleção, 2008, 2012 Michael Grenfell.
Contribuição individual, os coautores.
Tradução autorizada a partir da edição em inglês publicada originalmente pela Acumen e agora pela Routledge, um selo do Grupo Taylor & Francis.

Título do original em inglês: *Pierre Bourdieu – Key Concepts*

Direitos de publicação em língua portuguesa – Brasil:
2018, Editora Vozes Ltda.
Rua Frei Luís, 100
25689-900  Petrópolis, RJ
www.vozes.com.br
Brasil

Todos os direitos reservados. Nenhuma parte desta obra poderá ser reproduzida ou transmitida por qualquer forma e/ou quaisquer meios (eletrônico ou mecânico, incluindo fotocópia e gravação) ou arquivada em qualquer sistema ou banco de dados sem permissão escrita da editora.

**CONSELHO EDITORIAL**

**Diretor**
Gilberto Gonçalves Garcia

**Editores**
Aline dos Santos Carneiro
Edrian Josué Pasini
Marilac Loraine Oleniki
Welder Lancieri Marchini

**Conselheiros**
Francisco Morás
Ludovico Garmus
Teobaldo Heidemann
Volney J. Berkenbrock

**Secretário executivo**
João Batista Kreuch

---

*Editoração*: Fernando Sergio Olivetti da Rocha
*Diagramação*: Sheilandre Desenv. Gráfico
*Revisão gráfica*: Nilton Braz da Rocha / Nivaldo S. Menezes
*Capa*: Cumbuca Studio
*Ilustração de capa*: .ims.uerj.br

ISBN 978-85-326-5687-2 (Brasil)
ISBN 978-1-84465-530-4 (Reino Unido)

Editado conforme o novo acordo ortográfico.

Este livro foi composto e impresso pela Editora Vozes Ltda.

# Sumário

*Autores*, 7

*Agradecimentos*, 9

*Prefácio à segunda edição*, 11

*Introdução*, 15

**Parte I – Biografia, teoria e prática, 23**
Introdução, 25
1 Biografia, 27
2 Teoria da prática, 46

**Parte II – Teoria do campo – Para além da subjetividade e da objetividade, 65**
Introdução, 67
3 *Habitus*, 73
4 Campo, 95

**Parte III – Mecanismos de campo, 115**
Introdução, 117
5 Classe social, 119
6 Capital, 136
7 *Doxa*, 155
8 *Histerese*, 169

**Parte IV – Condições de campo, 195**
Introdução, 197
9 Interesse, 199
10 *Conatus*, 221
11 Sofrimento / violência simbólica, 234
12 Reflexividade, 253

**Parte V – Aplicações, 271**
Introdução, 273
13 Metodologia, 276

14 Espaço social, 296
15 Política, 322

*Conclusão*, 341

*Cronologia da vida e da obra*, 349

*Referências*, 353

*Índice remissivo*, 377

# Autores

**Cécile Deer:** Balliol College, Universidade de Oxford, Reino Unido.

**Cheryl Hardy:** Diretora de Programas, Instituto Britânico de Tecnologia, Reino Unido.

**Derek Robbins:** Escola de Direito e Ciências Sociais, Universidade de East London, Reino Unido.

**J. Daniel Schubert:** Departamento de Sociologia, Universidade Dickinson, Estados Unidos.

**Karl Maton:** Departamento de Sociologia e Políticas Sociais, Faculdade de Artes, Universidade de Sidnei, Austrália.

**Michael Grenfell:** Faculdade de Artes, Humanidades e Ciências Sociais, Trinity College, Universidade de Dublin, Irlanda.

**Nick Crossley:** Escola de Ciências Sociais, Universidade de Manchester, Reino Unido.

**Patrícia Thomson:** Escola de Educação, Universidade de Nottingham, Reino Unido.

**Rob Moore:** Homerton College, Universidade de Cambridge, Reino Unido.

**Steve Fuller:** Departamento de Sociologia, Universidade de Warwick, Reino Unido.

# Agradecimentos

Eu desejo agradecer a ajuda e o apoio concedidos por Cheryl Hardy enquanto eu trabalhava nas duas edições deste livro. Ela também leu o manuscrito original e ofereceu comentários valiosos, além de contribuir com um novo capítulo para a segunda edição e discutir o formato dela.

Eu também reconheço o modo como cada um dos autores se reconectou com este projeto para rever e revisar seus capítulos individuais. O entusiasmo deles por Bourdieu e por este volume foi uma inspiração para mim.

Eu agradeço a Gayna Davey e Karl Maton por seus comentários sobre a primeira edição deste livro, e a vários autores de resenhas sobre ele. Suas opiniões combinadas me ajudaram a moldar esta nova edição.

Como sempre, eu desejo agradecer ao meu editor e *publisher* Tristan Palmer por seu apoio, compreensão e orientação contínuos[1].

---

1 O tradutor gostaria de agradecer aos professores Michael Grenfell, Cécile Deer, Steve Fuller e a Richard Nice, tradutor para o inglês de vários textos de Pierre Bourdieu, pelo generoso auxílio para elucidar questões que surgiram no decorrer da tradução deste volume [N.T.].

# Prefácio à segunda edição

A segunda edição deste livro nos concedeu a oportunidade de rever, revisar e estender nossa cobertura da obra de Pierre Bourdieu. Cada capítulo foi reanalisado por seus autores com o objetivo de atualizar a bibliografia, desenvolver a discussão e esclarecer pontos da primeira edição. Entretanto, nós também adicionamos uma parte inteiramente nova chamada "Aplicações". Depois de completar a primeira edição do livro, eu senti que havia uma necessidade de incluir alguma coisa sobre a real utilização desses conceitos na prática, que eu então desenvolvi sob a forma de um pós-escrito sobre princípios metodológicos. Nele, eu estabeleci um esquema para a realização de pesquisas numa perspectiva bourdieusiana em termos dos elementos-chave a serem adotados pelo pesquisador presuntivo. Esse pós-escrito foi agora estendido a um capítulo completo, que é complementado por dois outros capítulos sobre "Espaço social" e "Política". O primeiro desses desenvolve preocupações metodológicas sobre a construção e representação de contextos sociais, e oferece exemplos e orientação sobre como pensar o espaço nesses termos. O capítulo sobre política nos lembra da intenção radical por trás de grande parte da obra de Bourdieu, e trata do modo de como essas ideias podem ter um impacto na arena política e na sociedade em geral.

Uma nova edição também permite que respondamos a nossos críticos. De modo geral, o livro foi bem recebido por eles, e tem sido popular entre pesquisadores e estudantes interessados em trabalhar com Bourdieu. Desde o começo, eu sabia que lidar com cada conceito de uma vez era um projeto perigoso. Em boa parte dos meus próprios escritos, eu insisto que todos os conceitos precisam ser considerados de forma integrada, e não repartidos e usados separadamente. Ainda assim, eu realmente senti que poderia haver um benefício em tratá-los um de cada vez e, de certo modo, olhar os outros através dessa lente individual. Alguns críticos insistiram em apontar os perigos dessa empreitada. Para começar, simplesmente falar de subjetividade e objetividade seria aprovar tacitamente uma dicotomia que seria divisória. Outros enxergaram uma prioridade lógica maior entre campo e habitus, ou, novamente, insistiram que não se pode falar de um sem falar do outro. A epistemologia de Bourdieu sempre exigiu um tipo de pensamento dialético, que necessita manter pelo menos uma coisa em mente ao tratar de outra. Portanto, eu fico feliz em enfatizar novamente que ao ler sobre cada um dos conceitos o leitor precisa desenvolver uma visão do quadro geral – como, em última instância, todos eles fazem parte de uma única epistemologia. Eu também senti a necessidade de criar uma estrutura mais narrativa para o livro e, portanto, acrescentei cabeçalhos e introduções para as partes. Mais uma vez, estes devem ser vistos como algo para facilitar a digestão dos conceitos principais, e não como algo com qualquer intenção teórica substantiva. Esta nova edição nos permitiu aguçar e nuançar esses aspectos do livro e ao mesmo tempo preservar seu formato principal.

É claro que a popularidade do livro é, finalmente, um testemunho ao valor que muitos ainda encontram na obra de Pierre Bourdieu, cerca de dez anos depois de sua morte. O interesse no potencial de suas ideias num número cada vez maior de campos parece crescer sem cessar. Há um perigo nessa adoção em massa. O próprio Bourdieu descrevia sua abordagem como "construtivismo estrutural", e há uma tendência entre alguns pesquisadores de desenvolver uma forma fraca de construtivismo onde os fenômenos sociais são descritos em termos de um conjunto amplo de influências, muitas vezes com uma pitada de conceitos bourdieusianos. Essa abordagem metaforiza demais os dados em vez de oferecer uma "análise de campo" genuína. Como fazê-la e representá-la ainda é um desafio. Várias formas de análises geométricas foram utilizadas por Bourdieu, e algumas delas estão finalmente se tornando mais comuns entre os pesquisadores. Entretanto, elas exigem treinamento e apoio de especialistas, e também precisam ser complementadas por análises etnográficas extensas se quisermos capturar a *lógica da prática* dos campos. A análise de correspondências múltiplas nunca pode ser um fim em si mesma.

O potencial das ideias de Bourdieu sobre o funcionamento dos sistemas sociais é ao mesmo tempo inspirador e intimidante. Ele mesmo afirmou muitas vezes que boa parte de sua carreira se ocupou de publicar "o trabalho de sua juventude". E, de fato, o tipo de estudos necessário para uma exposição completa dos funcionamentos dos campos exige análises longas e meticulosas, além do domínio de um conjunto de técnicas de manejo de dados. Nós não devemos ser cegados por uma atitude doutrinária demais quanto aos conceitos. Inversamente, nós também precisamos ser conceitualmente ascéticos ao propor terminologias adicionais e lembrar que cada nova adição ao arsenal precisa ser exigida logicamente pelos dados e ser necessária porque nenhum outro termo existente serve. Ao mesmo tempo, é importante lembrar que o mundo onde vivemos hoje é muito diferente daquele que Bourdieu encarou em seus estudos principais, mesmo nas décadas finais de sua carreira. Por exemplo, como será uma análise de campo no espaço social virtual, agora que a internet oferece um conjunto infinito de possibilidades de conexões em rede? Um crítico também apontou como a obra de Bourdieu hoje parece antropocêntrica; existe uma necessidade de tratar do "capital natural" quando observamos a destruição crescente de criaturas e ecossistemas pelo capitalismo industrial. O mundo econômico também está agora à beira do colapso financeiro, posto de joelhos, paradoxalmente, pela falta de controle sobre o crédito que supostamente faria parte do núcleo definidor do monetarismo e da economia neoliberal. Nesse sentido, os acadêmicos bourdieusianos precisam "se atualizar" e ao mesmo tempo permanecer genuínos quanto à visão original.

Finalmente, como já afirmei, precisamos lembrar que a teoria da prática de Bourdieu tinha *um propósito*. Por um lado, o que estava em jogo era a própria verdade; mas, por outro lado, a verdade na direção de um projeto universal humanista de "restaurar o significado de suas ações para homens e mulheres" – e, com isso, a intenção de melhorar sua situação! A reflexividade é um núcleo do projeto, tanto para os pesquisadores ao adotarem essa abordagem quanto no uso que é feito das descobertas. Não obstante, a percepção do potencial desse elemento reflexivo em Bourdieu é pouco compreendida, e menos ainda utilizada na prática.

Oferecemos esta nova edição com essas preocupações em mente, e, portanto, com um compromisso continuado em explorar, desenvolver e aplicar os princípios incorporados nos conceitos-chave de Bourdieu.

*MG*

# Introdução

*Michael Grenfell*

Pierre Bourdieu é hoje considerado um dos principais filósofos sociais do século XX. Nascido numa pequena aldeia nos Pireneus franceses, sua trajetória acadêmica extraordinária o levou às maiores escolas de treinamento acadêmico de Paris. Posteriormente, ele foi nomeado catedrático do Collège de France, a mais prestigiada das instituições, que reúne cinquenta e dois dos principais acadêmicos, filósofos e cientistas franceses.

A produção de Bourdieu foi volumosa. Começando com etnografias do Béarn e da Argélia, ele passou para estudos extensos da educação, cultura, arte e linguagem. Na maior parte desse tempo Bourdieu foi considerado um sociólogo, e teve uma influência enorme nesse campo acadêmico. Entretanto, sua sociologia era de um tipo muito particular. Seu treinamento acadêmico foi em filosofia. Foi apenas depois de experiências pessoais "no campo" na Argélia e no Béarn que abandonou o caminho acadêmico tradicional da filosofia e passou para a sociologia. Isso ocorreu na década de 1950, uma época em que a sociologia ainda não havia adquirido nem sua popularidade nem sua credibilidade acadêmica atuais. Suas obras iniciais certamente podem ser lidas como de orientação antropológica, uma perspectiva que ele nunca perdeu por completo nos cinquenta anos de sua carreira.

Durante as décadas de 1960 e de 1970, Bourdieu lembrava muito com um acadêmico privado, compartilhando o mundo intelectual parisiense com outros autores franceses importantes como Foucault, Derrida, Barthes, Lyotard, Althusser e Lacan. Entretanto, ele se tornou cada vez mais uma figura pública, rivalizando as reputações de autores da geração imediatamente anterior à dele – por exemplo, Jean-Paul Sartre e Simone de Beauvoir. Posteriormente, suas intervenções na política tornaram-se mais frequentes; primeiro, ao aconselhar o novo governo socialista na França na década de 1980, e depois ao apoiar vários grupos de pressão quando montou o que chamou de "atos de resistência" às tendências políticas, econômicas e sociais dominantes da época. Nesse período ele publicou obras sobre mídia, pintura, economia e política de gênero. Em 1992, publicou *A miséria do mundo*, uma série longa de descrições do "sofrimento social" por toda a sociedade francesa. Essa obra se tornou um *best-seller* e projetou Bourdieu nos holofotes da mídia. A partir desse ponto Bourdieu ofereceu cada vez mais sua teoria e prática como um tipo de "filosofia para todos", um modo de lidar com a vida contemporânea.

Desde sua morte em 2002, a influência de Bourdieu continuou a crescer. Suas principais obras e publicações foram, nas áreas da Argélia, de antropologia, educação e cultura. Entretanto, como mencionei antes, sua produção cobriu muitos outros campos: economia, política, arte, filosofia, direito, religião, mídia, linguagem, gênero, história, e assim por diante; hoje é comum ver referências a seu trabalho num conjunto amplo de disciplinas acadêmicas, da Geografia à Teologia. Essa aplicabilidade e adaptabilidade é, de muitas maneiras, uma medida do valor da abordagem de Bourdieu às ciências sociais. Dois traços a caracterizam: primeiro, uma compreensão particular da ligação entre teoria e prática e de como elas devem aparecer nas práticas de pesquisa da ciência social; segundo, um conjunto único de termos conceituais para serem empregados no decorrer da análise e da discussão dos achados. Esses termos, que ele chamava de suas "ferramentas de pensar", surgiram no decorrer de seus estudos empíricos e são utilizados para explicar e esclarecer os processos sociais revelados neles. Bourdieu afirmava que nunca fez teoria enquanto tal; seu ponto de partida sempre foi um fenômeno ou prática social particular. Certamente, qualquer estudo a ser realizado num esquema bourdieusiano precisa começar com dados empíricos reais. Ainda assim, o que ele deixou representa uma linguagem bourdieusiana enquanto tal – uma linguagem que podemos, literalmente, usar para pensar.

Este livro trata de minha própria seleção de seus termos principais. Em vez de apresentar uma abordagem temática para discutir Bourdieu, cada capítulo enfoca um de seus conceitos-chave particulares; por exemplo, *habitus, campo, capital*, e assim por diante. É importante enfatizar que esses conceitos não devem ser considerados entidades independentes. Pelo contrário, todos eles são interconectados, constituindo a estrutura e as condições dos contextos sociais que Bourdieu estudou. Iluminar um conceito particular é, portanto, simplesmente enxergar o mundo a partir dessa perspectiva. Todos os autores deste volume utilizaram Bourdieu em suas próprias obras. Cada um deles aceitou o desafio de tratar um conceito particular e escrever sobre ele a partir de sua própria perspectiva. O livro como um todo cobre os seguintes tópicos:

- a discussão do significado de cada conceito; como ele é definido por Bourdieu;
- o pano de fundo e a história de cada conceito;
- quais outros autores podem ser ligados ao conceito, e como suas definições diferem das de Bourdieu;
- quando e onde Bourdieu utilizou o conceito, e por quê;
- como o conceito se desenvolveu no decorrer de sua obra, e também as ligações com outras disciplinas como a Antropologia e a Filosofia;
- como e por que os conceitos poderiam ser adaptados e aplicados a outros tópicos nas ciências sociais, e também as questões que surgiriam ao fazê-lo.

Apesar de o livro seguir o esquema acima, os capítulos individuais enfocam aspectos particulares em resposta ao conceito sob discussão a partir do ponto de vista do autor.

Cada capítulo pode ser lido tanto como elucidação quanto como avaliação de cada conceito individual. Abordar os conceitos desse modo oferece uma oportunidade para perspectivas e respostas individuais ao interpretar Bourdieu e pensar com ele. Isso também sugere perguntas-chave sobre relevância e aplicabilidade.

Os capítulos precisam ser lidos tanto individualmente quanto em conjunto. Individualmente, eles elucidam um conceito particular para ampliar nossa compreensão dele, incluindo o conjunto de dimensões que ele engloba. Desse modo podemos ver que esses conceitos não são simplesmente termos descritivos, pois incorporam uma epistemologia dinâmica que os torna ferramentas ativas para serem utilizadas pelas ciências sociais. Ao mesmo tempo, ler os capítulos em conjunto revela os modos como os conceitos se interpenetram e como, juntos, eles constituem uma visão de mundo particular. Para auxiliar a leitura, o livro foi dividido em cinco partes principais: "Biografia, teoria e prática"; "Teoria do campo – para além da subjetividade e da objetividade"; "Mecanismos de campo"; "Condições de campo"; e "Aplicações".

A Parte I oferece uma base biográfica – a vida e a época de Bourdieu – para o livro. Ela se chama "Biografia, teoria e prática". No Capítulo 1 temos uma breve apresentação da biografia de Bourdieu, onde ele cresceu e qual foi sua trajetória profissional. Bourdieu sempre insistiu que sua obra fosse analisada a partir da época que a produziu. Temos, portanto, uma descrição dos eventos contemporâneos que moldaram a vida de Bourdieu. Por fim, o Capítulo 1 posiciona Bourdieu na tradição intelectual à qual ele pertenceu. Uma compreensão daquilo que Bourdieu chamou de sua "teoria da prática" é crucial para apreciar a origem e importância de seus conceitos. Essa questão envolve uma discussão da relação entre teoria e prática e como elas expressam mutuamente uma à outra. O Capítulo 2 estende a perspectiva biográfica sobre Bourdieu ao expor mais profundamente as questões intelectuais que moldaram sua filosofia, tanto em termos de pano de fundo pessoal quanto de trajetória intelectual. Aqui, analisamos como uma experiência de vida pode moldar perspectivas pessoais sobre questões de teoria e prática. Os Capítulos 1 e 2 são oferecidos para dar um pano de fundo à obra de Bourdieu, de um ponto de vista pessoal e sócio-histórico. Eles estabelecem um contexto para sua obra e mostram como ela se desenvolveu no decorrer de sua carreira, indicando as influências importantes – tanto intelectuais quanto sociopolíticas.

A Parte II se chama "teoria do campo – para além da subjetividade e da objetividade". Como dissemos acima, a preocupação primária de Bourdieu sempre foi elucidar os problemas práticos que ele encontrou, e foi no decorrer da análise deles que seus conceitos foram desenvolvidos para explicar os fenômenos que descobriu. Ainda assim, ao longo de sua carreira sua abordagem realmente se tornou uma metodologia completa que ele chamou de "teoria do campo"; e o conceito de *campo* certamente se tornou um *leitmotiv* para Bourdieu enquanto sua metodologia se desenvolveu. Com *campo*, Bourdieu pôde mapear relações estruturais objetivas. Entretanto, ele também precisava mostrar como essa objetividade era construída por subjetividades individuais constituídas por seu *habitus*, um termo que ele tomou da Antiguidade. Esta segunda parte do livro olha para esses dois conceitos fundamentais de sua teoria: *habitus* (Capítulo 3) e *campo* (Capítulo 4). Discute-se o que cada termo significa e como cada um deles foi derivado. Na introdução dessa parte analisamos melhor as questões filosóficas subjacentes à "teoria da prática" de Bourdieu, já que apenas essa compreensão pode explicar a necessidade desses termos. A tensão entre subjetividade e objetividade é um tema-chave nas ciências sociais: nós tratamos dos componentes dessa questão e discutimos os modos como a abordagem de Bourdieu busca reconciliar as oposições encontradas lá.

A Parte III trata da estrutura e das operações dos campos sob o título "Mecanismos de campo". Como Bourdieu foi um sociólogo, uma de suas principais preocupações era a estrutura das classes sociais na sociedade. O Capítulo 5 trata do que Bourdieu entendia como *classe social* e as implicações que isso teve para outras abordagens ao tópico. Os *campos* são parcialmente definidos em termos de um modo ortodoxo de fazer as coisas. O Capítulo 7 discute como Bourdieu via essa ortodoxia operando nos campos como *doxa*. O Capítulo 6 enfoca o principal meio das operações de campo – o *capital*. Grande parte da obra de Bourdieu demonstra como devemos enxergar *habitus* e *campo* como mutuamente constitutivos. Entretanto, eles também podem ficar fora de sintonia um com o outro. O capítulo final da Parte III lida com esse fenômeno – a *histerese* – e mostra como ele ocorre na vida contemporânea.

A Parte IV do livro aprofunda a natureza das operações de campo. Aqui, tratamos das "Condições de campo": em outras palavras, quais outros processos ocorrem dentro de um campo para moldar os fenômenos sociais. O Capítulo 9, sobre *interesse*, indaga sobre os motivos e razões subjacentes que podem ser encontrados ao redor das escolhas e decisões que os indivíduos tomam para constituir sua ação social. As questões envolvendo o *conatus* (Capítulo 10) aprofundam os aspectos das psicologias e cognição individuais como parte da prática social. O Capítulo 11 da Parte IV nos traz de volta para outra questão no núcleo da prática do próprio Bourdieu – o sofrimento. Com o passar do tempo, Bourdieu considerou cada vez mais sua metodologia como um modo de "liberar" os indivíduos – e a sociedade – das forças sociais imponentes que os dominam. O fato de vivermos numa era de tensão e fricção social é inquestionável. Bourdieu enxergava o "sofrimento social" e a "violência simbólica" como características inerentes à sociedade. Esse capítulo mostra como isso ocorre. O método de Bourdieu tem a "reflexividade" no seu núcleo. O capítulo final da Parte IV, então, trata do que constitui a "reflexividade" para Bourdieu – de que modo seu método era "reflexivo"? Em particular, esse capítulo mostra como essa reflexividade é crucial para os cientistas sociais nas posições que eles adotam em relação à sua pesquisa.

Eu já enfatizei como as perspectivas teóricas de Bourdieu devem, acima de tudo, ser vistas como o oferecimento de ferramentas práticas para explorar uma série de contextos sociais. A Parte V deste livro desenvolve esse aspecto de sua obra. O Capítulo 13 trata da constituição de uma metodologia bourdieusiana. Esse capítulo oferece uma discussão detalhada sobre a construção do objeto de pesquisa num esquema bourdieusiano, os princípios da análise de campo e como estruturá-la, e reforça mais uma vez a dimensão reflexiva fundamental da abordagem de Bourdieu. Grande parte da própria obra de Bourdieu pode ser vista como "explorações da teoria do campo" e a questão do "espaço social" é central para essa empreitada. O Capítulo 14, portanto, oferece uma exposição extensa do espaço social, como conceituá-lo, e o modo como podemos representá-lo nas análises. Oferecemos aplicações práticas. A obra de Bourdieu nunca pode ser vista como um fim em si mesma, e sim como uma tarefa com implicações sociais e políticas reais. A publicação póstuma *Interventions* (2002a) mostrou a extensão de seu engajamento político por toda a sua carreira. Portanto, o Capítulo 15 oferece um conjunto de questões teóricas e práticas em relação à política e o ativismo político. Uma conclusão breve oferece um fechamento para o livro, e a ela se segue uma cronologia dos principais eventos da vida de Bourdieu e de suas publicações.

A preparação deste livro tinha três objetivos principais. Primeiro, oferecer uma cobertura concisa de cada um dos conceitos-chave de Bourdieu que podem ser úteis para aqueles que embarcam num estudo de sua obra. As Partes I e II serão particularmente úteis para esses leitores. Segundo, desenvolver a discussão de modo que aqueles que já conhecem os termos de Bourdieu possam se encorajar a repensá-los e reconsiderá-los em seu próprio trabalho. Todos os conceitos nas Partes III e IV são dignos de consideração aprofundada, enquanto as Partes I e II chamarão a atenção para aspectos adicionais de termos-chave. Terceiro, oferecer algo que represente uma visão de mundo numa perspectiva bourdieusiana como um modo de encorajar outras pessoas a desenvolvê-la e aplicá-la em seus próprios métodos e disciplinas; a Parte V, em particular, tenta fazer isso. Há, portanto, modos diferentes de ler e trabalhar com este livro. Entretanto, qualquer que seja a abordagem adotada primariamente pelos leitores, nós esperamos que as outras também façam parte de seu envolvimento com ele.

# Parte I
*Biografia, teoria e prática*

# Introdução

*Michael Grenfell*

A Parte I deste livro chama-se "Biografia, teoria e prática". Ela abrange dois capítulos que abarcam essas três correntes importantes na obra de Bourdieu.

O Capítulo 1 começa com um breve perfil da vida e obra de Bourdieu. Isso estabelece uma moldura para o que se segue. Enfatiza-se como é importante ler as ideias de Bourdieu primariamente em termos dos problemas práticos e de questões atuais antes de fazer qualquer utilização contemporânea delas. Subsequentemente, oferece-se um esboço dos eventos que envolveram a vida de Bourdieu e tiveram impacto em seu pensamento. Essa exposição inclui o social, o cultural, o histórico, o político e o econômico. Bourdieu foi ativo profissionalmente por quase exatamente os cinquenta anos da segunda metade do século XX. Essa seção detalha algumas das tendências notáveis desse período de tempo; particularmente em relação à França. Na seção final do Capítulo 1, localizamos Bourdieu dentro da tradição intelectual da qual ele fez parte. Essa tradição está ligada ao Iluminismo do século XVIII e aos *philosophes* franceses que foram seus principais pensadores. Como afirmado antes, Bourdieu estudou originalmente filosofia antes de escolher a sociologia como o foco de seus escritos. Essa seção começa a descoser as várias linhas de sua teoria da prática, com referência aos pais fundadores da sociologia – Marx, Durkheim e Weber, aos intelectuais católicos franceses das décadas de 1930 e 1940, à tradição europeia da fenomenologia, e às principais figuras intelectuais dos seus anos de formação, a saber, Sartre e Lévi-Strauss. As ideias nesse pano de fundo também são contrastadas com as de outros autores da história da filosofia da ciência, como Gaston Bachelard e Georges Canguilhem. Esses dois filósofos foram particularmente influentes no pensamento de Bourdieu sobre a relação entre teoria e prática nas ciências sociais. Eles também podem ser vistos como contribuintes do clima intelectual que deu origem ao pós-modernismo. Essa ligação é feita quando a atualizamos a discussão ao contrastar essa tradição europeia com a sociologia americana do século XX e os autores da assim chamada teoria da ação racional.

O Capítulo 2 expande o primeiro capítulo e desenvolve melhor as conexões entre a biografia de Bourdieu e sua teoria da prática. Ele começa com o próprio pano de fundo natal de Bourdieu e as possíveis correspondências entre sua experiência doméstica e as ideias que o influenciariam. Desenvolvemos essa experiência em termos de seu trabalho inicial sobre educação e o tipo de abordagem que ele começava a adotar. Os elementos essenciais da ciência marxista e fenomenológica são enfatizados. Essa cobertura culmina numa discussão da afirmação metodológica fundadora de Bourdieu em 1968 – *Le métier de sociologue*. A centralidade da obra de Bachelard no pensamento de Bourdieu também é enfatizada com referência aos "três graus de monitoração" necessários para uma verdadeira "teoria prática das práticas sociais". Portanto, o Capítulo 2 oferece um pano de fundo filosófico contra o qual pode-se ler a introdução à Parte II. Ele também pode ser lido como um aviso epistemológico àqueles que poderiam reificar os conceitos que seguem como entidades concretas, ou narrativas metafóricas, em vez de abordá-los como ferramentas necessárias para compreender a lógica dos campos na prática.

# 1
# Biografia

*Michael Grenfell*

**Introdução**

O objetivo deste capítulo é oferecer um esboço da biografia de Bourdieu. Há várias questões a considerar. Por boa parte de sua vida, Bourdieu foi contra a biografia, tanto em termos dos detalhes de sua própria vida pessoal e, com efeito, contra estudos biográficos em geral. Em um artigo publicado em 1986 em *Actes de la Recherche en Sciences Sociales*, ele escreve sobre "l'illusion biographique" ["a ilusão biográfica"][1]. Lá, ele lista suas principais objeções a biografias convencionais. Ele se opõe aos relatos de vidas de pessoas construídos por historiadores e etnógrafos, e ainda mais por sociólogos. Ele se coloca contra essas "vidas" por causa de sua coerência construída e das intenções objetivas e subjetivas implicadas por trás das ações dos indivíduos envolvidos. Ele considera essa tendência revelada na própria linguagem utilizada pelos biógrafos: "já", "desde esse momento", "desde a mais tenra infância", "sempre". Resumindo, Bourdieu se objeta a cronologias bem-arrumadas de vidas vividas numa maneira preordenada, para não dizer preestabelecida.

Bourdieu passou quase toda a sua vida evitando referências à sua vida pessoal e, mesmo hoje em dia, temos apenas as informações mais básicas. Entretanto, há um paradoxo. Como veremos, a abordagem reflexiva de Bourdieu se predicava no sociólogo "objetificar" o processo de objetificação (cf. GRENFELL, 2004b, para uma explicação mais completa). Para esse método era central a necessidade de aplicar os mesmos conceitos epistemológicos também para o "su-

---

[1] Por favor, ler a nota no começo das Referências. Ela estabelece a abordagem que utilizei para citar Bourdieu no texto. Cf. tb. a nota sobre as traduções em português de Bourdieu nesta mesma seção [N.T.].

jeito cognitivo", e não apenas ao objeto de pesquisa. Desse modo, a operação dessa abordagem se torna uma questão crucial e a biografia precisa aparecer nesse empreendimento. Bourdieu afirmou que desenvolvera esse aspecto de seu método, mas que isso não exigia revelar os detalhes de sua vida pessoal. Posteriormente neste livro nós veremos como isso pode ser possível (cf. tb. GRENFELL, 2004b, cap. 7). Ainda assim, quase no final de sua carreira Bourdieu aparentemente ficou mais aberto a perguntas sobre como seu trabalho foi moldado por sua própria experiência de vida. De fato, em sua palestra final no Collège de France (fevereiro de 2001), Bourdieu falou sobre como seu trabalho era uma espécie de "autossocioanálise", um modo de compreender as forças sociais que moldaram sua trajetória de vida. Com efeito, um de seus livros póstumos chama-se *Esboço de autoanálise* (*Esquisse pour une auto-analyse*, 2005b [2004]), ainda que mesmo aqui a primeira página já avise que "isto não é uma autobiografia". A autoanálise oferecida é muito mais em termos de seu posicionamento sócio-histórico dentro do campo acadêmico.

Com isso em mente, este capítulo trata da vida de Bourdieu a partir de três direções. Primeiro, apresento um relato do que se sabe sobre os eventos da vida de Bourdieu. Isso inclui o pano de fundo familiar e a trajetória de carreira. Segundo, essa "biografia" é inserida no contexto histórico da França contemporânea. Aqui, considera-se o pano de fundo sócio-histórico da vida de Bourdieu. Terceiro, a obra de Bourdieu é situada numa história das ideias, tanto dentro da França quanto para além dela. Bourdieu pediu muitas vezes a seus leitores para manterem em mente a "sociogênese" de sua obra (1993b). Em outras palavras, como suas ideias foram moldadas pelas tendências sociais e intelectuais relevantes das épocas em que elas foram produzidas. Ao adotar essa abordagem tripartite para a biografia de Bourdieu, a intenção é avançar na direção do estabelecimento de um esquema para a leitura de cada um dos conceitos analisados neste livro.

### Bourdieu – uma vida

Bourdieu nasceu em 1º de agosto de 1930 numa aldeia minúscula, Denguin, na região do Béarn dos Pireneus Atlânticos franceses. Parece que lá a vida era exatamente a do camponês rural tradicional. O pai de Bourdieu nunca completou sua educação, ainda que sua mãe tenha estudado até os dezesseis anos. A língua falada na casa era o gascão, uma língua regional que hoje está morta. A família claramente tinha meios econômicos modestos: a formação do pai de Bourdieu era de meeiro itinerante, ainda que mais tarde ele tenha sido empregado pelo correio francês como um *petit fonctionnaire*[2] e carteiro. Bourdieu frequentou a escola básica local antes de passar para o Liceu de Pau, uma cidade longe o suficiente de Denguin para permitir que ele entrasse no internato. Bourdieu obviamente demonstrou um talento acadêmico precoce, pois foi aprovado no exame de admissão do Liceu Louis-le-Grand em Paris, que era celebrado como uma das principais escolas preparatórias para os alunos que desejavam entrar nas escolas de treinamento da elite de Paris – as chamadas *Grandes Écoles*. Bourdieu foi aprovado no concurso para a École Normale Supérieure (ENS), onde entrou em 1951 e se graduou em 1955 com um diploma em Filosofia. A ENS há muito tinha uma reputação de incubadora da *intelligentsia* francesa. Sartre e Beauvoir estudaram lá; Derrida foi colega de Bourdieu nesse período.

Depois de se graduar, Bourdieu lecionou por um ano no Liceu de Moulins. Entretanto, no final de 1955, Bourdieu foi para a Argélia para completar seu serviço militar. Nessa época, os argelinos travavam uma guerra de independência cruel e sangrenta contra os colonialistas franceses. Depois de passar um tempo longe da capital, Bourdieu foi enviado a Argel, onde realizou tarefas "administrativas" no Governo Geral, que – e isso é importante – também tinha uma biblioteca bem abastecida (cf. GRENFELL, 2006, para uma discussão mais aprofundada da obra e das experiências de vida iniciais de Bourdieu). Bourdieu ainda lecionou na faculdade de letras da Universidade de Argel. Essas foram experiências claramente formativas, ao mesmo tempo desafiadoras e inspiradoras. As primeiras publicações importantes de Bourdieu tratavam da situação argelina e suas consequências: *Sociologie de l'Algérie* (1958) [*Socio-*

---

2 Funcionário de baixo escalão, em francês no original [N.T.].

*logia da Argélia*]. • *Travail et travailleurs en Algérie* (BOURDIEU et al., 1979b [1963]) [*Trabalho e trabalhadores na Argélia*, publicado parcialmente em português sob o título *O desencantamento do mundo*]. • *Le déracinement, la crise de l'agriculture traditionelle en Algérie* (BOURDIEU & SAYAD, 1964) [*O desenraizamento: a crise da agricultura tradicional na Argélia*].

Bourdieu voltou para Paris em 1960, onde foi indicado como assistente do importante intelectual francês Raymond Aron. Ele lecionou na Universidade de Lille (1961-1964) antes de ser nomeado como diretor de Estudos na École Pratique des Hautes Études (uma precursora da École des Hautes Études en Sciences Sociales – Ehess). Subsequentemente, ele foi nomeado como diretor do Centre de Sociologie Européenne, que fora fundado por Aron. Sua obra durante esses anos iniciais no Centre focou três áreas principais:

1) A educação: *Les héritiers* (BOURDIEU & PASSERON, 2013a [1964]) [*Os herdeiros*]. • *La reproduction* (BOURDIEU & PASSERON, 2011a [1970]) [*A reprodução*].

2) Arte e cultura: *Un art moyen* (BOURDIEU et al., 1965a) [*Uma arte média*]. • *L'amour de l'art* (2003a [1966]) [*O amor pela arte*].

3) Metodologia: *Le métier de sociologue* (2004a [1968]) [*O ofício de sociólogo*]. • *Esquisse d'une théorie de la pratique* (1972a) [*Esboço de uma teoria da prática*]. Um excerto dessa obra foi publicado em português em Bourdieu (1983b: 46-81).

Nós sabemos pouco sobre a vida pessoal de Bourdieu, exceto que em novembro de 1962 ele se casou com Marie-Claire Brizzard, com quem teve três filhos (Jérôme, Emmanuel e Laurent).

Em 1964 ele se tornou editor de *Le Sens Commun*, uma série de uma das principais editoras da França, Les Éditions de Minuit. Sob sua editoria a companhia lançou traduções de textos acadêmicos fundamentais das ciências sociais; por exemplo, os do historiador da arte Erwin Panofsky e do sociólogo americano Erving Goffman. A Editora Minuit ofereceu posteriormente um escoadouro para boa parte da obra do próprio Bourdieu. Em 1975, ele fundou a revista *Actes de la Recherche en Sciences Sociales*, que serviu como veículo para os artigos mais curtos de Bourdieu e também de seus colaboradores. Em 1981 ele foi eleito catedrático de Sociologia no Collège de France, uma instituição augusta que agrupa cinquenta e dois membros eleitos entre os principais acadêmicos franceses. Ele recebeu a medalha de ouro do CNRS – o centro nacional de pesquisas francês – no mesmo ano. Esses dois eventos estabeleceram o sucesso e o prestígio de seu *status* e posição acadêmica. A década de 1980 também marcou um período de produção prolífica com a publicação de livros importantes sobre:

- A vida cultural: *La distinction* (2007 [1979]) [*A distinção*].
- A academia e as escolas de treinamento do Estado: *Homo academicus* (2011b [1984]). • *La noblesse d'État* (1989b) [*A nobreza de Estado*].
- Posicionamentos metodológicos e filosóficos adicionais: *Le sens pratique* (2009 [1980]) [*O senso prático*] (que é uma reelaboração de seus estudos argelinos). • *Questions de sociologie* (1983a [1980]) [*Questões de sociologia*]. • *Leçon sur la leçon* (2001a [1982]) [*Lição sobre a lição*, publicado como *Lições da aula*] (sua palestra inaugural no Collège de France). • *Choses dites* (1990 [1987]) [*Coisas ditas*]. • *L'ontologie politique de Martin Heidegger* (1989a [1988]) [*A ontologia política de Martin Heidegger*].
- Linguagem: *Ce que parler veut dire* (1996a [2001]) [*O que falar quer dizer*, traduzido como *A economia das trocas linguísticas*].

Em 1984 e 1988, Bourdieu se juntou a comitês estabelecidos pelo governo socialista de François Mitterrand para revisar a direção e o currículo futuros do sistema de educação francês (cf. BOURDIEU & SALGAS, 1985a; BOURDIEU, 1989c). Esse envolvimento com a política do Estado durou uma década. Apesar disso, ele publicou em 1993 *La misère du monde* (1997a [1993]) [*A miséria do mundo*], uma série de relatos pessoais de sofrimento social na França; sofrimento esse causado, na maior parte, pela política econômica neoliberal que o governo socialista então adotava. Esse tema também foi o assunto de *Les structures sociales de l'économie* (2006a [2000]) [*As estruturas sociais da economia*]; particularmente em relação ao mercado imobiliário francês. Na década de 1990, Bourdieu desenvolveu um perfil público muito mais proeminente. Ele apareceu na televisão e

no rádio, o que evitava no passado, e foi um participante frequente nas reuniões de assembleias sociais, grevistas e outros grupos de pressão. A produção prolífica de Bourdieu continuou com livros importantes sobre:
- Metodologia e filosofia: *Réponses* (2005a [1992]) [*Respostas*, publicado como *Convite à sociologia reflexiva*]. • *Raisons pratiques* (1996c [1994]) [*Razões práticas*]. • *Méditations pascaliennes* (2001b [1997]) [*Meditações pascalianas*]. • *Science de la science et réflexivité* (2004b [2001]) [*Ciência da ciência e reflexividade*, traduzido como *Para uma sociologia da ciência*].
- O campo artístico: *Les règles de l'art* (1996b [1992]) [*As regras da arte*].

Além disso, ele publicou uma série de textos polêmicos mais curtos dirigidos a um público mais geral. Essa série incluiu:
- Ataques à mídia moderna: *Sur la télévision* (1997b [1996]) [*Sobre a televisão*].
- Coleções de textos sobre a economia neoliberal e suas consequências: *Contre-feux* (1998a [1997]) [*Contrafogos*].
- O movimento trabalhista europeu: *Contre-feux 2* (2001) [*Contrafogos 2*].

Bourdieu se aposentou do Collège de France em 2001 e morreu vítima de câncer em 23 de janeiro do ano seguinte.

### Bourdieu e a França contemporânea

Nesta seção nós analisamos o pano de fundo da vida de Bourdieu. É fácil enxergar Bourdieu essencialmente como um teórico. Essa imagem do intelectual parisiense de fato parece sugerir alguém afastado do mundo real. Entretanto, esse quadro é muito diferente da realidade, especialmente para Bourdieu. Com efeito, Bourdieu afirmou que nunca fazia teoria pela teoria (BOURDIEU & WACQUANT, 1989d: 50) e quase toda a sua obra pode ser vista como uma resposta a um contexto prático real. O que preocupava Bourdieu era uma missão de explicar as práticas sociais, políticas e culturais ao seu redor; resumindo, "restituir a esses homens o sentido de seus atos" (1962a: 109)³. Esses atos precisam ser relacionados a um pano de fundo de eventos sociais e históricos.

Bourdieu nasceu em 1930, a última década da Terceira República francesa. Se olhássemos para trás poderíamos ver ao longe os dias de glória da *Belle Époque*; período que nasceu do trauma e da humilhação de quase um século de guerra e revolução na França que lutava para estabelecer um Estado-nação depois da grande Revolução de 1789. A *Belle Époque*, com seu esplendor artístico e autoconfiança crescente, fora encerrada pelo trauma da Primeira Guerra Mundial e tudo que ela implicou no nível da política e da economia, para não falar do orgulho nacional. A década de 1930 na França foi marcada por crise econômica, corrupção política e um sentimento crescente de que as instituições da Terceira República não ofereciam mais aquilo de que a França precisava. A deflagração eventual da Segunda Guerra Mundial e a colaboração resultante do governo de Vichy com os invasores nazistas – e seu retorno aos valores tradicionais do trabalho, família e país – fizeram pouco para oferecer uma alternativa para um país que parecia exaurido pelos eventos dos últimos 150 anos.

É discutível o quanto tudo isso afetou Bourdieu. Nós não sabemos quase nada sobre suas experiências de infância, com exceção de algumas reflexões sobre sua época de internato no liceu em Pau. Na década de 1930, a França ainda era um país essencialmente tradicional e agrícola. As poucas indústrias podiam ser encontradas ao norte e ao redor de centros como Lyon. Outras cidades da província (p. ex., Toulouse) retinham suas características regionais. Para aqueles que viviam nas regiões interioranas, como o sudoeste onde Bourdieu cresceu, a vida ainda era praticamente de comunidades rurais isoladas. As visitas às cidades mais próximas eram comparativamente raras, e a vida olhava para dentro. A Segunda Guerra Mundial fez muito para derrubar esse mundo antigo. Além de sua experiência dupla de colaboração e resistência, o resultado da guer-

---

3   Apesar deste livro ter sido escrito em inglês, as citações do próprio Bourdieu são traduzidas ou dos originais em francês ou inglês, ou reproduzidas das traduções existentes em português. Cf. a nota nas Referências [N.T.].

ra deu à França uma nova oportunidade de se refazer e remodelar em preparação para o novo mundo. A guerra reunira grupos de homens e mulheres de todas as posições sociais em movimentos de resistência. Apesar de todas as divisões em termos de formação social e profissional, eles se uniram na oposição a um inimigo comum. Intelectuais se reuniam e planejavam com operários e fazendeiros. A guerra também baniu, de uma vez por todas, as vozes reacionárias do passado e sua nostalgia pelo *Ancien Régime* e o retorno a Deus e à monarquia. Na época da libertação, a França estava pronta para recomeçar, liderada por muitos daqueles que arriscaram suas vidas para expulsar os invasores alemães.

Dois temas-chave do período inicial do pós-guerra na França foram a representação política e o planejamento econômico. O primeiro deles foi preservado na criação da Quarta República com seu objetivo de incluir todos aqueles que fizeram parte da preparação do caminho para uma nova França. Entretanto, a França não estava imune às influências do mundo em geral. Com a chegada da Guerra Fria surgiram tensões tremendas entre a direita e a esquerda na política internacional, e isso se refletiu no plano nacional. A representação política entre aqueles à esquerda e à direita na política francesa – com suas duas visões de mundo muito diferentes – acabou levando à instabilidade política e à intransigência. A queda da Quarta República foi resultado da ascensão de um sistema político presidencialista muito mais centrista – neste caso, projetado e liderado pelo herói dos anos de guerra, Charles de Gaulle. Sua versão da política o colocou como diretor da maioria das principais funções do governo. Esse modo de operar era conveniente para a série altamente intervencionista de *Plans* econômicos que foi estabelecida nas décadas de 1950 e 1960 para garantir que a França construísse uma base comercial e industrial digna do mundo moderno. Esse também foi um período de êxodo rural, já que cada vez mais franceses deixavam o interior e as comunidades rurais para encontrar trabalho e uma nova vida nas cidades que se expandiam rapidamente. A educação era considerada um componente-chave desse processo: o número de estudantes cresceu rapidamente e as universidades se diversificaram, enfraquecendo as disciplinas tradicionais em favor de disciplinas mais vocacionais e contemporâneas. No palco internacional, a França se enredou numa feroz Guerra de Independência na Argélia que também envolveu questões de orgulho nacional depois das experiências francesas da década de 1940. Revoltas como as da Argélia estimularam mais uma vez forças reacionárias que enxergavam o abandono das colônias francesas como um insulto ao orgulho e aos princípios nacionais, enquanto outras forças buscavam libertar a França de seu legado imperial. De Gaulle, por fim, agiu para efetivar essa separação ao conceder a independência à Argélia como parte de um processo internacional mais amplo de descolonização.

Para Bourdieu, nós sabemos que esses foram anos formativos. Em um sentido muito real, foi a experiência na Argélia que causou sua passagem da filosofia para a sociologia. Na Argélia ele viu a sociedade tradicional em oposição ao mundo moderno e as consequências que isso teve para os indivíduos envolvidos (cf. BOURDIEU, 1958, 1961, 1962b, 1979a; BOURDIEU et al., 1979b; BOURDIEU & SAYAD, 1964). Ele também percebeu uma justaposição semelhante, ainda que num contexto cultural muito diferente, em sua região natal do Béarn, onde a vida moderna invadiu e moldou cada vez mais as práticas locais (cf. BOURDIEU, 1962a; 1972b; 2000a [1989]). Sua experiência escolar deixara bem clara sua própria posição social: como um aluno rural de internato no liceu, ele era forçado a vestir um macacão cinza enquanto os alunos não internados chegavam vestidos na última moda. Eles também zombavam de seu sotaque gascão (cf. BOURDIEU, 2002c). A educação, portanto, era uma faca de dois gumes: ela enfatizava as idiossincrasias, mas ao mesmo tempo oferecia o meio para se escapar do ambiente imediato. Não surpreende, portanto, que Bourdieu tenha escolhido a educação e a cultura como os temas principais de seus primeiros estudos na década de 1960 (BOURDIEU & PASSERON, 2011a [1970], 2013a [1964]; BOURDIEU et al., 1965a, 2003a [1966]). Por trás dessas obras estão duas perguntas implícitas: A escola é um agente democratizante? Em outras palavras, é possível ser bem-sucedido nela? E o que a educação e a cultura oferecem ao francês médio em nível pessoal?

A educação também estava na raiz da próxima crise interna a atingir a França, que, em 1968, foi posta de joelhos por uma série de greves. Elas começaram em universidades e envolveram tanto alunos quanto professores. Entretanto, elas se espalharam rapidamente por todo o país e logo atraíram trabalhadores do comércio e da indústria. Muitos foram às ruas. Barricadas foram construídas e a polícia foi convocada. Muitos falaram de *révolution*.

A causa principal dessas perturbações pode ser encontrada no social, no econômico e no político. Como resultado da renovação do pós-guerra, a França atingira níveis notáveis de crescimento e investimento. Seu processo de modernização fora rápido e bem-sucedido. Mas uma tal velocidade de recuperação não pode ocorrer sem resultar em tensões e deformações. Boa parte da força de trabalho francesa vivia em condições melhores do que antes. Entretanto, muitos moravam em HLMs (*habitations à loyer modéré* – conjuntos habitacionais de preços moderados) públicas e pobres, onde as instalações tendem a subordinar o bem-estar social à produção econômica. O nível de centralização também era endêmico, o que resultava em falta de participação e consulta. Claramente, os franceses estavam descontentes por simplesmente terem que seguir ordens. Por fim, a explosão da comunicação e da cultura da década de 1960 levara a um novo espírito de independência e resistência, que era expresso de forma mais perceptível, obviamente, na cultura jovem. Em 1968, uma nova população estudantil tinha a cultura e o tempo livre necessários para questionar seus líderes. Participação, consulta e *autogestion* tornaram-se os lemas de um movimento que buscava abrir as estruturas da sociedade para um envolvimento maior de suas várias seções (cf. GRENFELL, 2007, para uma discussão mais longa sobre Bourdieu e o contexto da educação).

Bourdieu escreveria posteriormente sobre 1968 como o "momento crítico" em *Homo academicus* (2011b [1984]). Nessa época ele visitou várias faculdades e falou nas "assembleias livres" que foram estabelecidas lá, muitas vezes como comunidades onde os grevistas acampavam. Os dados coletados na década de 1960 também forneceram a ele análises que seriam incluídas em *A distinção* (2007

[1979]) e *La noblesse d'État* (1989b), que lidaram respectivamente com o gosto e a cultura, e o sistema francês de escolas de treinamento da elite.

Como resultado de 1968, uma participação maior realmente foi concedida. De Gaulle também deixou o palco da política, abrindo a arena para presidentes mais reformistas como Pompidou e Giscard D'Estaing. A década de 1970 foi de consolidação e liberalização para os franceses, ainda que de modo a preservar as relações tradicionais entre a economia e o Estado. Foi apenas em 1981, com o advento do primeiro governo socialista da Quinta República, que a França optou por uma verdadeira alternativa.

Uma cultura de mudança crescia há alguns anos; assim, não foi surpresa quando a França votou primeiro por François Mitterrand e depois por uma maioria da esquerda no Parlamento. Nessa época o Partido Comunista ainda era uma força significativa na política francesa; portanto, a esquerda só poderia vencer formando uma aliança. Sob o popular Primeiro-ministro Pierre Mauroy, as políticas subsequentes foram radicais, com o objetivo de reformas sociais de áreas tradicionais e de apoio para os trabalhadores. Elas esperavam equilibrar o mundo dos negócios com as aspirações dos sindicatos, que ainda eram uma força significativa na França. Entretanto, isso se mostrou impossível, já que a polarização entre os defensores moderados e militantes da esquerda e as facções do *Patronat*[4] e da direita levaram a uma quebra do consenso no coração do mundo político francês. Quando a insegurança financeira se aprofundou e se transformou numa crise de confiança completa na bolsa francesa, o governo foi forçado a realizar uma meia-volta: ministros importantes foram substituídos ou renunciaram e a França introduziu um programa de liberalização econômica alinhado aos programas semelhantes no Reino Unido e nos Estados Unidos sob Margaret Thatcher e Ronald Reagan.

---

4 Referência ao *Conseil National du Patronat Français* (Conselho Nacional do Patronato Francês), associação dos empregadores da França, atual Mouvement des Enterprises de France (Movimento das Empresas da França) [N.T.].

Esses foram anos de envolvimento político crescente para Bourdieu. Nós podemos pressupor que Bourdieu pessoalmente compartilhava do entusiasmo e da animação do novo governo de esquerda. Como mencionado antes, ele participou de dois comitês governamentais importantes encarregados de desenvolver planos para uma reforma educacional. 1981 também foi o ano da supressão do sindicato polonês Solidariedade pelo General Jaruzelski, com apoio da União Soviética. Bourdieu agiu para mobilizar intelectuais e personalidades francesas em oposição ao que ocorria na Polônia (cf. BOURDIEU, 1998b [1985]). Nós também podemos pressupor que ele compartilhava da sensação de desapontamento, para não dizer de traição, quando o governo socialista aparentemente abandonou seus princípios e adotou políticas de liberalização social e de economia de livre-mercado. A oposição a tais políticas certamente pode ser encontrada por toda a obra e atividades de Bourdieu na década de 1990. *A miséria do mundo* (1997a [1993]) é uma coleção de relatos em primeira mão de "testemunhas" das vítimas da economia neoliberal que afetava estudantes, aposentados, agricultores, sindicalistas, juízes, imigrantes e trabalhadores em geral. Os volumes *Contrafogos* (1998a [1997]; 2001c) também surgem dessa crítica aberta aos princípios da política predominante da época. Durante a última década de sua vida Bourdieu se tornou um grande defensor público de vários grupos de minorias em oposição a políticas do governo (cf., p. ex., BOURDIEU, 1992d, 1993a, 1993b, 1994a; BOURDIEU & HAAKE, 1995a [1994]; BOURDIEU & EAGLETON, 1996d [1992]; BOURDIEU et al., 1996e; BOURDIEU, 1997b [1996]; BOURDIEU, 1998a [1997], 1998d, 2000b, 2000c, 2000d, 2006a [2000]; BOURDIEU & WACQUANT, 2000e). No ano que se seguiu à sua morte, tamanho era seu perfil que, em comícios organizados por sindicatos do setor público, podia-se ler "Lembrem-se de Pierre Bourdieu" em cartazes. Em 1995, Bourdieu declarara que lutava "contra a destruição de uma civilização" (1998a [1997]) sob ameaça do neoliberalismo, uma posição que ele manteve até a morte.

**Bourdieu e a tradição intelectual**
Nesta seção localizamos Bourdieu na tradição intelectual da qual ele fez parte. É claro que não existe uma única tradição intelectual, e podemos tornar as correntes que influenciaram Bourdieu tão largas ou estreitas quanto quisermos. Bourdieu atuou no palco intelectual mundial e absorveu ou rejeitou alguma coisa de todas as principais correntes encontradas nele. Ainda assim, é importante situá-lo em termos dos componentes principais das tradições intelectuais mais aparentes em suas ferramentas conceituais.

A tradição intelectual francesa dos últimos 250 anos é particularmente rica. O Iluminismo do século XVIII forneceu os alicerces para todo o pensamento europeu subsequente com seus principais *philosophes* e homens letrados. E, de fato, há algo da perspectiva radical reformista que Bourdieu compartilha com autores como Montesquieu, Tocqueville e Voltaire. A visão quase romântica de Rousseau do "bom selvagem" e as desigualdades causadas pelo ser humano socializado é semelhante, ao menos em espírito, à exposição de Bourdieu da quase inevitabilidade da diferenciação social e, portanto, da violência simbólica. Auguste Comte (1798-1857) foi o primeiro a cunhar a palavra "sociologia", e com ela a crença de que leis sociais poderiam ser tratadas como leis naturais – um princípio que Bourdieu também adotou em sua obra.

Os outros "pais fundadores" da sociologia foram Marx, Weber e Durkheim e, é claro, pode-se mais uma vez ver algo de cada um deles na obra de Bourdieu.

Karl Marx (1818-1883) foi o profeta anticapitalista da revolução no século XIX e autor do *Manifesto Comunista*. Entretanto, ele também foi o filósofo radical do materialismo dialético, assim como o historiador social da mudança de classes. Max Weber (1864-1920) complementou essa crítica do mundo moderno com suas análises do modo como as próprias ideias podem moldar a ação humana; por exemplo, o papel que a ética protestante do trabalho desempenhou no avanço do capitalismo. Ele também escreveu sobre a sociedade tradicional e a moderna e sobre como a própria racionalidade se desenvolveu, com suas características subjacentes. Por fim, Émile Durkheim (1858-1917) investigou o modo como organizações sociais diferentes criaram forças morais distintas que tiveram consequências para a maneira como os homens e mulheres pensam e se comportam. Ele também justapôs, de uma forma que Bourdieu repetiu, a sociedade tradicional com a moderna e explorou as consequências humanas do mundo contemporâneo.

Mais uma vez, seria possível mostrar como Bourdieu pegou algo de cada uma dessas figuras-chave da sociologia (cf. GRENFELL, 2007, cap. 3 e 4). Entretanto, talvez seja mais pertinente o clima intelectual imediato que envolveu Bourdieu em seus anos formativos.

Apesar dos autores do Iluminismo, a filosofia francesa, em sua maior parte, permaneceu estabelecida dentro das tradições legadas pelo mundo clássico. As revoluções sucessivas não expungiram completamente o pensamento católico entre os intelectuais franceses. Parte desse pensamento era reconhecidamente tradicional. Apesar disso, durante o final do século XIX e primeiro terço do século XX surgiu uma nova geração de intelectuais católicos modernistas, por exemplo, o poeta e ensaísta Charles Péguy (1873-1914). Esses autores se inspiravam em crenças religiosas, mas, seguindo a pista de várias missões sociais em meios rurais e urbanos, também queriam explorar o ativismo social da fé católica. "Tout commence en mystique et finit en politique" ["Tudo começa na mística e termina na política"] foi uma declaração famosa de Péguy. Na década de 1930, formou-se um verdadeiro movimento intelectual católico – os chamados "não conformistas" – que comentavam os eventos da época, especialmente a crise econômica, a Guerra Civil Espanhola e a ascensão do comunismo e do fascismo (cf. LOUBET DEL BAYLE, 1969). Esses eventos polarizaram a classe intelectual, alguns defendendo o fascismo e outros o comunismo diante do que era visto tanto como uma crise do capitalismo quanto uma decadência moral que seriam causa e efeito uma da outra.

Por ser uma criança na década de 1930, Bourdieu dificilmente poderia ter sido influenciado por esses autores nessa época. Entretanto, no momento de seu desabrochar intelectual – no final da década de 1940 e na década de 1950 – o efeito deles ainda podia ser sentido. Emmanuel Mounier, por exemplo, foi uma das principais figuras dos não conformistas. Ele desenvolveu um tipo de catolicismo social destilado em sua filosofia do personalismo. O personalismo pode ser visto como baseado nos objetivos religiosos de "desenvolver a alma"; mas nesse caso como parte de um engajamento cristão com o mundo social e não simplesmente através de orações e louvor. Com efeito, Mounier foi influenciado pela tradição existencial e citou com frequência autores como Kierkegaard e Jaspers.

Mas os autores católicos não foram os únicos tocados pelo pensamento existencialista; de fato, o principal escritor da França – Jean-Paul Sartre (1905-1980) – também foi um existencialista, mas ateu. Sartre escrevera obras importantes na década de 1930 e se expressava tanto como autor de peças e de ficção quanto como de livros de filosofia. Entretanto, foram os anos da guerra que cristalizaram sua reputação como um autor de importância mundial. Sartre também foi influenciado pelos fundadores alemães do existencialismo, mas seguiu a pista de seus sucessores no século XX – Heidegger e Husserl – em textos-chave como *O ser e o nada* (1997 [1943]). No clima da guerra, onde decisões de vida e morte eram um evento cotidiano para uma grande proporção da população francesa, uma filosofia da liberdade como uma escolha poderia parecer atraente, e realmente o foi. Além disso, ela se relacionava com tendências sociais de emancipação; por exemplo, no caso da posição das mulheres na sociedade através da obra da parceira de Sartre, Simone de Beauvoir (1908-1980) que, em *O segundo sexo* (1980 [1949]), proferiu um chamado urgente para o nascente movimento feminista.

O existencialismo, seja em sua variedade religiosa ou ateísta, oferecia uma espécie de "filosofia do homem" que enfatizava a individualidade e a subjetividade. Entretanto, tendências "objetivistas" contrapostas também estavam presentes na França do pós-guerra, mais notavelmente através da obra do antropólogo francês Claude Lévi-Strauss (1908-2009). Lévi-Strauss passara um período entre comunidades nativas nas décadas de 1930 e 1940 e desenvolvera uma versão da antropologia que enxergava a cultura como uma forma de transmissão de regras estruturais que governavam a prática;

com efeito, ele argumentava que algumas dessas regras, por exemplo o tabu do incesto e o totem, eram praticamente inatas.

Essas duas figuras certamente foram os intelectuais mais dominantes na França na época do desabrochar acadêmico de Bourdieu. Entretanto, para alcançar Bourdieu na década de 1950, nós precisaríamos adicionar mais correntes à mistura intelectual que o envolvia. Além do existencialismo e da antropologia estrutural, havia a fenomenologia – uma ciência do "retorno às coisas mesmas"[5] – através de seu principal expoente francês, Maurice Merleau-Ponty, com quem Bourdieu estudou. Além disso, no decorrer da década de 1950 o próprio pensamento intelectual ganhou maior intensidade política, causada principalmente por eventos na União Soviética e suas atividades na Hungria e em outros lugares. O próprio Sartre adotou o comunismo e se declarou ao lado dos "lutadores pela liberdade" nas colônias. Depois, na década de 1960, Louis Althusser desenvolveu uma versão do estruturalismo com uma grande influência marxista. Nela, as estruturas transculturais eram capitalistas e baseadas em classes, expressando a ideologia dominante.

É importante ver Bourdieu como separado e distinto da geração dos intelectuais das décadas de 1930 e 1940. Para ele, a filosofia acadêmica "não era muito impressionante" (BOURDIEU et al., 1986: 36). Ao mesmo tempo, o existencialismo era um "humanismo insípido" (1986: 36). Com efeito, Bourdieu publicou um de seus primeiros artigos em *Esprit*, a revista fundada por Emmanuel Mounier, mas é fácil compreender o questionamento que ele próprio expressou sobre o motivo de fazer isso quando pensamos nas raízes cristãs da revista, algo com que Bourdieu não se identificava em outras partes de sua vida pública. Claramente, a antropologia era importante para ele. Sua primeira publicação foi, de fato, uma antropologia da Argélia. Entretanto, grande parte disso precisa ser lida "contra" Lévi-Strauss, já que Bourdieu enfatiza a construção social da cultura e as estratégias que os indivíduos adotam para seu avanço e de suas famílias, em vez de enfatizar regras estruturais ina-

---

5 Citação muito conhecida de Edmund Husserl, "Zu den Sachen selbst" [N.T.].

tas das práticas num sentido lévi-straussiano. Bourdieu preparava também uma fenomenologia da vida afetiva quando foi mergulhado no conflito argelino. Como afirmei antes, o efeito foi dramático. Ele se afastou da Filosofia e adotou a Sociologia, uma disciplina que, na época, tinha pouco prestígio acadêmico e não era sequer ensinada extensivamente nas universidades – uma situação que certamente mudaria na década de 1960. Entretanto, o tipo de sociologia de Bourdieu ainda era bastante filosófico. Ele mesmo diz que seus mentores intelectuais pessoais foram Gaston Bachelard (1884-1962) e Georges Canguilhem (1904-1995), ambos filósofos da história da ciência. Para Bachelard, e para Bourdieu depois dele, a verdade não é uma expressão absoluta das coisas em si mesmas, nem a ciência é conhecimento sistematizado, e sim conjuntos de relações que são parcialmente determinadas pelas condições de sua realização. Além disso, aquilo que expressamos é sempre uma *representação*, não é a coisa em si. Proceder cientificamente é "conquistar" fatos científicos, muitas vezes em oposição a modos convencionais de ver o mundo, e não através da descoberta. Canguilhem sucedeu Bachelard na Sorbonne. Sua preocupação também foi examinar os modos pelos quais questões de "verdade" e "falsidade" eram construídas, em vez de explicar fatos conhecidos. Basicamente, não existe uma realidade definitiva, apenas modos de enxergá-la.

A relatividade da realidade também estava por trás de outro grande impulso no pensamento intelectual francês do pós-guerra – o pós-modernismo. O pós-modernismo nos leva de volta à virada do século XX e ao pai fundador da linguística moderna, o suíço Ferdinand de Saussure (1857-1913). Saussure conjeturou que as palavras que significavam coisas eram na verdade arbitrárias – o *significante* e o *significado* não eram a mesma coisa –, uma descoberta que levou ao giro linguístico na filosofia contemporânea. Para autores franceses como Michel Foucault (1926-1984), cujo doutorado foi orientado por Canguilhem e que apoiou Bourdieu em sua eleição para o Collège de France (para não mencionarmos sua união com Bourdieu em oposição aos eventos na Polônia mencionados anteriormente), e Jacques Derrida (1930-2004), que foi colega de Bourdieu nas décadas de 1940 e 1950, a filosofia do homem *era* a filosofia da linguagem. Todo "discurso" humano podia ser "desconstruído" em termos que eram análogos à linguagem.

Bourdieu se desviou do pós-modernismo, que considerava perigoso por seu modo de destruir conceitos que foram conquistados com dificuldade no decorrer do desenvolvimento humano: por exemplo, o Estado, o Estado de Bem-estar, a sociedade, a verdade, e assim por diante. Mas seu caminho pessoal foi desenvolver uma linguagem filosófica – *conceitos-chave* – que agiriam como um antídoto da linguagem cotidiana e, portanto, da forma como esta ocultava os processos sociais que a produziram. A década de 1960 de fato viu a explosão da sociologia num nível internacional, e com isso a ascensão do perfil de Bourdieu. A expansão do pensamento sociológico levou a uma síntese das abordagens de seus principais pais fundadores – Marx, Weber e Durkheim. Por exemplo, em *A construção social da realidade* (1971), Berger e Luckmann desenvolveram uma epistemologia onde conceitos marxistas de superestrutura e infraestrutura, a racionalidade weberiana e as teorias do conhecimento durkheimianas se fundiam numa dialética da "internalização da exterioridade e exteriorização da interioridade" – uma linguagem que o próprio Bourdieu adotou por um certo período. Entretanto, Bourdieu estava mais interessado em pensar "Marx contra Marx", "Weber contra Weber" e "Durkheim contra Durkheim" para chegar a uma "terceira via realista" (2004b: 141 [2001: 200]). Posteriormente, Bourdieu também criticaria desenvolvimentos na sociologia americana, mais notavelmente sua predileção por análises estatísticas e a teoria da ação racional, com suas ambições preditivas de definir como os indivíduos reagirão (cf. BOURDIEU & WACQUANT, 2005a [1992: 101]). Para Bourdieu, a estatística deve complementar nossa compreensão do mundo social e não deve ser utilizada para "esmagar rivais metodológicos" (BOURDIEU, 1999a). E, contra a teoria da ação racional, os seres humanos sempre estão apenas dispostos a agir de um certo modo, dependendo das condições do campo onde eles se encontram. Desse modo, para resumir com os termos de Bourdieu, sua própria epistemologia e, consequentemente, seu método, tentaram integrar a "objetividade" da estatística com uma tradição europeia de "subjetividade", notavelmente na recombinação de Weber e Durkheim, purificados de sua apropriação pelos sociólogos americanos e também de suas reinterpretações por autores como Parsons, Aron, Schütz e a fenomenologia. E o que talvez seja mais importante, essa "terceira via" epistemológica buscou reinstaurar uma filosofia da ação marxista, livre da retórica política do século XIX e da propaganda ideológica do comunismo com a qual muitos intelectuais conspiraram. Com efeito, essa abordagem representava uma *sociologia filosófica* que contribuiu com uma sociologia da filosofia para levar essa disciplina para além de seus limites institucionais.

**Conclusão**
Este capítulo buscou oferecer uma espécie de biografia de Pierre Bourdieu. Na primeira parte ele listou os detalhes empíricos de sua vida: seus principais eventos e publicações. A segunda parte descreveu então o panorama sócio-histórico da vida de Bourdieu, particularmente com relação à história da França contemporânea. Por fim, a terceira parte expôs o clima intelectual que envolvia Bourdieu e mostrou onde e como ele se posicionou nesse clima. Todos esses três "níveis" de biografia são, obviamente, coextensivos – do pessoal e subjetivo para o social e objetivo. Todos precisam ser compreendidos – "apreendidos", para utilizar uma palavra que Bourdieu empregava com frequência – em termos uns dos outros e utilizados como um pano de fundo contra o qual devemos ler as exposições dos conceitos-chave que se seguem.

# 2
# Teoria da prática

*Derek Robbins*

**Introdução**

Inevitavelmente, será central para este capítulo o livro de Bourdieu *Esboço de uma teoria da prática, precedido de três estudos de etnologia cabila* (1972a). Entretanto, antes de passar a uma avaliação da "teoria" que Bourdieu propôs nesse texto, é necessário interpretar alguns aspectos da trajetória social e intelectual dos primeiros quarenta anos de sua vida (1930-1970). Este capítulo também considerará a importância de *O ofício de sociólogo* (2004a [1968]), e comentará sobre a relação entre o pensamento de Bourdieu com o de Bachelard, Althusser e Habermas, entre outros[1].

**Trajetória social e intelectual**

Como se reafirmando sua relutância normal em divulgar detalhes de sua criação, foi apenas num estágio posterior de seu *Esboço de autoanálise* (BOURDIEU, 2005b [2004]), publicado postumamente, que Bourdieu finalmente articulou uma exposição de suas origens, dedicando várias páginas para a descrição de seus pais. Como vimos no Capítulo 1, sabemos que seu pai era filho de um *métayer* [meeiro] – um fazendeiro cujo uso da terra dependia da entrega de metade da produção para o dono – que, com cerca de 30 anos, quando Bourdieu nasceu, tornou-se um carteiro e depois um agente do correio numa pequena aldeia cerca de vinte quilômetros ao sul de Pau, no Béarn, na direção da barreira onipresente dos Pire-

---

[1] Para alguns dos argumentos propostos neste capítulo, eu agradeço ao financiamento de pesquisa em 2007-2008 do Economic and Social Research Council do Reino Unido para um projeto sobre a obra de Jean-Claude Passeron.

neus que dominava o horizonte. Bourdieu fala de sua experiência de criança como o "trânsfuga filho de trânsfuga" (BOURDIEU, 2005b: 109 [2004: 109]). Seu pai parecia ser um *transfuge* – um apóstata, desertor ou traidor de suas origens de classe – porque ele renunciara ao trabalho agrícola e manual. De acordo com Bourdieu, seu pai se separou de seu próprio pai e irmão, que permaneceram no trabalho de fazenda, ainda que seu pai fosse "dar uma ajuda" (literalmente, "*donner des coups de main*", BOURDIEU, 2005b: 110 [2004: 111]) em períodos agrícolas movimentados durante suas férias. Bourdieu sugere que seu pai demonstrava sinais de sofrimento devido a essa separação social.

Pode-se dizer que o pai de Bourdieu era um *transfuge* por ter movido socialmente, mas Bourdieu se recorda de que seu pai votava na esquerda e era sindicalizado numa comunidade rural essencialmente conservadora. Seu pai admirava Robespierre, Jaurès, Léon Blum e Édouard Herriot[2] – figuras que Bourdieu descreve como "encarnações do ideal republicano e acadêmico que ele queria que eu compartilhasse" (BOURDIEU, 2005b: 112 [2004: 112]). Roderick Kedward, em *La vie en bleu: a França e os franceses desde 1900* (KEDWARD, 2005) toma Jaurès como o arquétipo para o século XX da tradição republicana socialista que, em sua narrativa, ele representa como em luta pela sobrevivência ideológica na política e na sociedade francesas até Mitterrand e além dele. Kedward diz de Jaurès que "a razão, a justiça e o humanismo tiveram seu defensor secular mais eloquente na figura do deputado socialista Jean Jaurès" (KEDWARD, 2005: 13), e cita um discurso feito por Jaurès em Albi, no sudoeste da França, em 1903 onde "Jaurès expôs uma visão confiante de um vasto empreendimento republicano de cooperação social que '[conciliaria] a liberdade e a lei' e permitiria que as pessoas

---

2 Maximilien Robespierre foi um dos principais líderes da Revolução Francesa até ser preso e executado em 1794. Jean Jaurès foi um filósofo, historiador e líder socialista francês, assassinado em 1914 por se opor à Primeira Guerra Mundial. Léon Blum foi um discípulo de Jaurès e três vezes primeiro-ministro francês nas décadas de 1930 e 1940. Édouard Herriot também foi primeiro-ministro, e foi exilado durante a Segunda Guerra Mundial devido à sua oposição ao regime de Vichy [N.T.].

'[soubessem] combater sem se destroçarem'"[3]. Há uma leve ambiguidade no comentário de Bourdieu de que figuras como Jaurès incorporavam o ideal que seu pai gostaria que ele partilhasse porque não fica claro se ele está dizendo que seu pai queria que ele partilhasse do ideal ou participasse de sua implementação, aproveitasse suas oportunidades e benefícios. Existe um sentido onde Bourdieu imaginava ter sido um *transfuge* duplo, traindo os ideais igualitários de um pai socialmente móvel precisamente porque a realidade de sua educação traiu as esperanças que foram investidas no sistema escolar por Jaurès e seguidores como seu pai.

Apesar das tentativas de reforma do sistema escolar feitas no final da década de 1930 por Jean Zay como ministro da Educação no governo socialista de Léon Blum, a interrupção causada pela guerra (e o assassinato de Zay pela *milice*[4] em 1944) significou que a estrutura das instituições educacionais permaneceram quase totalmente como havia sido descrita por Goblot em 1930 em *La barrière et le niveau* (o texto de um *normalien*[5] citado por Bourdieu em "Sistemas de ensino e sistemas de pensamento", 1992a [1967]), quando disse que a principal função do bacharelado – que só podia ser obtido em liceus – era "criar uma vala difícil de cruzar e unir no nível da igualdade todos aqueles que a cruzam" (GOBLOT, 1930: 128, citado em TALBOTT, 1969: 18).

Para Bourdieu, portanto, a educação foi experimentada como um mecanismo de consolidação da separação social. Essa separação foi reforçada pela língua de instrução, que era o francês, em oposição ao dialeto do Béarn que conhecia de seu ambiente familiar[6]. Em *Esboço de autoanálise*, Bourdieu recordou sua vida escolar em muitos detalhes como um período de encarceramento, trancado den-

---

[3] JAURÈS, J. "Discours à la jeunesse". Albi, 1903 [Reimpresso em *Cahiers Laïques*, n. 30, nov.-dez./1955: 4-11.

[4] Grupo paramilitar fascista criado e apoiado pelo governo de Vichy para enfrentar a resistência francesa [N.T.].

[5] Aluno da École Normale Supérieure [N.T.].

[6] Para a discussão geral de Bourdieu sobre a imposição do francês como uma língua oficial e para seu comentário específico sobre os usos do dialeto do Béarn, cf. Bourdieu, 1996a: 32-34 e 54-56 [2001: 71-74 e 100-103], respectivamente.

tro de um enorme prédio clássico do século XVII com corredores longos e nenhum refúgio para a privacidade (BOURDIEU, 2005b: 115-116 [2004: 117]). Era uma existência arregimentada e, em suas lembranças, Bourdieu podia recorrer à noção de Goffman de "instituições totais" para sugerir uma comparação com outros sanatórios, como prisões ou hospitais psiquiátricos (BOURDIEU, 2005b: 117 [2004: 119]). A pedagogia e o currículo se encaixavam perfeitamente a esse *ethos* controlador. Bourdieu passou por um processo de iniciação aos estudos clássicos de um modo que ainda era reminiscente da tradição dos colégios jesuítas. Ele foi fluente em latim por toda a vida e não teve nenhuma dificuldade em suas análises do discurso escolástico em seu "posfácio" à sua tradução de *A arquitetura gótica e o pensamento escolástico*, de Panofsky (BOURDIEU, 1992f [1967]). Desta maneira, sua adoção do conceito de *habitus* não foi de modo algum pretensiosa linguisticamente.

Numa conversa com Loïc Wacquant, Bourdieu refletiu que sua experiência como aluno de internato pode lhe ter dado uma afinidade com Flaubert, que teve uma experiência semelhante, e ele também se perguntou se ela poderia ter engendrado uma capacidade compensatória comparável para ter empatia, sociologicamente, com as experiências de vida diferentes de outras pessoas (BOURDIEU & WACQUANT, 2005a [1992: 177]), mas o que quero dizer é mais formal do que isso: a experiência educacional de Bourdieu instilou nele uma ambivalência duradoura quanto à função e o estatuto do conhecimento objetivo. O ideal, compartilhado com seu pai, era que a educação seria o meio de obtenção de uma sociedade inclusiva, mas a realidade era que ele absorveu uma cultura cognitiva que lhe proporcionou "distinção", elevando-o potencialmente acima dos processos de democratização em massa.

Numa entrevista de 1985 com Axel Honneth (na época, assistente de pesquisa de Habermas) e outros, publicada como "Fieldwork in Philosophy" ["Trabalho de campo em filosofia"] em *Coisas ditas* [BOURDIEU, 1990 [1987]), Bourdieu descreveu algumas de suas principais influências intelectuais em seu pensamento quando ele era um estudante. Como visto no Capítulo 1, e para resumir brevemente, Bourdieu afirmou que fora influenciado por uma série de filósofos e historiadores da ciência franceses, e também por algumas leituras de Husserl. A primeira dessas influências se refletiu no *diplôme d'études supérieures*[7] que escreveu sob orientação de Henri Gouhier (um historiador da filosofia) – uma tradução e comentário crítico da crítica de Leibniz à parte geral dos *Princípios* de Descartes (cuja primeira parte é "Sobre os princípios do conhecimento humano" e a segunda se chama "Sobre os princípios das coisas materiais")[8]. A segunda dessas influências se refletiu no título da pesquisa de doutorado que Bourdieu propôs, mas nunca realizou, e que seria orientada por Georges Canguilhem: "Les structures temporelles de la vie affective" ["As estruturas temporais da vida afetiva"]. Tentativamente, o que podemos dizer é que Bourdieu veio a estudar a filosofia do conhecimento através de uma reflexão meticulosa sobre a relação entre dois dos filósofos racionalistas pré-kantianos dominantes, que buscaram, de modo diferente, preservar a metafísica ao reconciliar o legado do pensamento escolástico, que dependia do raciocínio *a priori*, com as reivindicações de conhecimento das novas ciências, que dependiam da observação e experiência empíricas. A maioria dos historiadores e filósofos da ciência que Bourdieu menciona como influências em seu próprio pensamento – Duhem, Koyré, Vuillemin, Bachelard, Guéroult – estava envolvida na determinação de até que ponto a solução de Kant do conflito entre racionalistas e empiristas quanto às fundamentações de nosso conhecimento do mundo exterior em sua filosofia "crítica" poderia ser adaptada para dizer respeito à ciência.

O argumento famoso de Kant aparece no começo da Introdução ("1. Sobre a diferença entre a cognição pura e empírica") da *Crítica da razão pura* (primeira edição 1781; segunda edição 1787):

> Se, porém, todo o conhecimento se inicia *com* a experiência, isso não prova que todo ele derive *da* experiência. Pois bem poderia o nosso próprio conhecimento por experiência ser

---

[7] "Diploma de Estudos Superiores", antecessor do diploma de mestrado na França, que o substituiu em 1966 [N.T.].

[8] A tradução e comentários de Bourdieu não foram publicados, mas um texto latino/francês paralelo pode ser encontrado em Leibniz, 2001: 30-159 [Trad. de P. Schrecker].

um composto do que recebemos através das impressões sensíveis e daquilo que a nossa própria capacidade de conhecer [...] produz por si mesma (KANT, 1985: 36 [1787]).

Esse compromisso entre as reivindicações extremas do racionalismo e do empirismo criou, no pensamento pós-kantiano e neokantiano do século XIX, disputas sobre se devemos pensar se a aplicação da "faculdade cognitiva" possuiria características universais, a-históricas e lógicas ou características particulares, históricas e psicológicas. Bachelard argumentou que a ciência avança através da construção e verificação de hipóteses, um processo que ele chamou de "racionalismo aplicado". Ele desenvolveu uma "epistemologia histórica" que enfatizava que a dialética entre razão e observação é instrumental e que a construção racional sempre é o produto historicamente contingente de condições sociais e econômicas mutáveis. Por outro lado, Cassirer começou a enfatizar a maior importância para a filosofia da ciência da *Crítica da faculdade do juízo* de Kant do que da *Crítica da razão pura* ao desenvolver uma filosofia das formas simbólicas que tentou descrever o surgimento histórico de discursos rivais – mitos, arte, religião, filosofia, ciência – como manifestações objetivadas de um juízo apriorístico em vez de se concentrar nas características universais de uma razão pura apriorística[9].

Para o neokantismo, a filosofia e a epistemologia se tornaram virtualmente sinônimas. O jovem Emmanuel Lévinas passou os anos de 1928 e 1929 em Freiburg, onde foi aceito no seminário de Heidegger. Em 1930, ele publicou uma das primeiras discussões francesas da obra de Husserl: *Teoria da intuição na fenomenologia de Husserl* (LÉVINAS, 1930). Ele afirmou que a realização de Husserl e Heidegger era terem reafirmado a primazia filosófica da ontologia – a filosofia do ser – e serem tentativas pioneiras de libertar a experiência do ser da camisa de força da compreensão epistemológica. Lévinas chamava a abordagem epistemológica do ser de "naturalismo" e elaborou seu significado da seguinte forma:

---

9 Para uma discussão mais detalhada sobre Bourdieu, Cassirer e Kant, cf. a Parte II, Capítulo 6 de Robbins, 2006a; Robbins, 2006b.

> [...] o naturalismo concebe a existência da totalidade do ser sobre a imagem da coisa material. Ele compreende sua maneira de aparecer, de se revelar, como a da coisa material (LÉVINAS, 1930: 32).

A origem da fenomenologia de Husserl fora uma rejeição do psicologismo e um desejo de fazer da análise da própria lógica a base de uma ciência do pensamento. A fenomenologia transcendental inicial de Husserl pode ser vista como uma extensão do idealismo transcendental de Kant em oposição ao psicologismo dos neokantianos de Marburg (Natorp, Cohen e Cassirer). Entretanto, ela era diferente por rejeitar o naturalismo da tradição epistemológica. Ricoeur publicou uma tradução das *Ideen I* [*Ideias I*] de Husserl, com uma introdução detalhada, em 1950 – o ano em que Bourdieu começou a estudar na École Normale Supérieure. A exegese filosófica de Ricoeur era uma tentativa de distinguir o idealismo transcendental de Husserl tanto do apriorismo cartesiano quanto do idealismo transcendental de Kant. Ricoeur afirmou que:

> A "questão" de Husserl [...] não é a de Kant; Kant coloca o problema da *validade* para uma consciência objetiva possível: é por isso que ele permanece no interior de um certo espaço que ainda é a atitude natural. [...] A pergunta de Husserl [...] é a questão da origem do mundo [...]; ela é, por assim dizer, a questão implicada nos mitos, nas religiões, nas teologias, nas ontologias; mas essa questão ainda não foi elaborada cientificamente (RICOEUR. Introdução a Husserl, 1950: xxvii-xxviii).

Na mesma época em que Bourdieu lia discussões sobre as implicações da filosofia crítica de Kant para a elaboração de uma filosofia da ciência, a exposição que Ricoeur fez de Husserl abriu a possibilidade, que Bourdieu teria conhecido, de a obra de Husserl poder ajudar na tentativa de análise das fundações do apriorismo kantiano. A fenomenologia não devia ser compreendida como mais uma filosofia, mas sim como um método para análise de todos os modos de pensamento, incluindo o da filosofia. Essa é a origem da "reflexividade" de Bourdieu, ou, melhor dizendo, de seu uso da ideia de "ruptura epistemológica" para expor as origens sociais de qualquer descrição "objetiva" do social. Foi essa interpretação de Husserl – encontrada na introdução à fenomenologia de Lyotard[10] em 1954 (que Bourdieu jamais citou por escrito) – que permitiu a Bourdieu estabelecer uma ligação entre o legado de Husserl e a influência da "epistemologia histórica" de Bachelard na teoria do método científico.

## A obra de Bourdieu na década de 1960

Agora é possível oferecermos um resumo interpretativo de alguns dos principais componentes da posição intelectual de Bourdieu no começo da década de 1960. Esse resumo será parcial porque não leva em consideração, por exemplo, a pesquisa estatística e etnográfica formadora que Bourdieu realizou na Argélia no final da década de 1950, nem a influência nessa obra dos teóricos americanos da aculturação[11], nem a influência de Lévi-Strauss sobre Bourdieu em sua tentativa de representar seus achados de pesquisa dentro do discurso antropológico, nem, de modo geral, as tentativas ansiosas de Bourdieu de produzir relatos sobre a sociedade e os movimentos sociais argelinos que não fossem expressão de um "olhar" colonial. Ainda assim, as questões principais estão claras. Bourdieu sentiu fortemente que a função social do sistema educacional francês, como vislumbrada pelos inovadores da Terceira República ao final do século XIX, fora abusada de tal modo que a aquisição de conhecimento tornara-se um mecanismo de divisão social, e não de solidariedade. Ele queria que o aprendizado escolar fosse um instrumento de integração social. Através de sua própria experiência, ele absorvera uma compreensão sociológica do conhecimento educacional muito antes de poder realizar uma contribuição à sociologia da educação. Enquanto sua formação intelectual progrediu dentro do sistema educacional, ele se interessou filosoficamente na história e filosofia do conhecimento e, particularmente, nas tentativas do século XX de derivar uma história e filosofia da ciência a partir de debates epistemológicos dos séculos XVII e XVIII entre racionalistas e empiristas. Ao mesmo tempo, quando ele passou a adotar uma orientação ra-

---

10   O texto em questão é *A fenomenologia* (Lyotard, 2008 [1954]) [N.T.].

11   Para algumas considerações sobre essa influência, cf. "Framing Bourdieu" (ROBBINS, 2007).

cionalista e "construtivista" na metodologia científica em oposição ao empirismo ou positivismo grosseiros, o interesse de Bourdieu na obra de Husserl o levou a querer fundamentar a prática científica na ação social no "mundo da vida" e a ser cético quanto às abstrações autorrealizadoras e autolegitimadoras de discursos autônomos de objetividade. Dentro da prática científica, Bourdieu se interessou pela lógica da descoberta científica e também pela lógica da explicação científica, mas um amálgama da influência de Husserl e de Heidegger o levou a um desejo de compreender as fundamentações ontológicas da epistemologia e de formular o que ele poderia ter chamado de "sócio-lógica" da ciência (por uma analogia de sua insistência sobre a necessidade de uma análise sócio-linguística em vez do discurso abstraído da sociolinguística)[12].

Em 1960-1961, Bourdieu e Jean-Claude Passeron haviam voltado da Argélia há pouco tempo. Raymond Aron fora nomeado como professor de Sociologia na Sorbonne em 1955 e oferecera cursos sobre aspectos da estrutura social da sociedade industrial moderna. A Sociologia só se tornou formalmente institucionalizada na educação superior francesa a partir de 1958-1959. Aron estava ansioso para promover pesquisas empíricas em relação a questões que ele discutira teoricamente e também em consolidar a disciplina da Sociologia. Ele nomeou Passeron como seu assistente de pesquisa, e fundou o Centre de Sociologie Européenne, grupo de pesquisa do qual Bourdieu foi nomeado secretário. Bourdieu e Passeron tiveram formação semelhante. Ambos tinham origens provincianas, experimentaram a divisão social durante sua educação, ganharam acesso à École Normale Supérieure, estudaram filosofia e foram recrutados para o serviço militar na Argélia. Juntos, eles desenvolveram um programa de pesquisa para o Centre que exploraria o fenômeno da mobilidade social e analisaria também a ascensão da cultura de massa. Foi na década de 1960 que Bourdieu, com Passeron, desenvolveu a maioria de seus conceitos sociológicos-"chave", especialmente *"capital cultural"*, *"habitus"* e *"campo"*. Este não é o momento

---

12  Cf. Bourdieu 2009 [1980], 1996a [2001], passim.

de detalhar esse período de invenção conceitual, e sim de enfatizar que ele demonstrou uma *ars inveniendi* [arte da invenção] dentro do campo da sociologia. Bourdieu e Passeron realizavam as intenções de seu mentor – Aron – ao buscar institucionalizar uma disciplina e ao mesmo tempo estabelecer um discurso conceitual autônomo. Entretanto, em toda a prática do trabalho da década de 1960 há também evidência constante de seu interesse na epistemologia das ciências sociais. Os textos que eles produziram juntos – especialmente *Os herdeiros* (BOURDIEU & PASSERON, 2013a [1964]) e *A reprodução* (BOURDIEU & PASSERON, 2011a [1970]) – foram todos meticulosos na articulação do processo na prática que levou da formulação do problema de pesquisa (a descoberta) para a apresentação dos achados (a explicação, ou talvez simplesmente a compreensão). Implicitamente, eles sempre se interessaram pela relação entre a indução e a dedução e se preocuparam em questionar se seus achados revelavam relações causais entre fenômenos ou apenas expressavam conexões lógicas predisposicionais *a priori*. Bourdieu escreveu "Campo intelectual e projeto criador" em 1966 (BOURDIEU, 1968a [1966]), onde desenvolveu uma analogia com campos de força físicos (cf. Capítulo 4) para mostrar que a produção intelectual dos indivíduos, sejam artistas ou cientistas, é constituída variavelmente pelos campos dentro dos quais sua obra se dissemina, dependendo do grau de autonomia social do campo em questão. Um ano depois, Bourdieu e Passeron publicaram "A sociologia e a filosofia na França desde 1945: morte e ressurreição de uma filosofia sem sujeito" (BOURDIEU & PASSERON, 1967) onde eles tentam ao mesmo tempo criticar o "neopositivismo" da sociologia americana contemporânea e situar sócio-historicamente seu próprio projeto criativo sociológico numa representação do campo intelectual francês nos anos do pós-guerra. No ano seguinte, Bourdieu publicou *O estruturalismo e a teoria do conhecimento sociológico* (BOURDIEU, 1968b), onde ele afirmou, como o título sugere, que os sociólogos devem se preocupar mais em reconhecer o estatuto epistemológico de suas percepções e observações do que em desenvolver "teorias sociais" ou teorias da sociedade no abstrato. Esse artigo apareceu como uma empreitada colaborativa que ainda pode ser vista como capaz de atender às intenções de Aron, mesmo que este não pudesse mais compartilhar de sua filosofia implícita das ciências sociais.

*O ofício de sociólogo* (BOURDIEU et al., 2004a [1968]) foi projetado para ser um manual para estudantes de pesquisa. Ele defendia que a Sociologia, como qualquer outra disciplina, precisava estabelecer sua própria comunidade epistêmica ("campo") e afirmava que uma exposição definidora e unificadora da prática sociológica poderia ser extrapolada a partir das práticas de "sociólogos" canônicos (esp. Durkheim, Weber e Marx) independentemente de suas diferenças ideológicas. Extrapolou-se então um projeto metodológico derivado de Bachelard. O manual, cujo subtítulo era "Preliminares epistemológicas", foi apresentado em duas seções: a primeira uma discussão introdutória da "epistemologia e da metodologia", e, a segunda, uma coleção de "textos de ilustração". Na primeira seção, a influência de Bachelard é explicitada logo no começo:

> Como mostra toda a obra de Gaston Bachelard, a epistemologia distingue-se de uma metodologia abstrata por se esforçar em apreender a lógica do erro para construir a lógica da descoberta da verdade como polêmica contra o erro e como esforço para submeter as verdades aproximadas da ciência e os métodos que ela utiliza a uma retificação metódica e permanente. [...] No entanto, não seria possível dar toda a força à ação polêmica da razão científica sem prolongar a "psicanálise do espírito científico" através de uma análise das condições sociais nas quais são produzidas as obras sociológicas (BOURDIEU, 2004a: 12 [1968: 14], tradução modificada).

A Parte III da seção introdutória se chama "O racionalismo aplicado", que se alinha diretamente à posição proposta por Bachelard em seu *Le rationalisme appliqué* (1949). A parte elabora a fórmula unificadora derivada de Bachelard – que "o fato [social] é conquistado, construído, constatado", envolvendo "a hierarquia dos atos epistemológicos" (BOURDIEU, 2004a: 73 [1968: 81]). A segunda seção de textos de ilustração começa com uma passagem extraída da homenagem de Canguilhem a Bachelard depois da morte deste e a ela se segue um extrato de *Le rationalisme appliqué*. Cada um dos extratos é apresentado pelos editores. No primeiro caso, eles destacam dois elementos da abordagem de Bachelard:

> Essa epistemologia não só recusa o formalismo e o fixismo de uma Razão una e indivisível, em benefício do pluralismo dos racionalismos ligados aos domínios científicos que eles racionalizam, mas também, apresentando como axioma primeiro "o primado teórico do erro", define o progresso do conhecimento como retificação incessante (BOURDIEU, 2004a: 101 [1968: 111], tradução modificada).

A prática das ciências sociais deve ser pluralista e contínua. Mesmo um pequeno reconhecimento dessa alegação teria erradicado grande parte das críticas a Bourdieu que tentaram descontextualizar sua obra ao ignorar sua participação deliberada na atividade coletiva e ao "consertar" seus conceitos produzidos historicamente para gerar uma falsificação universal espúria deles. No segundo caso, o extrato de Bachelard, os editores resumem o que ele quis dizer com "os três graus da vigilância":

> A vigilância do primeiro grau, como expectativa do esperado ou, até mesmo, como atenção ao inesperado, continua sendo uma atitude do espírito empirista. A vigilância do segundo grau pressupõe a explicitação dos métodos e a vigilância metódica indispensável à aplicação metódica dos mesmos. [...] É com a vigilância do terceiro grau que aparece a interrogação propriamente epistemológica, a única capaz de romper com o "caráter absoluto do método" como sistema das "censuras da Razão" e com os falsos absolutos da cultura tradicional que ainda possam estar em ação na vigilância do segundo grau (BOURDIEU, 2004a: 108 [1968: 117]).

Aqui, a "hierarquia de atos epistemológicos" está claramente ligada à afirmação da necessidade de realizar "rupturas epistemológicas".

### Esboço de uma teoria da prática

Minha interpretação dos efeitos da combinação das influências iniciais sobre o pensamento de Bourdieu é que, cada vez mais durante a década de 1960, ele se sentiu preso num discurso singular institucionalizado e que, dentro de um campo acadêmico e como um "intelectual", ele traía as experiências primárias, domésticas ou familiares de sua criação no Béarn e as experiências primárias que ele observara entre os cabilas na Argélia. Em 1972, quando revisitou sua pesquisa argelina inicial, ele queria aplicar a fórmula de Bachelard para ir além da monitoração de segundo grau de alguns de seus primeiros artigos na direção de um terceiro grau que "situaria" sociologicamente o eurocentrismo de suas análises estruturalistas. Entretanto, ao fazer isso ele queria garantir que sua prática agora não seria simplesmente parte de um processo de consolidação da autorreferencialidade de uma comunidade epistêmica sociológica introspectiva e socialmente distinta, mas, em vez disso, seria uma ação "contratransfugista" que libertaria a experiência primária ao relativizar o objetivismo acadêmico. É significativo que Bourdieu tenha tentado ir além de sua prática sociológica da década de 1960 ao retornar à sua perspectiva antropológica anterior e também a Husserl, de modo que os instrumentos de Bachelard para garantir uma epistemologia histórica foram transformados em procedimentos de redução fenomenológica.

A passagem-chave que mostra esse acontecimento na abordagem de Bourdieu é, obviamente, a passagem do *Esboço* que foi traduzida separadamente em 1983 como "Três modos de conhecimento teórico" (BOURDIEU, 1983b: 46-60 [1972a: 234-255]). A passagem é densa e precisa ser consultada por completo, mas esta é a sequência do pensamento de Bourdieu:

> O mundo social pode ser objeto de três modos de conhecimento teórico que implicam, em cada caso, um conjunto de teses antropológicas, frequentemente tácitas, e que apesar de não serem de forma alguma exclusivos, ao menos em direito, só têm em comum o fato de se oporem ao modo de conhecimento prático. O conhecimento que chamaremos de *fenomenológico* [...] explicita a verdade da experiência primeira do mundo social [...] O conhecimento que podemos chamar de *objetivista* [...] constrói relações objetivas [...] que estruturam as práticas e as representações das práticas. [...] Finalmente, é apenas através de uma segunda ruptura, que é necessária para se compreender os limites do conhecimento objetivista – um momento inevitável no conhecimento científico – e para iluminar a teoria da teoria e a teoria da prática inscrita (em seu estado prático) nesse

modo de conhecimento, que podemos integrar os ganhos dela numa ciência das práticas adequada (BOURDIEU, 1983b: 46 [1972a: 234], tradução modificada).

Bourdieu utiliza Bachelard para falar sobre o modo como a teoria deve ser utilizada para recuperar a prática dos agentes sobre os quais ela teoriza e, ao fazê-lo, se torna ela própria uma atividade social prática e engajada – a prática ou o ofício do sociólogo como um praticante dentro de uma sociedade plural de outros praticantes iguais.

## Conclusão

Para concluir, é possível esclarecer o que Bourdieu buscou apresentar como uma "teoria da prática" por referência, por um lado, a uma visão oposta de "teoria e prática" apresentada por Habermas, e, por outro lado, a posições defendidas por Althusser.

A entrevista que ocorreu em Paris em abril de 1985 entre Bourdieu e três entrevistadores alemães – A. Honneth, H. Kocyba e B. Schwibs – à qual me referi anteriormente ("Fieldwork in Philosophy". In: BOURDIEU, 1990 [1987]) é um lugar ideal para explorar um confronto entre duas tradições na filosofia da ciência social. Em "O mundo fragmentado das formas simbólicas" (HONNETH, 1986 [1984]), Honneth identificara o modo como Bourdieu se tornara descontente com o estruturalismo de Lévi-Strauss. Depois de mostrar que as pesquisas antropológicas de Bourdieu o fizeram questionar o estruturalismo, Honneth afirmou que elas "ofereceram a ele o ímpeto de elaborar sua própria concepção, a qual, até certo ponto, o levou de volta para exatamente o tipo de funcionalismo nas ciências sociais que a abordagem de Lévi-Strauss buscara enfrentar" (HONNETH. In: ROBBINS, 2000, vol. 3: 4). O que Honneth não parece ter percebido é que o afastamento de Bourdieu do estruturalismo foi um movimento na direção da compreensão dos agentes como sendo eles próprios geradores de teoria, e não objetos de interpretação de filósofos sociais acadêmicos. Como Bourdieu afirmou em resposta à pergunta de Honneth na entrevista de 1985:

> [Eu] começava a suspeitar que o privilégio concedido à análise científica, objetivista (a análise genealógica, p. ex.), em relação à visão indígena talvez fosse uma ideologia pro-

fissional. Em suma, eu queria abandonar o ponto de vista arrogante do antropólogo que elabora planos, mapas, diagramas, genealogias. Tudo isso é muito bom, e inevitável, como *um momento* – o momento do objetivismo – da abordagem antropológica. Mas não se deve esquecer a outra relação possível com o mundo social, a dos agentes realmente envolvidos no mercado do qual faço um mapa, por exemplo. É preciso, portanto, elaborar uma teoria dessa relação não teórica, parcial, um pouco terra a terra, com o mundo social, que é o da experiência cotidiana. E uma teoria da relação teórica, de tudo o que está implicado – a começar pela ruptura da adesão prática, do investimento imediato – na relação distante, afastada, que define a postura científica (BOURDIEU, 1990: 33 [1987: 31], tradução modificada).

Em resposta a uma pergunta posterior, Bourdieu foi igualmente enfático ao afirmar que não queria produzir uma teoria da "práxis":

> Eu gostaria de observar que nunca empreguei o conceito de práxis, que, pelo menos em francês, tem um ligeiro ar de grandiloquência teórica – o que é muito paradoxal – e lembra o marxismo chique, o jovem Marx, Frankfurt, o marxismo iugoslavo... Sempre falei, simplesmente, de prática (BOURDIEU, 1990: 35 [1987: 33], tradução modificada).

Nessas respostas Bourdieu esclareceu o que sua teoria da prática não era, mas, ao resistir qualquer associação com o marxismo, ele não reconheceu a afinidade de sua teoria com as posições que Althusser expressava na década de 1960. Os artigos que se tornaram *Ler O capital* foram apresentados durante um seminário da École Normale Supérieure no início de 1965. Em seu artigo introdutório – "Do 'Capital' para a filosofia de Marx" – Althusser afirmou que o problema geral com que ele se preocupava (e que ele exploraria com referência específica à explicação marxista) era "por qual mecanismo o processo do conhecimento, que se passa completamente dentro do pensamento, produz a apropriação cognitiva de seu objeto real, que existe fora do pensamento, no mundo real? (ALTHUSSER et al., 1965: 70). Esse também era o problema geral de Bourdieu. No prefácio da segunda edição abreviada de *Ler O capital*, Althusser se lamentou que suas discussões e as de seus colegas fossem consideradas "estruturalistas". Ele buscou confirmar suas objeções ao estruturalismo como uma forma de "teorismo". Novamente, essa era a posição de Bourdieu. Entretanto, Althusser admitiu que uma das teses que ele propôs "realmente expressou uma certa tendência 'teorista'". Ele continuou:

> Mais precisamente, a definição [...] da filosofia como *teoria da prática teórica* é unilateral e, portanto, inexata. Neste caso, não se trata de um simples equívoco de terminologia, mas de um erro da própria concepção. Definir a filosofia de modo unilateral como teoria das práticas teóricas (e, consequentemente, como teoria da diferença das práticas) é uma fórmula que não pode deixar de provocar efeitos e ecos teóricos e políticos ou "especulativos" ou "positivistas" (ALTHUSSER & BALIBAR, 1968: 6).

Apesar de tanto Althusser quanto Bourdieu se preocuparem com o problema da relação entre o pensamento e a realidade social, pode-se dizer que Bourdieu percebeu que Althusser realmente corria o risco, do qual tinha consciência, de filosofar sobre a teoria e a prática. Bourdieu propôs uma teoria prática das práticas, o que significava que ele podia empregar as rupturas epistemológicas de Bachelard para sujeitar todas as práticas, inclusive sua própria prática sociológica, a uma monitoração sociológica de terceiro grau num nível diferente.

A abordagem particular de Bourdieu à filosofia das ciências sociais pode ser ilustrada de modo ainda melhor com referência às obras de Alfred Schütz e Aron Gurwitsch. Esses dois "filósofos no exílio"[13] sabiam que suas tentativas de desenvolver uma ciência social fenomenológica eram diferentes, mas complementares.

A obra *Der sinnhafte Aufbau des sozialen Welt* [*A construção significativa do mundo social*] de Schütz foi publicada em Viena em 1932. Ela foi republicada em alemão sem alterações em 1960 e traduzida para o inglês pela primeira vez em 1967 como *A fenomenologia do mundo social*. Nesse texto inicial Schütz tentou refinar o modo pelo qual Weber se esforçara para analisar as "ações significativas" dos agentes sociais ao empregar a noção de "tipo ideal" como um instrumento de exploração. Apoiando-se bastante nas obras de Husserl e Bergson sobre o tempo, Schütz buscou distinguir entre nos-

---

13 Cf. o título da correspondência (1939-1959) entre os dois, traduzida e publicada como Grathoff, 1989.

sa consciência interna de nossas próprias ações e a compreensão objetiva, que é derivada da *observação* social. Ele viveu uma vida dividida – de dia, por toda sua vida adulta, executivo de um banco, de noite, um filósofo. Seu principal interesse era produzir uma sociologia fenomenológica da ação social. Apesar de ele considerar o "tipo ideal" de Weber filosoficamente insatisfatório, manteve a dualidade funcional weberiana entre o pensamento e a ação expressa na distinção entre as vocações da "ciência" e da "política". Ele se dedicou a repensar a ação social, mas não a repensar o pensamento sobre a ação.

Gurwitsch foi um judeu lituano que estudou na Alemanha antes de se mudar para a França em 1933 e então para os Estados Unidos em 1940. Suas aulas em Paris em 1937 foram assistidas por Maurice Merleau-Ponty. Nas décadas de 1920 e 1930 ele estudou a psicologia da Gestalt e se ocupou de problemas da cognição, percepção e consciência. A *Fenomenologia da percepção* de Merleau-Ponty, de 1945, devia muito a Gurwitsch, que só em 1957 conseguiu publicar o livro em que trabalhou por décadas, *A teoria do campo da consciência*.

Apesar de Schütz e Gurwitsch saberem que tentavam descrever a ação social subjetiva a partir de pontos opostos daquilo que descreveram como um túnel[14] – o primeiro em relação à ação, o segundo, à percepção –, eu sugiro especulativamente[15] que o próprio Bourdieu tentava combinar os dois quando desenvolveu suas ideias na segunda metade da década de 1960 e primeira metade da década de 1970. Bourdieu reconheceu a influência de Merleau-Ponty e também de Husserl quanto ao tempo. Notavelmente, ele escreveu em 1966 (com J.D. Reynauld) "Une sociologie de l'action est-elle possible?" ["É possível uma sociologia da ação?"] (BOURDIEU & REYNAUD, 1966a) e, em 1968, "Éléments d'une théorie sociologique de la perception artistique" ["Elementos de uma teoria socio-

---

14 Cf. Grathoff, 1989: 75.

15 No momento eu tento substanciar completamente essa sugestão num artigo sobre Bourdieu e a fenomenologia que deve ser publicado em francês em 2012-2013 na revista *Cités*, e espero explorar essas questões com mais profundidade num volume que complementará meu *French Post-War Social Theory: International Knowledge Transfer* (cf. ROBBINS 2011). • O artigo mencionado foi publicado em 2012 na revista *Cités*, n. 51, como "A filosofia e as ciências sociais: Bourdieu, Merleau-Ponty e Husserl" [N.T.].

lógica da percepção artística"] (BOURDIEU, 1968c). A eles seguiram-se seus artigos sobre Weber (BOURDIEU, 1992b [1971], 1992c [1971]), que precederam a articulação de sua exposição das "três formas de conhecimento teórico" e da noção de "ação estratégica" em *Esquisse d'une théorie de la pratique* (1972a). Bourdieu completou o túnel de Schütz e Gurwitsch. Ele tentou propor uma teoria do pensamento imanente constituído socialmente sobre a ação construída socialmente.

# Parte II

## *Teoria do campo*

*Para além da subjetividade e da objetividade*

# Introdução

*Michael Grenfell*

Em um certo momento de sua obra, Bourdieu se refere à "oposição" entre o subjetivismo e o objetivismo como algo que dividia as ciências sociais e como "a mais fundamental, e a mais danosa" (BOURDIEU 2009: 43 [1980: 43]). Ele continua referindo-se ao subjetivismo e ao objetivismo como "modos de conhecimento", e declara ser necessário ir além de seu antagonismo mútuo, mas também preservar o que foi ganho com cada um deles. Ambos são essenciais, mas só oferecem um lado de uma epistemologia necessária para compreender o mundo social. O mundo não pode ser reduzido à fenomenologia nem à física social; ambas precisam ser empregadas para constituir uma "teoria da prática" autêntica. Esta parte do livro estabelece os conceitos-chave básicos para o projeto.

Como vimos na Parte I, a "teoria da prática" de Bourdieu pode ser traçada até a tradição intelectual e o clima contemporâneo onde ele se encontrava. Ela também pode ser ligada a suas experiências iniciais de trabalho de campo. Nos capítulos anteriores nós tratamos do modo como o pensamento intelectual francês dominante, pelo menos nas décadas de 1940 e 1950, caracterizava-se por duas tradições em oposição – o estruturalismo e o existencialismo – que, respectivamente, podem ser consideradas representantes das tradições objetivista e subjetivista. O primeiro veio da antropologia e era exemplificado pela obra de Claude Lévi-Strauss, preocupando-se com o funcionamento de culturas diversas e muitas vezes exóticas. A tradição subjetivista, por sua vez, era mais fundamentada filosoficamente, enraizada na filosofia alemã de Kierkegaard, Husserl e Heidegger, e se preocupava mais com questões de liberdade pessoal – um tema intensificado por aquilo que os homens e mulheres franceses experimentaram na Segunda Guerra Mundial. Simplificando muito os assuntos em questão, a contenda entre essas tradições em oposição girava ao redor de duas visões da ação humana fundamentalmente distintas. Por um lado, a tradição antropológica buscava estabelecer as *regras* sociais que determinam como os indivíduos se comportam. Por exemplo, existem regras que lidam com quem se pode e não se pode casar – o tabu do incesto – assim como existem prescrições culturais que envolvem o que é considerado sagrado e o que é considerado profano. Por outro lado, a tradição existencial coloca a escolha e a tomada de decisões individual em primeiro plano como um ato definitivo de liberdade pessoal. Aqui, os homens e mulheres são livres quando escolhem por que aceitam as consequências e repercussões de suas decisões. Mas nenhuma dessas tradições explicava o que Bourdieu observou em seus estudos iniciais no Béarn e na Argélia (cf., p. ex., BOURDIEU, 1958, 1962a; BOURDIEU et al., 1979b [1963]; BOURDIEU, 2002b). No caso da França rural, havia realmente "regras" de matrimônio que estabeleciam quais homens e mulheres jovens deveriam se casar. Entretanto, essas "regras" pareciam nem sempre se aplicar, ou, pelo menos, podiam ser interpretadas com um certo grau de flexibilidade. Ao mesmo tempo, certamente não era o caso que os indivíduos eram "livres para escolher" sozinhos com quem eles desejavam ou não se casar. Havia uma situação semelhante na Argélia; as tradições culturais eram distintas, mas as questões subjacentes eram idênticas. O que ficou claro para Bourdieu era que, em ambos os casos, a resposta da questão social de com quem qualquer indivíduo se casaria dependia de toda uma série de condições pessoais e contextuais; e o melhor modo de pensar essa questão não era em termos de uma regra nem da escolha pessoal, mas de uma *estratégia*. Em outras palavras, apesar de os indivíduos não serem livres para agir simplesmente de acordo com sua vontade e consciência pessoais, a noção de *regras* implicava um respeito explícito e uma aplicação consciente que raramente se realizava na prática. Pelo contrário, a ação individual emergia de um cálculo inconsciente de lucro – ainda que simbólico (pelo menos na primeira instância) – e de um posicionamento estratégico num espaço social para maximizar as posses individuais em relação à sua disponibilidade. Bourdieu precisava de uma abordagem teórica para explicar essa atividade híbrida da prática pessoal estratégica moldada socialmente, mas constituída individualmente, que então formava tendências comuns.

Bourdieu desenvolveu sua "teoria da prática" a partir dessa necessidade de compreender os dados que surgiram dessas investigações empíricas primeiro na Argélia e no Béarn, depois nos estudos sobre educação e cultura na década de 1960. Essa teoria da prática deveria explicar o que ele enxergava como uma "cumplicidade ontológica" entre as estruturas objetivas e as internalizadas. A base de sua ciência é esse simples fato de uma *coincidência* entre as duas: da conexão de um indivíduo tanto com o mundo material quanto com o social. Tudo está nessa conexão: aqui estão as estruturas do sentido, sentimento e pensamento primário – as ligações intensionais[1] que são estabelecidas entre os seres humanos e os fenômenos, tanto materiais quanto ideacionais, com os quais eles entram em contato. Tudo que sabemos sobre o mundo é estabelecido e desenvolvido como uma consequência de atos individuais de percepção. Entretanto, essas estruturas têm princípios definidores que são ao mesmo tempo pré-construídos e em evolução de acordo com a lógica da diferenciação encontrada no universo social. Em outras palavras, esses princípios não existem em algum reino platônico livre de valores; pelo contrário, eles são o produto e o processo do-que-já-foi – valores que servem o *status quo* e/ou formas sociais emergentes. Essa relação estrutural fenomenológica é um produto de condições estruturais do ambiente que oferecem regularidades objetivas para guiar o pensamento e a ação – modos de fazer coisas.

Essas bases objetivas e subjetivas da teoria da prática de Bourdieu também podem ser ilustradas através de sua compreensão da cultura. Bourdieu escreve que existem duas tradições no estudo da cultura: a estrutural e a funcionalista (BOURDIEU, 1968b). A tradição estruturalista enxerga a cultura como um instrumento de comunicação e conhecimento baseado num consenso compartilhado do

---

[1] "Intensional" com "s" para nos lembrar que a intencionalidade estabelece uma estrutura entre o perceptor e aquilo que é percebido.

mundo (p. ex., a antropologia de Lévi-Strauss). A tradição funcionalista, por outro lado, forma-se ao redor do conhecimento humano como o produto de uma infraestrutura social. Tanto a sociologia de Durkheim quanto a de Marx fariam parte dessa segunda tradição, já que ambas se preocupam com formas ideacionais emergentes nas estruturas da sociedade – materiais, econômicas, organizacionais; a primeira positivista, a outra crítica-radical. Como vimos antes, Bourdieu critica ambas as tradições. A primeira tradição é estática demais para ele: *estruturas estruturadas* tomadas como formas sincrônicas e muitas vezes baseadas em sociedades primitivas. Enquanto isso, a segunda tradição reifica a ideologia – como uma *estrutura estruturante* – ao impor a ideologia da classe dominante na tradição crítica, ou ao manter o controle social na positivista. Bourdieu tenta reconciliar essas duas tradições ao tomar o que foi aprendido com a análise das estruturas como sistemas simbólicos para descobrir a dinâmica dos princípios, ou a lógica da prática, que dá a eles seu poder estruturante (cf. BOURDIEU, 1971); resumindo, uma teoria da estrutura tanto como *estruturada* (*opus operatum*, e, portanto, aberta a objetificação) e *estruturante* (*modus operandi*, e, portanto, geradora de pensamento e ação).

Como indicado no Capítulo 1, Bourdieu procede através de uma série de "rupturas".

Primeiro, ele quer "romper" com o conhecimento prático e empírico – o conhecimento tácito que auxilia os indivíduos a orientarem suas ações de certos modos – para descobrir os princípios subjacentes geradores dessa ação. Entretanto, em segundo lugar, ele busca se separar das duas tradições relevantes conceituadas em termos das abordagens subjetivista e objetivista esboçadas anteriormente, que ele considerava a abordagem comum dos estudos de ciência social. Enfocar qualquer uma delas significava simplesmente desprezar a importância da outra para a constituição de uma interpretação particular (e enviesada) do mundo social. O resultado de tal ruptura é a possibilidade de "uma ciência de relações dialéticas entre estruturas objetivas [...] e as disposições subjetivas, onde essas estruturas são efetivadas e que tendem a reproduzi-las" (BOURDIEU, 1977: 3). Para

Bourdieu, todas as estruturas sociais – sejam subjetivas ou objetivas – são homólogas e constituídas pelos mesmos princípios socialmente definidores. Portanto, é possível analisar como as mesmas relações estruturais são efetivadas tanto no social quanto no individual através do estudo das estruturas de organização, pensamento e prática, e dos modos como elas constituem mutuamente umas às outras. Finalmente, Bourdieu rompe com o próprio "conhecimento teórico" – subjetivista ou objetivista – por causa da tendência desse conhecimento de abstrair a realidade, de "confundir as coisas da lógica com a lógica das coisas", para usar uma frase de Marx emprestada por Bourdieu. Para Bourdieu, o elemento que não é investigado em qualquer análise teórica é a relação do teórico com o mundo social e as condições sociais objetivas nas quais ela se fundamenta. Essa ausência leva a uma espécie de "intelectualcentrismo". Portanto, é necessário subordinar "a prática científica a um conhecimento do 'sujeito de conhecimento', conhecimento essencialmente *crítico* dos limites inerentes a qualquer conhecimento teórico, tanto subjetivista quanto objetivista" (BOURDIEU, 2009: 46 [1980: 46]).

Os componentes essenciais desse argumento estão ligados às principais ideias dos pais fundadores da sociologia. Por exemplo, tanto a compreensão de Weber da realidade social como continuamente constituída pela significação humana quanto a abordagem de Durkheim da ação humana como possuindo o caráter de *choseité* [de uma coisa] em relação ao indivíduo são corretas. Respectivamente, elas tratam da fundamentação subjetiva e da facticidade objetiva dos fenômenos sociais e apontam para a relação dialética entre a subjetividade e seu objeto. De forma semelhante, Marx escreveu sobre os defeitos do materialismo: o mundo exterior – objetos, realidade, dados dos sentidos – visto como se fosse composto de objetos da intuição, e não como "atividade humana concreta" – a prática. É assim que Marx argumenta nas *Teses sobre Feuerbach*: "[...] o lado *ativo*, em oposição ao materialismo, foi desenvolvido pelo idealismo – mas apenas de modo abstrato, pois naturalmente o idealismo não conhece a atividade real, sensível, como tal" (MARX & ENGELS, 2007: 537 [1845], citados em BOURDIEU, 1972a: 219). Aí começaram as oposições que Bourdieu considera tão fundamentais e "danosas".

Como afirmado na Parte I, a abordagem de Bourdieu também se conecta com as ideias de autores como Bachelard e Canguilhem. Por exemplo, há uma ênfase no modo como constituímos o conhecimento; especialmente na oposição entre pensamento relacional e substancialista. Neste último, grupos, indivíduos, atividades e preferências são tratados como se tivessem propriedades substanciais; para o primeiro, eles só podem ser vistos como definíveis em relação uns com os outros (cf. BOURDIEU, 1996c: 17 [1994: 18]). Portanto, a teoria da prática de Bourdieu é essencialmente relacional. Questões de subjetividade e objetividade, e de teoria e prática, aparecerão a todo momento neste livro, tanto em termos de raciocínio de fundamentação quanto de aplicabilidade prática. Da mesma forma, a natureza e a construção da teoria estão no núcleo dos conceitos-chave apresentados aqui, de sua relação uns com os outros e da compreensão do mundo prático que eles representam. É preciso ter sempre em mente que esses conceitos não devem simplesmente ser aplicados ao que é pesquisado. Vários autores aqui chamarão a atenção para a importância desses conceitos quando aplicados aos próprios pesquisadores.

O primeiro grupo de conceitos apresentado na Parte II trata das duas principais "ferramentas de pensar" de Bourdieu. O Capítulo 3 trata do *habitus*, o elemento subjetivo da prática. Esse conceito significa os "esquemas geradores" (eles próprios estruturados e estruturantes) adquiridos no decorrer das trajetórias de vida individuais. O Capítulo 4 explora então o conceito de *campo*: a rede ou configuração objetiva de relações (mais uma vez estruturadas e estruturantes) que são encontradas em qualquer espaço social ou contexto particular. Separadamente, eles representam respectivamente os aspectos subjetivo e objetivo dos fenômenos sociais. Entretanto, nesses dois capítulos será enfatizado o tempo todo que ambos os conceitos devem ser considerados inseparáveis, constituídos mutuamente e sempre se interpenetrando para produzir a relação de cumplicidade ontológica a que me referi anteriormente.

# 3
# *Habitus*

Karl Maton

**Introdução**

*Habitus* é um conceito enigmático[1]. Ele é central para a abordagem sociológica distinta de Bourdieu, sua "teoria do campo" e filosofia da prática, e ele é a chave de sua originalidade e contribuição para a ciência social. Ele é provavelmente o mais citado dos conceitos de Bourdieu, foi utilizado para pesquisas sobre uma variedade impressionante de práticas e contextos e está se tornando parte do léxico de um conjunto de disciplinas, incluindo Sociologia, Antropologia, Educação, Estudos Culturais e Crítica Literária. Porém, *habitus* também é uma das ideias mais malcompreendidas, mal-empregadas e fortemente contestadas de Bourdieu. Ele pode ser revelador e desorientador, instantaneamente reconhecível e difícil de definir, direto e escorregadio. Portanto, apesar de sua popularidade, o *"habitus"* ainda não está nada claro. Neste capítulo eu exploro esse conceito complexo. Sugiro que esse caráter aparentemente contraditório surge de seus principais papéis na sociologia de Bourdieu. Para resumir, o *habitus* trabalha muito em sua abordagem. O *habitus* tem a intenção de transcender uma série de dicotomias profundamente enraizadas que moldam os modos de pensar o mundo social. Só isso já bastaria para tornar uma descrição completa do *habitus* uma discussão rica e multifacetada que abordaria uma série ampla de questões e debates profundamente significativos. Entretanto, o conceito também tem a intenção de oferecer um modo para analisar o

---

[1] Para evitar elidir a discussão do conceito com a discussão do objeto que ele busca conceituar, eu utilizo itálico (*habitus*) para denotar o conceito e o texto normal (habitus) para denotar seu referente.

funcionamento do mundo social através de investigações empíricas. Ele é, portanto, central não apenas para o modo de pensar de Bourdieu, mas também para seu conjunto formidável de estudos substantivos. Além do mais, isso enfatiza uma terceira questão: como o conceito de *habitus* passou a ser compreendido e utilizado, e também (o que é mais frequente) malcompreendido e mal-aplicado na pesquisa empírica de outros acadêmicos. O *habitus* agora tem uma vida além da obra de Bourdieu, e essa vida às vezes se opõe ao seu propósito e natureza na abordagem dele. Neste capítulo eu abordo essas questões em sequência.

O capítulo começa definindo *habitus* e explorando seu papel na superação de dicotomias falsas dos modos de pensar as práticas sociais. Eu esboço então o pano de fundo da formulação do conceito por Bourdieu e seu desenvolvimento através de seus estudos empíricos. Nenhuma descrição desse conceito pode ser compreensiva, não só porque Bourdieu empregou o termo em pesquisas sobre um conjunto amplo de fenômenos, mas também porque, quando se começa a pensar em termos de "habitus", seus efeitos podem ser vistos em todos os lugares. Aqui, eu ofereço uma ideia do trabalho analítico no qual Bourdieu emprega o conceito. Por fim, trato do que o *habitus* pode nos oferecer, mencionando como o conceito é muitas vezes mal-utilizado e como ele pode e deve ser desenvolvido para melhorar seu potencial explicativo. Minha referência a "ver os efeitos do habitus em todos os lugares" representa um tema central deste capítulo. *Habitus* é um conceito que orienta nossas formas de construção de objetos de estudo, de enfatizar questões importantes e de oferecer um modo de pensar essas questões relacionalmente. Portanto, sua contribuição principal é moldar o *nosso* habitus, engendrar um olhar sociológico ao ajudar a transformar nossas formas de enxergar o mundo social. Eu argumento que essa é a base tanto de seu valor quanto das concepções errôneas sobre o conceito, pois o *habitus* é uma parte crucial de uma tarefa que, nada mais nada menos, tenta realizar uma revolução mental em nossa compreensão do mundo social.

## O que é *habitus*?

O conceito de *habitus* começa a partir de um enigma tanto experiencial quanto sociológico. No contexto da experiência, nós muitas vezes sentimos que somos agentes livres, mas baseamos as decisões cotidianas em pressuposições sobre o caráter, comportamento e atitudes previsíveis de outras pessoas. Sociologicamente, as práticas sociais se caracterizam por regularidades – filhos da classe operária tendem a obter empregos de classe operária (como Willis [1977] afirmou), leitores de classe média tendem a apreciar literatura de nível intelectual médio, e assim por diante –, mas não existem regras explícitas que ditam tais práticas. Tudo isso sugere questões fundamentais que o *habitus* pretende resolver. Como Bourdieu afirma, "toda a minha reflexão partiu daí: Como as condutas podem ser regradas sem ser produto da obediência a regras?" (BOURDIEU, 1990: 83 [1987: 81]). Em outras palavras, Bourdieu pergunta como a estrutura social e a ação individual podem ser reconciliadas, e (para utilizar os termos de Durkheim) como o social "externo" e o eu "interno" ajudam a moldar um ao outro.

Explorar como o *habitus* trata essas questões requer, em primeiro lugar, uma excursão breve a um terreno bastante teórico. Formalmente, Bourdieu define habitus como uma propriedade de atores (sejam indivíduos, grupos ou instituições) que é composta de uma "estrutura estruturante [...] e estruturada" (BOURDIEU, 2007: 164 [1979]). Ela é "estruturada" pelo nosso passado e circunstâncias atuais, como a criação na família e as experiências educacionais. Ela é "estruturante" no sentido de que nosso habitus ajuda a moldar nossas práticas atuais e futuras. Ela é uma "estrutura" por ser ordenada sistematicamente, e não aleatória ou sem nenhum padrão. Essa "estrutura" é composta de um sistema de disposições que geram percepções, apreciações e práticas (BOURDIEU, 2009: 87 [1980: 88-89]). Para Bourdieu, o termo "disposição" é crucial para juntar as ideias de estrutura e tendência:

> [Disposição] exprime, em primeiro lugar, o *resultado de uma ação organizadora*, apresentando então um sentido muito próximo ao de palavras tais como estrutura; designa, por outro lado, uma *maneira de ser*, um *estado habitual* (em

particular do corpo) e, em particular, uma *predisposição*, uma *tendência*, uma *propensão* ou uma *inclinação* (BOURDIEU, 1983b: 61n20 [1972a: 393n39], tradução modificada. Itálico no original).

Essas disposições ou tendências são *duráveis* porque perduram ao longo do tempo, e podem ser *transpostas*, por serem capazes de se tornar ativas numa grande variedade de teatros de ação social (BOURDIEU, 1983a: 105 [1980: 135]). Portanto, o habitus é estruturado pelas condições materiais da existência e também gera práticas, crenças, percepções, sentimentos etc., de acordo com sua própria estrutura.

Entretanto, o habitus não age sozinho. Bourdieu não está sugerindo que somos autômatos pré-programados que agem de acordo com as implicações de nossa formação. Em vez disso, as práticas são o resultado do que ele chama "uma dupla relação obscura" (BOURDIEU & WACQUANT, 2005a [1992: 102]) ou de uma "relação inconsciente" (BOURDIEU, 1983a: 93 [1980: 119]) entre um habitus e um campo. Formalmente, Bourdieu (2007: 97 [1979: 112]) resume essa relação como a seguinte equação:

$$[(habitus)(capital)] + campo = prática$$

Podemos enunciar essa equação desse modo: nossa prática é resultado das relações entre nossas disposições (habitus) e nossa posição num campo (capital), dentro do estado atual do jogo nessa arena social (campo). Essa formulação concisa enfatiza uma coisa de importância crucial para compreender a abordagem de Bourdieu: a natureza entrelaçada de suas três principais "ferramentas de pensar" (citado em BOURDIEU & WACQUANT, 1989d: 50): *habitus*, *campo* e *capital*. Portanto, as práticas não são simplesmente o resultado de nosso habitus, e sim de *relações entre* nosso habitus e nossas circunstâncias atuais. Dito de outro modo, nós não podemos compreender as práticas dos atores em termos apenas de seus habitus – o habitus representa simplesmente uma parte da equação; a natureza dos campos onde ele está ativo é igualmente crucial.

Bourdieu descreve essa relação entre o habitus e o campo como o encontro de duas lógicas ou histórias em evolução (BOURDIEU,

1983a: 59-60 [1980: 74-75]; 2001b: 184 [1997: 217-18]). Em outras palavras, os espaços sociais que ocupamos são estruturados (como o habitus) e é a relação entre essas duas estruturas ou conjuntos de princípios organizadores que gera as práticas. Essa "relação obscura" é ainda mais complicada por ser de "cumplicidade ontológica" (BOURDIEU, 2001a: 52 [1982: 47]), porque o campo, como parte dos contextos contínuos em que vivemos, estrutura o habitus, enquanto ao mesmo tempo o habitus é a base da compreensão que os atores têm de suas vidas, incluindo o campo:

> A relação entre o habitus e o campo é primeiramente uma relação de condicionamento: o campo estrutura o habitus [...]. Mas ela é também uma relação de conhecimento ou de construção cognitiva: o habitus contribui à constituição do campo como mundo significativo (BOURDIEU & WACQUANT, 2005a [1992: 102-103]).

Quando a "lógica da prática" de Bourdieu é estabelecida numa linguagem tão abstrata (como Bourdieu fez com frequência), o leitor pode se sentir um tanto atordoado. Portanto, é válido revisitar a definição acima em termos menos formais. De modo simples, o *habitus* enfoca nossos modos de agir, sentir, pensar e ser. Ele captura como nós carregamos nossa história dentro de nós, como trazemos essa história para nossas circunstâncias atuais e então como fazemos escolhas de agir de certos modos e não de outros. Esse é um processo contínuo e ativo – nós estamos envolvidos num processo permanente de fazer a história, mas não sob condições que criamos completamente. Nossa posição na vida em qualquer momento dado é o resultado de inúmeros eventos no passado que moldaram nosso caminho. Em qualquer momento, estamos diante de várias bifurcações possíveis nesse caminho, ou de escolhas de ações e crenças. Esse conjunto de escolhas depende de nosso contexto atual (a posição que ocupamos num campo social em particular), mas, ao mesmo tempo, as escolhas que são visíveis para nós e as que não enxergamos são o resultado de nossa jornada do passado, pois nossas experiências ajudaram a moldar nossa visão. Desse modo, quais delas escolhemos para nós depende do conjunto de opções disponíveis nesse momento (graças a nosso contexto atual), o conjunto dessas opções que são visíveis para nós como viáveis, e nossas disposições ou tendências para escolher algumas opções e não outras (o habitus). Por sua vez, nossas escolhas moldarão nossas possibilidades futuras, pois qualquer escolha envolve descartar certas alternativas e nos coloca num caminho particular que moldará ainda mais nossa compreensão de nós mesmos e do mundo. As estruturas do habitus, portanto, não são nem fixas nem estão em fluxo constante. Ao contrário, nossas disposições evoluem – elas são duráveis e podem ser transpostas, mas não são imutáveis. Ao mesmo tempo, as próprias paisagens sociais por onde passamos (nossos campos contextuais) evoluem de acordo com suas próprias lógicas (para as quais contribuímos). Portanto, para compreender as práticas, precisamos compreender *tanto* os campos em evolução dentro dos quais os atores estão situados *quanto* os habitus em evolução que esses atores trazem para seus campos sociais de prática (BOURDIEU, 2009: 86-107 [1980: 87-109]), 1996a: 23-28 [2001: 59-66]).

**Transcender dicotomias**

O habitus é o elo não apenas entre o passado, o presente e o futuro, mas também entre o social e o individual, o objetivo e o subjetivo, a estrutura e a ação. Como essa lista sugere, muita coisa depende de sua concepção – o *habitus* pretende superar uma série de dicotomias e vale a pena explorar brevemente cada uma delas.

O habitus liga o social com o individual porque as experiências do curso da vida de uma pessoa podem ser únicas em termos de seu *conteúdo* particular, mas são compartilhadas em termos de sua *estrutura* com outras pessoas da mesma classe social, gênero, etnia, sexualidade, ocupação, nacionalidade, região, e assim por diante. Por exemplo, os membros da mesma classe social compartilham, por definição, posições estruturalmente semelhantes dentro da sociedade que engendram experiências estruturalmente semelhantes de relações, processos e estruturas sociais. Cada um de nós é uma configuração única de forças sociais – mas essas forças são sociais, de modo que mesmo quando somos individuais e "diferentes", o somos de modos socialmente regulares; ou, como diz Bourdieu, "o estilo 'pessoal' [...] não é senão um *desvio*, ele próprio tão bem regulado e às vezes mesmo codificado, em relação ao *estilo* próprio a uma época ou a uma classe, que remete ao estilo comum não somente pela conformidade [...] mas também pela diferença" (BOURDIEU, 1983b: 81 [1972a: 285], tradução modificada).

O *habitus* conceitua a relação entre o objetivo e o subjetivo, ou "externo" e "interno", ao descrever como esses fatos sociais tornam-se internalizados. Bourdieu afirma que o habitus é "uma subjetividade socializada" e "o social incorporado" (BOURDIEU & WACQUANT, 2005a [1992: 101, 103]) – em outras palavras, ele é estrutura internalizada, o objetivo tornado subjetivo[2]. Ele também é como o pessoal passa a ter um papel no social – as disposições do habitus são subjacentes a nossas ações, que, por sua vez, contribuem para as estruturas sociais. Dessa forma, o habitus junta tanto a estrutura social objetiva quanto as experiências pessoais subjetivas, e expressa, como diz Bourdieu, a "*dialética* [...] da *interiorização da exterioridade* e da *exteriorização da interioridade*" (BOURDIEU, 1983b: 60 [1972a: 256], itálico no original).

Bourdieu também pretende que o *habitus* transcenda a dicotomia entre estrutura e ação. Isso nos leva aos limites da metáfora de uma "jornada" que apresentei antes. Em vez disso, Bourdieu utiliza muitas vezes a analogia de um jogo e a noção de "estratégia" para enfatizar a natureza ativa e criativa das práticas. Cada campo social de prática (incluindo a sociedade como um todo) pode ser compreendido como um jogo competitivo, ou "campo de lutas", onde os atores improvisam estrategicamente em sua missão de maximizar suas posições. Os atores não chegam a um campo completamente armados com conhecimento divino do estado do jogo, das posições, crenças e aptidões dos outros atores, nem das consequências totais de suas ações. Em vez disso, eles possuem um ponto de vista particular sobre os acontecimentos com base em suas posições, e eles conseguem

---

2 Bourdieu enfatizou também a incorporação das estruturas sociais com a noção de *héxis corporal* – nosso passado está inscrito no corpo em termos de postura, modo de andar, atitude, expressões faciais, e assim por diante (BOURDIEU, 1998c [2001], 2009: 133-163 [1980: 135-165]).

adquirir uma noção da velocidade, do ritmo e das regras não escritas do jogo ao longo do tempo e da experiência. Contra teorias como a da escolha racional, que sugerem uma escolha consciente ou um cálculo racional dos atores como base das ações, Bourdieu propõe a noção de "ter um senso do jogo", senso que nunca é perfeito e que exige uma imersão prolongada no campo para se desenvolver. Essa é uma compreensão particularmente *prática* da prática – enfatizada pelo uso que Bourdieu faz de termos como "domínio prático", "senso de prática" e "conhecimento prático" – que ele afirma faltar em teorias ingenuamente estruturalistas e no objetivismo de Lévi-Strauss. Bourdieu contrasta a lógica abstrata de tais abordagens com sua noção da prática como "seguir regras", com a lógica prática dos atores. Ele avisa que mesmo esta noção de um jogo precisa ser manuseada com cuidado:

> Pode-se falar de jogo para dizer que um conjunto de pessoas participa de uma atividade regrada, uma atividade que, sem ser necessariamente produto da obediência à regra, *obedece a certas regularidades*. [...] É preciso falar de regras? Sim e não. Pode-se fazê-lo desde que se distinga claramente *regra* de *regularidade*. O jogo social é regrado, ele é lugar de regularidades (BOURDIEU, 1990: 83 [1987: 81], tradução modificada).

Então, para compreender a prática, é preciso relacionar essas *regularidades* dos campos sociais à *lógica prática* dos atores; seu "senso do jogo" é um senso dessas regularidades. A fonte dessa lógica prática é o habitus. Bourdieu afirma: "O habitus como senso do jogo é o jogo social incorporado, transformado em natureza" (BOURDIEU, 1990: 82 [1987: 80], tradução modificada). Dessa forma, esse elo com a estrutura social permite que Bourdieu enfatize a criatividade sem sucumbir ao voluntarismo e ao subjetivismo que, segundo ele, caracterizam o existencialismo de Sartre. Portanto, Bourdieu afirma ir além da oposição entre o estruturalismo e a hermenêutica, entre oferecer uma teoria objetiva das regularidades sociais e um foco subjetivo na criação de significados pelos atores.

A ênfase na natureza situada e prática da prática também fundamenta as críticas de Bourdieu contra a confusão do modelo da realidade com a realidade do modelo (cf. BOURDIEU, 1983b: 59 [1972a: 253]). Para Bourdieu, a visão externa do olhar acadêmico, baseada em se estar a uma certa distância das ações que são estudadas, significa que os acadêmicos correm o risco de transformar termos lógicos de análise em realidade – conceitos como fenômenos reificados (cf. BOURDIEU, 1990: 79 [1987: 76-77]). Isso significa confundir regularidades sociais observadas sociologicamente com a base da prática na vida cotidiana, confundir a visão do jogo de cima com a visão dos participantes no solo. Imaginemos, por exemplo, as diferenças de forma e função entre um mapa de um sistema de metrô que, através de suas linhas coloridas retas e curvas que interseccionam perfeitamente as estações, mostra as posições *relativas* das estações, e um mapa das posições geográficas reais dessas estações ou, mais ainda, a experiência de viajar no sistema. Em outras palavras, há diferenças fundamentais entre "os fins *teóricos* da compreensão teórica e os fins práticos, diretamente interessados, da compreensão prática" (1990: 78 [1987: 76]) que precisam ser superadas se quisermos compreender completamente a prática social. A intenção por trás do conceito de *habitus* é fazer exatamente isso.

Portanto, para Bourdieu, o habitus é o elo crucial de mediação entre uma série de dualismos muitas vezes representados como dicotômicos por outras abordagens, e junta a existência das regularidades sociais à experiência da ação. Crucialmente, ao fazer isso o *habitus* pretende nos encorajar a pensar de modo relacional: Bourdieu enfatiza "relações entre" e não "ou isto ou aquilo", onde cada dimensão sendo relacionada é ela própria definida relacionalmente. Entretanto, a discussão sobre transcender dicotomias é mera ginástica intelectual, a não ser que possamos *utilizar* os conceitos para compreender e explicar o mundo social. Portanto, eu analisarei agora por que Bourdieu desenvolveu o conceito de *habitus* e seu poder explicativo em seus estudos empíricos.

### Uma história do *habitus*

Uma história das questões que o conceito de *habitus* busca resolver seria a história do próprio pensamento filosófico, pois essas questões são perenes. Uma grande variedade de pensadores sugeriu conceitos semelhantes. A noção correlata de "hábito", por exemplo, aparece na obra de James (1976), Garfinkel (1967), Schütz (1972) e Berger e Luckmann (1971). Entre os pensadores que precederam Bourdieu ao descrever algo parecido com "habitus" estão Aristóteles, Ockham, Tomás de Aquino, Merleau-Ponty, Husserl e Elias, além de Durkheim e Weber[3]. Bourdieu também cita "*Ethos*" de Hegel, "*Habitualität*" de Husserl e "*héxis*" de Mauss como ideias precursoras de sua própria concepção (BOURDIEU & WACQUANT, 2005a [1992: 97]). Uma influência particularmente direta foi *A arquitetura gótica e o pensamento escolástico*, de Erwin Panofsky (1957), que Bourdieu traduziu para o francês[4].

A utilização do termo *habitus* por Bourdieu busca romper deliberadamente com essas teorias passadas – "eu disse '*habitus*' exatamente, e sobretudo, *para não dizer* 'hábito'" (BOURDIEU & WACQUANT, 2005a [1992: 97]). A diferença-chave é que o *habitus* de Bourdieu enfatiza as estruturas subjacentes das práticas; ou seja, os atos são sustentados por um *princípio gerador*. Como Bourdieu explicou:

> Por que ir buscar essa velha palavra? Porque essa noção de *habitus* permite enunciar algo que se aparenta ao que a noção de hábito evoca, distinguindo-se desta num ponto essencial. O *habitus*, como diz a palavra, é aquilo que se adquiriu, mas que se encarnou no corpo de modo durável sob a forma de disposições permanentes. Essa noção lembra então, de maneira constante, que se refere a algo de histórico, ligado à história individual, e que se inscreve num modo de pensamento genético, em oposição a modos de pensamento essencialistas [...]. Aliás, a escolástica designa-

---

3 Sobre a história de "hábito", cf. Carmic (1986). Para exposições sobre a história de "*habitus*", cf. Bourdieu (1998c [2001]), Héran (1987), Nash (1999) e Rist (1984).

4 Bourdieu adotou o argumento de Panofsky de que um modo de pensar (o escolástico), ele próprio moldado pelas condições socioculturais da época, fez surgir o estilo gótico de arquitetura e estendeu esse argumento para a educação contemporânea. Ele sugeriu que o pensamento escolástico era um produto da estrutura organizacional e ideológica do campo da educação, o qual também é condicionado por condições sócio-históricas. A escola, portanto, age como uma "força formadora de hábitos" que gera o "habitus cultivado" (BOURDIEU, 1992a: 211 [1967]).

va também com o nome de *habitus* algo como uma propriedade, um *capital* (BOURDIEU, 1983a: 105 [1980: 134], tradução modificada. Itálico adicionado).

Em outras palavras, Bourdieu afirma que as teorias anteriores tendiam a focar práticas regulares, ou hábitos, em vez dos *princípios subjacentes e geradores* dessas práticas. As "relações invisíveis" para o olhar destreinado "porque são obscurecidas pelas realidades da experiência sensorial ordinária" (BOURDIEU, 1987: 3) são, para Bourdieu, cruciais para compreender o mundo social. Esse modo "genético" ou "relacional" de pensar escava a superfície dos fenômenos empíricos para criar hipóteses sobre a existência de um princípio gerador, o habitus, que é mais do que as práticas que ele gera – ele pode ser possuído e tem suas próprias propriedades e tendências.

Essa concepção de *habitus* evoluiu com os escritos subsequentes de Bourdieu. Como Grenfell (2004b) destaca, a noção de *habitus* aparece em suas obras iniciais sobre os fazendeiros do Béarn para descrever seus hábitos e ações físicas (BOURDIEU, 1962a; 2002b). Apesar de utilizar o termo "habitat", Bourdieu também coloca a ideia no coração de *Os herdeiros* (BOURDIEU & PASSERON, 2013a [1964]) para explicar as taxas diferentes de ingresso na educação superior entre as classes sociais. O *habitus* é definido mais formalmente em *A reprodução* (BOURDIEU & PASSERON, 2011a [1970]), *Esboço de uma teoria da prática* (Bourdieu 1972a) e *O senso prático* (BOURDIEU, 2009 [1980]), e, consequentemente, torna-se ao mesmo tempo mais integrado num esquema teórico mais amplo e também mais aplicável. Com o passar do tempo, o conceito também se ampliou de um foco cognitivo que abrangia mais o corpóreo (primariamente através do conceito de *héxis*) e da ênfase em formas socializadas da ação para o destaque da criatividade da prática. Através desse desenvolvimento, *habitus* se tornou um pilar de análises de uma grande variedade de arenas sociais. Apesar de um resumo abreviado desses estudos estar além de meu escopo aqui, Bourdieu insistiu que o valor de suas concepções estava em seu poder explicativo em análises empíricas concretas, e por isso vale a pena ao menos ilustrar os modos como Bourdieu coloca o *habitus* para trabalhar nesses estudos.

## *Habitus* em ação

A relação entre habitus e campo é central para como o *habitus* funciona enquanto ferramenta explicativa. Como esboçado anteriormente, tanto o habitus quanto o campo são estruturas relacionais e é a *relação entre* essas estruturas relacionais que fornece a chave para a compreensão da prática. As duas estruturas são homólogas – elas representam realizações objetivas e subjetivas da mesma lógica social subjacente – e mutuamente constitutivas, já que uma ajuda a moldar a outra. Crucialmente, ambos também estão em evolução; portanto, as relações entre o habitus e o campo são contínuas, dinâmicas e parciais: eles não se encaixam perfeitamente, pois cada um tem sua própria lógica interna e história. Isso permite que a relação entre a estrutura de um campo e os habitus de seus membros tenha vários graus de encaixe ou desencaixe (cf. Capítulo 8, sobre histerese). Imaginemos, por exemplo, uma situação social onde você se sente, ou espera se sentir, desajeitado, fora de seu elemento, como "um peixe fora d'água". Você pode decidir não ir, declarar que a situação não é "para gente como eu", ou (se já estiver lá) inventar uma desculpa e ir embora. Nesse caso, a estruturação do seu habitus não se encaixa com a do contexto social. Inversamente, imaginemos uma situação onde você se sente confortável, relaxado[a], como um "peixe n'água". Aqui, seu habitus se encaixa com a lógica do campo, você está sintonizado[a] com a *doxa*, as "regras do jogo" não escritas subjacentes às práticas nesse campo. Essa relação entre o habitus e o campo, exposta de modo grosseiro aqui, é central para as descrições que Bourdieu faz de um grande conjunto de campos sociais de prática e, particularmente, de seu papel na reprodução e na mudança social.

Por exemplo, em *Os herdeiros* e *A reprodução*, Bourdieu e Passeron (2013a [1964]; 2011a [1970]) discutem por que atores vindos da classe média têm maior probabilidade de cursar o ensino superior e os atores de classe operária, menor. Eles descrevem como estímulos inumeráveis durante sua formação moldam as perspectivas, crenças e práticas dos atores de modos que têm impacto sobre suas carreiras educacionais. Em vez de o sistema educacional bloquear o acesso de atores de origens não tradicionais, esses próprios atores se afastam do sistema, enxergando a universidade como algo que "não é para mim". Inversamente, os atores de classe média têm probabilidade muito maior de considerar a educação superior como um passo "natural", como parte de sua herança. Já na universidade, eles também têm maior probabilidade de se sentirem "em casa", pois os princípios subjacentes que geram as práticas no campo universitário – suas "regras do jogo" não escritas – são homólogos a seus habitus. Bourdieu diz que assim as pessoas internalizam, através de um processo demorado de condicionamento, as chances objetivas que estão diante delas – elas passam a "ler" o futuro e escolher o destino que também é estatisticamente o mais provável para elas. Bourdieu afirma que as práticas numa dada situação são condicionadas pelas expectativas dos resultados de um dado curso de ação, o que, por sua vez, graças ao habitus se baseia na experiência de resultados passados.

Através de tais estudos Bourdieu mostra como a formação de nosso habitus pode nos oferecer um domínio prático, ou "senso do jogo", mas não da mesma forma para todos os jogos; nossas condições materiais de existência do passado e do presente nos dão mais "senso" de alguns jogos do que de outros, e também de modos particulares de jogar esses jogos. Nossas aspirações e esperanças, nosso senso do que é razoável ou não, provável ou não, nossas crenças sobre quais são as ações óbvias a fazer e os modos naturais de fazê-las, tudo isso para Bourdieu não é nem essencial nem natural, é condicionado por nossos habitus, e, portanto, é uma forma mediada de estrutura social arbitrária (cf. BOURDIEU, 2001b [1997]). São nossas condições materiais de existência que geram nossas experiências inumeráveis de possibilidades e impossibilidades, de resultados prováveis e improváveis, que por sua vez moldam nosso senso inconsciente do possível, provável e, crucialmente, desejável para nós. Para resumir, nós aprendemos nosso lugar de direito no mundo social, onde nos sairemos melhor tendo em vista nossas disposições e recursos e também onde teremos dificuldades (cf. BOURDIEU, 2007:

438 [1979: 549]). Desse modo, nós obtemos "esperanças subjetivas de probabilidades objetivas" (BOURDIEU & PASSERON, 2011a: 191 [1970: 191]): o que é provável torna-se aquilo que escolhemos ativamente. Dessa forma, os atores passam a gravitar na direção dos campos sociais (e de posições nesses campos) que melhor se encaixam com suas disposições e tentam evitar os campos que envolvem um confronto habitus/campo.

Em outros estudos importantes sobre educação (cf. BOURDIEU, 2011b, 1989b; BOURDIEU et al., 1965b), consumo cultural (BOURDIEU, 2007 [1979]), linguagem (BOURDIEU, 1996a [2001]), a criação e canonização da arte (BOURDIEU 1993c, 1996b [1992]), entre vários outros focos, Bourdieu trata repetidamente dessas questões de como e por que as pessoas pensam e agem como fazem, e como essas ações e crenças têm impactos sobre a reprodução e a mudança social. A noção de graus daquilo que chamei de encaixe ou confronto habitus/campo é crucial não apenas para os processos delineados anteriormente, mas também para como esses processos são normalmente tornados invisíveis para os atores envolvidos. Onde estão como "peixes n'água", os atores tipicamente não têm consciência do encaixe entre seus habitus e os campos onde eles prosperam ou sentem-se confortáveis, e de como eles vieram a estar nesses contextos. Além do mais, em virtude do encaixe habitus/campo, os atores compartilham a *doxa* do campo, as pressuposições que "não precisam ser ditas" e que determinam os limites do factível e do pensável. Como Bourdieu afirma: "As estratégias mais rentáveis são muitas vezes aquelas produzidas, aquém de todo cálculo e na ilusão da mais 'autêntica' sinceridade, por um habitus objetivamente ajustado às estruturas objetivas" (BOURDIEU, 2009: 102n15 [1980: 104n15]). Os atores tipicamente aceitam seu destino e "desconhecem" ["*misrecognize*"] o arbitrário, considerando-o essencial. O habitus "[transforma] continuamente a necessidade em virtude, levando a 'escolhas' ajustadas à condição da qual ele é o produto" (BOURDIEU, 2007: 166 [1979: 195], tradução modificada). Portanto, para Bourdieu, revelar o funcionamento interno do habitus é um tipo de "socioanálise", uma forma política de terapia que permite que os atores compreendam mais completamente seu lugar no mundo social.

Entretanto, a relação entre o habitus e o mundo social nem sempre é simplesmente uma relação de graus de encaixe ou confronto – eles podem "sair de sintonia". Por suas disposições serem incorporadas, o habitus desenvolve um ímpeto que pode gerar práticas ainda por algum tempo depois das condições originais que o moldaram terem desaparecido. Além do mais, para Bourdieu a socialização primária na família é altamente formadora e, apesar do habitus ser moldado por contextos contínuos, isso ocorre de forma lenta e inconsciente – nossas disposições não são arrastadas facilmente pelas marés de mudança nos mundos sociais que habitamos. Portanto, podemos ter situações onde o campo muda mais rapidamente do que os habitus de seus membros, ou em direções diferentes destes. Desse modo, as práticas dos atores podem parecer anacrônicas, teimosamente resistentes ou mal-informadas. Esse "efeito de histerese" (BOURDIEU, 2007: 142 [1979: 158]) é central, por exemplo, para as análises de Bourdieu das práticas econômicas dos camponeses na Argélia (BOURDIEU et al., 1979b [1963]; BOURDIEU & SAYAD, 1964, 1979a, 2004c [2003])[5]. Sob o colonialismo francês, a sociedade camponesa tradicional da Argélia foi submetida a "uma espécie de *aceleração histórica* que fez coexistirem [...], sob o olhar do observador, duas formas, normalmente separadas por um intervalo de vários séculos, de sistema econômico com exigências contraditórias" (BOURDIEU, 2004c: 10 [2003: 79]). A economia monetária importada e imposta pelo colonialismo exigia dos camponeses novas atitudes diante do tempo e também um racionalismo monetário. Esse "habitus econômico" (BOURDIEU, 2004c: 23 [2003: 85]) envolve ver as transações econômicas como possuidoras de sua própria lógica, separada da lógica das relações sociais comuns, especialmente entre parentes. Entretanto, os camponeses mantiveram por algum

---

5 Cf. Bourdieu (2011b [1984]) para uma outra análise da histerese, dessa vez explicando as revoltas estudantis na França no final da década de 1960 em termos de um desencaixe entre as aspirações de uma população estudantil em expansão e as probabilidades objetivas de entrar no mercado de trabalho no mesmo nível do passado sob condições de desvalorização dos diplomas devido à própria expansão.

tempo seus modos tradicionais de agir. Bourdieu afirmou que isso não era irracional nem teimoso ou conservador. Isso porque as disposições dos camponeses foram forjadas num mundo social diferente; apesar desse mundo estar em transformação, não se podia esperar que essas disposições duráveis mudassem no mesmo ritmo, o que levou à *histerese* antes dessas práticas se adaptarem e mudarem lentamente num processo não de "acomodação forçada, puramente mecânica e passiva", mas sim de "reinvenção criativa" (BOURDIEU, 1979a: 14). Dessa forma, o fato do habitus e do campo, nossas disposições e condições materiais de existência, terem uma autonomia relativa um do outro não apenas permite que Bourdieu proclame transcender essas dicotomias filosóficas, como aquela entre o individual e o social, mas também – e o que é mais importante – oferece a base do poder explicativo de suas análises dos atores em mundos sociais empíricos.

### *Habitus*: para além de Bourdieu

Até agora eu esbocei como, com o *habitus*, Bourdieu pretende tanto transcender dualismos filosóficos quanto oferecer exposições epistemologicamente poderosas do mundo social. Mas ainda falta responder o que o conceito de *habitus* nos oferece *para além* de Bourdieu. Eu afirmo que o principal legado do *habitus* é seu papel crucial num projeto mais amplo. Bourdieu proclamou que:

> Trata-se de produzir, se não um "novo homem", pelo menos um "novo olhar", um *olho sociológico*. E isso não é possível sem uma verdadeira conversão, uma *metanoica*, uma revolução mental, uma transformação de toda a visão do mundo social (BOURDIEU & WACQUANT, 2005a [1992: 221]).

O *habitus* é uma peça-chave da lente que Bourdieu usa para enxergar o mundo social. Como afirmei anteriormente, esse novo "olhar" sociológico é fundamentado por um *modo relacional de pensar*. A relação é a essência do *habitus*. Enquanto muitas abordagens reduzem a prática a uma dimensão de uma dicotomia, como ou o individual ou o social, e dissolvem assim os dualismos através do reducionismo, o *habitus* oferece um meio de manter esses dualismos, mas numa relação. Além do mais, ele oferece vantagens quando comparado com outros conceitos oferecidos com o mesmo propósito. A noção de "estruturação" de Giddens (1984), por exemplo, junta a estrutura e a ação, mas ao custo de sua integridade analítica, inutilizando a capacidade de capturar qualquer uma das duas (cf. ARCHER, 1995, 1996). Com *habitus*, Bourdieu busca permitir que a estrutura e a ação (e, do mesmo modo, o individual e o social, o "externo" e o "interno" etc.) mantenham sua integridade analítica e também relacionar uma à outra. Como afirmado acima, o próprio conceito de *habitus* é relacional. Como os exemplos apresentados aqui demonstram, a prática não é redutível ao *habitus* – ela é um fenômeno emergente das relações entre os habitus dos atores e seus campos sociais contextuais. Para Bourdieu, o habitus, o capital e o campo são necessariamente inter-relacionados, tanto conceitual quanto empiricamente (BOURDIEU & WACQUANT, 2005a [1992: 72]). Falar de *habitus* sem *campo* e afirmar que se analisa o "habitus" sem analisar o "campo" é, portanto, transformar o habitus em fetiche, abstraí-lo dos próprios conceitos que lhe dão significado e nos quais ele funciona. Qualquer tentativa de explicar a prática utilizando apenas o *habitus* não é bourdieusiana. O habitus é uma estrutura relacional cuja importância está em suas relações com campos relacionais. Portanto, o conceito de *habitus* e o objeto que ele busca conceituar são ambos de intenção completamente relacional. Com o conceito, Bourdieu nos encoraja a adotar um modo de pensar relacional que vai além das práticas empíricas de superfície para escavar seus princípios estruturais subjacentes. Dessa forma, o *habitus* busca moldar nosso habitus – ele busca ajudar a transformar nossos modos de enxergar o mundo social.

Se a contribuição principal do *habitus* é moldar o nosso habitus, essa também é a base de como podemos desenvolvê-lo para além de Bourdieu. O conceito foi submetido a um debate filosófico considerável. Entretanto, meu foco aqui é sua capacidade de permitir a pesquisa empírica. Isso segue as críticas do próprio Bourdieu sobre o seu valor – ele disse que seu esquema teórico representa "um *construto temporário que é moldado para o trabalho empírico, e por ele*" (BOURDIEU & WACQUANT, 1989d: 50, itálico no original).

Enquanto ideia orientadora, o *habitus* funciona ao chamar a atenção para algo importante e ao oferecer um modo de pensar sobre isso. Ele é uma heurística poderosa, graças, em parte, à sua natureza geral – quando pensamos em termos de *habitus*, vemos os efeitos do habitus em todos os lugares. Assim, o *habitus* pode ser, e está sendo, utilizado para analisar uma grande variedade de questões e áreas em várias disciplinas – ele é altamente aplicável, e uma exposição sobre a utilização de *habitus* por outros pesquisadores resultaria facilmente num outro livro (para exemplos, cf. GRENFELL & KELLY, 2004; FOWLER, 2000; GRENFELL & HARDY, 2007). Entretanto, enquanto conceito para pesquisas empíricas, essa força do *habitus* também pode criar dificuldades.

O *habitus* trabalha muito na abordagem de Bourdieu e pode ser aplicado em níveis macro, meso e micro. Entretanto, ele pode ser difícil de definir. Como um comentador afirmou, "essa própria versatilidade conceitual muito atraente às vezes deixa ambíguo o que exatamente o conceito designa empiricamente" (SWARTZ, 1997: 109). A questão sobre a estrutura do habitus é mais importante. Isso significa perguntar: Se o *habitus* destaca uma estrutura geradora, então qual é a estrutura interna dessa estrutura? De acordo com Bourdieu, as práticas são geradas pelo habitus e, portanto, todas as práticas oferecem evidências das estruturas do habitus que as gera. A tarefa do[a] pesquisador[a] é analisar as práticas, de modo a revelar os princípios estruturais subjacentes do habitus. Entretanto, empiricamente, nós não "vemos" um habitus, e sim os *efeitos* de um habitus nas práticas e crenças que ele gera. A estrutura do habitus precisa ser capturada através da escavação das práticas, para apreender sua estrutura relacional como uma de um conjunto de estruturas possíveis. Assim, as questões para a pesquisa são: Qual estrutura particular do habitus está em jogo aqui em comparação com outras estruturas possíveis do habitus? E como podemos saber quando o habitus muda, varia ou permanece o mesmo?

Aqui, nós chegamos aos limites do conceito em sua formulação atual. Raymond Boudon (1971: 51, 102) distingue entre conceitos relacionais *intencionais*, que buscam construir relacionalmente um objeto de estudo, e a implementação *operativa* dessa intenção através de conceitos que permitem que o objeto seja analisado como sistemas relacionais. Como várias críticas simpáticas a Bourdieu afirmaram, para o *habitus* se tornar um conceito relacional operativo é preciso ser possível enunciar a estrutura interna de um habitus *separadamente* de uma descrição das práticas que ele gera; por exemplo, como a estrutura X dentro de um conjunto de estruturações possíveis W, X, Y, Z[6]. Sem essa capacidade, há risco de circularidade e de explicações *ad hoc*. Por exemplo, o próprio Bourdieu reconheceu que é possível afirmar "Por que ele faz escolhas pequeno-burguesas? Porque ele tem um habitus pequeno-burguês!" e que ele "sempre [esteve] consciente do perigo" (BOURDIEU & WACQUANT, 2005a [1992: 104-105]). Entretanto, a consciência de Bourdieu não é o bastante; é necessário um meio conceitual para evitar que a circularidade seja possível. Sem um meio claro para identificar o "X", como Bernstein afirmou, "quando uma ilustração é desafiada ou uma interpretação alternativa é oferecida, temos problemas" (BERNSTEIN, 1996: 136). Isso não significa que o *habitus* seja deficiente nem que as análises de Bourdieu não sejam convincentes, mas simplesmente destaca como o potencial explicativo do conceito pode ser fortalecido para permitir os tipos de exposições epistemologicamente poderosas do mundo social que Bourdieu buscava oferecer. Pois, atualmente, o *habitus* está aberto a utilizações e compreensões errôneas ao ser usado em pesquisas. Por exemplo, dois resultados da necessidade de desenvolver melhor o conceito que trabalham contra as intenções de Bourdieu são o reducionismo e a proliferação.

Primeiro, quando citado como um conceito-chave para estudos empíricos, o *habitus* muitas vezes é reduzido a uma sombra do conceito definido por Bourdieu. Por exemplo, na pesquisa em pedagogia (onde *habitus* é utilizado com frequência), é comum demais que a construção relacional do objeto de estudo, que Bourdieu enfatizou como essencial para sua abordagem, seja deixada de lado em favor da utilização de *habitus* como um sinônimo de pano de fundo social

---

6 Cf., p. ex., Bernstein (1996); LiPuma (1993); Maton (2000, 2003, 2005); e Moore (2004).

ou socialização. Estudos que supostamente utilizariam a abordagem de Bourdieu às vezes simplesmente indicam as práticas, como as atitudes dos alunos diante da educação ou da escolha de universidade, e proclamam que demonstram os efeitos do habitus. Dessa forma, o *habitus* é despido de sua estrutura relacional, de sua relação crucial com o campo para gerar práticas e de suas qualidades dinâmicas. Utilizado isoladamente, o *habitus* muitas vezes é pouco mais do que uma cobertura teórica de um bolo empírico. De fato, como o próprio Bourdieu destacaria, a maioria das utilizações de *habitus* representa somente a jogada estratégica de citar um conceito que atualmente goza de alto prestígio e exibir pouca compreensão do termo, e menos ainda do esquema teórico e do olhar sociológico por trás dele. Uma regra simples para detectar essa forma de utilização é ver se o conceito pode ser removido dessas exposições sem nenhuma perda de poder explicativo.

Um segundo efeito é a tendência do *habitus* de proliferar adjetivos. Essa adição adjetival (p. ex., "habitus emocional") é tipicamente acompanhada por uma falta de análise do campo. O adjetivo muitas vezes destaca a área da vida social onde seus efeitos são proclamados ou denota o tipo de ator sendo estudado, como "habitus institucional" e "habitus familiar". Essa proliferação de *habitus*, de fato, ilustra a versatilidade do conceito ao destacar a grande variedade de questões para as quais ele é pertinente. Entretanto, ela também reflete uma tentação de descontextualizar o *habitus* da abordagem que dá significado ao conceito e, em vez disso, de adotar uma lente empirista – nomear partes de um *habitus* distingue características empíricas das práticas, e não seus princípios geradores subjacentes. Como uma resenha recente afirma, a adição de adjetivos como "institucional" e "familiar" transgride a ontologia relacional da abordagem de Bourdieu e, assim, "viola a lógica conceitual e, ao mesmo tempo, pode reduzir a zero a potência dos conceitos de Bourdieu"; eles se tornam "não apenas inválidos, mas também bastante redundantes" (ATKINSON, 2011: 332, 333). Neste ponto, voltamos a uma compreensão pré-bourdieusiana do habitus (como mencionado antes). Eu sugiro que essas tentações destacam a necessidade de elaborar o *habitus* através do desenvolvimento de um modo de tradução entre o teórico e o empírico (p. ex., para identificar o "X")[7].

Ainda assim, o conceito permanece extremamente valioso. Em um artigo que respondia a críticas de seu valor, Roy Nash se perguntou se "o *habitus* vale todo esse esforço". Ele concluiu que:

> Se demorar quase uma década para compreendermos os conceitos centrais da teoria de Bourdieu apenas para chegarmos à conclusão de que ele não melhorou nossa habilidade de compreender o mundo, então talvez não. Mas o esforço para trabalhar com os conceitos de Bourdieu [...] vale a pena, simplesmente porque fazer isso nos força a pensar (NASH 1999: 185).

Eu gostaria de adicionar que ele vale a pena não apenas porque nos força a pensar, mas também porque ele nos oferece um modo frutífero de pensar. Como Bernstein afirmou, o *habitus* "é algo bom para se pensar, ou pensar sobre", e também nos alertou a "novas possibilidades, novas montagens, novos modos de enxergar relacionamentos" (BERNSTEIN, 1996: 136). *Habitus* é para a abordagem de Bourdieu o que *poder/conhecimento* é para a de Foucault ou *código* é para a de Bernstein – quando internalizamos a ideia a ponto de ela se tornar parte de nosso modo de enxergar e pensar o mundo social, isso passa a ocorrer naturalmente. Se o habitus é o social incorporado, *habitus* pode se tornar o sociológico incorporado. Pensar em termos de *habitus* se torna parte de nosso habitus. Quando o conceito entra em nossa medula intelectual dessa forma, ele atinge a "*metanoica*" que Bourdieu esperava oferecer. Essa é sua força e uma realização considerável. Mas não é o final da história. O *habitus*, como sua evolução através da obra de Bourdieu demonstra, e como as próprias coisas que ele busca capturar, não deve ser considerado

---

[7] Um meio de fazer isso é exemplificado pela teoria dos códigos de legitimação (LCT, na sigla em inglês) que reúne as percepções da abordagem de Bourdieu com as de Basil Bernstein (1975, 1996) para analisar os princípios organizadores das práticas em termos de vários códigos de legitimação (MATON, 2012). Esses códigos oferecem uma análise sistemática dos princípios estruturais subjacentes tanto do habitus quanto do campo, cujas relações são descritas em termos de embates de códigos, encaixes de códigos e mudanças de códigos. Existe atualmente uma comunidade de pesquisa em franco crescimento que utiliza a LCT em pesquisas empíricas, especialmente para o estudo da educação (MATON et al., 2012).

fixo nem eterno, e sim uma ideia em evolução. O desenvolvimento posterior do *habitus* para se tornar um conceito relacional completamente operativo representa o próximo estágio animador da concepção em evolução do habitus.

# 4
# Campo

*Patrícia Thomson*

**Introdução**
Bourdieu afirmou que para compreender as interações entre pessoas ou explicar um evento ou fenômeno social não era suficiente olhar o que era dito ou o que acontecia. Era necessário examinar o *espaço social* onde as interações, transações e eventos ocorriam (BOURDIEU, 2006a: 202 [2000: 228]). De acordo com Bourdieu, uma análise do espaço social significava não apenas *localizar* o objeto de investigação em seu contexto específico histórico, local/nacional/internacional e relacional, mas também interrogar os modos que geraram o conhecimento anterior do objeto sob investigação, quem fez isso e quais interesses foram servidos por essas práticas geradoras de conhecimento (p. ex., BOURDIEU, 1983a [1980], 1990 [1987], 2004b [2001]).

Este capítulo analisa especificamente o que Bourdieu queria dizer com "espaço social", ou "campo", como ele o nomeou. Depois de discutir como podemos compreender "campo" e o trabalho que a teorização do "campo" foi feita para realizar, eu discuto "campos" específicos ao utilizar os próprios textos de Bourdieu sobre esses tópicos e também os de outros cientistas sociais que adotaram suas ferramentas metodológicas. Termino discorrendo sobre algumas críticas feitas à ideia de "campo" e sua operacionalização na pesquisa.

**A ideia de "campo"**
A primeira utilização de Bourdieu do conceito de campo foi num artigo chamado "Champ intellectuel et projet créateur" ["Campo intelectual e projeto criador"] (BOURDIEU, 1968a [1966]; cf. tb.

BOSCHETTI, 2006: 140), que discutia uma diferença de opinião entre dois acadêmicos franceses, Barthes e Picard. Bourdieu sugeriu que, apesar de suas diferenças, ambos os autores travavam o mesmo empreendimento acadêmico: esses desacordos eram normais na prática acadêmica e ambos os autores acreditavam igualmente no valor intrínseco da controvérsia e do debate (LANE, 2000: 73).

O campo viria a assumir um aspecto cada vez mais significativo na obra de Bourdieu e boa parte de seus escritos posteriores tratou de investigações específicas de campos: por exemplo, educação (BOURDIEU & PASSERON, 2011a [1970]; BOURDIEU, 2011b [1984], 1989b); cultura (BOURDIEU, 2007 [1979]; BOURDIEU et al., 1965a, 2003a [1966]); televisão (BOURDIEU, 1997b [1996]); literatura (BOURDIEU, 1996b [1992]); ciência (BOURDIEU, 2004b [2001]); moradia (BOURDIEU, 2006a [2000]); burocracia (cf. WACQUANT, 2005) e os locais sociais reestruturados da desindustrialização globalizada (BOURDIEU, 1997a [1993]). Ele também aplicou a noção de campo à história de sua própria vida (BOURDIEU, 2005b [2004]).

Em inglês, a palavra "campo" ["*field*"] pode muito bem conjurar uma imagem de uma campina[1]. Talvez seja o início do verão, e a campina está cheia de flores e capins silvestres envoltos por uma massa escura de árvores. Em francês, a palavra para esse tipo de campo é *le pré*. Entretanto, Bourdieu não escreveu sobre *les prés* bonitos e benfazejos, e sim sobre *le champ*, que é usado para descrever, *inter alia*, uma área de terra, um campo de batalha e um campo de conhecimento. Há muitas analogias para o *champ* de Bourdieu: (1) o campo onde se joga uma partida de futebol (*le terrain*, em francês); (2) o campo na ficção científica (como em "Ative o campo de força, Spock!"); ou mesmo (3) um campo de forças na física. O conceito de *champ* ou campo de Bourdieu contém elementos importantes de todas essas analogias, mas não é igual a nenhuma delas.

Eu analisarei cada uma delas e as utilizarei para explicar a noção de campo de Bourdieu.

---

[1] Essa também é uma das principais acepções da palavra "campo" em português [N.T.].

*Um campo de futebol*

Um campo de futebol é um lugar delimitado onde se joga um jogo. Para jogar o jogo os jogadores têm posições definidas – quando o campo de futebol é representado em forma visual, ele é um retângulo com divisões internas e um limite externo com as posições estabelecidas marcadas em lugares predeterminados. O jogo tem regras específicas que os jogadores novatos precisam aprender, além de habilidades básicas, quando começam a jogar. O que os jogadores podem fazer e onde eles podem ir durante o jogo depende de suas posições no campo. A própria condição física do campo (se ele está molhado, seco, se o gramado é bom ou cheio de buracos) também tem efeito no que os jogadores podem fazer e, portanto, em como o jogo pode ser jogado.

A ideia de um campo social ser um campo de futebol não é um disparate completo. Bourdieu realmente discutiu a vida social como um jogo. Ele frequentemente se referia a ela como um jogo de futebol, talvez porque esse fosse um jogo que ele conhecia bem (de fato, ele foi um bom jogador de rúgbi quando jovem). Ele sugeriu que, assim como no futebol, o campo social consistia em posições ocupadas por agentes (pessoas ou instituições) e o que acontece no campo é, consequentemente, limitado. Portanto, existem limites ao que pode ser feito, e o que pode ser feito também é moldado pelas condições do campo (cf. Capítulo 3, sobre habitus para mais informações sobre jogar o jogo).

Assim como um campo de futebol, o campo social não está sozinho. Bourdieu desenvolveu a noção de campo social como uma parte de um meio de investigar a atividade humana. Isso quer dizer que, sozinha, a ideia de campo social não tem poder explicativo suficiente. Em vez de se atolar em debates a esmo sobre a primazia ou das estruturas sociais ou da ação humana, Bourdieu defendeu uma metodologia que juntaria um trio interdependente e construído em conjunto – campo, capital e habitus – sem nenhum deles ser primário, dominante nem causal. Cada um deles era integral para a compreensão do mundo social e os três estavam amarrados num nó górdio que poderia ser compreendido apenas através de desconstruções caso a caso.

De acordo com Bourdieu, o jogo que ocorre em espaços ou campos sociais é competitivo, com vários agentes utilizando estratégias diferentes para manter ou melhorar suas posições. O que está em jogo no campo é a acumulação de *capitais*: eles são tanto o processo num campo quanto o produto dele. Bourdieu nomeou quatro formas de capital: econômico (dinheiro e bens); cultural (p. ex., formas de conhecimento; preferências de gosto, estéticas e culturais; linguagem, narrativa e voz); social (p. ex., afiliações e redes; herança familiar, religiosa e cultural); e simbólico (coisas que representam todas as outras formas de capital e podem ser "trocadas" em outros campos, p. ex., credenciais). Entretanto, diferentemente de um campo de futebol muito bem cuidado, num campo social não existe um terreno nivelado; os jogadores que começam com formas particulares de capital estão em vantagem desde o começo porque o campo depende desse capital e produz mais dele. Esses jogadores sortudos são capazes de utilizar sua vantagem de capital para acumular e avançar mais (ter mais sucesso) do que outros.

Os campos são moldados de formas diferentes de acordo com o jogo que é jogado neles. Eles têm suas próprias regras, histórias, "craques", lendas e erudição. E é aqui que a próxima metáfora de campo pode ser útil.

### Campos de força da ficção científica

Os campos de força da ficção científica são construídos através da criação de uma barreira entre o que acontece dentro e o que acontece fora. Feitos para proteger quem está do lado de dentro, eles constituem pequenos mundos autocontidos. As atividades do lado de dentro seguem padrões regulares e ordenados e têm certa previsibilidade; sem isso, o mundo social dentro do campo de força se tornaria anárquico e deixaria de funcionar. A ordem social em naves estelares fictícias é estruturada hierarquicamente: nem todos são iguais, e há algumas pessoas dominantes que têm o poder de tomar decisões sobre os modos como o pequeno mundo social funciona.

Entretanto, as regras da nave estelar autocontida também são como aquelas que operam em outras embarcações semelhantes, e apesar de uma certa variação ser possível e necessária para a sobrevivência, existe um padrão comum de operações entre naves estelares.

Portanto, o espaço social de Bourdieu pode ser concebido como um pequeno mundo nesse modelo. Ao falar sobre o campo econômico, por exemplo, ele o descreveu como um "cosmos" (BOURDIEU, 2006a: 19 [2000: 18]) e também como "um universo separado, regido por suas próprias leis" (2006a: 21 [2000: 20]).

Como um campo de força, um espaço social opera de modo semiautônomo. Ele é uma construção humana com seu próprio conjunto de crenças (*teodiceias* – cf. Capítulo 14, para uma discussão) que racionalizam as regras do comportamento do campo – cada campo tem sua própria "lógica da prática" distinta. Os agentes que ocupam posições particulares compreendem como se comportar no campo, e essa compreensão não apenas parece "natural", mas também pode ser explicada utilizando-se as verdades, ou *doxa*, que são o linguajar comum dentro do campo. A doxa desconhece ["*misrecognizes*"] a lógica da prática que opera no campo, de modo que, mesmo ao serem confrontados com o propósito da (re)produção social do campo, os agentes conseguem explicá-lo sem refletir a respeito.

Um campo social não é fixo e é possível traçar a *história* de seu formato, operações e conjunto de conhecimento específicos exigidos para mantê-lo e adaptá-lo. Fazer isso significa compreender como a mudança ocorre dentro de um campo.

As coletividades de pessoas ocupam mais de um campo social simultaneamente. Elas(nós) podem ser pensadas como ocupando um espaço social comum – Bourdieu chamou isso de *campo do poder* – que consiste em campos sociais múltiplos como o campo econômico, o campo educacional, o campo das artes, os campos burocrático e político, e assim por diante. Bourdieu sugere que, assim como existem similaridades nos espaços sociais da ficção científica que são criados através do estabelecimento de campos de força, existem também *homologias* (semelhanças) entre campos sociais. Há semelhanças notáveis entre as práticas padronizadas, regulares e previsíveis dentro de cada campo, assim como os tipos de agentes que são dominantes em cada campo social. Também existem relacionamentos de troca entre os campos que os tornam mais interdependentes: por exemplo, o tipo de escolaridade que as pessoas recebem no campo educacional pode fazer muita diferença para o seu posicionamento no campo econômico (cf. Capítulo 6, sobre capital). Entretanto, diferente da nave estelar da ficção científica que está sob controle de uma grande autoridade, Bourdieu não propõe o campo do poder como algo que determina o que acontece em cada um dos vários campos sociais. Pelo contrário, ele sugere um processo mútuo de influência e construção conjunta contínua: o que ocorre no campo do poder molda o que pode ocorrer num campo social, ao mesmo tempo em que aquilo que ocorre num campo social molda o campo do poder e também pode influenciar outros campos sociais.

Isso nos leva à terceira metáfora.

*Um campo de força*

Um campo de força na física geralmente é representado como um conjunto de vetores que ilustram as forças exercidas por um objeto sobre outro. Bourdieu também pensou os campos sociais de modo parecido. Ele propôs que se pode pensar um campo como constituído por forças opostas, ou seja, *quiasmáticas*. Ele afirmou que o capital cultural e o econômico operam como dois polos hierarquizados num campo social. O campo funciona um pouco como um campo magnético, com as posições determinadas através de suas relações com os quatro polos. Um campo pode ser representado figurativamente como um quadrado que consiste em dois eixos que se interseccionam: um eixo o capital econômico (de mais a menos) e, o outro, o capital cultural (de mais a menos). Bourdieu raciocinou que os campos podem ser plotados dessa forma (cf. Figura 4.1): "Em um polo, as posições dominantes econômica ou temporalmente e dominadas culturalmente, e, no outro, as posições dominantes culturalmente e as dominadas economicamente" (BOURDIEU, 1989b: 383).

**Figura 4.1 Posições de campo representando o capital cultural e o econômico**

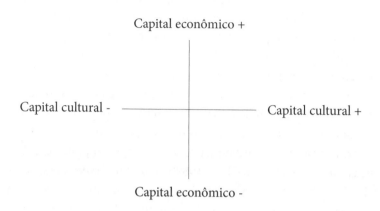

O polo econômico é horizontal porque o capital econômico traz mais *status* e poder do que o capital cultural, apesar de ambos em conjunto serem altamente vantajosos no campo do poder. Mas num campo de força físico não há necessariamente uma fronteira claramente delimitada e sim um desvanecer das forças nas bordas. Em outras palavras, o campo de força existe apenas enquanto seus efeitos forem detectáveis. Entretanto, diferentemente dos campos de força físicos, um dos locais de luta dentro do campo social pode ser na sua fronteira e pode ser sobre ela e os valores de seus capitais (BOURDIEU & WACQUANT, 2005a [1992: 80]).

Todo campo social tem "*distinção*" (BOURDIEU, 2007 [1979]) ou qualidade – por exemplo, entre formas de vanguarda de elite e formas populares na literatura (BOURDIEU, 1996 [1992]), entre as ciências "duras" e as artes "moles" nas disciplinas acadêmicas (BOURDIEU, 2004b [2001]; BOURDIEU et al., 1965b); entre a arte nas galerias e a arte de fotografias de família (BOURDIEU et al., 1965a, 2003a [1966]), entre moradias projetadas por arquitetos e casas pré-fabricadas de conjuntos habitacionais (BOURDIEU, 2006a [2000]) – que são expressões dos volumes e tipos de capital cultural ou econômico em jogo no campo específico. As posições podem ser plotadas num campo através da coleta de um conjunto de dados sobre o tipo e os volumes dos capitais possuídos pelos agentes (instituições e indivíduos): por exemplo, dados sobre as origens sociais de um indivíduo, o nível educacional e a instituição onde ele estudou, suas redes, associações e afiliações, seu emprego, seu local de residência, e assim por diante. Pode-se desenvolver assim aglomerados de perfis individuais com características ou correspondências iguais ou semelhantes através de uma versão da análise fatorial multivariada (cf. BOURDIEU, 1988a: 69-72) e plotá-los em planos no campo. Um exemplo desse tipo de "mapeamento" pode ser visto na explicação que Bourdieu dá sobre o campo do poder em *A nobreza do Estado* (BOURDIEU, 1989b: 375-385), onde chefes industriais e comerciais, *inspecteurs de finances*[2], engenheiros de minas, membros de gabinetes ministeriais, diretores de ministérios, prefeitos, generais, professores e bispos (1989b: 382) foram posicionados quiasmaticamente: isso também nos oferece uma indicação sobre o poder relativo de cada um dos campos dentro do campo do poder.

Portanto, diferentemente de um campo de força que normalmente existe como uma entidade única, Bourdieu propôs um mundo social (o campo do poder) composto de múltiplos campos: campos grandes podiam ser divididos em subcampos (p. ex., o campo da arte nos da literatura, pintura, fotografia etc.). Cada subcampo, apesar de seguir a lógica geral de seu campo, também tinha suas próprias lógicas, regras e regularidades internas, e mover-se do campo mais amplo para um subcampo poderia muito bem exigir um "genuíno salto qualitativo" tanto para os agentes quanto para aqueles que buscam investigá-lo e compreendê-lo.

Como afirmado antes, os campos que constituem o campo do poder não estão nivelados: alguns são dominantes, e o jogo em campos subordinados muitas vezes depende de atividades em outros campos – por exemplo, o que ocorre no campo da moradia depende muito do que acontece nos campos financeiro e do Estado.

---

2 Em francês no original. São analistas financeiros de elite formados pela École Nationale d'Administration para trabalhar em políticas públicas, mas que são frequentemente cooptados por empresas privadas [N.T.].

Bourdieu defendia que *todos* os subcampos do campo cultural eram dominados pelo campo econômico (BOURDIEU, 1990: 174 [1987: 172]). Para complicar mais as coisas, Bourdieu sugeriu que as instituições dentro dos campos também operavam como subcampos, e sua análise do mercado de moradia exemplifica tanto uma análise do campo quanto dos subcampos de firmas imobiliárias específicas.

Bourdieu nota que "a homologia entre os campos especializados e o campo social global faz com que várias estratégias sejam *jogos duplos* que [...] funcionam em vários campos ao mesmo tempo" (BOURDIEU, 1989b: 384). Ele sugeriu que essa homologia geralmente não era compreendida pelos membros do campo porque a *doxa* em cada campo opera para que eles desconheçam sua contribuição para o campo geral do poder e para a (re)produção de desigualdades sociais.

Bourdieu produziu estudos que mostraram como vários subcampos apareciam na vida das pessoas. Por exemplo, em *A distinção* (BOURDIEU, 2007 [1979]), Bourdieu juntou análises detalhadas de números de campos econômicos e culturais para mostrar não simplesmente as correspondências entre os campos, mas também as mutualidades importantes que trabalhavam através dos campos para criar gradações de agrupamentos sociais distinguidos por seu "gosto" na comida, na arte, na moradia, na educação, na recreação, e assim por diante. Esse estudo utilizou detalhes da educação de aglomerados de agentes como um indicador-chave do volume e do tipo de capital cultural e social associado a cada posição social (cf. BENNETT et al., 1999; TRIFONAS & BALOMENAS, 2004, para duas explorações do gosto e da distinção em tempos mais recentes). Um estudo posterior, *A miséria do mundo* (BOURDIEU, 1997a [1993]), foi concebido para mostrar como as mudanças na sociedade francesa impostas pelo campo do poder – a globalização, a desindustrialização, a imposição de políticas neoliberais – afetavam as vidas dos pobres e daqueles que agora enfrentavam dificuldades, pequenos comerciantes, os idosos, aqueles com famílias novas, imigrantes e refugiados.

Apesar de um campo ser profundamente *hierarquizado*, com agentes e instituições dominantes com poder considerável para determinar o que acontece nele, ainda há ação e mudança. Diferentemente do campo de força na física que é governado por leis imutáveis e perenes, Bourdieu deixou muito claro que as pessoas não são autômatos,

> [...] não são partículas submetidas a forças mecânicas, agindo sob a coerção de *causas,* nem tampouco sujeitos conscientes e conhecedores, obedecendo a *razões* e agindo com pleno *conhecimento de causa,* conforme acreditam os defensores da teoria da ação racional [...] [eles são] agentes que agem e que conhecem, dotados de um *senso prático* [...], um sistema adquirido de preferências, de princípios de visão e de divisão [...] e de esquemas de ação (BOURDIEU, 1996c: 41-42 [1994: 45], tradução modificada).

Bourdieu afirmou que havia a possibilidade de "jogo livre" em campos, e que eventos em campos adjacentes, e também externos a campos (mudanças demográficas, novas tecnologias, crises globais, desastres naturais etc.) igualmente podiam produzir mudanças neles.

Para ver como essas ideias se juntam na obra de Bourdieu, é útil ver um resumo. Ao escrever sobre o campo da televisão Bourdieu definiu um campo como:

> [...] um espaço social estruturado, um campo de forças – há dominantes e dominados, há relações constantes, permanentes, de desigualdade, que se exercem no interior desse espaço – que é também um campo de lutas para transformar ou conservar esse campo de forças. Cada um, no interior desse universo, empenha em sua concorrência com os outros a força (relativa) que detém e que define sua posição no campo e, em consequência, suas estratégias (BOURDIEU, 1997b: 57 [1996: 46]).

É importante compreender que Bourdieu falava sobre o campo social como um cientista social. Acima de tudo, seu campo deve ser compreendido como um dispositivo escolástico – uma heurística epistemológica e metodológica – que ajuda os pesquisadores a planejar métodos para compreender o mundo. Ele não devia ser algo mimético: não existe um lugar material equivalente a um campo, ainda que todas as pessoas, práticas, instituições, bens e serviços em campos sociais realmente tenham uma manifestação física e possam ser investigados.

Bourdieu também era inflexível ao afirmar que a noção de campo não era um "sistema":

> Um campo é um jogo que ninguém inventou e que é muito mais fluido e complexo do que todos os jogos que somos capazes de imaginar. [...] Para compreender totalmente tudo que separa os conceitos de campo e de sistema, é preciso colocá-los para trabalhar e compará-los através dos objetos empíricos que eles produzem (BOURDIEU & WACQUANT, 2005a [1992: 80]).

O "campo" também não pretendia ser uma teoria aplicada como uma fórmula de "ligar os pontos" para qualquer situação dada. Ele precisava ser desenvolvido caso a caso.

**Pesquisas que utilizam a "teoria do campo"**

Bourdieu oferecia três passos que poderiam ser utilizados para investigar um campo em particular:

> [1] analisar a posição do campo em relação ao campo do poder. [...]

> [2] [...] estabelecer a estrutura objetiva das relações entre as posições ocupadas pelos agentes ou instituições que competem nesse campo. [...]

> [3] analisar os habitus dos agentes, os sistemas diferentes de disposições que eles adquiriram através da interiorização de um tipo determinado de condições sociais e econômicas e que encontram numa trajetória definida no interior do campo em questão uma ocasião mais ou menos favorável de se realizar (2005a [1992: 80]).

Essa abordagem permitia aos pesquisadores revelarem as *correspondências* ou o "encaixe" entre uma posição no campo e a "postura" ou tomada de posição do agente que ocupa essa posição (cf. GRENFELL, 1996; GRENFELL & HARDY, 2007; GRENFELL & JAMES, 1998; GRENFELL, 2007, para elaborações e aplicações). Bourdieu sugeriu que, numa situação de equilíbrio num campo, o espaço das posições tende a comandar o espaço de tomadas de posição, ou seja, o campo *media* o que os agentes fazem em contextos sociais, econômicos e culturais específicos. Em outras palavras, o campo e o habitus constituem uma dialética através da qual práticas específicas produzem e reproduzem o mundo social que ao mesmo tempo os cria. Utilizar os três passos que Bourdieu delineou, então, abre a possibilidade de "enxergar" a construção contínua de qualquer número de aspectos do mundo da vida.

*Pesquisar o campo educacional e a educação nos campos*
Bourdieu dedicou tempo e esforço intelectual consideráveis para analisar a educação através de investigações específicas de escolas e universidades. Ele estava preocupado em mostrar os efeitos socialmente (re)produtivos da educação formal. Longe de ser uma instituição meritocrática através da qual qualquer criança em particular poderia progredir, Bourdieu demonstrou que aqueles que se beneficiavam do sistema escolar francês eram aqueles que já possuíam vantagens sociais e econômicas. Bourdieu afirmava que o propósito do sistema escolar era a produção e manutenção das elites: a escola operava para classificar e peneirar crianças e jovens para várias trajetórias educacionais – o emprego, treinamento e educação posteriores, e vários tipos de universidades. As práticas da diferenciação incluíam pedagogias antidemocráticas, a utilização habitual do discurso e conhecimentos da elite e um sistema diferenciado de seleção e treinamento de professores. Ele sugeriu que a educação era um campo que se reproduzia mais do que os outros, e os agentes que ocupavam posições dominantes estavam profundamente imbuídos de suas práticas e discursos (BOURDIEU & PASSERON, 2011a [1970], 2013a [1964]; BOURDIEU et al., 1965b).

Bourdieu também produziu dois grandes estudos sobre a educação superior. *Homo academicus* (BOURDIEU, 2011b [1984]) elabora as posições institucionais e disciplinares no campo da produção de conhecimento ao qual os estudantes ganhavam acesso através de uma educação escolar "clássica" seletiva e o apoio de uma família de educação igualmente alta. Em *A nobreza do Estado* (BOURDIEU, 1989b), Bourdieu demonstrou que a educação nas universidades de elite era um capital cultural necessário para os agentes assumirem posições dominantes no campo do poder universal através dos campos do governo, comércio, política, arte e educação.

Bourdieu (1989b: 387) afirmou que a educação era uma estratégia entre uma série delas utilizadas pelas famílias para perpetuar ou avançar sua posição social (as outras envolviam a fertilidade – garantir um herdeiro, e a herança – garantir que as leis beneficiem a transmissão de propriedade; assim como estratégias puramente econômicas como o investimento financeiro e o investimento na construção de redes sociais vantajosas). A educação como capital simbólico trabalhava em conjunto com outros capitais para oferecer vantagens e desvantagens, e para posicionar agentes em múltiplos campos.

À primeira vista, o próprio Bourdieu parece ser uma exceção à sua regra sobre a herança dos privilégios. Como visto na Parte I, ele foi o filho de uma família rural de meios modestos e sua mobilidade ascendente foi possibilitada pelo próprio sistema escolar francês que ele criticou e desconstruiu. Em sua própria descrição dessa escalada social, *Esboço de autoanálise* (BOURDIEU, 2005b [2004]), ele começa afirmando que "compreender é primeiro compreender o campo com o qual e contra o qual cada um se fez" (2005b: 40 [2004: 15]). Assim, o livro confunde as expectativas dos leitores quanto a uma descrição autobiográfica cronológica; a primeira e maior seção é uma discussão longa sobre o sistema educacional na França, seguida de um comentário biográfico muito mais curto. Os leitores são claramente direcionados para compreender que uma vida só pode ser entendida em termos de sua trajetória através de campos sociais específicos. A análise de Bourdieu sobre os modos como o sistema educacional que ele experimentou operava para classificar e selecionar – para eleger aqueles que o elegeram – e através do qual ele foi "consagrado" como um filósofo, antropólogo e sociólogo posiciona os leitores para se concentrarem no "campo". Nós somos levados a compreender os modos de formação da mobilidade social de Bourdieu, sua erudição – e sua paixão pelo rúgbi – através e a partir da necessária "conciliação de contrários" de uma vida vivida pelos interstícios de campos culturais e de classe socialmente em oposição (2005b: 145-146 [2004: 130-131]).

Mas as preocupações de Bourdieu com a educação iam ainda mais longe do que compreender os modos de funcionamento das instituições. Ele criticou as maneiras como as disciplinas educacionais produziam formas particulares de compreensão dos mundos sociais dos campos – teoria econômica sobre a economia, teoria política sobre o campo político, e assim por diante. Bourdieu escreveu sobre sua própria disciplina da Ciência Social e seu impacto sobre o que pode ser visto e dito sobre o mundo social, e o que isso tornava invisível (p. ex., BOURDIEU, 1983a [1980]; BOURDIEU et al., 2004a [1968]); BOURDIEU & WACQUANT, 2005a [1992]). Seu estudo sobre a produção do conhecimento, *Para uma sociologia da ciência* (2004b [2001]), explorou a produção do conhecimento científico (tanto social quanto físico, aplicado e teórico), a intrusão crescente de interesses comerciais e políticos na atividade científica e o surgimento de um subcampo semiautônomo da "tecnologia de pesquisa" que operava através dos subcampos disciplinares com efeitos dóxicos normativos. Com efeito, a imensa maioria dos estudos de campos de Bourdieu incorporou investigações do que era conhecido e compreendido sobre eles através do funcionamento da disciplina relevante. Ele sugeriu que esses *conhecimentos* eram o principal objetivo do jogo acadêmico, onde era imperativo que os agentes buscassem novos modos de representar (nomear e enquadrar) o mundo social e material. Essa atividade exige tempo, que é uma característica de um estilo de vida privilegiado, e uma "economia escriturística" (CERTEAU, 1988). Bourdieu chamou esse tempo de reflexão e disputa de *skholè* (cf. BOURDIEU, 2001b [1997]).

O estudo de Bourdieu sobre a moradia (*As estruturas sociais da economia* (BOURDIEU, 2006a [2000])) não apenas mostrou como o subcampo da moradia opera, mas também como a própria ideia de *Homo economicus* não tem nenhum poder explicativo e sim um poderoso efeito dóxico que traz distinção para aqueles que a apoiam e a promulgam, enquanto molda as estratégias corporativas de firmas que criaram tipos particulares de oportunidades delimitadas de casa própria para grupos sociais diferenciados. Esse estudo detalhou como as teorizações da atividade econômica como uma forma de ação racional, desenvolvidas em faculdades de economia de universidades de elite, foram adotadas e tornadas materiais (por acadêmicos, executivos e por um estrato influente do funcionalismo público) através de um conjunto interligado de *think-tanks*, consultorias, comissões, relatórios e políticas. Aqui foi importante a experiência educacional expressada como capital técnico e administrativo e laços de capital social formados através da educação.

Somente alguns dos estudos de campo de Bourdieu se basearam na educação para plotar a posição no campo. O estudo que Bourdieu fez do campo literário, *As regras da arte* (BOURDIEU, 1996b [1992]), mapeou as posições de autores muito vendidos e reconhecidos ao analisar suas datas de nascimento, profissões declaradas, locais de residência, prêmios, condecorações, honrarias e seus editores (BOURDIEU, 1996b: 177-178 [1992: 256-257]) e ignorou sua educação. Entretanto, sua desconstrução contínua da noção de uma "estética pura" mostra como o significado designado aos "artistas" e às "obras de arte" deve muito à educação através das atividades escolásticas na teologia e na filosofia. Ele propôs que no campo da arte havia dois princípios opostos de hierarquização – o que atende a interesses comerciais e aquele que não tem valor comercial ou que é produzido apenas "pela arte". Como muitas outras das análises de campo de Bourdieu – da escola e da educação superior, da literatura e da distinção de modo mais geral – essa análise do campo da arte é específica. Ela se refere a um país particular num momento particular. Agora, em tempos de alta modernidade, o campo mudou. O capital cultural investido na arte de vanguarda feita, de acordo com seus produtores, aparentemente "pela própria arte" se tornou altamente comercial e não está mais em oposição ao capital econômico (cf. GRENFELL & HARDY, 2007 para uma exploração do campo da arte contemporânea no Reino Unido e nos Estados Unidos).

Em contraste, a crítica de Bourdieu às produções cada vez mais sensacionalistas dos jornalistas de televisão (BOURDIEU, 1997b [1996]) pode ainda ter uma relevância contemporânea considerável e, tendo em vista a natureza cada vez mais globalizada da mídia, ela pode também ter um alcance internacional significativo. *Sobre a televisão* se baseou primariamente numa análise do jogo (a lógica do campo), com os agentes jornalísticos levados por pressões comerciais a atender linhas do tempo curtas na forma de retalhos de notícias descontextualizados e chamativos. Essa análise causou uma controvérsia considerável na França e os próprios jornalistas foram incapazes de ir além da ética e das justificativas específicas de seu campo para aceitar a exposição sociológica e sensível à história que Bourdieu ofereceu.

De fato, a questão da temporalidade e da particularidade, como o próprio Bourdieu sugeriu, implica que novas análises de campo são sempre necessárias – e isso nos traz de volta ao ponto mencionado anteriormente de que Bourdieu oferece uma caixa de ferramentas, uma epistemologia e uma metodologia, e não um conjunto de fatos imutáveis sobre o campo que ele estudou.

**Problemas com a teoria do campo**

Para concluir, é importante tratarmos de algumas preocupações que são mencionadas sobre o componente do campo na agenda de pesquisa de Bourdieu. Eu não listarei todas elas aqui, e concentrarei em algumas que surgem através do processo de utilização do campo enquanto metodologia.

*1) O problema das fronteiras*

Bourdieu chama atenção à questão das fronteiras e afirma que elas muitas vezes são imprecisas e contestadas. O problema metodológico da fronteira para os acadêmicos que trabalham com as ferramentas de Bourdieu é onde traçar a linha, ou seja, como descobrir onde os efeitos de campo terminam. Por exemplo, na sociedade do conhecimento, onde o "aprendizado vitalício" é considerado uma prática universal e necessária, onde empresas têm divisões dedicadas ao desenvolvimento da equipe, onde se pode aprender tanto com programas de televisão de nicho quanto em alguns ambientes formais de ensino, e onde toda grande instituição cultural tem um programa de educação pública, como dizer onde termina o campo da educação?

*2) O problema de campos demais*

As próprias explicações que Bourdieu ofereceu sobre os campos muitas vezes envolviam quatro campos semiautônomos: o campo do poder, o campo amplo sob consideração, o campo específico, e agentes no campo como um campo em si mesmos. Esse quarteto pode ser visto no estudo da moradia a que me referi anteriormente, com o campo do poder, o campo econômico, o campo da moradia e o campo da firma. Isso pode significar que uma análise da educação poderia examinar o campo do poder, o campo da educação superior, a disciplina como um campo, a universidade como um campo e o departamento ou faculdade como um campo. Talvez tenhamos campos demais juntos! Pode ser melhor fazer como o próprio Bourdieu fez em relação à educação, e reduzir o número de campos em jogo num momento determinado (sobre o conhecimento disciplinar como um campo cf., p. ex., LADWIG, 1996).

*3) O problema da mudança no campo*

Uma das críticas mais persistentes à obra de Bourdieu é que ela seria determinista, ou pelo menos que se concentraria demais nos aspectos reprodutivos dos campos e não em sua mudança. Isso é interessante, tendo em vista que alguns dos principais estudos de Bourdieu foram na verdade de períodos de mudança na arte, na literatura e na moradia, por exemplo. Sua ênfase na historicidade também destaca o exame do desenvolvimento de um campo para compreendermos sua forma contemporânea. Ele discute especificamente como os agentes podem experimentar a mudança nos campos quando há uma disjunção entre seus habitus e as condições atuais no campo. Ele também fala sobre os modos como os campos dominantes podem determinar a mudança e como alterações materiais externas, por exemplo o desenvolvimento de novas tecnologias ou novos tipos de demografias podem forçar mudanças nos campos. Mas, acima de tudo, Bourdieu teorizou os campos como antagonistas, como locais de luta. Apesar de o jogo jogado nos campos não ter nenhum vencedor definitivo, ele é um jogo infindável e isso sempre tem o potencial de mudança a qualquer momento.

*4) O problema das conexões entre campos*

Bourdieu não deixa dúvidas de que alguns campos são dominantes e outros subordinados, mas não está necessariamente claro como essa dominação se realiza materialmente. Bourdieu chega a oferecer alguns exemplos. Seu estudo da moradia (já mencionado neste capítulo), por exemplo, explicita como as ações do Estado, através de políticas ligadas ao financiamento de casas, desenvolvimento de terrenos e assistência de bem-estar social moldam o que o campo da moradia pode fazer. Um outro exemplo de interação entre campos é o caso da televisão, onde a propriedade de meios de comunicação está no campo econômico e é impulsionada pela lógica desse campo. Isso é então traduzido, através de agentes editoriais, em práticas no campo da mídia. Bourdieu afirmou que as inter-relações entre os campos eram específicas e não receptivas a uma teoria universal. Com efeito, ele poderia muito bem sugerir que a busca de uma teoria universal da mudança nos campos faz parte da doxa acadêmica!

Não é possível lidar com todas as preocupações sobre os campos através apenas de referências à obra de Bourdieu. Por exemplo, Lane (2000: 198) afirma que Bourdieu reivindica (falsamente) um estatuto ontológico para os campos. Ao mencionar preocupações sobre as omissões do campo no poder desenvolvido em *La noblesse d'État* e a "falta de articulação das formas de poder intelectual, cultural ou econômico" dos grupos de profissionais plotados no diagrama quiasmático do campo, Lane sugere que "há um risco de confundir esse modelo de realidade com a realidade do modelo". Em outras palavras, Bourdieu teria tomado os fenômenos da correspondência como miméticos, apesar de afirmar o contrário, e teria cedido a eles um poder explicativo que eles podem não ter. Lane propõe que Bourdieu pode ter confundido resultados (correspondências) com causas (2000: 79).

Ainda assim, apesar destas preocupações, números cada vez maiores de acadêmicos em campos disciplinares diferentes responderam ao desafio de Bourdieu de trabalhar, com suas ferramentas, caso a caso. A teoria do campo aparece em investigações diversas – em publicações na língua inglesa, elas incluem a moda (ENTWISTLE & ROCAMORA, 2006), práticas de pesquisa (GRENFELL & JAMES,

2004), administração (GUNTER, 2003) e liderança educacionais (EACOTT, 2011), a reforma da educação científica (MELVILLE et al., 2011), alimentação (WOOD, 1996), literatura colonial (SMITH, 2006), o aumento da União Europeia (POPP, 2009), o tratamento da mídia sobre o rúgbi e a nação na África do Sul (BOTMA, 2010), a criação de políticas internacionais (LINGARD & RAWOLLE, 2004), questões de gênero (McNAY, 1999) e igualdade (NAIDOO, 2004). Mas muito poucos desses estudos oferecem uma metodologia tão precisa e abrangente quanto os próprios estudos de Bourdieu; algumas exceções a isso são as obras sobre o gosto (BENNETT et al., 1999; TRIFONAS & BALOMENAS, 2004) e arte (GRENFELL & HARDY, 2007). O processo de análise de correspondências que Bourdieu defendia exige muito tempo e o conhecimento de um conjunto amplo de métodos quantitativos e qualitativos. É possível que as mudanças no campo da educação superior signifiquem que muitos cientistas sociais contemporâneos não sejam mais abençoados com a *skholè* – o tempo e o financiamento – para esse tipo de atividade de pesquisa rigorosa. Também é possível que pelo menos alguns daqueles atraídos pela obra de Bourdieu não tenham a formação estatística para levar sua abordagem metodológica tão longe quanto ele pôde.

**Conclusão**

Bourdieu afirmou que sua abordagem produzia resultados diferentes, formas alternativas de ver e compreender o mundo, em relação àquelas oferecidas pela ciência social mais tradicional. O campo é uma parte de um trio de ferramentas teóricas fundamentais. Junto com seus colegas, o habitus e o capital, ele oferece uma abordagem epistemológica e metodológica para uma compreensão sensível à história e particular da vida social. O campo não foi desenvolvido como uma "grande teoria", mas como um meio de traduzir problemas práticos em operações empíricas concretas.

Esse trabalho não é feito simplesmente num escritório ou biblioteca, mas literalmente *no campo*. Como Bourdieu comentou ao ensinar alunos em Paris sobre as práticas da ciência social:

A informação disponível está ligada a indivíduos. Portanto, para compreender o subcampo do poder econômico e as condições econômicas e sociais de sua reprodução, somos obrigados a interrogar os duzentos executivos mais importantes da França [...]. É pagando o preço desse trabalho de construção, que não se faz de um só golpe, mas sim tateando por um bom tempo, que construímos pouco a pouco os espaços sociais (BOURDIEU & WACQUANT, 2005a [1992: 201-202]).

# Parte III

*Mecanismos de campo*

# Introdução

*Michael Grenfell*

A Parte III contém quatro capítulos que examinam características do modo como os campos operam. Aqui, nós subordinamos considerações particulares do habitus e do campo a aspectos de suas inter-relações e funcionamentos. As operações de campo são muitas vezes desempenhadas em termos de *classe social*, e o Capítulo 5 analisa o que queremos dizer com esse termo e como Bourdieu o empregou. Por exemplo, campos como a educação, a cultura e a política são frequentemente atravessados por estratos caracterizados pelas origens sociais de seus participantes. Aqui estão em jogo questões de *status* e poder, e também de posição cultural e econômica. Os grupos muitas vezes formam-se através de modos que são representativos de sua derivação social, e a teoria de campo de Bourdieu sugere como isso ocorre. Entretanto, os campos também precisam de um meio para operar, e o Capítulo 6, sobre *capital*, discute sua "moeda"; em outras palavras, os meios através dos quais os participantes do campo se posicionam e causam mudanças. Esse capítulo trata do capital em suas várias formas: simbólico, econômico, cultural e social. Entretanto, os campos nunca são "neutros em relação a valores" nem homogêneos. O Capítulo 7, sobre *doxa*, discute como valores, práticas e crenças ortodoxas tipificam tanto os campos quanto os habitus e como a configuração de tais aspectos compõe a tipografia única de campos particulares. Nele, vários campos são considerados como exemplos, incluindo os próprios campos científicos ou acadêmicos. Expomos as implicações da *doxa* para eles. Por fim, tratamos da questão da mudança dentro dos campos e o impacto dela nas pessoas que operam neles. A teoria de campo de Bourdieu é dinâmica e foi, em parte, construída para mostrar como os fenômenos sociais evoluem. A "cumplicidade" entre o habitus e o campo descrita anteriormente nunca é completa e sempre há uma tensão entre os indivíduos e os ambientes sociais nos quais eles se encontram.

O Capítulo 8 trata da questão da *histerese*; ou seja, quando o habitus e o campo estão "fora de sintonia". Discute-se como isso ocorre e também as consequências prováveis para aqueles que sofrem a histerese. Esse capítulo indica a dinâmica da mudança e alguns de seus efeitos possíveis. Como em outras partes deste livro, as intenções subjacentes dos quatro capítulos são tanto expor como Bourdieu utilizou esses conceitos quanto analisar seu valor contínuo enquanto ferramentas de análise.

# 5
# Classe social

*Nick Crossley*

**Introdução**

Bourdieu se destaca entre seus contemporâneos por ter mantido um equilíbrio no foco de seu trabalho entre a cultura e o estilo de vida, por um lado, e a classe social, por outro. Sua análise da vida cultural mantém um forte foco sobre a classe, priorizando-a de um modo que atualmente é incomum. Ele também se distingue de muitas análises culturais por utilizar grandes conjuntos de dados quantitativos (*surveys*) nesse contexto. Entretanto, seu foco cultural igualmente o distingue da maioria dos outros analistas da classe. Ele resiste à tendência em muitas análises de classes, criticada por Savage (2000), a fugir do território da ciência social mais ampla e ignorar a cultura e o estilo de vida para se concentrar em questões relativamente estreitas e técnicas. Bourdieu mantém um papel para a classe social dentro do contexto de uma sociologia ampla e focada culturalmente. Entretanto, ele discute diretamente o conceito de classe em muito poucas ocasiões em sua obra. Ele nunca se enreda em maiores detalhes com outros teóricos contemporâneos importantes da classe social (p. ex., Goldthorpe ou Wright) e ele não oferece uma tipologia das classes para competir com outras no mercado acadêmico. Sua "teoria" da classe social, se é apropriado dizer que ele tenha uma, permanece implícita na maior parte do tempo (mas cf. BOURDIEU, 1998c [2001], 1987, 1996c: 24-28 [1994: 25-29]). Meu objetivo neste capítulo é explicitá-la e explicar por que ela impossibilita a formulação de uma tipologia clara das classes.

O capítulo tem quatro seções principais, e cada uma descreve um aspecto-chave da formação da classe como Bourdieu a compreende. A primeira discute o conceito de *espaço social*. A segunda trata de como a localização no espaço social molda as experiências, chances de vida e habitus de um indivíduo fazendo surgir um "senso de lugar" ou "inconsciente de classe" tácito, como Bourdieu (1998c [2001]) o chamou. Grande parte do trabalho mais conhecido de Bourdieu depende dessa associação entre "posição" e "disposição". Entretanto, eu afirmarei que, para Bourdieu, as posições e as disposições correspondentes não são suficientes para criar uma classe naquilo que ele considera um sentido "real"; ou seja, uma classe como uma força que tem efeitos sociais e históricos reais. Para Bourdieu, as classes reais precisam ser formadas como um grupo e mobilizadas, e isso pressupõe a representação num sentido duplo: pressupõe categorias de classe que funcionem como identidades sociais; e também pressupõe organizações representativas que mobilizam, organizam e articulam os interesses das classes. Isso é discutido na quarta seção do capítulo. Entretanto, antes de tratar disso, eu tomo um desvio, na terceira seção, através de dois temas da obra de Bourdieu – *reprodução* e *distinção* –, para tentar mostrar como eles se conectam a essa discussão de classe.

## O capital e o espaço social objetivo

O ponto de partida da abordagem sobre a classe de Bourdieu é a afirmação de que todos os agentes numa sociedade particular têm uma posição objetiva no "espaço social" em virtude de seu portfólio de capital econômico e cultural. Eu analisarei essa afirmação em estágios.

A tentativa de Bourdieu de se afastar de uma concepção materialista estreita de poder e desigualdade ao introduzir os conceitos de *capital cultural, social* e *simbólico* é bem conhecida. Em um artigo-chave sobre a classe, ele deixa claro que ao fazer isso, distingue-se do marxismo (BOURDIEU, 1998c [2001]). O poder e a dominância são derivados não apenas da posse de recursos materiais, mas também da posse de recursos culturais e sociais. Ademais, através do conceito de capital simbólico, além de capturar a importância de sinais gerais de reconhecimento social, ele chama atenção ao fato de que o valor de qualquer forma de capital depende, parcialmente, do reconhecimento social. O capital é valioso porque nós, coletivamente e às vezes apesar de nós mesmos, o valorizamos. Isso pode criar uma situação em que nossos bens de capital têm um valor duplo: por exemplo, ter muito dinheiro é vantajoso porque ele confere tanto poder de compra quanto *status*.

A distância de Bourdieu em relação a Marx reflete a situação histórica dos dois teóricos. Ao escrever no século XIX, Marx observou uma fase inicial no desenvolvimento do capitalismo onde duas novas classes (a burguesia e o proletariado) ao mesmo tempo distintas e relacionadas uma à outra e através de suas relações com os meios industriais de produção (p. ex., fábricas), formavam-se e desencadeavam conflitos que dominariam suas sociedades por um século. O que estabelecia a diferença entre elas era a propriedade e o controle dos meios de produção: o capital econômico. Em contraste, Bourdieu escreveu na segunda metade do século XX, onde essa estrutura dicotômica fora obscurecida, entre outros fatores, por: uma separação parcial entre a propriedade e o controle dos meios de produção; o crescimento do emprego no setor público; e o surgimento de ocupações de altos salários, posicionadas acima do trabalho manual por sua dependência de formas escassas de conhecimento técnico ou cultural. Apesar de discrepâncias enormes de riqueza econômica terem sido (e serem) aparentes, a estratificação social se tornara mais complexa do que era no século XIX. Ademais, a expansão da educação e a importância maior das qualificações, que contribuíram para essa mudança, tornaram problemático um foco exclusivo no capital econômico.

Na teoria de Bourdieu todo indivíduo tem um portfólio de capital. Ele tem uma quantidade ou volume particular de capital, e seu capital tem uma composição particular. Entre os ricos, por exemplo, encontramos aqueles cuja riqueza pende na direção do capital econômico e outros cuja riqueza pende ao capital cultural (na prática, o mapeamento de Bourdieu do espaço social tende a focar apenas essas duas formas de capital). Essa riqueza é composta de posses e atributos individuais. Entretanto, na medida em que ela pode ser quantificada, tem uma distribuição em qualquer população dada e é possível construir um gráfico ou "mapa" dessa população, onde cada indivíduo tem sua posição de acordo com seu volume e composição individual de capital.

Isso é relativamente fácil de conceituar em relação ao capital econômico, pois ele já tem uma forma numérica. Se cada um de nós somar o valor econômico de nossa renda, poupança e bens de capital (casa, carro etc.) nós podemos derivar um número de nosso "valor". E se construirmos um eixo gráfico vertical que abranja o conjunto de valores que representamos coletivamente, então podemos nos posicionar nele em relação uns aos outros. Se o valor monetário de minha renda, riqueza e posses for maior do que o seu, então estarei posicionado mais acima do eixo que você. Se pudermos encontrar um modo de derivar uma escala semelhante para nosso "valor" cultural (p. ex., ao "somar" nossas qualificações, bens culturalmente valiosos etc.), então podemos adicionar um segundo eixo (horizontal) ao primeiro e nos posicionar em relação uns aos outros de modo bidimensional. O valor econômico e cultural de cada indivíduo, respectivamente, oferecerá um conjunto de coordenadas através do qual podemos localizá-lo num gráfico.

Esse é o pensamento matemático por trás da concepção de Bourdieu do "espaço social", ainda que de forma um tanto simplificada. O espaço social é um gráfico onde cada indivíduo, a partir de uma amostragem de *survey* que representaria uma população mais ampla, tem uma localização em virtude de seus bens de capital. Na prática, os eixos que Bourdieu constrói para seus gráficos refletem o "volume" e "composição" do capital mencionados anteriormente em vez de volumes de capital econômico e cultural tomados separadamente. Mas a ideia subjacente é a mesma.

## Figura 5.1 Um mapa hipotético do espaço social

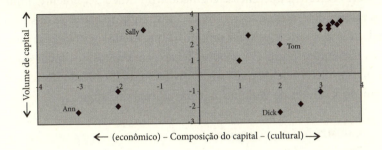

←— (econômico) – Composição do capital – (cultural) —→

A Figura 5.1 oferece um exemplo hipotético simplificado que identifica, para propósitos de ilustração, quatro indivíduos. Nesse gráfico, Sally e Tom têm um volume relativamente alto de capital se comparados com Dick e Ann. Entretanto, o portfólio de capital de Tom pende na direção cultural, enquanto o de Sally pende para o capital econômico. Sally deriva seu poder social de seus bens financeiros, enquanto a base do poder de Tom é cultural. Ann e Dick são igualmente polarizados ao longo do eixo da composição, com Ann pendendo para o polo econômico e Dick para o cultural.

Há três diferenças-chave entre meu "mapa" e os mapas que encontramos em estudos fundamentais como *A distinção* (BOURDIEU, 2007 [1979]), além do fato do meu ser hipotético. Primeiro, os gráficos de Bourdieu se baseiam em *surveys* de milhares de indivíduos. Se a localização de todos esses indivíduos fosse indicada, seria impossível distingui-los. O gráfico estaria repleto de pontos: aquilo que os matemáticos que trabalharam com Bourdieu em seus projetos mais recentes chamam de "a nuvem dos indivíduos" (LE ROUX & ROUANET, 2004). Segundo, a nuvem dos indivíduos, enquanto representação gráfica, normalmente não é mostrada nas publicações de Bourdieu (uma exceção é *Homo academicus*; BOURDIEU, 2011b [1984]). Os mapas que ele mostra normalmente localizam grupos ocupacionais e práticas sociais em vez de indivíduos. Eu logo explicarei como passamos de uma nuvem dos indivíduos para um mapa das práticas. Por enquanto, notemos apenas que a "nuvem dos indivíduos" é a base sobre a qual esses outros mapas são construídos e é um fundamento da concepção de Bourdieu do espaço social e, portanto, também da classe. A terceira diferença é cosmética. Bourdieu geralmente omite os valores dos eixos de seus gráficos, mostrando apenas suas posições relativas de práticas. Isso faz sentido, já que apenas as posições relativas têm importância. Entretanto, deixei os números nos meus eixos como um lembrete de que cada indivíduo está localizado de acordo com seus valores de "volume" e "composição" do capital.

**Construir o espaço social**

Tendo em vista a centralidade do espaço social para a concepção de classe de Bourdieu, seria útil tratarmos brevemente do método que ele utiliza para construir seus eixos. A matemática é complexa, mas a ideia é simples o bastante (para uma introdução à matemática, cf. CLAUSEN, 1998). Bourdieu utiliza uma técnica chamada "análise de correspondências múltiplas" (ACM; cf. Capítulo 13, para uma discussão posterior). Esse é um método de "redução de dados" semelhante à "análise fatorial", mas apropriado para variáveis categóricas. Ele nos permite utilizar um número relativamente alto de variáveis não numéricas e derivar a partir delas um número pequeno de variáveis numéricas. Por exemplo, podemos começar com trinta variáveis diferentes, abrangendo as qualificações dos indivíduos, seus empregos, poupanças, propriedades, títulos, e assim por diante, e podemos refinar isso em dois "valores" numéricos que representem, respectivamente, o volume e a composição do capital.

A justificativa para a utilização desse método é a seguinte. Se quisermos medir construtos complexos e compostos como o "capital cultural", não podemos simplesmente perguntar para as pessoas "quanto capital cultural você tem?" Precisamos perguntar para as pessoas sobre todas as facetas que acreditamos que o capital cultural possua (educação, propriedade de bens culturais etc.). Mas é possível que queiramos então fundir essas várias facetas numa medida de uma variável subjacente da qual acreditamos que elas sejam facetas (ou seja, o capital cultural). Nós poderíamos fazer isso simplesmente concedendo "um ponto de capital cultural" para cada uma das caixas (culturais) de nosso *survey* que elas preencham. Entretanto, isso não conseguiria tratar do fato de algumas variáveis poderem ser mais centrais ao capital cultural do que outras. E isso também não ofereceria nenhum teste de nossas pressuposições sobre as facetas do capital cultural. Nós precisamos de uma técnica que ao mesmo tempo verifique até que ponto as variáveis diferentes estão associadas umas às outras, para que possamos testar nossa pressuposição de que elas são facetas de uma única variável subjacente, e também que nos ofereça um modo significativo de pesar sua importância para nossa variável "subjacente". A ACM faz essas duas coisas, ao utilizar o nível de associação (qui-quadrado) entre cada variável e as outras. Nós podemos descobrir, por exemplo, que a variável "ter um diploma" está associada muito fortemente com as outras variáveis culturais de nosso *survey*, obtendo um valor três vezes maior do que "possuir cinquenta livros ou mais". Nesse caso, para simplificar um pouco, os participantes do *survey* obteriam três pontos em nossa escala de capital cultural por ter um diploma, mas apenas um ponto por possuir cinquenta livros ou mais. Nós também podemos descobrir que algumas variáveis que pressupúnhamos ser facetas do capital cultural têm uma associação positiva muito pequena com as outras, a ponto de nos persuadir a excluí-las de nossa medida.

Nós devemos ler os mapas de ACM com o mesmo olhar crítico que aplicamos a todos os achados de pesquisa. A técnica é sofisticada e seus resultados muitas vezes surpreendem e desafiam os pesquisadores, forçando-os a revisar suas ideias. Entretanto, como muitas outras técnicas estatísticas, o uso da ACM envolve decisões e manipulações que afetam os resultados e exigem que os pesquisadores repitam os testes em busca de um resultado significativo (que então está sujeito à interpretação). Bourdieu não simplesmente "descobre" que o espaço social consiste em duas dimensões-chave (volume e composição do capital). Essa "descoberta", apesar de baseada em achados empíricos que não podem ser interpretados ou manipulados de qualquer modo, ainda depende de interpretação e manipulação.

## Posições, disposições e inconsciente de classe

Mapear o espaço social nos permite alocar indivíduos a classes. Por exemplo, podemos estar inclinados a agrupar todos os indivíduos que têm um alto volume de capital e cuja riqueza é primariamente cultural. Entretanto, Bourdieu se esforça para afirmar que essas classes são apenas "teóricas"; aquilo que ele chama de "classes no papel". Elas não são grupos *reais*. Os indivíduos que estão próximos no espaço social não necessariamente se identificam uns com os outros nem agem coletivamente, aquilo que "classes reais" envolvem para Bourdieu. Aqui, ele mais uma vez se distancia de Marx. Este, como sabemos, estabelece uma distinção entre uma classe "para si mesma", cujos membros se reconhecem como uma classe, e uma classe "em si mesma", cujos membros não têm tal reconhecimento. Entretanto, para Marx, uma classe "em si mesma" ainda é uma classe. Bourdieu (1998c [2001]), aparentemente utilizando as obras posteriores de Sartre (2004), tem uma visão diferente. Os indivíduos que compartilham uma posição no espaço social são apenas indivíduos. Para existirem como uma classe, eles precisam se "formar" enquanto tal, agir e se identificar coletivamente.

Entretanto, apesar de não formarem uma classe, os indivíduos que compartilham uma posição semelhante no espaço social também compartilham, por causa disso, muitas das mesmas condições de trabalho e de vida. Além do mais, sua proximidade no espaço social tenderá a gerar um grau de proximidade interpessoal que, por sua vez, encorajará certos tipos de formação de grupos. Os indivíduos que estão próximos no espaço social têm maior probabilidade de viver e socializar nos mesmos lugares (levando em consideração a dispersão geográfica das populações nacionais) e, portanto, têm maior probabilidade de se juntarem em grupos ("reais") como famílias e vizinhanças. Além disso, eles estão inclinados a desenvolver estilos de vida, perspectivas e disposições semelhantes e também um senso tácito de seu lugar no mundo, ou "inconsciente de classe"; ou seja, o habitus de classe.

Minha posição é que a "associação diferencial", ou seja, o fato de indivíduos que tenham um volume e composição de capital semelhantes têm maior probabilidade de se conhecerem, interagirem e formar relacionamentos (porque, p. ex., eles podem pagar o mesmo tipo de moradia, matricular seus filhos nas mesmas escolas etc.), é a chave para compreender as semelhanças em seus habitus e estilos de vida. Os habitus são moldados por interações dentro de redes sociais concretas. Entretanto, Bourdieu às vezes parece relutar em aceitar essa teoria, rejeitando-a como "interacionista". Ele sugere um elo mais direto entre a posição e a disposição. Ele afirma que as posições no espaço social e as condições sociais implicadas por elas explicam as variações no habitus independentemente de qualquer efeito da mistura social diferencial, como consequência das coerções e exigências que elas impõem. Com efeito, os padrões de contato social são explicados pelas semelhanças no habitus, e não o contrário.

A noção de que as variações no habitus são explicadas pelas condições objetivas ligadas às localizações objetivas no espaço social é expressada em *A distinção* quando, ecoando a linguagem de Kojève (1969), Sartre (2004) e Halbwachs (1958), Bourdieu afirma que as diferenças entre o habitus de trabalhadores manuais e de colarinho branco podem ser explicadas com referência a suas respectivas distâncias da "necessidade"; ou seja, o quão distantes eles estão, em termos econômicos, de uma situação onde não seriam capazes de suprir suas necessidades biológicas de comida, abrigo, e assim por diante. Ele parece sugerir que os trabalhadores manuais tantas vezes vivem tão perto da fila da sopa que seu estilo de vida é pouco mais do que uma adaptação funcional às exigências da sobrevivência, "sem afetações". Eles só podem pagar pelo básico e transformam essa necessidade numa virtude. Ela se torna um *ethos*, incorporada a seu habitus, que adquire uma existência relativamente autônoma das condições onde ele foi gerado. Eles evitam "afetações". Em contraste, os indivíduos mais ricos desfrutam de uma distância grande o suficiente dos imperativos da sobrevivência que lhes permite estarem, e se sentirem, mais livres para se ocupar de preocupações mais estéticas. Sem ter que se preocupar com o básico da sobrevivência, eles aproveitam a oportunidade para investir num estilo para sua vida e escolher reprimir impulsos e necessidades corporais básicas que eles podem se dar ao luxo de realizar (p. ex., através de regimes ou esquemas estéticos que se sobrepõem aos "impulsos"). Ou talvez isso seja verdade para os culturalmente ricos que desfrutam da distância da necessidade material, mas cuja verdadeira vantagem de recursos, em relação aos outros, é sua cultura.

Pode-se questionar o quanto isso era verdadeiro mesmo na época em que Bourdieu escreveu. Isso sugere tanto que os trabalhadores manuais na França viviam perto da miséria absoluta quanto que essa miséria anularia o potencial de imaginação e de inovação cultural. Isso é redutivo, e muitos autores criticaram o retrato de Bourdieu da cultura da classe operária porque ele não reconheceu sua vibração e criatividade (p. ex., JENKINS, 1992). Entretanto, os recursos materiais são importantes, e o conceito do habitus sugere que os modos de se adaptar a condições difíceis podem perdurar além dessas condições, de forma que grupos sociais podem continuar a agir como se fossem pobres mesmo depois de escaparem da pobreza.

Quando Bourdieu mapeia o espaço social (p. ex., em *A distinção*), é essa associação entre práticas/disposições e volume/composição do capital que aparece em seus mapas e não a "nuvem dos indivíduos" mencionada anteriormente. Entretanto, a primeira se baseia na segunda. Depois de construir seu espaço social com base num conjunto de variáveis, e de localizar os indivíduos nele, Bourdieu utiliza então um segundo conjunto de variáveis (passivas)[1] para localizar as disposições e os gostos através dos indivíduos que aderem a eles. Ele identifica onde subgrupos específicos de consumidores estão localizados em seu gráfico e utiliza sua localização (desde que eles formem um aglomerado e não estejam muito dispersos) para localizar sua preferência de consumo. Se o aglomerado denso de pontos no canto superior direito da Figura 5.1 contivesse todos os indivíduos em minha

---

1 A ACM pode envolver tanto variáveis "ativas" quanto "passivas". As variáveis ativas são aquelas que são efetivamente utilizadas na construção dos eixos do gráfico (as variáveis originais que são combinadas e reduzidas para formar novas variáveis). As variáveis passivas são aquelas que acreditamos serem afetadas por nossas novas variáveis: p. ex., depois de estabelecermos uma escala para o "volume" de capital e de termos calculado os valores para os participantes de nosso *survey*, podemos querer averiguar se "frequentar a ópera" (uma variável passiva que até esse momento não foi considerada) é uma exclusividade daqueles com um volume alto.

amostra hipotética que afirmam frequentar o teatro, por exemplo, então a prática de frequentar o teatro estaria localizada no meio daquele aglomerado. A equipe de estatísticos de Bourdieu desenvolveu uma técnica geométrica sofisticada para identificar o centro de aglomerados (LE ROUX & ROUANET, 2004). Entretanto, seria perfeitamente possível utilizar a média que os frequentadores do teatro possuem de volume e composição de capital.

Meu exemplo é arrumado demais para ser realista. Nenhuma "comunidade de prática" é tão homogênea em seu perfil social. Os pontos normalmente estariam mais espalhados. Mas ele ilustra o argumento. As práticas, os gostos e as disposições são localizados no espaço social através dos indivíduos que os incorporam.

**Reprodução, distinção e luta simbólica**
Ligar os hábitos ou gostos a posições no espaço social é uma das principais ideias que tornaram Bourdieu conhecido. Ela também é central para as teses de dois dos seus principais estudos: *A reprodução* (BOURDIEU & PASSERON, 2011a [1970]) e *A distinção* (BOURDIEU, 2007 [1979]). Em *A reprodução* ele afirma demonstrar como as crianças de origem culturalmente rica herdam essa riqueza na forma de disposições incorporadas que são reconhecidas e valorizadas tanto por professores quanto pelos procedimentos institucionais do campo educacional. Esses alunos parecem mais inteligentes e mais articulados para seus professores porque eles "falam a mesma língua" e porque o conhecimento e as habilidades culturais valorizadas e recompensadas no sistema educacional são aqueles que essas crianças experimentaram e adquiriram em casa. Talvez os pais delas tenham lido os livros que são ensinados nas aulas de Literatura ou ouvido as músicas que aparecem no programa escolar. Certamente, os pais delas foram bem-sucedidos na escola antes delas e são capazes de ajudar com seus trabalhos escolares. Desse modo, o capital cultural incorporado desses alunos é utilizado (por mais que eles não saibam disso) para obter as qualificações (capital cultural institucionalizado) que, por sua vez, oferecem poder no mercado de trabalho. Um trabalho recente de Devine (2004) sugere que esse processo não é nada sim-

ples nem automático ou garantido, especialmente nas décadas mais recentes. Ainda assim, o trabalho dela também oferece evidências fascinantes e importantes dos modos pelos quais os pais de classe média mobilizam vários recursos no esforço para garantir o sucesso educacional e ocupacional de seus filhos.

Bourdieu não discute diretamente a significância desses processos de reprodução para seu conceito de classe, mas eles são importantes. Para muitos sociólogos, a desigualdade não é suficiente para constituir a classe. Nós só podemos falar de classe legitimamente quando membros de grupos ocupacionais de alta posição reproduzem suas vantagens ao longo do tempo ao assegurar o acesso a ocupações de posição igualmente alta para seus filhos, o que efetivamente restringe o acesso de crianças de origens "inferiores". A formação de classe envolve o fechamento de "posições" e uma mobilidade social mínima. A esse respeito, a análise que Bourdieu faz dos processos de reprodução é importante para uma compreensão das classes.

Há um outro aspecto importante sobre a "reprodução"; a saber, que o sistema educacional confere legitimidade, prestígio e valor (capital simbólico) para a cultura da classe média, constituindo-a como capital cultural. Apesar de Bourdieu, em minha opinião, vacilar, às vezes parecendo identificar um valor intrínseco na "cultura educada" (e sua crítica é que muitos têm acesso negado a esse recurso), grande parte de sua obra busca desconstruir a noção de valor ao afirmar que os juízos de valor oficiais estão em jogo nos conflitos. Os educados são poderosos em virtude da legitimidade oficial de sua cultura (educada), e eles usam seu poder para manter sua legitimidade.

Esse ponto está ligado ao tema da "distinção". Em algumas ocasiões, Bourdieu (1998c [2001]) afirma que o que ele quer dizer com "distinção" é simplesmente que cada aglomerado de indivíduos no espaço social desenvolve peculiaridades culturais que os separam uns dos outros. Eles têm culturas distintas – daí "distinção". Entretanto, essas diferenças podem se tornar um foco de lutas simbólicas (lutas por distinção), onde membros desses aglomerados buscam estabelecer tanto a superioridade de suas peculiaridades quanto uma sanção oficial para elas. Essas lutas simbólicas são, com efeito, aspectos da luta de classes. O controle sobre o conhecimento que é valorizado, sancionado e recompensado no sistema educacional é um aspecto disso, mas em *A distinção* (e publicações relacionadas) Bourdieu amplia seu escopo para capturar um senso mais geral de formas dominantes do juízo de gostos.

A habituação, tanto das diferenças culturais quanto dos critérios para julgá-las "superiores" ou "inferiores", é uma parte importante desse processo. Ela permite que as diferenças e, em última instância, a desigualdade entre aglomerados de indivíduos pareçam naturais e, portanto, inevitáveis e justas. E ela gera o paradoxo notado por Bourdieu que alguns indivíduos e estratos sociais parecem "naturalmente mais cultos" do que outros (BOURDIEU et al., 2003a [1966]).

A luta por distinção é mais um contexto onde os habitus de classe distintos são formados. Os grupos se formam, em parte, através do cultivo de características de distinção e sinais de "superioridade". Entretanto, é preciso notar que isso já pressupõe um certo grau de identificação e interação "de grupo". Isso não pode ser um efeito de simplesmente ocupar a mesma posição no espaço social, já que muitos marcadores da distinção são arbitrários e só se tornam significativos quando há um acordo sobre seu significado, que é então comunicado entre as partes relevantes.

### A formação de grupos

As posições no espaço social, como vimos antes, são suficientes apenas para constituir "classes no papel" para Bourdieu. Essas classes não são completamente arbitrárias. As posições no espaço social são objetivas e, até certo ponto, preveem e explicam as diferenças de habitus e estilo de vida. Além do mais, Bourdieu admite que grupos concretos (grupos de parentesco, vizinhanças, redes de amizades) e também um "senso de lugar" tácito se moldam nesse espaço. Os indivíduos desenvolvem um senso de onde pertencem na sociedade e do que é e não é "para gente como nós". Entretanto, isso ainda não é a classe no sentido completamente desenvolvido sobre a qual Bourdieu deseja falar. Ele afirma que aquilo que finalmente transforma essas linhas de divisão indistintas em grupos de classe historicamente efetivos são as representações de classe, que ao mesmo tempo são consoantes com o senso prático mencionado acima que os indivíduos têm de sua posição e que servem, através de agentes que defendem essas representações, para organizar os indivíduos enquanto grupos. No caso da classe trabalhadora, por exemplo, os partidos trabalhistas e os sindicatos desempenharam um papel-chave na sua organização e efetiva constituição como uma classe. Eles persuadiram os membros da classe trabalhadora a se reconhecerem como membros dela, e, desse modo, ajudaram a moldá-la e formá-la.

Entretanto, a questão de exatamente como são traçadas as linhas de divisão permanece relativamente aberta. Bourdieu nota duas complicações. Primeiro, apesar de ele afirmar que a proximidade no espaço social – como ele a define – é a melhor garantia da formação de grupos solidários, ele também reconhece que os indivíduos pertencem a várias categorias (p. ex., étnicas, nacionais e religiosas) que podem se tornar prioritárias em sua identidade e afiliação a grupos. Segundo, ele nota que há modos diferentes de traçar as linhas de divisão, mesmo a respeito das classes. Nós podemos categorizar as classes de modos diferentes (como logo descobrem todos os alunos do primeiro ano de Sociologia). O processo de categorização é coagido tanto pelas linhas mais gerais sugeridas pelas posições objetivas quanto, se quisermos que a categoria seja historicamente efetiva, pelas próprias construções do senso comum dos indivíduos (que são moldadas por suas posições sociais). Entretanto, as categorias podem ser desenhadas de modos diferentes e os detalhes precisos desse desenho serão contestados. Ele será um objeto de luta simbólica.

A luta simbólica pelas classes ocorre em vários campos e, para complicar as coisas, está, portanto, sujeita às lógicas distintas desses campos. Um deles é o campo da ciência social acadêmica. Os cientistas sociais constroem a classe social. Como eles fazem isso é influenciado por seu próprio senso vivido de classe e por sua necessidade de compreender achados de pesquisa sobre desigualdades sociais persistentes e seus efeitos. Entretanto, isso também é parcialmente moldado pelas lógicas e conflitos do campo acadêmico. Os acadêmicos querem melhorar sua própria posição profissional e deixar sua marca. Além disso, as bolsas do governo ou de órgãos filantrópicos, que precisam de construções de classe que permitam que eles tenham influência sobre seus problemas administrativos, também exercem uma força estruturante. Por essa razão, Bourdieu evita participar diretamente de debates sobre onde devem ser estabelecidas as fronteiras ao redor de classes específicas. O lugar dessas fronteiras, para Bourdieu, é contestado. Ele está em jogo em lutas simbólicas que são, essencialmente, parte da luta de classes. Sua posição é reflexiva. Ele se afasta dessa luta classificatória para tentar compreendê-la melhor (deixando desse modo sua própria marca, é claro). Ou, de outro modo, a sua definição de classe incorpora dentro de si mesma um reconhecimento de que a classe é um conceito essencialmente contestado.

Entretanto, as lutas classificatórias são vencidas e seus resultados e influências duram muito mais do que qualquer memória reflexiva das questões que elas envolveram. Bourdieu nos avisa que muitas categorias ocupacionais e de classe nos parecem naturais. Elas adquiriram um *status* autoevidente e dóxico (cf. Capítulo 7, para uma discussão adicional). Designações como "trabalhadores de escritório" e "trabalhadores manuais" saem facilmente de nossa boca e geralmente estamos dispostos a tratar os indivíduos que pertencem a essas categorias como membros de um grupo natural. Contra isso Bourdieu afirma que o "caráter de grupo" desses grupos é derivado, ao menos parcialmente, de nossa apropriação e utilização desses rótulos. Nós moldamos esses grupos (e eles se moldam) como grupos através de nossa tendência a rotulá-los e tratá-los como grupos. Esse é um exemplo daquilo que Bourdieu chama de "efeitos de teoria"; ou seja, é um exemplo do modo como as teorias sociais moldam as realidades que elas se propõem a descrever.

Não menos importante que o campo da ciência social acadêmica é o campo político (cf. Capítulo 15, para uma discussão posterior). Também aqui a "classe" é construída e também aqui o processo de construção é moldado pela lógica do campo. Os partidos políticos precisam equilibrar considerações que surgem da necessidade de atrair os eleitores que desejam com outras exigências que surgem, por exemplo, das reivindicações de seus oponentes. E as representações geradas nesse contexto voltam para os membros das classes representadas. Como vimos antes, por exemplo, os partidos trabalhistas e os sindicatos em particular desempenharam um papel-chave na formação da classe trabalhadora para Bourdieu. Eles tiveram sucesso, em graus e em períodos diferentes, na persuasão dos indivíduos aglomerados em posições particulares no espaço social a assumirem uma identidade e se mobilizarem ao redor dela. E essa identidade, as mobilizações nas quais ela foi implicada, e os hábitos e *ethos* cultivados no processo de luta contribuíram adicionalmente ao "caráter de grupo", e, portanto, ao "caráter de classe" daqueles envolvidos.

Nesse sentido, as classes surgiram como forças históricas reais a partir de uma história de lutas e mobilização política. De fato, as classes surgiram através de processos de mobilização e luta. Essas mobilizações talvez sejam raras e de curta duração, mas seu efeito pode ser mais duradouro quando elas se sedimentam na forma do *habitus, ethos* e *doxa*, que continuam a moldar a ação fora de períodos de contendas políticas e instituem uma sensibilidade a "chamadas de ordem" futuras proclamadas por agitadores políticos. Com efeito, a formação de classe é um processo contínuo que, apesar de marés altas e baixas, se constrói sobre si mesmo.

**Conclusão: a dinâmica da classe**

Minha apresentação neste capítulo foi linear. Eu sugeri que os indivíduos estão posicionados no espaço social; que isso molda seus estilos de vida e habitus; e que essas duas condições preparam o caminho para processos de mobilização e representação que criam as classes. É possível ler Bourdieu desse modo linear, com a mobilização utilizando as disposições que são o efeito de posições sociais. Entretanto, também é possível enxergar os três "momentos" da formação de classe discutidos aqui como afetando uns aos outros simultaneamente: por exemplo, as mobilizações moldam tanto o habitus quanto o espaço social e também são moldadas por eles, e a posição e o habitus também se afetam mutuamente. Não está claro qual dessas leituras Bourdieu teria preferido, mas talvez seja melhor deixar isso para os leitores.

# 6
# Capital

*Rob Moore*

**Introdução**

A primeira tarefa deste capítulo é descrever o *capital* em sua forma simbólica geral em vez de seus tipos específicos (como "cultural", "social", "linguístico", "científico" etc.). Em primeiro lugar, trato do que é distintivo no uso que Bourdieu faz do termo e no modo como ele funciona em sua teoria.

Geralmente, o termo "capital" é associado à esfera econômica e à troca monetária. Entretanto, o uso que Bourdieu faz do termo é mais amplo:

> De fato, é impossível explicar a estrutura e o funcionamento do mundo social a não ser que reintroduzamos o capital em todas as suas formas e não apenas na forma reconhecida pela teoria econômica. A teoria econômica permitiu que nela se enxertasse uma definição da economia das práticas que é uma invenção histórica do capitalismo; e ao reduzir o universo das trocas à troca mercantil, que é objetiva e subjetivamente orientada para a maximização do lucro, ou seja, *de interesse (economicamente) pessoal*, ela implicitamente definiu as outras formas de troca como não econômicas, e, portanto, *desinteressadas*. Em particular, ela define como desinteressadas as formas de troca que garantem a *transubstanciação* através da qual os tipos mais materiais do capital – aqueles que são econômicos no sentido restrito – podem se apresentar na forma imaterial do capital cultural, ou do capital social, e vice-versa (BOURDIEU, 1997c: 46 [1983]).

Portanto, o propósito de Bourdieu é estender o sentido do termo "capital" ao empregá-lo num sistema mais amplo de trocas onde bens de tipos diferentes são transformados e trocados dentro de redes ou circuitos complexos dentro de campos diferentes, e entre eles. Ele tenta afastar da economia a instância estreita da troca mercantil e trazê-la para uma antropologia mais ampla de trocas e avaliações culturais na qual a troca econômica é apenas um tipo (ainda que o mais fundamental). Entretanto, é importante notar que outras formas de capital como o cultural e o social podem ser vistas como formas "transubstanciadas" do capital econômico.

A teoria do capital de Bourdieu[1] e seu uso em várias áreas de sua obra possuem características distintivas. Consequentemente, há uma questão importante, ainda que sutil, sobre como as formas do capital simbólico devem ser compreendidas. Com efeito, isso acontece de dois modos diferentes tanto na própria obra de Bourdieu quanto nas obras daqueles que utilizam suas ideias. No primeiro modo, os valores, gostos e estilos de vida de alguns grupos sociais (de *habitus* compartilhados em diferentes grupos de *status* devido a relações de poder na sociedade e em cujos termos eles são definidos e diferenciados) são, de maneira arbitrária, considerados superiores aos de outros, de modo a conferir vantagens sociais (p. ex., na educação). No segundo modo, as formas de capital como o capital cultural podem ser compreendidas em termos de diferenças qualitativas em *formas* de consciência *dentro* de grupos sociais diferentes (frações de classe, e não classes em si); ou seja, em termos de *habitus* como uma especialização ("cultivo") da consciência e um domínio reconhecido de alguma(s) técnica(s). Em outras palavras, o pertencimento social *por si só* (o pertencimento a algum grupo de *status* particular *per se*) não se traduz automaticamente num *habitus* que confere capital simbólico de modo uniforme para todos os membros (de modo que, p. ex., os pais de classe média e de classe trabalhadora estejam automaticamen-

---

[1] Eu utilizarei o ensaio de Bourdieu "As formas do capital" (BOURDIEU, 1997c [1983]) como minha referência central devido à sua disponibilidade e estilo acessível. Eu recomendo a "Introdução do editor" de Randal Johnson, na coleção *The Field of Cultural Production* (BOURDIEU, 1993c), como referência ao capital cultural. A última obra que Bourdieu publicou em vida, *Para uma sociologia da ciência* (BOURDIEU, 2004b [2001]), oferece uma boa e curta introdução a seu modo de teorizar com referência à sociologia da ciência e o "capital científico". Baseio-me aqui num artigo anterior sobre o capital cultural publicado originalmente na edição especial do *British Journal of Sociology of Education*, "A sociologia da educação de Pierre Bourdieu: a teoria da prática e a prática da teoria" (vol. 25, n. 4, 2004; cf. tb. MOORE, 2007, cap. 5).

te envolvidos num conflito de interesses de soma zero em relação à educação de seus filhos simplesmente em virtude de graus diferentes de capital cultural associado ao *habitus* de classe).

A distinção delineada acima é central para compreendermos a *distinção* do conceito de Bourdieu de capital simbólico. Então, se empregarmos apenas o primeiro uso, pode ser difícil diferenciar conceitualmente as ideias de Bourdieu daquelas empregadas tradicionalmente pela teoria da estratificação social – o capital cultural, para todos os propósitos, torna-se um sinônimo de *status*, ou *habitus* torna-se um sinônimo de "socialização". A utilização da linguagem de Bourdieu é então meramente terminológica, não conceitualmente distinta, e pouco adiciona à análise além de uma mudança de léxico. Além do mais, o primeiro uso pode levar, metodologicamente, ao que John Beck chamou de "reducionismo e essencialismo de classe" que, em sua argumentação, é típico de – e também contamina – uma corrente proeminente na pesquisa pedagógica que muitas vezes utiliza Bourdieu ao estudar os efeitos da mercantilização (BECK, 2007)[2].

Em todos os campos da prática social haverá graduações entre aqueles que exibem aquilo que Bourdieu chama de "*habitus* bem-formado" (cf. mais adiante) e aqueles que não exibem. As formas simbólicas do capital estão associadas ao *habitus* bem-formado e em qualquer grupo, independentemente de sua definição, aqueles com o *habitus* bem-formado têm mais capital cultural; ainda que nem todos os *habitus* e suas instâncias de capital cultural recebam o mesmo valor na sociedade – por exemplo, o do artista em relação ao do artesão. Nesse segundo uso, o capital simbólico é, portanto, importante não apenas por razões exegéticas, mas porque ele aponta para a possibilidade de abertura de novos caminhos de análise através do exame dos efeitos (p. ex., na educação) de variância *intra*grupal e de complementaridades *entre* frações de classe em vez de simplesmen-

---

2 A argumentação neste capítulo pode ser alinhada à de Beck nesses aspectos.

te diferenças intergrupais e a tendência associada ao essencialismo e reducionismo de classe[3].

O resto deste capítulo trata primeiro das *formas* do capital. Ele então discute os tipos e padrões de distinções [*distinctiveness*] subjacentes a elas. Analiso como os capitais são valorizados na estrutura social, em particular pelos dominantes. Depois, trato das diferenças no capital entre grupos particulares (e dentro deles) antes de concluir o capítulo.

## As formas do capital

Como notei anteriormente, a distinção ampla que Bourdieu desenvolve é entre o capital econômico (ou "troca mercantil") e o capital simbólico, que inclui subtipos como o capital cultural, o capital linguístico, o capital científico e literário, dependendo do campo onde eles estiverem localizados. A diferença fundamental entre o capital econômico e o simbólico, que é crucial para compreender como o conceito opera no sistema de Bourdieu, é que no primeiro a natureza instrumental e egoísta [*self-interested*] da troca é transparente. A troca mercantil não tem valor intrínseco e é sempre um meio para um fim (lucro, juros, salário etc.). Bourdieu afirma que isso também vale para outras formas de capital simbólico, mas que elas, de modos distintos, negam e suprimem seu instrumentalismo ao proclamarem-se desinteressadas e de valor *intrínseco*. No campo das artes, por exemplo, o capital cultural é apresentado como um reflexo do valor intrínseco das próprias obras de arte ("essencialismo") e da capacidade de certos indivíduos talentosos (aqueles com "distinção") de reconhecer e apreciar essas qualidades essenciais (cf. GRENFELL & HARDY, 2007, para uma discussão mais completa). No campo científico, o conhecimento é aparentemente procurado por si mesmo por acadêmicos desinteressados em busca da verdade.

---

3 Isso abre a possibilidade de que, devido às *particularidades* do habitus, alguns grupos de classe baixa possam adquirir tipos de capital cultural que lhes confiram vantagens em algumas áreas (p. ex., na educação) sobre alguns grupos de classe média: p. ex., altos níveis de aprendizado adquiridos num *habitus* doméstico em virtude, digamos, do ativismo político ou da herança de uma tradição de artesanato especializado ou de fervor religioso.

A apresentação formal do princípio do capital social é a do altruísmo. Essa negação sistemática do fato de os capitais simbólicos serem tipos transubstanciados do capital econômico envolve o processo que Bourdieu chama de *desconhecimento* [*misrecognition, méconnaissance*]. Os campos simbólicos, com base em seus princípios específicos, estabelecem hierarquias de discriminação (algumas coisas são melhores ou mais dignas do que outras). Esse processo de desconhecimento é um tipo de "violência simbólica" (cf. Capítulo 11, para uma discussão mais ampla). A "violência" reflete o fato de que os relacionamentos dentro dos campos e suas hierarquias de valor são, na realidade, puramente arbitrários, e não fundamentados em princípios intrinsecamente valiosos e superiores separados radicalmente do instrumentalismo e materialismo intramundanos da troca mercantil. As legitimações do sistema de dominação e subordinação social constituídas dentro dessas relações simbólicas, e através delas, são, em última análise, baseadas em "interesse". Portanto, quando Bourdieu junta o termo "cultural" a "capital", apresenta um desafio, ou uma provocação, ao unir o sagrado ao profano (cf. BOURDIEU, 1997c [1983]).

A intenção de Bourdieu ao examinar os tipos de capital simbólico parece ser dupla. Primeiro, ele busca demonstrar o caráter arbitrário e instrumental dos capitais simbólicos como tipos de bens que trazem vantagens ou desvantagens sociais ou culturais. Segundo, ele busca demonstrar que, através do processo de transubstanciação, os campos do capital simbólico têm estrutura homóloga à do campo econômico. Cada campo de capital simbólico reproduz o sistema de relações desiguais no campo econômico (relações de classe e poder) e, ao fazê-lo, reproduz a estrutura fundamental da desigualdade social. A estrutura profunda dessa homologia é a das relações de poder entre grupos constituídos dentro do campo econômico. Os campos simbólicos e seus tipos específicos de capital são institucionalmente distintos e distanciados do campo econômico com seus próprios membros, princípios e lógicas, mas, ainda assim, são o campo econômico "revertido" (cf. BOURDIEU, 1993c, cap. 1). Sua *lógica*, em última instância, é a das desigualdades e relações de poder estruturadas do campo econômico, e é em termos dessa lógica que esses campos podem ser decodificados.

Cada tipo de capital simbólico alcança seu efeito através de uma "ilusão" arquitetada e sustentada da autonomia de seu campo constituída através do que é afirmado como seu princípio intrínseco – seu próprio princípio desinteressado, sagrado e consagrador (beleza, verdade, altruísmo etc.). Os campos, a esse respeito, podem ser compreendidos como meios de produção de capitais simbólicos de tipos diferentes e como reguladores da distribuição social desses capitais. Apesar de um campo poder ser visto estaticamente (sincronicamente) em qualquer ponto particular do tempo em termos de sua estrutura e das relações das posições dentro dele, a característica mais importante de um campo é que ele é dinâmico – ele existe no tempo, e através dele (diacronicamente) nas trajetórias de tomadas de posição e estratégias (com efeito, cada campo tem seu próprio tempo: a sucessão de movimentos nas artes, mudanças de moda e gosto, inovações científicas e mudanças de paradigma). O capital pode ser compreendido como a "energia" que impulsiona o desenvolvimento de um campo através do tempo. O capital em ação é o decreto do princípio do campo. Ele é a realização em formas específicas do poder em geral.

Para compreender como isso ocorre podemos notar que os tipos diferentes de capital são capazes de existir em formas diferentes (cf. BOURDIEU, 1997c [1983]). Em uma das formas, o capital é *objetificado*. Ele é representado materialmente em coisas como obras de arte, galerias, museus, laboratórios, instrumentos científicos, livros, e assim por diante – artefatos de vários tipos. Em outra forma, o capital é *incorporado*. Aqui, o princípio de um campo é incorporado na corporeidade da pessoa como princípios de consciência em predisposições e propensões e em características físicas como linguagem corporal, posturas, entonações e escolhas de estilo de vida. Entre essas duas, existe uma terceira expressão do capital na forma do *habitus*. Diferente do capital objetificado e incorporado, o *habitus* não tem uma existência material própria no mundo, já que ele é composto de atitudes e disposições. Ele é insubstancial no mesmo sentido que as regras do xadrez ou da gramática não podem ser encontradas de forma material em nenhum lugar do mundo e são conhecidas apenas através de suas *realizações* na prática – nos jogos de xadrez e nos atos de fala efetivos que elas permitem e possibilitam (cf. MOORE, 2004: 168-170). A formação do *habitus* ocorre inicialmente na família, o *habitus* doméstico, mas, para Bourdieu, a agência mais importante é a educação, onde o capital assume uma forma *institucionalizada*. Entretanto, devemos considerar essas formas de capital como – num sentido importante – contínuas entre si, como "momentos" de uma coisa em vez de três variedades diferentes da coisa. Essas formas e relações podem ser ilustradas como na Tabela 6.1.

**Tabela 6.1 As formas do capital**

| Formas de capital / tipos | Objetificado | *Habitus* (disposições e atitudes) | Incorporado |
|---|---|---|---|
| CULTURAL | Galerias, museus, bibliotecas, concertos etc. | Conhecimento do cânone, discriminação de gêneros e períodos, as "regras do jogo". | Olhar cultivado, aprumo, gosto, desejo pelo reconhecimento da distinção. |
| CIENTÍFICO | Laboratórios, livros-texto, instrumentos, "ciência normal" etc. | Conhecimento do campo de problemas, domínio das técnicas de solução de problemas, "objetividade". | Habilidade de manipular instrumentos e fórmulas, racionalidade, desejo de reconhecimento dos colegas através da inovação. |

A forma institucionalizada do capital (educação formal), em graus variados para grupos diferentes, tenta inculcar (incorporar) um *habitus*, cujo princípio é congruente com os princípios dominantes dos vários campos onde o capital existe em suas formas objetificadas: adquirir, por exemplo, uma predisposição às "regras do jogo" vendo quadros numa galeria e, além disso, fazê-lo de modo que pareça completamente natural e sem esforço (cf. BOURDIEU, 2007: 69 [1979: 76]).

**Formas de distinção**

As formas objetificadas do capital podem ser vistas como um tipo de "matéria-prima". Imagine entrar numa loja grande que vende livros, CDs de música e filmes em DVD. Essas coisas, é claro, já foram organizadas através dos modos como elas são distribuídas nas prateleiras em categorias e gêneros (os princípios que governam isso constituem o que Bourdieu chama de "cultura legítima", o modo *correto* de fazer isso, p. ex., em BOURDIEU, 2007: 57 [1979: 60]). Imaginemos, agora, dois consumidores com quantidades idênticas de capital econômico – dinheiro – para gastar. Eles andam pela loja olhando as prateleiras e enchem suas cestas com suas escolhas. Quando eles se encontram no caixa, suas cestas contêm seleções muito diferentes de livros, música e filmes (de custo total igual). Para Bourdieu, haverá uma lógica dupla em operação aqui. A primeira pode ser chamada de "a lógica da associação", pela qual cada indivíduo faz suas escolhas particulares, e a outra pode ser chamada de "a lógica das diferenças", ligada às diferenças entre as seleções. Essas lógicas estão conectadas internamente. A lógica da associação implica o princípio que se a pessoa *A* seleciona primeiro tal *tipo* de livro, então é provável que ela selecione tal *tipo* de música, e então é provável que ela selecione um *tipo* particular de filme. Essas probabilidades estatísticas calculáveis (mapeadas meticulosamente por Bourdieu em seu estudo clássico dos gostos, *A distinção*; BOURDIEU, 2007 [1979]) estão associadas a panos de fundo sociais e serão compartilhadas por aqueles de pano de fundo semelhante – isso não significa que os dois consumidores escolherão necessariamente os mesmos objetos: significa que eles empregam a mesma lógica cultural de seleção, do que pode ser unido e o que precisa ser mantido separado (associação e diferença). O princípio de seleção é *gerativo*, mas não determinista. A lógica da diferença implica o princípio que, em parte, a pessoa *A* seleciona o que seleciona porque isso *não* é o que a pessoa *B* selecionaria. As lógicas de seleção estão ligadas internamente por serem cultural e socialmente valorizadas por sua oposição. Nos extremos, uma lógica de seleção implica "distinção", e a outra em "vulgaridade". Bourdieu diz que, como categorizamos o mundo, por sua vez, nos categoriza – nós pertencemos à categoria de pessoas que categorizam o mundo dessa forma.

> A intolerância estética exerce violências terríveis. A aversão pelos estilos de vida diferentes é, sem dúvida, uma das mais fortes barreiras entre as classes: como bom testemunho, temos a homogamia. E, para aqueles que julgam ser detentores do gosto legítimo, o mais intolerável é, acima de tudo, a reunião sacrílega dos gostos que, por ordem do gosto, devem estar separados. O mesmo é dizer que os jogos de artistas e de estetas e suas lutas pelo monopólio da legitimidade artística são menos inocentes do que possa parecer: não há luta a propósito da arte cujo pretexto não seja, também, a imposição de uma arte de viver, ou seja, a transmutação de determinada maneira arbitrária de viver em maneira legítima de existir que, por sua vez, atira qualquer outra maneira de viver na arbitrariedade (BOURDIEU, 2007: 57 [1979: 60]).

Para levar a ilustração a um passo além, imagine que os dois consumidores tenham um objeto em comum em suas cestas. Apesar de eles terem selecionado a mesma coisa, isso aconteceu por razões muito diferentes de acordo com lógicas culturais diferentes. Para um, ela é uma coisa bela, mas para o outro ela é algo deliciosamente *kitsch* que divertirá seus amigos no próximo jantar (e, dessa forma, aumentará seu estoque de capital social em seu círculo, onde ser divertido de forma inteligente é valorizado como um sinal de distinção). A coisa é valorizada *ironicamente* em contraponto à lógica de seleção dos outros objetos, enquanto, para o consumidor "vulgar", seu valor é convencional – "caseiro". O que importa para Bourdieu é a matriz de conexões dentro dos campos de capital simbólico. Em uma dimensão, um certo conjunto de objetos será conectado *positivamente* em termos de sua complementaridade cultural e em outra será relacionado *negativamente* através de oposições. A lógica da semelhança implica automaticamente uma lógica da diferença, continuidades e descontinuidades, e essas relações estruturam o espaço social (ou, simultaneamente, refletem a estrutura do espaço social).

É central para a abordagem de Bourdieu o princípio de que são essas *relações* que valorizam os objetos, e *não* alguma característica intrínseca (ou essencialista) dos objetos em si mesmos. A violência simbólica associada ao capital cultural é o desconhecimento da arbitrariedade real dos valores nos campos simbólicos.

É o *habitus* que oferece o princípio para a lógica da seleção. Os consumidores escolhem o que escolhem em virtude das *predisposições estruturadas e estruturantes* que eles trazem consigo para a loja. Mas isso também se refletirá em como eles se comportam na loja. O consumidor com "distinção" saberá como essa loja se organiza (a "cultura legítima"), conhecerá as categorias e gêneros (ele possui capital cultural) e andará pelo espaço social, "navegará" por ele, com confiança – ele conhece as "regras do jogo". Ele terá confiança e autoridade para lidar com os funcionários: "Eu acabei de ler uma resenha de um livro de Bourdieu. Acho que ele foi publicado há um ou dois anos. Não consigo me lembrar do título, algo a ver com ciência. Eu preciso dele para algo que estou escrevendo no momento. Você pode procurá-lo para mim e ver se ele está disponível?" Enquanto o consumidor vulgar estará desorientado e inseguro (porque não tem o capital cultural nem conhece as "regras do jogo") e, se é que será capaz de pedir ajuda aos funcionários, o fará com timidez: "Será que você pode me ajudar? Estou tentando achar um livro sobre um pintor francês de que minha filha gosta. É para o aniversário dela. Ele pintou vitórias-régias e jardins, mas não tenho certeza do nome dele. Muito obrigado, desculpe incomodá-lo".

As relações entre coisas (os objetos nas cestas de compras) correspondem, em um nível, a hierarquias sociais, e em outro à conduta pessoal cotidiana em situações sociais rotineiras e a estados emocionais (confiança ou ansiedade). Bourdieu nos conta que haverá paralelos sistemáticos (homologias) entre relações sociais e o capital simbólico em suas formas institucionais e incorporadas mediadas pelo *habitus*. Há uma relação interna entre os objetos na cesta e os princípios estruturantes da consciência na cabeça do consumidor e nas relações sociais – nos princípios de ordem e diferença social. A lógica cultural da semelhança e da diferença entre as cestas de compras corresponde às relações de desigualdade e poder na sociedade e a predisposições pessoais de grupos diferentes de pessoas – semelhanças e diferenças de consciência e de *self*. Os consumidores traduziram seu capital econômico em recursos simbólicos, mas seus resultados em termos de capital cultural são altamente desiguais em proporção à sua desigualdade inicial de capital cultural[4]. Em um dos casos, as escolhas são emblemas de distinção, mas no outro, os estigmas da vulgaridade. Nós nos classificamos de acordo com os modos como classificamos o mundo, mas "o mundo" já nos classificou, e através de nossas classificações nós confirmamos (ou "consagramos") esse ato (cf. BOURDIEU, 2007 [1979], Parte 1). Por ser a transubstanciação do capital econômico, o capital cultural multiplica ou reduz os resultados *sociais* do capital econômico em graus variados para agentes e grupos diferentes.

> Pelo fato de que se organizam todos em torno da mesma oposição fundamental no que se refere à relação com a demanda (a do "comercial" e do "não comercial"), os campos de produção e de difusão das diferentes espécies de bens culturais – pintura, teatro, literatura, música – são entre si estrutural e funcionalmente homólogos, e mantêm além do mais uma relação de homologia estrutural com o campo do poder onde se recruta o essencial de sua clientela (BOURDIEU, 1996b: 186 [1992: 268]).

## A formação do capital

As desigualdades associadas ao capital cultural refletem desigualdades nas capacidades de adquirir capital que também refletem desigualdades anteriores na posse de capital cultural. Há duas características distintas que afetam o modo pelo qual as formas de capital simbólico podem ser adquiridas. A primeira, do ponto de vista da aquisição, é que elas não podem ser divorciadas da pessoa (elas pres-

---

[4] O fato de que cada indivíduo pode estar igualmente feliz com o que comprou e pode derivar prazer semelhante de suas compras não importa aqui. O importante é a relação social: (a) porque as lógicas diferentes de disposições inscreveram neles uma relação social mais ampla de desigualdade; e (b) porque elas podem causar resultados sociais desiguais de capital – além do fato que a lógica da "distinção" pode contribuir com capital cultural para o *habitus* doméstico, o que trará benefícios educacionais de longo prazo para as crianças.

supõem incorporação), e a segunda é que elas só podem ser adquiridas ao longo do tempo (elas pressupõem duração). Bourdieu faz um contraste com o capital econômico, onde é possível ficar muito rico rapidamente com um giro da roleta (BOURDIEU, 1997c: 46 [1983]). Mas nós não podemos adquirir capital cultural incorporado do mesmo modo.

> A maioria das propriedades do capital cultural pode ser deduzida do fato de que, em seu estado fundamental, ele está ligado ao corpo e pressupõe incorporação. A acumulação do capital cultural no estado incorporado, ou seja, na forma daquilo que se chama cultura, cultivação, *Bildung*, pressupõe um processo de incorporação, que, por envolver um trabalho de insinuação e assimilação, custa tempo, tempo esse que precisa ser investido pessoalmente pelo investidor (BOURDIEU, 1997c: 48 [1983]).

A aquisição de capital cultural incorporado é idêntica à formação do *habitus*, uma integração da mente e do corpo adaptada harmoniosamente a habitats especializados (campos) e transferível para além deles. Apesar de Bourdieu definir tipicamente o *habitus* com referência à consciência interna e à prática (ou, mais precisamente, aos princípios e estratégias geradoras da consciência e da prática), é preciso reconhecer que ele também tem uma forma "externa". Como Durkheim e Weber antes dele, a preocupação de Bourdieu com o *habitus* é o problema de como o "externo" (o social) se torna "interno" (o *self* social ou uma "segunda natureza", cf. MOORE, 2004, cap. 3). Portanto, é possível, por exemplo, falar de "*habitus* de classe" – o *habitus* como uma "consciência coletiva" expressa de forma objetificada nos *estilos* de vida e nas *escolhas* de estilo de vida (e também em *chances* de vida objetivas; BOURDIEU, 2007 [1979]) e que expressam graus diferentes de capital cultural. De modo um tanto semelhante, no caso da ciência, Bourdieu diz que:

> A percepção do espaço das posições, que é, em simultâneo, conhecimento e reconhecimento de capital simbólico e contribuição para a constituição desse capital (por juízos baseados em índices como o lugar de publicação, a qualidade e quantidade de notas etc.), permite a orientação nesse campo. As diferentes posições realizadas, quando apreen-

didas por um *habitus* bem constituído, são tanto possibilidades como formas possíveis de fazer o que faz aquele que as percebe (da física ou da biologia), formas possíveis de fazer já feitas, já realizadas, ou a fazer, mas invocadas pela estrutura dos possíveis já realizados. Um campo contém virtualidades, um futuro provável (que um *habitus* ajustado permite antecipar) (BOURDIEU, 2004b: 87, tradução modificada [2001: 120-121]).

A formação do capital cultural incorporado implica a exposição prolongada a um *habitus* social especializado, como o da escola pública inglesa tradicional (ou seja, um internato particular caro e exclusivo que cultiva o "cavalheiro" humanista liberal clássico – *Bildung*, na tradição alemã), do sacerdócio, dos militares, ou, em forma plebeia, no aprendizado de uma profissão ou, com maior distinção no período moderno, no aprendizado do artista, ou também no cultivo de habilidades esportivas de elite ou nas vocações das profissões liberais. O capital cultural é adquirido no cultivo sistemático de uma sensibilidade onde os princípios de seleção implícitos de um ambiente (um *milieu* ou habitat) se traduzem, ao serem inculcados, em princípios de consciência que se traduzem em propensões físicas e cognitivas expressas em disposições a atos de tipos particulares:

> Um cientista é um campo científico feito homem, cujas estruturas cognitivas são homólogas à estrutura do campo e, por isso, constantemente ajustadas às expectativas inscritas no campo (BOURDIEU, 2004b: 62 [2001: 84], tradução modificada).

A famosa cadeia de lojas britânicas Habitat costumava aspirar a ser capaz de mobiliar toda a sua casa, dos talheres, copos de vinho e carpetes a mesas de jantar e camas, de acordo com seu estilo particular. De modo ainda mais ambicioso, a escola alemã de arte e *design* Bauhaus, antes da Segunda Guerra Mundial, aspirava a tudo isso e também a projetar as casas e as cidades onde essas casas estariam localizadas – um habitat totalizante que ofereceria um modo de vida total baseado na sensibilidade de uma estética modernista integrada e coerente. Não é simplesmente que o *design* da Bauhaus *expressava* essa sensibilidade em seus praticantes (tornava externo o interno), mas que a exposição a tal habitat, a tal estilo de vida (capital cultural) também *cultivaria* essa sensibilidade ("gosto" ou disposições) naqueles que o *habitassem* (o externo se tornando interno). Nessa instância, um indivíduo adquiriria o *habitus* (se habituaria a ele) e o capital cultural do modernismo da Bauhaus, suas predisposições, suas "regras de jogo" ou "hábitos":

[habitat ⇔ *habitus* ⇔ habituação ⇔ hábito]

Ou seja, o capital é objetificado como *habitus*, e é incorporado e realizado na prática.

## O capital e o habitus bem temperado

A frase "o habitus bem constituído" implica logicamente a possibilidade de um "habitus menos bem constituído". Se o capital simbólico e o *habitus* são, com efeito, a mesma coisa (uma coisa descrita de modos diferentes em termos de seus aspectos diferentes – cf. MOORE, 2007, cap. 5), então as características distintivas do capital simbólico e de sua formação devem ser compreendidas em termos da formação do *habitus*. Em Bourdieu e Passeron (2011a: 53 [1970: 46-47]) encontramos a seguinte proposição:

> A AP [ação pedagógica] implica o *trabalho pedagógico* (TP) como trabalho de inculcação que deve durar o bastante para produzir uma formação durável; isto é, um *habitus* como produto da interiorização dos princípios de um arbitrário cultural capaz de perpetuar-se após a cessação da AP [...] (BOURDIEU & PASSERON, 2011a: 53 [1970: 46-47], itálico no original).

O texto então oferece o seguinte comentário sobre isso:

> Enquanto ação que deve durar para produzir um hábito durável, isto é, enquanto ação de imposição e de inculcação de um arbitrário que não pode se realizar completamente senão pelo TP, a AP se distingue das ações de violência simbólica descontínuas e extraordinárias como as do profeta, do "criador" intelectual ou do feiticeiro. Tais ações de imposição simbólica não podem provocar a transformação profunda e durável daqueles que elas atingem a não ser na medida em que se prolongam numa ação de inculcação contínua [...] (BOURDIEU & PASSERON, 2011a: 53 [1970: 46-47]).

Bourdieu escreve sobre o capital *científico* e o *cientista* em sua última obra que publicou em vida (2004b [2001]). Em relação à ciência, ele também enfatiza que sua prática "só pode ser realmente dominada no termo de uma longa aprendizagem" (BOURDIEU, 2004b: 16 [2001: 17]) e, também, a iniciação num "grande domínio da tradição" (2004b: 31 [2001: 38]) – "um matemático de vinte anos pode ter vinte séculos de matemática no seu espírito" (2004b: 61 [2001: 82-83]; cf. tb. MOORE & MATON, 2001). O ponto-chave do extrato citado acima é a distinção feita entre "a transformação profunda e durável" do *self* associado ao *habitus* e as "ações de violência simbólica descontínuas e extraordinárias como as do profeta, do 'criador' intelectual ou do feiticeiro".

Em referência a um campo diferente, o da fotografia, Bourdieu descreve sua posição como "a meio caminho das práticas 'vulgares', aparentemente abandonadas à anarquia dos gostos individuais, e das práticas culturais nobres, submetidas a regras estritas" (BOURDIEU, 1968a: 131 [1966], tradução modificada). Esse modo de distinguir entre o "vulgar" e o "nobre" é semelhante ao modo de Durkheim distinguir, num aspecto, entre o profano e o sagrado nas *Formas elementares da vida religiosa* (DURKHEIM, 1995 [1912]); o sagrado é governado pelas regras estritas do ritual e do sacramento em contraste com as interações estocásticas da vida cotidiana. É importante notar que essa distinção, para ambos os autores, é *sociológica* e não valorativa. Ela tem a ver com o caráter estrutural dos campos e da regulação da conduta dentro deles. Os "sacramentos" do discurso nobre ou acadêmico regulam sua forma de debate de um modo que o distingue do fluxo livre (ainda que também governado por regras) de uma "conversa" simples, onde a "anarquia dos gostos individuais" é, apropriadamente, o princípio orientador (cf. MOORE, 2007, cap. 4; cf. tb. COLLINS, 2000, cap. 1, esp.: 26). Tudo isso não significa sugerir que os acadêmicos não "conversem" – pelo contrário, a distinção tem a ver com os modos como as coisas são *conhecidas*, e não com os *conhecedores* (cf. MATON, 2000), com o "quando" e "como", e não o "quem" e "o quê". A formação do *habitus* e o capital simbólico que ele dota ocorrem através do "trabalho pedagógico" do inculco das "regras estritas" até o ponto de as adquirirem de uma forma incorporada.

Essa distinção se alinha com aquelas feitas (independentemente) por Durkheim e Weber em relação ao *habitus*. Em cada caso, a formação do *habitus* (a aquisição do capital simbólico) é compreendida em termos de uma especialização da consciência através de um processo *sistemático* de inculco que é estendido ao longo do tempo até obter uma "transformação profunda e durável" do *self* baseada num conjunto coerente e integrado de princípios incorporados no agente e congruente com o capital simbólico da agência institucional de inculco, e efetivamente transferível para além dela (exemplificado para Durkheim pelos cristãos escolásticos e para Weber pelos *literati* confucionistas). O que distingue a abordagem de Bourdieu ao capital cultural é que ela é associada primariamente à especialização e à realização (o "cultivo") e não *diretamente* ao *status* socioeconômico. É por essa razão que o *status* socioeconômico e o capital cultural podem variar independentemente, e não podemos simplesmente atrelar este ao primeiro, como, por exemplo, na frase "o *habitus* de classe média" genérico (Bourdieu rejeita frequentemente esse tipo de reducionismo). Como Bourdieu demonstra (p. ex., em *As regras da arte*, 1996b [1992]), o grupo com maior capital cultural é aquele que ele designa como a "fração dominada do grupo dominante"; ou seja, uma *intelligentsia* baseada em campos de produção simbólica, especialmente na educação (BOURDIEU, 2011b [1984]), mas com menor capital econômico do que a fração dominante (baseada em campos de produção material e poder). Os que têm maior capital cultural na forma da posse da "cultura legítima" são aqueles que têm maior capital *educacional* (cf. BOURDIEU, 2007 [1979]). Bourdieu se refere a isso como "delegação", e ela é necessária para que o capital cultural realize o trabalho que realiza ao parecer fazer algo completamente diferente; quer dizer, a busca do "desinteresse" identificado como o princípio soberano de qualquer tipo de capital cultural – a busca da beleza, verdade, e assim por diante. É nessa delegação da autoridade que o capital econômico é transubstanciado como capital simbólico (cf., p. ex., BOURDIEU & PASSERON, 2011a: 46-47

[1970: 39-40]). Vale a pena enfatizar aqui que essa divisão na classe dominante é não apenas uma característica central da teorização de Bourdieu, mas também carrega implicações que se estendem para além da teoria e podem potencialmente tornar problemáticos certos aspectos da própria teoria.

O fenômeno da variância intraclasse corresponde às graduações na formação do *habitus* entre o "bem-formado" e o menos bem--formado, que se expressa em suas configurações de capital. Essa calibração será encontrada em *todas* as áreas da prática social. Entretanto, há um segundo critério para se distinguir entre *habitus*. Em *A reprodução* nós encontramos a seguinte proposição:

> A produtividade específica do TP, isto é, o grau em que ele consegue inculcar aos destinatários legítimos o arbitrário cultural que ele foi chamado a reproduzir, mede-se pelo grau em que o *habitus* que ele produz é *transferível*, isto é, capaz de engendrar práticas conformes aos princípios do arbitrário inculcado num maior número de campos diferentes (BOURDIEU & PASSERON, 2011a: 55 [1970: 49], itálico no original).

Portanto, nós podemos agora abordar o *habitus* e, assim, o capital cultural, em termos de duas dimensões, *habilidade [accomplishment]* e *capacidade de transferência*, que numa forma incorporada combinada dão "distinção" a um agente e que juntas determinam os valores relativos de instâncias do capital simbólico cultural. Em termos práticos, alguns agentes podem ter alto capital cultural (alta habilidade), mas apenas num número restrito de campos – a capacidade de transferência de seu capital é restrita ("um peixe grande num lago pequeno", como diz a expressão idiomática em inglês). Os *habitus*, então, podem ser mais ou menos "bem-formados" e também mais ou menos "transferíveis". O capital cultural é de maior valor quando ele é (a) mais bem-formado e (b) melhor otimizado em termos de capacidade de transferência.

Para resumir, as formas do capital simbólico, como o capital cultural e o científico, exibem as seguintes características:
- elas são objetificadas ou incorporadas;
- elas são adquiridas ao longo do tempo;

- elas são adquiridas através de um processo sistemático de inculco;
- elas expressam o *habitus* (externo) do agente de inculco e do seu campo;
- elas trazem valor ao agente dependendo do grau de "boa formação" de seu *habitus* pessoal (interno) em relação ao do campo de inculco; e
- elas diferem em termos de sua capacidade de transferência entre os campos.

Juntas, essas características constituem as formas do capital simbólico e determinam seus valores relativos. Elas estão representadas nesta afirmação de Bourdieu em relação ao campo científico:

> O espaço das posições, quando percebido através de um *habitus* adaptado (competente, dotado do senso do jogo), funciona como um *espaço de possíveis*, das formas possíveis de fazer ciência, entre as quais se pode fazer uma escolha; cada um dos agentes envolvidos no campo tem uma percepção prática das diferentes realizações da ciência, que funciona como uma *problemática*. Essa percepção, essa visão, varia segundo as disposições dos agentes e é mais ou menos completa, mais ou menos ampla; pode deixar de lado – classificar como sem interesse ou sem importância – e desprezar alguns setores (as revoluções científicas têm, muitas vezes, como consequência a transformação da hierarquia das importâncias) (BOURDIEU, 2004b: 85-86 [2001: 118-19], tradução modificada).

Em última análise, as formas do capital simbólico são dadas e valorizadas pela estrutura dos campos em termos de (a) relações *dentro* deles – complexidade interna – e (b) relações *entre* eles no espaço social – seu *status* relativo. Os indivíduos possuirão capital simbólico cultural em proporção ao *status* de seu campo especializado no espaço social e de sua posição em seu campo especializado.

### Conclusão

Este capítulo ofereceu um exame aprofundado do conceito de capital simbólico de modo a enfatizar seu caráter distintivo e que o diferencia de outros conceitos como aqueles encontrados na tradição da estratificação social. Compreender o que distingue o conceito é crucial para compreender o tipo de trabalho que ele pode fazer e os caminhos que ele abre. Um conceito é distintivo de acordo com o grau que ele permite análises, no esquema de sua problemática, que não poderiam ser realizadas tão bem com algum outro conceito (onde o *conceito* seria o mesmo em ambas as instâncias, mas com nomes diferentes, como "capital cultural" e "*status* social"). O que pode *fazer* o capital cultural que o *status* social não pode, ou qual é a diferença entre *habitus* e socialização? Aplicar essa regra ou "teste" a qualquer caso específico é importante no contexto dos debates e disputas acadêmicas. Bourdieu e Passeron se referem ao "jogo intelectual da demarcação" (2011a: 57 [1970: 51], tradução modificada) que muitas vezes toma a forma de uma posição num campo intelectual que apresenta sua reivindicação de originalidade ao promover um novo léxico como se fosse uma nova teoria ou paradigma. Bourdieu faz uma observação semelhante em termos do que chama "a busca fictícia da diferença" (BOURDIEU, 2004b: 18 [2001: 20]). Este capítulo tentou demonstrar o caráter distintivo dos conceitos de Bourdieu dessa forma – que eles não podem ser simplesmente substituídos por termos de um outro léxico.

Obviamente, a obra extensa de Bourdieu está aberta a interpretações múltiplas, e ele mesmo mudou de posições com o tempo. Além disso, suas obras realmente contêm com frequência (e com graus relativos de articulação explícita) linguagens alternativas em cujos termos é possível construir sistemas coerentes de lógicas teoricamente opostas. A chave dessa peculiaridade está no papel do "arbitrário" no pensamento de Bourdieu e o modo como ele tende a colocá-lo no primeiro plano contra uma teoria imanente e muda do não arbitrário (cf. MOORE, 2007, cap. 5, para uma discussão mais completa), que quase invariavelmente está presente sob a superfície e que seu projeto pressupõe. No caso particular do capital simbólico, o arbitrário resulta na injustiça que restringe o acesso a suas riquezas; enquanto as riquezas do *não arbitrário*, do mítico "*habitus* bem-formado", permitem o reconhecimento da *verdade* assim como da "ilusão" e do desconhecimento.

# 7
# Doxa

*Cécile Deer*

Este capítulo tem três partes principais. Depois de apresentar o conceito de *doxa*, a segunda seção o trata como parte da teoria da prática de Bourdieu. Nela, eu analiso sua importância no modo como os campos operam, especialmente nas relações entre estruturas de campo e o habitus. Eu demonstro como a abordagem de Bourdieu da *doxa* é significativamente diferente de outras e as implicações que se seguem de sua própria elaboração do conceito. Apresento exemplos do modo como a *doxa* funciona num conjunto dos estudos empíricos de Bourdieu – sobre educação, cultura e economia etc. Esses exemplos se estendem para o campo do conhecimento, ou acadêmico, que é o principal foco da terceira parte do capítulo. Nela, tratamos de até que ponto a *doxa* prevalece nos campos intelectuais e o que precisa ocorrer para se libertar dela. Eu concluo com algumas reflexões sobre qual poderia ser o resultado de tal empreendimento.

**Introdução**
Seguindo Durkheim, Bourdieu pensava que a sociologia da cultura atual era equivalente à sociologia da religião de outrora. Seu uso inicial do conceito husserliano de "*doxa*" tem uma relação direta com essa compreensão. Na obra de Bourdieu, a *doxa*[1] tem vários significados e tipos de compreensão relacionados, mas o conceito, definido de modo amplo, refere-se ao desconhecimento de formas de arbitrariedade social que cria o reconhecimento não formulado nem discursivo, mas internalizado e prático, dessa mesma arbitra-

---
1 "*Doxa*", opinião, em oposição a "*episteme*", conhecimento.

riedade social. Enquanto tal, a *doxa* contribui para sua reprodução nas instituições, estruturas e ligações sociais, e também nos corpos e nas mentes, nas expectativas e no comportamento.

*Doxa* é utilizada pela primeira vez por Bourdieu em sua descrição e explicação da prática das atitudes "naturais" em sociedades tradicionais a partir de uma perspectiva fenomenológica (p. ex., BOURDIEU, 1972a). Seu objetivo declarado é oferecer uma compreensão do raciocínio prático dos grupos de pessoas estudados com base em sua própria visão e experiência do mundo (BOURDIEU, 2009 [1980]). *Doxa* se refere ao conhecimento intuitivo pré-reflexivo moldado pela experiência, a predisposições físicas e relacionais inconscientes que são herdadas. Bourdieu considera que essa abordagem é epistemologicamente mais correta do que as abordagens antropológicas mais comuns porque preenche a lacuna entre a projeção intelectual desengajada da antropologia estrutural e o envolvimento artificial da etnometodologia.

Nas sociedades modernas, a *doxa* se refere a opiniões e percepções pré-reflexivas compartilhadas, mas não questionadas, que são comunicadas dentro de entidades sociais relativamente autônomas – os campos – e também por elas, que determinam práticas e atitudes "naturais" através do "senso de limite" e do habitus internalizado dos agentes nesses campos. A *doxa* é um "conjunto de crenças fundamentais que nem sequer precisam se afirmar sob a forma de um dogma explícito e consciente de si mesmo" (BOURDIEU, 2001b: 25 [1997: 30]). Ela se refere às crenças ou opiniões aparentemente naturais que são, na verdade, ligadas intimamente ao campo e ao habitus. Ela são as pressuposições de uma época, que são consideradas autoevidentes e estariam além de ideologias (ortodoxias), mas que podem gerar lutas conscientes. No campo escolástico (*skholè*), a *doxa* tem uma dimensão epistemológica adicional, que, por sua vez, leva à necessidade de maior reflexividade por parte de seus agentes (os intelectuais e cientistas).

### A doxa *como parte de uma teoria da prática*

Como visto, o conceito de *doxa* aparece num estágio inicial da obra de Bourdieu como parte de seus estudos etnográficos da ordem natural das sociedades tradicionais onde "não é preciso dizer o que é essencial porque ele vem sem precisar ser dito", onde "a tradição é silenciosa, especialmente quanto a ela mesma enquanto tradição" (BOURDIEU, 1977: 165-167). Nesse tipo de ambiente social, a *doxa* está relacionada ao "que é considerado autoevidente", à realidade que é unanimemente não questionada porque está além de qualquer noção de investigação. Ela está ligada a um "estado primordial de inocência" (BOURDIEU, 1977: 169), ao "que não pode ser dito pela falta de um discurso disponível":

> A adesão expressa na relação dóxica com o mundo social é a forma absoluta de reconhecimento da legitimidade através do desconhecimento da arbitrariedade, já que ela não tem consciência da própria questão da legitimidade que surge da competição pela legitimidade, e, portanto, do conflito entre os grupos que afirmam possuí-la (BOURDIEU, 1977: 168).

Nesse contexto, a *doxa* é utilizada mais especificamente para explicar ações e a prática em organizações sociais tradicionais em que a correspondência quase perfeita entre as estruturas sociais e as estruturas mentais, entre a ordem objetiva e as justificações subjetivas, torna inquestionáveis os mundos natural e social. Desse modo, a *doxa* permite que a natureza socialmente arbitrária das relações de poder (p. ex., classificações, valores, categorias etc.) que produziram a *doxa* continue a ser desconhecida, reproduzindo assim essa mesma *doxa* de uma forma que ela continue a se reforçar. A arbitrariedade da ordem social estabelecida aliada à sua justificação narrativa verbal condiciona e alimenta o senso de limites internalizado daqueles envolvidos e, por extensão, seu senso de realidade e suas aspirações. A *doxa* é a pedra de toque de qualquer campo na medida em que ela determina a estabilidade das estruturas sociais objetivas através do modo como elas são reproduzidas e se reproduzem nas percepções e práticas dos agentes; em outras palavras, em seu *habitus*. O reforço mútuo entre o campo e o habitus fortalece o poder predominante da *doxa*, que guia o "senso do jogo" apropriado daqueles envolvidos no campo através de pressuposições que estão inseridas na própria *doxa* (cf. BOURDIEU & WACQUANT, 2005a [1992: 53]).

Essa conceituação da *doxa* como "crenças compartilhadas" não questionadas constitutivas de um campo sustenta a noção relacionada de poder simbólico, que é particularmente relevante na compreensão posterior de Bourdieu das relações sociais em sociedades modernas. Nesse contexto, a *doxa* assume a forma de poder simbólico que é mediado por várias formas de capital acumulado (cultural, econômico, social; cf. Capítulo 6, para uma análise mais detalhada). A força física explícita é substituída por hábitos, mecanismos, diferenciações e pressuposições sociais implícitos cuja força e legitimidade "naturais" residem no desconhecimento da natureza arbitrária de seu surgimento e reprodução sócio-históricos. O poder simbólico está dentro de instituições estabelecidas e também em mediações sociais institucionalizadas que têm a capacidade de estabelecer categorias e alocar valores diferenciais no mercado de bens simbólicos, legitimando-se ainda mais nesse processo (educação, religião, arte). A *doxa*, como uma forma simbólica de poder, exige que aqueles submetidos a ela não questionem sua legitimidade nem a legitimidade daqueles que a exercem. O reconhecimento é o subproduto de normas não questionadas que foram internalizadas pelos agentes, mais do que qualquer pressão externa exercida sobre eles. Em um campo, a *doxa* assume a forma de uma sujeição compartilhada e desconhecida às "regras do jogo" por parte de agentes com *habitus* semelhantes. Em contraste com a noção de regra da maioria, que pressupõe o surgimento de um campo de *opinião* com respostas legítimas diferentes dadas a perguntas explícitas sobre a ordem estabelecida, a *doxa* está ao mesmo tempo na raiz e no coração de respostas unânimes.

Estendido dessa forma, o conceito de *doxa* surge em muitos disfarces empíricos nas sociedades modernas, já que ele se relaciona ao habitus e à estrutura de poder de campos sociais relativamente autônomos que têm sua própria lógica e necessidade específicas. A *doxa* está inserida no campo enquanto ajuda a definir e caracterizar esse campo (o campo artístico, o religioso, o econômico etc.). *Os herdeiros* (BOURDIEU & PASSERON, 2013a [1964]), *A reprodução* (BOURDIEU & PASSERON, 2011a [1970]), *Uma arte média*

(BOURDIEU et al., 1965a)², *A distinção* (BOURDIEU, 2007 [1979]) são todos estudos antropológicos que buscam desvelar a combinação dóxica entre estruturas sociais objetivas e disposições mentais subjetivas em vários campos sociais da França moderna (educação, estética etc.). O objetivo é explicitar as formas de poder simbólico desconhecido (ou seja, a *doxa*) que sustentam a lógica da prática, as expectativas e relações implícitas daqueles que operam nesses campos. Assim, à *doxa* da "distinção" dos grupos sociais dominantes encaixa-se a *doxa* proletária das classes trabalhadoras, já que ambas resultam em formas de cognição com implicações práticas que não reconhecem as condições de sua própria produção. Bourdieu deixa claro que essa *doxa* proletária não deve ser confundida com nenhuma noção de consciência de classe marxista. De forma bastante provocativa, ele considera isso uma "*allodoxa*", quer dizer, uma forma "culta" de ignorância ou um tipo de desconhecimento que ocorre quando um reconhecimento errôneo reforça os aspectos discursivo e representativo da *doxa* predominante. A posição de Bourdieu sobre a "*allodoxa*" fica mais fácil de compreender ao lado de sua análise das sociedades modernas, onde a linguagem e as trocas linguísticas e as classificações, categorizações e diferenciações arbitrárias desconhecidas que elas criam e reproduzem são elementos-chave do poder simbólico que contribui para a legitimação da *doxa*. Elas oferecem ao mesmo tempo o nexo e a teia de sua reprodução ao garantir a cumplicidade ativa desconhecida por parte daqueles sujeitos a ela (cf. BOURDIEU, 1996a [2001]).

O tipo de interpretação e compreensão que Bourdieu desenvolveu em suas obras iniciais gerou perguntas sobre a possibilidade de qualquer rompimento genuíno com a *doxa* governante. Desde o começo, Bourdieu previu a possibilidade teórica de a *doxa* ser questionada e de o "universo do que não é discutido" retroceder e até ser reformado em tempos de crise, quando modificações e perturbações socioestruturais drásticas poderiam criar uma consciência crítica que poderia enfraquecer a *doxa* predominante e alimentar o

---

2 No índice remissivo da edição francesa de *Uma arte média*, a *doxa* é referida à Vulgata.

surgimento de outras: "A *doxa*, a soma total das teses propostas tacitamente do lado de cá de toda investigação, que só aparece como tal retrospectivamente quando passa a ser suspensa na prática" (BOURDIEU, 1977: 168).

Entretanto, Bourdieu qualifica rigorosamente essa possibilidade ao estipular que se a crise é necessária para que tal ruptura ocorra, ela não é uma condição suficiente *per se* para desencadear o surgimento de um discurso crítico genuíno que desmantelaria radicalmente a *doxa* predominante. Essa limitação está relacionada à diferença que Bourdieu estabelece entre qualquer expressão de consciência e compreensão das coerções sociais por leigos e o desvelar sistemático do cientista das formas desconhecidas de limites sociais e da dominação simbólica em corpos, comportamentos, aspirações, decisões e ações (através do acúmulo de evidências empíricas, estatísticas, entrevistas, referências cruzadas, pesquisa histórica etc.). Para Bourdieu, qualquer reflexão de senso comum sobre as regras existentes é necessariamente mediada – e, portanto, restrita – pela prática estabelecida, ou seja, pelo *que é*; como tal, ela é abafada pela falta de meios para expressar e assim questionar apropriadamente aquilo que é implícito e considerado autoevidente. Isso o leva a considerar que a capacidade daqueles dominados socialmente de agir de modo eficaz quanto a sua condição é ou limitada a meios práticos não discursivos e fracos (greves, explosões violentas) ou está aberta a "sequestros simbólicos" na transição da prática para a representação verbal (*logos*). Isso ocorre porque a representação verbal só é produzida por terceiros institucionalizados e reconhecidos (sindicatos, partidos políticos estabelecidos etc.) com acesso à ordem da opinião política.

O que foi dito acima está ligado à definição de Bourdieu da ortodoxia e seu corolário, a heterodoxia. A ortodoxia se refere a uma situação em que o caráter arbitrário da *doxa* é reconhecido, mas também aceito na prática. As "regras" do jogo são conhecidas e seguidas dessa maneira. Por outro lado, a heterodoxia depende do reconhecimento da possibilidade de crenças em competição e do surgimento dessas crenças em competição, o que implica um movimento da ação prática para trocas discursivas e o surgimento de um campo de opinião. A heterodoxia, em sua forma mais efetiva, muitas vezes vem de grupos que são bem-dotados de capital cultural, mas pobres em capital econômico e cuja experiência de vida não é nem a das esferas mais baixas nem das mais altas da sociedade. Entretanto, apesar de poder tentar ser crítica e até mesmo herética, a heterodoxia permanece essencialmente mediada pela *doxa* governante.

No último capítulo de *Homo academicus*, chamado "O momento crítico" (BOURDIEU, 2011b [1984: 207-250]), Bourdieu tenta ilustrar e discutir essa compreensão teórica ao utilizar o exemplo da crise de maio de 1968 que sacudiu tanto a academia francesa quanto a sociedade em geral. Para Bourdieu esses eventos foram um momento de crise crítico e genuíno – ainda que limitado – que resultou da conjunção de crises latentes sincrônicas que existiam em campos diferentes. Essas crises compartilhavam características *allodóxicas* porque surgiam de expectativas desajustadas: grupos com *habitus* divergentes percebiam suas posições sociais com esquemas de compreensão antiquados que resultaram numa apreciação defeituosa de suas chances de vida objetivas. Os eventos de maio de 1968 desmascararam essa situação e desencadearam um questionamento radical da ordem social e acadêmica predominante – e as *doxa* associadas – na prática, nas ações e nos discursos. Na academia a crise foi representada em debates e acontecimentos críticos e festivos que questionaram diretamente a *doxa* acadêmica. Ela foi iniciada por aqueles que estavam numa posição dominada no campo acadêmico, mas não eram socialmente dominados e que precisavam reavaliar suas chances de vida objetivas. A crise se espalhou para a sociedade em geral por causa da possibilidade de utilização de posicionamentos homólogos em outros campos (estudantes universitários, acadêmicos, trabalhadores manuais). No final, o retrocesso temporário da ordem predominante foi refreado quando os debates e ações passaram a ser mediados pela *doxa* do campo político.

Mais do que uma análise *a posteriori* de maio de 1968, a publicação de *Homo academicus*, de Bourdieu, foi também parte de um exercício reflexivo mais amplo do autor sobre as condições de surgimento e reprodução de um campo acadêmico autônomo com sua própria *doxa* escolástica predominante (cf. BOURDIEU, 1996c [1994]) que ao mesmo tempo estabeleceu as regras do jogo dentro do campo acadêmico e contribuiu para sua diferenciação em relação a outros campos sociais. *Homo academicus* serve como um desvelar da *doxa* acadêmica e, enquanto tal, está inscrito na continuidade das obras teórico-empíricas de Bourdieu como *Os herdeiros*, *A reprodução* ou *A distinção*. Entretanto, ele também assinala o começo de uma conceituação mais reflexiva das especificidades do campo intelectual em relação a outros campos sociais e, mais particularmente, dos campos do poder e da economia e suas implicações. Isso é desenvolvido posteriormente em *Meditações pascalianas* (BOURDIEU, 2001b [1997]) e *Para uma sociologia da ciência* (BOURDIEU, 2004b [2001]).

A ênfase posta sobre a reflexividade foi um desenvolvimento importante na conceituação da *doxa* de Bourdieu. Ela surgiu em grande parte como um resultado de seu próprio pensamento reflexivo sobre sua prática científica e também de sua trajetória profissional e intelectual de estudante de Filosofia até sociólogo no Collège de France, passando pela antropologia autodidata na Argélia. Um esclarecimento do conceito de *doxa* em relação ao de campo e o de *habitus* também era necessário em relação à influência crescente da agenda relativista do discurso pós-estruturalista e pós-moderno. Nesse ponto, Bourdieu tentou desenvolver uma abordagem com base teórica sobre a condição do surgimento de campos sociais autônomos em sociedades capitalistas modernas utilizando, entre outras coisas, o exemplo da luta pela conquista da autonomia do campo da produção cultural na primeira metade do século XIX por heresiarcas (ou seja, quebradores da *doxa*) como Courbet ou Manet nas artes visuais, ou autores como Flaubert e Baudelaire na literatura (BOURDIEU, 1996b [1992]; 1993c). Aqui, a *doxa* é compreendida como conjuntos de crenças específicas a campos que alimentam o *habitus* compartilhado daqueles que operam dentro do campo. Ela é o resultado de uma conquista através de enunciados normativos e até performativos muitas vezes expressados e representados por elementos influentes no campo, e/ou ao redor deles, que o estabelece como um mundo separado com suas próprias regras e leis fundamentais (*nomos*), formas discursivas (*logos*), crenças normativas (*illusio*), ações e comportamentos esperados e barreiras para a entrada. As condições sócio-históricas específicas (*époché*) do surgimento do campo são ignoradas ou esquecidas e a *doxa* constitutiva se torna não questionada enquanto o campo se torna cada vez mais autônomo e diferenciado de outros campos, e particularmente do campo econômico, que é ele próprio caracterizado por suas próprias pressuposições e predisposições normativas baseadas historicamente, sua própria *doxa* (cf. BOURDIEU, 2006a [2000]).

Para uma melhor compreensão do surgimento de um campo autônomo (campo estético, campo escolástico, campo religioso, campo democrático etc.) e da prática dentro dele, é preciso compreender o ponto de vista específico na origem de qualquer mundo separado que se tornou tão familiar a ponto de esquecermos da natureza arbitrária de suas regras e regularidades. Também é importante compreender a influência da *doxa* governante em termos do posicionamento (ortodoxia/heterodoxia) daqueles que operam e interagem no campo das artes visuais (BOURDIEU, 1996b [1992], 1993c), no campo acadêmico/intelectual (BOURDIEU, 2011b [1984]) e do campo filosófico (BOURDIEU, 2001b [1997]). Também é necessário entender a significância e influência das inter-relações com outros campos sociais, em particular o campo político, o campo do poder, o campo econômico (cf. RIGBY, 1993: 271; BOURDIEU, 2001b: 147 [1997: 174-75]), cuja *doxa* se articula ao redor da legitimação e acumulação de tipos diferentes de capital cultural, simbólico, econômico e social. O crescimento desenfreado da influência de conjuntos de crenças não questionadas que pertencem a outros campos e *habitus* relacionados pode perturbar as pressuposições e arranjos autônomos de qualquer campo dado ao questionar suas regras tácitas do jogo e as práticas ajustadas e levar a uma situação de heteronomia crescente. Em seu panfleto *Sobre a televisão*, Bourdieu (1997b [1996]) ilustra como isso é particularmente relevante para o campo acadêmico em relação aos campos econômico, político e da mídia/

do jornalismo. A autonomia dos campos cultural e intelectual e a legitimidade de suas *doxa* específicas são ameaçadas pela heteronomia trazida para esses campos pela legitimidade simbólica definida externamente que a mídia e seus associados orientados pelo mercado concedem a certos intelectuais.

Para conter esse desenvolvimento Bourdieu sugeriu que o nível científico de produção de conhecimento que é exigido para se ter direito a entrar no campo intelectual devia ser mantido e até aumentado, e o dever dos acadêmicos de entrarem em outros campos, particularmente o político, devia ser reforçado para compartilhar o tipo de conhecimento gerado em condições epistemológicas apropriadas (BOURDIEU, 2001b: 229 [1997: 271]). Essa última proposição tem base em sua asserção de que os instrumentos de expressão e crítica que podem denunciar a arbitrariedade inenarrável da *doxa* estão distribuídos desigualmente (2001b: 229). A transferência de capital cultural que nasce das homologias combinadas com solidariedades imperfeitas entre os dominados no campo cultural e no espaço social pode facilitar a mobilização coletiva e ações subversivas contra a ordem estabelecida. Isso ecoa a análise desenvolvida por Bourdieu em *Homo academicus*. Paradoxalmente, as condições apropriadas para a geração científica da verdade seriam fornecidas pelo trabalho criticamente reflexivo da razão no campo científico. O capítulo sobre a historicidade das razões chamado "A dupla face da razão científica" nas *Meditações pascalianas* busca esclarecer essa questão:

> Os campos científicos, esses microcosmos que, sob certo aspecto, constituem mundos sociais idênticos aos demais, com concentrações de poder e de capital, monopólios, relações de força, interesses egoístas, conflitos etc., também constituem, *sob outra perspectiva*, universos de exceção, algo milagrosos, onde a necessidade da razão encontra-se instituída em graus diversos na realidade das estruturas e das disposições. [...] A despeito de tudo isso, a luta sempre se desenvolve sob controle das normas constitutivas do campo e valendo-se apenas das armas nele autorizadas. [...] Assim, é a simples observação de um mundo científico em que a defesa da razão está entregue a um trabalho coletivo de confrontação crítica posto sob controle dos fatos, que obriga a aderir a

um realismo crítico e reflexivo, rompendo ao mesmo tempo com o absolutismo epistêmico e com o relativismo irracionalista (BOURDIEU, 2001b: 133-135 [1997: 158-160]).

Essa quase aceitação da *doxa* científica como a chave de um campo intelectual autônomo que leva ao avanço da verdade através da mediação da razão crítica parece difícil de reconciliar com a obra anterior de Bourdieu sobre a educação superior; particularmente, com o desvelo do conjunto de crenças que fundamentam o *habitus* nos campos acadêmico e educacional. Mas, para Bourdieu, a análise científica das condições sociais da produção e recepção da arte, ciência ou da razão, e a compreensão da gênese social dos campos (suas crenças, jogos linguísticos, interesses materialistas e simbólicos) nunca foi um prazer niilista e sim uma exigência epistemológica que, por mais dolorosa que possa ser, intensifica a experiência e força o observador crítico a olhar as coisas como elas são e enxergá-las pelo que são (cf. BOURDIEU, 2004b: 15-16 [2001: 15-17]).

As considerações que mencionei acima são centrais para compreender o modo como Bourdieu fez o conceito de *doxa* avançar para rechaçar o que ele considerava serem interpretações ultrarrelativistas com base num aprendizado errôneo da arbitrariedade sócio-histórica da *doxa*. Denunciar a ilusão de uma fundação original da razão não é igual a desistir da possibilidade da razão, e exige o esclarecimento do surgimento e da possibilidade da produção da razão com base na própria historicidade do campo onde ela é produzida. Assim, se Bourdieu considerava que o universalismo abstrato serve ao interesse da ordem estabelecida ao ignorar as condições históricas do surgimento e do acesso à razão e ao legitimar o monopólio injustificável do universal, ele rejeitava com ainda mais firmeza as interpretações relativistas aparentemente radicais que desconsideram qualquer referência aos aspectos universais da verdade, da emancipação e do esclarecimento. É por isso que dentro dos campos da produção cultural (legal, científico, filosófico, religioso), que são todos microcosmos sociais privilegiados que lutam pelo controle do universal, Bourdieu designa um papel essencial para o campo científico – e a luta associada pela *doxa*.

## Para concluir: a prática intelectual e a *doxa* epistêmica

Aplicado ao campo intelectual, essa compreensão da *doxa* adquire uma dimensão epistêmica reflexiva:

> [...] o que os filósofos, os sociólogos e todos aqueles cujo ofício é pensar o mundo têm maior probabilidade de ignorar são os pressupostos inscritos no ponto de vista escolástico, o que, para acordar os filósofos de seu sono escolástico, eu chamaria, por uma associação de palavras, de *doxa epistêmica*: os pensadores deixam em estado impensado (*doxa*) os pressupostos de seu pensamento, isto é, as condições sociais de possibilidade do ponto de vista escolástico, e as disposições inconscientes, geradoras de teses inconscientes, adquiridas por uma experiência escolar, ou escolástica, frequentemente inscrita no prolongamento de uma experiência originária (burguesa) de distância do mundo e das urgências da necessidade (BOURDIEU, 1996c: 201 [1994: 217]).

O requerimento de entrada exigido por todos os universos escolásticos e os critérios necessários para se obter excelência num deles também são constitutivos da *doxa* epistêmica (BOURDIEU, 2001b: 25 [1997: 30]). Bourdieu deixa claro que qualquer referência aos privilégios econômicos e sociais da postura escolástica, a *skholè*, não deve ser compreendida como uma condenação ou uma denúncia política, mas como uma questão epistemológica fundamental sobre o impacto da *doxa* epistêmica sobre a formação do pensamento e a produção do conhecimento. A ciência social (e a política) não reflexiva leva a proposições que são inescapavelmente *endóxicas* por pertencerem à concepção ordinária do mundo. Dualismos bem conhecidos (p. ex., Weber *versus* Durkheim, individualismo metodológico *versus* holismo, teoria da ação racional *versus* teoria da ação coletiva, objetivismo *versus* subjetivismo, socialismo *versus* liberalismo, capitalismo *versus* coletivismo etc.) têm base em valores e ideias do senso comum. Como tais, eles pertencem à reprodução da *doxa* governante e contribuem a ela. Bourdieu volta à noção pascaliana de semissábios [*demi-savants*] para discutir esse assunto, que coloca em oposição a uma abordagem genuína das ciências sociais que estaria baseada na epistemologia e no acúmulo de conhecimento reflexivo como o único modo de gerar uma compreensão científica apropriada de estruturas e inter-relações sociais. Paradoxalmente, isso pode ser realizado em parte graças ao privilégio do cientista de ser capaz de se distanciar à vontade da *doxa* de outros campos, mas também de se desarraigar – reflexivamente – da *doxa* do campo científico e escolástico. Navegar no estreito entre o elitismo e a demagogia não é fácil, como Bourdieu devia saber muito bem.

Esse argumento mais uma vez ecoa a distinção clara que Bourdieu fez entre o conhecimento ordinário de senso comum e o conhecimento científico racional. Essa polarização aparentemente intransponível entre a *doxa* incorporada "alienante", em um lado, e a reflexividade discursiva empoderadora, no outro, tem sido uma grande fonte de críticas à obra de Bourdieu. Ela foi descrita como autocontraditória e causadora do próprio fracasso devido à impotência implicada nela, e até como regressiva e conservadora pela dicotomia simplista que ela perpetua. Entretanto, esse ainda é um elemento-chave para compreender a evolução da teoria e da prática de Bourdieu na última década de sua vida tanto em termos de reflexividade científica quanto de ativismo político, pois foi isso que o orientou na direção da produção de respostas mais elaboradas (e para Bourdieu isso significava respostas reflexivas) a seus críticos, esclarecendo no processo a evolução de seu próprio posicionamento nos campos da produção científica tanto no passado quanto no presente.

Desse modo, a metodologia científica reflexiva apresentada em *A miséria do mundo* (BOURDIEU, 1997a [1993]) não é apenas uma tentativa de implementar o tipo de *objetivação participante* defendida pelo sociólogo. O momento da pesquisa e de sua publicação também faz dela uma posição política em oposição à visão autoevidente do mundo veiculada por outros produtores culturais, particularmente aqueles que Bourdieu chama de *doxósofos* modernos (cf. BOURDIEU, 1982 [1972]), os técnicos da *doxa* política que pressupõem que todos os cidadãos compreendem seu ambiente da mesma forma. Pelo contrário, Bourdieu insiste que a formação e expressão das opiniões é condicionada e coagida por fatores como a experiência, as habilidades linguísticas, o gênero, as condições econômicas e a formação educacional, e que pressupor uma igualdade formal significa esconder desigualdades reais (cf. BOURDIEU, 1983a: 173-182 [1980: 222-235]). Qualquer ação efetiva – ou seja, com base discursiva – contra as predisposições e pressuposições da *doxa* depende da capacidade de identificar o que está implícito nas relações sociais, nas estruturas e nas classificações dóxicas não questionadas. Os cientistas sociais, portanto, devem trabalhar para tornar universais e democráticas as condições econômicas e culturais de acesso ao conhecimento das ciências sociais para maximizar o acesso ao universal, que é o único modo de obter um enfraquecimento duradouro da *doxa*. Essa posição é ilustrada pela visão teórica de Bourdieu em relação aos movimentos sociais modernos (feminismo, *gays* e lésbicas, minorias étnicas etc.), onde ele encoraja aqueles que estão envolvidos intelectual e praticamente com esses movimentos a ter uma abordagem mais reflexiva, de modo a compreender mais completamente o ponto de vista a partir do qual falam (condições sociais, categorias, pressuposições, valores, crenças). Da mesma forma, Bourdieu critica a posição particularista e comunitarista ao defender uma abordagem mais universal que identificaria e questionaria radicalmente as categorias impensadas do pensamento em vez de se basear em categorias empíricas e estabelecidas da percepção para a afirmação das diferenças (cf., em particular, BOURDIEU, 2004b [2001]). Bourdieu utiliza um argumento semelhante em *As regras da arte* para encorajar uma abordagem mais liberada à literatura e seus autores canônicos (BOURDIEU, 1996b [1992]). Ele reconhece que sua obra anterior foi influenciada por seu desejo pessoal de reabilitar os oprimidos, mas avisa que se essa boa vontade não levar em conta o efeito do mercado dos bens simbólicos ela certamente permanecerá impotente e ineficaz. Isso ajuda a reconciliar o engajamento de Bourdieu em campanhas intelectuais e políticas de esquerda ao final de sua vida com seu conceito anterior de *doxa*, que torna quase impossível considerar ações culturais e políticas da parte dos praticantes de campo como genuinamente reflexivas.

# 8
# *Histerese*

*Cheryl Hardy*

**Introdução**
*Histerese*, mudança de geração, deslocamento do *habitus*, crise social e reestruturação do campo são todos termos próximos na discussão de Bourdieu dos fenômenos sociais e de como eles mudam ao longo do tempo. Consequentemente, um título alternativo para este capítulo poderia ser "Bourdieu e a mudança". Bourdieu viu que a *histerese* era uma consequência necessária de suas definições de *habitus* e *campo* como mutuamente geradoras e geradas. Essas inter-relações são o foco deste capítulo. O capítulo é apresentado em três seções principais: primeiro, a definição e o contexto histórico da *histerese*; segundo, o uso que Bourdieu faz do conceito em seus textos publicados; terceiro, analiso algumas aplicações práticas do conceito. Uma breve discussão sobre implicações práticas e teóricas conclui o capítulo.

**Bourdieu e a mudança**
A mudança é uma consequência necessária das definições de Bourdieu do *habitus* e do *campo* como inter-relacionados e interpenetrantes, de modo que uma mudança num deles exige uma mudança no outro. Por isso, a mudança é muitas vezes considerada autoevidente em seus próprios escritos, pois não requer uma teorização distinta. Como a mudança é pressuposta desse modo, ela muitas vezes não é explicitada em suas análises sociais. Então talvez seja compreensível que sua obra tenha sido criticada por ser determinista, particularmente em respeito às classes sociais. Entretanto, Bourdieu refuta enfática e explicitamente essa afirmação. Para ele, as condições do *campo* variam com o tempo e a história de cada

indivíduo é contínua. A acumulação resultante de capital simbólico e econômico que constitui o *habitus* também é contínua, de modo que o próprio *habitus* está constantemente em fluxo. Como diz Bourdieu: "O habitus, como um produto do condicionamento social e, portanto, de uma história (diferente do caráter), é transformado incessantemente" (BOURDIEU, 1994c: 116). O capital simbólico de qualquer indivíduo está não apenas aberto à transformação, mas flutua continuamente em resposta a posições e estruturas de campo que mudam. Esse *habitus* modificado e modificável volta então a alimentar a estruturação do próprio campo num processo duradouro e contínuo de mudança.

Em períodos de estabilidade pessoal e social a mudança ocorre gradualmente seguindo caminhos já antecipados, de modo que cada indivíduo é um "peixe n'água", por assim dizer, onde o *habitus* e o *campo* estão bem encaixados. Aqui a dinâmica implícita nas ferramentas de pensar de Bourdieu, *habitus* e *campo*, oferece uma explicação da mudança homeostática e de transições de geração onde "os habitus mudam sem cessar em função de novas experiências" (BOURDIEU, 2001b [1997: 231]). Em outras circunstâncias, e particularmente em momentos de crise, o *habitus* precisa responder a mudanças de campo abruptas e às vezes catastróficas, mas essa resposta sempre leva tempo. Nessas circunstâncias onde estruturas de campo novas e estáveis ainda não emergiram, surgem oportunidades de campo novas, muitas vezes transitórias. O *habitus* evolui em resposta a essas oportunidades novas, mas de maneira imprevisível, onde as consequências para o posicionamento de campo do indivíduo ainda não foram determinadas. Quando a mudança é indeterminada desse modo, a *histerese* torna-se um termo técnico inestimável para destacar a perturbação entre o *habitus* e o *campo* e as consequências disso ao longo do tempo.

**Definição e contexto histórico**

Quais são, então, as origens do termo *histerese*, e por que Bourdieu o escolheu em vez de outras opções?

Conceitos para essa sensação de estar "deslocado" no tempo e no espaço podem ser encontrados em toda a sociologia. Por exemplo, as tradições marxistas usam o termo "alienação" para se referir ao indivíduo que, numa sociedade capitalista, está desconectado de seu trabalho e da sociedade ao seu redor. Há nesse termo um juízo moral implícito de que as coisas deveriam ser "diferentes". Do mesmo modo, Durkheim em seus trabalhos sobre *As regras do método sociológico* (1938 [1895]) e *O suicídio* (1952 [1897]) utiliza "anomia" para descrever a relação perturbada de um indivíduo com uma sociedade onde faltam normas que orientem o comportamento – onde falta "um corpo de regras que governam as relações [...] entre funções sociais" (cf. LUKES, 1975: 15). Tanto "alienação" quanto "anomia" enquanto conceitos pressupõem que, quando ocorre uma mudança numa sociedade, há uma força moral determinada que condiciona a direção da mudança. Ou se afirma que a mudança desejada se direciona para uma visão mais idealizada (utópica) da sociedade ou que o Estado é visto como "ruim" e, portanto, a mudança se afasta de uma condição moral corrompida. Para Bourdieu, nenhuma dessas posições serve. Ele rompe com posições morais preexistentes e suspende juízos moralistas no interesse da objetividade. Portanto, ele escolhe uma palavra – *histerese* – que apoia uma visão mais científica da relação entre a sociedade e o indivíduo, e entre o subjetivo e o objetivo, de modo que a *histerese* é uma condição de campo que afeta os indivíduos num espaço social.

As raízes históricas da *histerese* estão na experimentação científica. Uma investigação breve das origens científicas do termo servirá para estabelecer sua formação e utilização. Isso demonstrará aspectos com os quais ele normalmente está associado. De acordo com o *Oxford English Dictionary*, os primeiros registros da utilização do termo "*histerese*" realmente foram em contextos científicos. Em 1881, J.J. Ewing, que investigava os efeitos do magnetismo, afirmou em *Royal Society Proceedings* que há um efeito de *histerese* quando "a mudança de polarização se atrasa em relação à mudança de torção" (OED, 1989: 9). Essa definição inicial identificou duas das características-chave da *histerese* – sua associação com a *mudança* e com uma *diferença no tempo*. Muito depois, em 1965, o termo foi utilizado por A.P. Goresi em relação à "elasticidade". Ele afirmou que "sempre que um corpo exibe o fenômeno da *histerese* – quer dizer, ou de não retornar a seu tamanho e formato original ou de fazê-lo apenas lentamente – seu comportamento não é perfeitamente elástico" (OED, 1989: 9). Essa visão científica identifica outras propriedades da *histerese*: primeiro, um *desencaixe* entre dois elementos que antes estavam coordenados e, segundo, a possibilidade de mudança permanente e irreversível. De modo mais geral, o fenômeno da *histerese* é definido como algo que ocorre quando "mudanças numa propriedade se atrasam em relação a mudanças de um agente do qual ela depende [...]" (OED, 1989: 9). Essa última definição enfatiza as condições de aplicabilidade da *histerese* enquanto conceito científico: onde *dois elementos ontologicamente distinguíveis dependem um do outro* – uma propriedade e um agente. Para Bourdieu, esses elementos são o *campo* e o *habitus*.

Portanto, as características-chave do fenômeno da *histerese* surgem de um contexto científico onde ele é um termo que descreve um tipo particular de mudança que envolve um desencaixe e uma diferença no tempo entre a mudança de cada um dos elementos ontologicamente distintos, mas inter-relacionados que antes "estavam bem-comportados". A *histerese*, como o termo que Bourdieu utiliza em seus escritos teóricos, segue esse caminho e é usada para descrever a perturbação na relação entre os *habitus* e as estruturas de campo às quais eles não mais correspondem. Ela é um conceito utilizado para descrever os efeitos da mudança nas estruturas de qualquer *campo* particular onde ocorra, pelo menos por um tempo, uma ruptura na autorregulação (*habitus*) que estava estabelecida para encaixar um indivíduo na sociedade. Nas palavras de Bourdieu:

> [...] em razão do efeito de histerese que está necessariamente implicado na lógica da constituição dos *habitus*, as práticas se expõem sempre a receber sanções negativas [...] quando o meio com o qual elas se defrontam realmente está muito distante daquele ao qual elas estão objetivamente ajustadas (BOURDIEU, 1983b: 64 [1972a: 260], tradução modificada).

A próxima seção demonstrará como essas características da *histerese* estão no coração da teorização de Bourdieu sobre a mudança sociocultural e econômica.

## O uso da histerese por Bourdieu

Nesta seção discuto o significado científico da *histerese* de Bourdieu à luz de suas ferramentas básicas de pensar – *habitus, campo* e *capital*. O desenvolvimento das disposições culturais, a durabilidade do capital educacional, o papel do Estado e de grupos de vanguarda são examinados através de uma análise detalhada das obras publicadas de Bourdieu, incluindo *Esboço de uma teoria da prática* (1972a), *Meditações pascalianas* (2001b [1997]), *O baile dos solteiros*[1] (2002b) e *A miséria do mundo* (1997a [1993]). Eu trato de exemplos específicos utilizados por Bourdieu, incluindo as estratégias de casamento de camponeses do Béarn e os deslocamentos culturais e econômicos de argelinos na França. Em *Esboço de uma teoria da prática*, Bourdieu realiza uma "reflexão sobre a prática científica" (BOURDIEU, 1977: vii). No capítulo sobre "Estruturas, habitus e prática" ele define a *histerese* quando escreve:

> A *histerese* dos *habitus*, que é inerente às condições sociais da reprodução das estruturas nos *habitus*, é sem dúvida um dos fundamentos do desacordo estrutural entre as ocasiões e as disposições para aproveitá-las que gera as ocasiões perdidas e, em particular, a impotência, frequentemente observada, para pensar as crises históricas segundo categorias de percepção e do pensamento que não sejam as do passado [...] (BOURDIEU, 1983b: 77 [1972a: 278]).

Com isso, ele destaca a lacuna entre as novas oportunidades que ocorrem como resultado de qualquer mudança de campo e os participantes do campo com atitudes e práticas que são necessárias para reconhecer, compreender e ocupar essas novas posições no campo. Como as experiências iniciais do indivíduo contribuem desproporcionalmente para a construção das disposições e das práticas que

---

1 *O baile dos solteiros* (2002b) é uma reimpressão de três artigos separados de Bourdieu sobre as práticas matrimoniais dos camponeses do Béarn (cf. BOURDIEU, 1962a, 1972b, 2000a).

constituem o *habitus*, é plausível que apenas os "jogadores" que tenham formação familiar segura e, provavelmente, relativamente privilegiada estejam melhor equipados para reconhecer (ou afirmar) o caráter desejável das novas posições de campo. Como Bourdieu escreve em *As regras da arte*: "De maneira geral, são os mais ricos em capital econômico, em capital cultural e em capital social os primeiros a voltar-se para as posições novas" (BOURDIEU, 1996b: 295 [1992: 431]). Esses participantes do campo terão adquirido as disposições e práticas que permitem que eles reconheçam o capital simbólico a ganhar com a ocupação inicial das posições de campo recém-criadas. Por outro lado, normalmente são os participantes de campo dos grupos dominados – as classes trabalhadoras ou a pequena burguesia, provincianos e estrangeiros – que se movem "para as posições dominantes no momento em que os lucros que elas asseguram tendem a diminuir pelo próprio fato da atração que exercem" (BOURDIEU, 1996b: 296 [1992: 431]). É o "efeito de *histerese*" ou de inércia no *habitus* que oferece oportunidades para aqueles que já têm sucesso tenham ainda mais, enquanto os menos bem-sucedidos continuam a desconhecer as forças e as fraquezas de posições de campo relativas.

Em *O senso prático* Bourdieu retorna novamente ao "compasso" do *habitus*, mas aqui com ênfase na natureza indeterminada da mudança e do efeito de *histerese*:

> A presença do passado nessa espécie de falsa antecipação do porvir que o *habitus* opera nunca pode ser tão bem-observada, paradoxalmente, senão quando o senso do porvir provável se encontra desmentido e quando as disposições mal-ajustadas às possibilidades objetivas por causa de um efeito de histerese [...] recebem sanções negativas porque o entorno com o qual realmente se confrontam está demasiado distante daquele com o qual se ajustam objetivamente (BOURDIEU, 2009: 102-103 [1980: 104], tradução modificada).

Um caso clássico de *histerese* onde o *habitus* disposicional, com base num campo histórico, não corresponde às exigências contemporâneas do campo é encontrado em Dom Quixote, sobre quem Marx escreveu: "Dom Quixote já pagou pelo erro de imaginar que a cavalaria andante fosse igualmente compatível com todas as formas econômicas da sociedade" (MARX, 2013: 156 [1867]). Em outras palavras, Dom Quixote estava errado em continuar a acreditar que a cavalaria andante (um *habitus* antiquado) era uma forma disposicional durável e infalível em vez de uma estratégia de campo dependente do tempo que só tem sucesso em estruturas de campo particulares. Bourdieu utiliza esse mesmo exemplo em *Meditações pascalianas* para iluminar a diferença no tempo que é um elemento essencial da mudança e da *histerese*. Ele escreve sobre "disposições [...] em desacordo com o campo e com as 'expectativas coletivas' constitutivas de sua normalidade" (BOURDIEU, 2001b: 196 [1997: 231]). Apesar de suas tentativas, as disposições cavalheirescas duradouras de Dom Quixote não alcançaram os objetivos que, com base em suas experiências passadas, ele esperava que alcançassem. Em vez disso, sua plateia, completamente acostumada ao senso do jogo, enxerga suas ações como misteriosas, incompreensíveis e cômicas.

Há outros exemplos de *histerese* na obra de Bourdieu.

*Exemplo 1: Camponeses no Béarn*
Um exemplo inicial do efeito de *histerese* para Bourdieu pode ser encontrado em *O baile dos solteiros* (BOURDIEU, 2002b: 20), onde ele descreve as crises que então ocorriam na sociedade do Béarn como consequência de mudanças nacionais na sociedade francesa como um todo; particularmente, os desenvolvimentos e relações entre um conjunto de *campos* socioeconômicos. Como o próprio Bourdieu cresceu no Béarn na década de 1930, ele conhecia a vida nas aldeias e nas fazendas e os costumes e práticas das famílias locais em relação ao casamento. As práticas matrimoniais locais tradicionalmente envolviam arranjos cuidadosos, levando em conta o número de filhos de uma família e o tamanho da herança. Não eram as necessidades percebidas do indivíduo que importavam, mas sim a preservação contínua do *status* da família na comunidade (cf. GRENFELL, 2004b: 119-121, 2006, para uma discussão aprofundada). Em 1914, com a introdução do Código do Estado sobre heranças – com efeito, a produção de uma mudança de campo in-

duzida por uma regulamentação estatal –, novas estratégias eram necessárias para as estruturas de campo alteradas. Os *habitus* individuais se alteraram como resposta. Os principais perdedores, os "celibatários", foram os filhos mais novos de famílias grandes, onde casamentos em demasia teriam fragmentado a herança e, assim, diminuído a posição da família na comunidade. Uma fotografia desses solteiros de meia-idade foi reimpressa na capa do livro de 2002 de Bourdieu. Ela os mostra parados à beira de uma pista de dança no baile de Natal da aldeia apenas assistindo, sem dançar – vítimas indiretas da legislação estatal e das tradições locais perturbadas.

As dificuldades deles cresceram devido às mudanças de campo em nível nacional. Com a prosperidade nacional crescente, melhores comunicações e acesso maior à educação, grande parte da população local encontrara empregos fora da área. As estatísticas de Bourdieu mostram, por exemplo, que um número desproporcional de mulheres não retornou de centros urbanos para onde foram em busca de empregos. Não surpreende que nas aldeias se discutisse uma "crise" na sociedade. Quando as estruturas do campo local foram modificadas por esse acesso a uma área geográfica mais ampla, abriu-se uma fratura entre disposições duráveis (*habitus*) e novas estruturas de campo quando costumes locais estabelecidos, com base em disposições tradicionais de longa data, não funcionavam mais.

*Exemplo 2: Deslocamentos argelinos*

Como afirmei anteriormente, o *campo* e o *habitus* estão necessariamente abertos à mudança. Bourdieu escreve: "É o caso, em particular, quando um campo atravessa uma crise profunda e verifica suas regularidades (até mesmo suas regras) profundamente transtornadas" (BOURDIEU, 2001b: 196 [1997: 231]). Como vimos no Capítulo 1, a Guerra de Independência Argelina foi uma dessas crises. O próprio Bourdieu serviu na Argélia durante a guerra na década de 1950. Ele viu em primeira mão a perturbação no campo quando o descontentamento militante com os "ocupadores naturais" do território recebeu uma retaliação brutal do exército francês. A Argélia moderna fora fundada pelos franceses, amalgamando pela força povos e culturas de tradições e estilos de vida profundamente diferentes: berberes e árabes, os cabilas, os chaouis, os mozabitos (BOURDIEU, 1958: 18). A Guerra da Independência pretendia libertar a Argélia de seus opressores franceses, o que incluía argelinos que agora faziam parte da elite governante. Como resultado, as práticas e tradições de cada grupo de pessoas locais, incluindo aqueles que antes responderam positivamente ao governo francês, estavam sob ameaça. Por causa da guerra, e da perturbação severa de estruturas sociais, econômicas e políticas estabelecidas que foi resultado dela, tanto as estruturas de campo quanto o capital simbólico com o qual o *habitus* se forma estavam em jogo, por assim dizer. Havia um excesso de novas posições de campo para ocupar, mas nenhuma garantia; normas demais e não uma falta delas.

Essa situação também pode ser compreendida em termos do efeito de *histerese*, onde a fonte definitiva de consagração (a autoridade do Estado) ainda não estava determinada e, portanto, os padrões no *habitus* também estavam indeterminados. Além do mais, os modos tradicionais de fazer as coisas e disposições culturais de longa data eram desafiados pelo influxo de novas tecnologias – lambretas, britadeiras ou sapatos de salto alto. As próprias fotografias de Bourdieu publicadas em *Imagens da Argélia* (BOURDIEU, 2003b: 16) demonstram visualmente as contradições que coexistiam à época: lambretas utilizadas ao lado de jumentos; sapatos de salto agulha com trajes tradicionais; pães franceses e locais na mesma mesa, e assim por diante. Como em outros casos de "colonização" – a Índia, a Irlanda do Norte, o Iraque, entre outros –, a diferença de tempo entre a mudança de campo e o reconhecimento das configurações do capital (*habitus*) que apoiam as posições de campo dominantes sempre é grande, medida em décadas e não semanas. O próprio Bourdieu "revisitou" a Argélia em seus escritos durante sua carreira, e, ainda nesta seção, as dificuldades mais recentes dos imigrantes argelinos em Paris serão tratadas com base neste pano de fundo.

*Exemplo 3: O campo acadêmico*
Uma discussão extensa da mudança de campo e sua *histerese* resultante também pode ser encontrada em *Homo academicus*

(BOURDIEU, 2011b [1984]). Aqui, a análise de Bourdieu se baseia em dados empíricos coletados entre 1967 e 1971. Sua investigação estabeleceu a estrutura do mundo acadêmico na França no momento das revoltas estudantis de 1968. Como ele escreve, "tudo aquilo que compunha a ordem antiga, as liberdades e as conivências impalpáveis que se impõem entre pessoas do mesmo mundo, a familiaridade respeitosa que é costumeira entre gerações de uma mesma família, foi abolido" (BOURDIEU, 2011b [1984: 197]). De fato, uma mudança de campo! O número de estudantes havia aumentado, mas as regras de sucessão para seus professores e aspirantes a professores impedia qualquer aumento rápido nas equipes para que a "qualidade" – a configuração requerida pelo capital simbólico – fosse preservada. Bourdieu descreve uma mobilização reacionária em defesa de práticas e disposições que eram consideradas autoevidentes e que causou "uma transformação profunda na lógica da ação coletiva dos professores, ao substituir o conjunto orquestrado espontaneamente de ações inspiradas pela solidariedade de uma 'elite' por uma ação pactuada e deliberadamente orientada para a conservação do *status quo*" (BOURDIEU, 2011b [1984: 196-97]). A análise empírica demonstrou uma separação entre professores titulares [*professors*] e professores-assistentes [*lecturers*] – aspirações esmagadas pela crise de sucessão que resultou da mudança nas práticas de recrutamento e do *habitus* recém-estruturado para professores-assistentes com pretensões maiores. Esses assistentes, muitas vezes graduados das Écoles Normales que já estavam no processo de acumulação de capital simbólico através do trabalho em um doutorado, demoraram a reconhecer novas oportunidades e, em alguns casos, "perderam o trem", enquanto uma nova geração enxergou o potencial das posições recém-criadas, que deveriam ter sido dos *normaliens* e as ocuparam. A transformação dramática desse campo acadêmico resultou, portanto, na necessidade de um *habitus* configurado diferentemente para a equipe acadêmica que quisesse ter sucesso no novo mundo. Os participantes que sofreram os piores efeitos da crise foram os professores-assistentes estabelecidos, cujo *habitus* costumava garantir um caminho seguro para a carreira nas estruturas de campo anteriores, mas que agora viram suas aspirações literalmente destruídas num campo acadêmico de estrutura nova. Esse foi um mundo no qual o próprio Bourdieu se envolveu ativamente e foi afetado diretamente pela *histerese* dessa crise de sucessão. Com efeito, ele sugeriu que sua passagem da filosofia para as ciências sociais era explicada em parte pela "força peculiar que me fez sentir a necessidade de ganhar controle sobre o desapontamento sentido por um 'oblato' que encarava a aniquilação das verdades e valores à qual estava destinado e dedicado" (BOURDIEU, 1988a: xxvi). Para Bourdieu essa diferença de tempo entre a mudança na estrutura do campo e a estabilização do *habitus* foi fortuita. Ele se aproveitou do que chamou de "a reabilitação da etnologia por Lévi-Strauss" para se mover para uma nova posição de campo – da filosofia para o campo relativamente jovem das ciências sociais – "sem se rebaixar demais" (1988a: xxvi).

*Exemplo 4: O sofrimento social*
Em *A miséria do mundo* (BOURDIEU, 1997a [1993]) Bourdieu oferece uma série de estudos sobre a pobreza no final do século XX. Esse livro, com efeito, é uma série de exemplos devastadores das lutas dos indivíduos com o efeito da *histerese* – o desencaixe entre o *habitus* adquirido num entorno (o *campo*) e aquele necessário para o sucesso num campo diferente. Cada caso demonstra que a *histerese* é experimentada num nível pessoal.

Por exemplo, uma família argelina em Paris fala sobre as dificuldades que eles e seus filhos experimentam como imigrantes, ainda que estabelecidos há muito tempo. A geração mais velha está presa entre as expectativas e disposições que adquiriram na Argélia (*habitus*) e o entorno novo e perturbadoramente diferente (*campo*) em seu país adotivo. É difícil manter os padrões sociais de sua família estendida e amigos – frequentes visitas noturnas e em fins de semana acompanhadas de conversas, cozinha e refeições – e suas expectativas mais rurais – hortas, galinhas e até porcos – em seu novo ambiente de blocos de apartamentos com muitos vizinhos próximos. Eles não possuem as configurações de capital (*habitus*) necessárias para reivindicar posições de campo desejáveis, e, como ocorreu com Dom Quixote, suas lutas para encontrar um modo de vida sustentável são desconhecidas no *campo* local, sua vizinhança. O que acontece? Seus vizinhos franceses mais velhos, que estão igualmente deslocados do mundo que criou suas disposições (mas, em seu caso, em parte por causa das mudanças de geração inerentes ao envelhecimento) reclamam de odores, barulho, crianças e animais de estimação. Como Madame Meunier, sua vizinha francesa "desagradável", coloca diretamente: "Não nos entendemos. Não temos os mesmos gostos, os mesmos hábitos. Não vivemos do mesmo modo. Não vemos as mesmas coisas do mesmo modo. Então, não se pode estar de acordo, não se está de acordo... em nada" (BOURDIEU, 1997a: 48 [1993: 45]). Com isso, ela oferece uma descrição sucinta da incompreensão mútua que está no coração da *histerese* que tanto ela quanto seus vizinhos experimentam.

Num espaço social igualmente perturbado, a Rua dos Junquilhos, um casal francês de classe operária de meia-idade, os Leblonds, sofre uma *histerese* dupla – se é que tal coisa pode existir. Suas disposições (*habitus*) não se encaixam nem com a população que muda em sua vizinhança – uma *histerese* cultural – nem com as decadentes condições econômicas de emprego na fábrica local – uma *histerese* econômica. Sua casa pode ser a mesma que ocupam há vários anos, mas a população ao redor agora, como o Senhor Leblond afirma, é "oitenta por cento de estrangeiros". Com o declínio da indústria siderúrgica, as condições do campo econômico mudaram. A força de trabalho da fábrica agora tipicamente tem de vinte a vinte e cinco anos e vem com frequência da comunidade de imigrantes. O Senhor Leblond, um trabalhador experiente com mais de quarenta anos, não tem mais um *habitus* que corresponda ao *campo* onde ele funciona. Ele espera, sem entusiasmo, poder se aposentar precocemente com cinquenta e poucos anos como muitos de seus colegas. A configuração de capital social, econômico e cultural (*habitus*) necessária para se obter sucesso e felicidade nesse campo local mudou – para os Leblonds pais, se tornou quase irreconhecível (BOURDIEU, 1997a: 24-34 [1993: 24-32]).

A geração mais jovem não está numa posição melhor. Seus pais os aconselham a buscar educação e qualificações – capital cultural institucionalizado durável – como um veículo de avanço para uma posição de campo mais desejável. O estudo e as qualificações realmente oferecem um meio de adquirir capital cultural objetificado, mas as qualificações que eles podem obter no campo local, por exemplo em aprovisionamento ou em creches, talvez não consigam oferecer o nível de empregos que eles esperam porque o mundo profissional já os ultrapassou, pois as qualificações compram cada vez menos posicionamentos profissionais (cf. GRENFELL, 2004b, cap. 3). A diferença de tempo associada à *histerese* fica clara na história dessa família. O *habitus* da Família Leblond mudou pouco, mas tanto o campo local quanto o campo econômico mais amplo mudaram dramaticamente. Consequentemente, sua configuração de capital diminuiu dentro das novas estruturas de campo. Em outras palavras, essas pessoas "estão emperradas" e sabem disso.

A *histerese*, uma perturbação entre o *habitus* e o *campo*, de fato oferece oportunidades de melhora de posições de campo, mas muitas das pessoas descritas em *A miséria do mundo* – aquelas em posições dominadas da sociedade – permanecem em posições de campo econômica e culturalmente destituídas, apesar do conjunto de estratégias que elas empregam ou das lutas evidentes para melhorar suas situações. As mudanças no campo apenas pioram suas posições e os movem cada vez mais para o fundo do poço da pobreza – seja econômica, social ou cultural.

Para piorar as coisas, nem tudo está necessariamente bem para aqueles que conseguem acumular capital simbólico adicional e obter posições de campo mais desejáveis. O que fica em risco então é o pertencimento autoevidente à sua própria comunidade e a "familiaridade com o jogo" que é adquirida nas experiências iniciais com a família. Num outro exemplo de caso em *A miséria do mundo*, Loïc Wacquant entrevista um jovem chamado Rickey da "Zona", um gueto de Chicago (BOURDIEU, 1997a: 192-201 [1993: 196-204]). Rickey acabou de se tornar um boxeador profissional, seguindo os passos da única pessoa que ele conhece que "deu certo" – um ex-campeão mundial de boxe. Esse aspirante a boxeador oferece uma socioanálise severa de por que seu colega bem-sucedido não voltou para a "Zona" e qual seria sua própria posição se ele voltasse para seu bairro como um campeão mundial bem-sucedido. Esse relato oferece uma descrição nítida da *histerese* como a experiência vivida de um indivíduo particular:

> Não seria tipo (amigável): "Epa, legal que você conseguiu". Seria mais tipo (agressivo): "Ei, que que tu vai me dar agora? Lembra que eu te dei aquele dólar, mano, lembra... vai ser mais isso, não vai ser 'pode me dar um autógrafo, posso tirar uma foto'".
>
> Não vai ser assim. Vai ser mais (insistente): "Me dá vinte aí! Mano, como é que eu viro seu parça? Esse tipo de coisa, sacou?" (BOURDIEU, 1999c: 167).

O exemplo de Rickey pode ter escapado da "Zona", mas o custo em termos de capital social, o deslocamento de sua comunidade de origem, fica claro na descrição de Rickey do potencial de sanções negativas no campo local.

Um terceiro exemplo de *A miséria do mundo* é de um tipo diferente. Ele se chama "Uma vida dupla" (BOURDIEU, 1997a: 541ss. [1993: 657ss.]). Superficialmente, essa é uma história de sucesso. O pai de Fanny trabalhava na indústria têxtil, sua mãe é uma imigrante espanhola de segunda geração que chegou aos níveis mais altos da escola primária. Fanny, por sua vez, obtivera honrarias acadêmicas no ensino médio, estudou Humanidades na universidade e lecionou numa escola de ensino fundamental nos subúrbios de Paris. Fanny tem uma trajetória social forte com uma posição de campo melhorada e com potencial de melhorar ainda mais com base no capital educacional – no capital cultural consagrado institucionalmente. Entretanto, no caso de Fanny, esse afastamento constante de suas raízes na classe operária em termos de sua educação e de sua profissão desafia tanto seus laços íntimos com sua família quanto as expectativas de trabalho de seu marido – ele é um carteiro. Como o próprio Bourdieu indica: "O habitus pode, em algumas instâncias, ser construído, por assim dizer, sobre contradições, sobre tensões, até sobre instabilidades" (BOURDIEU, 1994c: 116).

Quando Fanny experimenta uma mudança repentina de *habitus* – o casamento termina, as filhas têm problemas – ela não tem mais certeza de quem é nem de onde está. Fanny relata: "Eu acabei seguindo o caminho que ela [a mãe] queria... ou que ela gostaria de ter seguido. Quando falávamos a respeito, bem, eu acho que ela via isso como alguma coisa – como dizer... – para ela o preceptor, o professor era o máximo" (BOURDIEU, 1997a: 541 [1993: 657]). Entretanto, a experiência do "sucesso" não foi o que ela e sua família esperavam. As longas jornadas de que ela precisou para se comprometer com o ensino – corrigir provas, planejar aulas – cobraram seu preço no casamento dela, de modo que agora ela sente que "me dediquei realmente ao trabalho. Negligenciei minhas meninas num momento em que elas tinham necessidade de mim" (1997a: 543 [1993: 658]). O sucesso de Fanny em tomar posição no campo leva a uma situação que não se encaixa ao seu *habitus* de origem, com base em suas experiências iniciais na família. A crença de sua mãe (e também sua) de que a educação é a rota para o sucesso não se concilia com suas experiências problemáticas posteriores de ensino e de maternidade. Em outras palavras, o *habitus* atual de Fanny realmente oferece a ela uma posição dominante em relação ao seu ambiente escolar, enquanto sua educação – exatamente o caminho de seu sucesso – criou um desencaixe entre seu próprio *habitus* e o *habitus* de seu marido e família com educação formal inferior. O próprio Bourdieu sugere que mudanças no *habitus*, por mais desejadas que sejam, podem resultar em instabilidade da posição de campo e numa luta dolorosa para manter um lugar desejável no *campo*. Ele escreve que:

> [...] pelo efeito de uma tomada de consciência associada a um trabalho de transformação (como a correção dos sotaques, das maneiras etc.) existe uma inércia (ou uma *histerese*) dos habitus cuja tendência espontânea (inscrita na biologia) consiste em perpetuar estruturas correspondentes às suas condições de produção (BOURDIEU, 2001b: 196 [1997: 230-231]).

Todos esses exemplos de *histerese* foram tomados das investigações empíricas do próprio Bourdieu na segunda metade do século XX.

A maioria se passa na França e na mudança social francesa. Será que essas ideias se aplicam igualmente a outros países e períodos? Essa questão é discutida na terceira seção deste capítulo.

**Aplicações práticas**

No que segue, o conceito de *histerese* enquanto desencaixe e diferença no tempo é utilizado para discutir três aplicações práticas, e, através desses exemplos, para examinar as vantagens e limitações do conceito como ferramenta para a análise de campos socioculturais.

*Intervenção estatal e* histerese

Para um período e local particulares, os valores relativos de tipos diferentes de capital simbólico são determinados conjuntamente pela história desse campo refletida nas práticas de campo existentes, e por aqueles que ocupam as posições mais dominantes nesse campo ou no campo do poder – com maior frequência, esses são o próprio Estado e seus representantes. As estruturas de campo são o resultado direto das estratégias bem-sucedidas empregadas pelos participantes do campo em suas lutas para utilizar seu capital acumulado (*habitus*) para ocupar posições desejáveis no campo. Quando a intervenção estatal muda o que é legítimo, os valores relativos dos capitais simbólicos são alterados e as interações entre estruturas de campo e habitus são deslocadas. O resultado é a *histerese*. Por exemplo, quando ao se preparar para o governo o primeiro-ministro britânico Tony Blair declarou que sua prioridade seria "educação, educação, educação", o campo educacional foi modificado irrevogavelmente, o que levou a uma série de grandes reformas estruturais. Por exemplo, a intervenção estatal nas escolas primárias inglesas na forma da implementação de National Strategies in Literacy and Numeracy resultou num enorme desencaixe entre as atitudes, práticas e disposições dos professores (*habitus*) e as regulações e recomendações governamentais (estruturas de campo) – criando *histerese* para muitos dos envolvidos. Estava em jogo a legitimidade de atitudes e disposições particulares e de estruturas sociais e organizacionais: até as rubricas mudaram, já que "inglês" se tornou "*literacy*" e "matemática" se tornou "*numeracy*"[2]. Uma mudança de vocabulário foi utilizada para assinalar essa nova legitimidade pedagógica. Palavras como "fônica, leitura orientada, trabalho de grupo independente, pontes [*bridging*], plenária, cálculos mentais, informais e formais" receberam valor simbólico como indicadores de domínio do "jogo novo".

O resultado foi novas oportunidades quando as estruturas organizacionais nas escolas e nos governos locais foram modificadas para refletir a nova *doxa* – conselheiros se tornaram *gerentes de estratégia* e *consultores*, coordenadores de matemática e inglês nas escolas renasceram como *líderes de disciplinas*, no caso de *numeracy* e *literacy*. Professores e diretores foram retreinados como *gerentes de currículo* – mostrou-se a eles o que agora era valorizado e considerado legítimo. Com a introdução da Estratégia Primária e a redefinição resultante do bom ensino (no Currículo Nacional de 1999), as regras do jogo foram explicitamente ainda mais modificadas. O que muitos professores primários experimentaram foi confusão ao tentarem modificar sua prática e disposições para se conformarem à nova ortodoxia. Alguns daqueles que "aderiram" mais rapidamente buscaram posições desejáveis nas novas estruturas de campo e foram recompensados com promoções a novos cargos locais e nacionais (uma estratégia de reprodução). Outros que tentaram ignorar a mudança, ou resistir ativamente a ela, tiveram menos sucesso na manutenção de suas posições de campo anteriores.

Consequentemente, houve um desencaixe entre as disposições e práticas dos professores (*habitus*) e as novas estruturas de campo. Os indivíduos responderam diferentemente à nova legitimidade e, portanto, houve uma diferença de tempo considerável antes de um novo *habitus* pedagógico coerente se estabelecer nas escolas. Mesmo uma década depois dessas mudanças de campo ocorrerem, o efeito de *histerese* continuava para alguns. Um treinamento pago para desenvolver essas novas habilidades e atitudes foi oferecido a profes-

---

2 *Literacy* pode ser traduzido aproximadamente por "alfabetização", mas conota, além disso, uma certa habilidade mínima desejável com as palavras. *Numeracy* não tem tradução aceita para o português, mas a conotação é semelhante: uma habilidade mínima desejável com os números [N.T.].

sores que estavam fora do campo – um *habitus* alterado. Em muitos casos, as primeiras visitas dos professores às escolas foram difíceis, já que sua compreensão pedagógica estabelecida não se ajustava mais às novas práticas de sala de aula dos colegas nem às expectativas e organização das escolas. Para alguns desses professores, a diferença era tão grande e perturbadora que eles abandonaram o ensino em vez de modificarem atitudes e disposições de longa data.

Apenas alguns participantes do campo se beneficiam com as mudanças no campo. Há sucessos e fracassos sempre que ocorre um efeito de *histerese*. Mais recentemente, a pressão econômica e um novo governo de coalizão no Reino Unido resultaram em mudanças de prioridades e nos padrões de financiamento (novas estruturas de campo). Aqueles que participam do campo educacional e que se tornaram consultores e gerentes de estratégia no final da década de 1990 perderam agora suas posições de campo desejáveis e, numa segunda *histerese*, muitos perderam os empregos ou tornaram-se consultores pedagógicos privados. As estruturas mudam, mas as disposições não – na melhor das hipóteses, elas demoram mais.

### Histerese *e inovação tecnológica – a fotografia*

Mudanças científicas e tecnológicas também perturbam as estruturas de campo. Qualquer nova invenção cria novas possibilidades de processos e produtos e, portanto, gera uma reavaliação de posições legitimadas no campo. A *histerese* necessariamente ocorre enquanto os participantes do campo reconhecem o potencial de novas ferramentas, aprendem novas habilidades e reposicionam-se no campo. Quando um campo depende particularmente da tecnologia, como a fotografia, onde a câmera é central, as estruturas de campo são particularmente mutáveis, já que a mudança tem sido frequente – fotografia estática, fotografia a cores, imagens em movimento, câmeras portáteis, o processo Polaroid, o vídeo e a digitalização. Portanto, o campo da fotografia está repleto de exemplos de *histerese*, incluindo aqueles associados à invenção da própria fotografia.

Vários processos fotográficos diferentes foram inventados quase simultaneamente na década de 1830 em partes diferentes do mundo – por Daguerre na França, Fox Talbot na Inglaterra e Hércules Florence no Brasil. É verdade que era preciso um equipamento desajeitado, confuso, quase alquímico para produzir essas primeiras imagens cientificamente realistas, mas essa nova tecnologia perturbou o funcionamento do campo científico, do campo das belas-artes e também do campo do consumo cultural (cf. GRENFELL & HARDY, 2007: 151-157, para uma discussão mais detalhada). No início, apenas aqueles em posições privilegiadas na sociedade podiam dispor do tempo e do dinheiro exigidos para dominar o novo processo, fosse como produtor ou consumidor. Entretanto, aqueles que o fizeram estavam suficientemente bem colocados no espaço social mais amplo para criar um campo cultural novo e distinto. Não foi acidente que a realeza (particularmente a Rainha Vitória e o Príncipe Albert), a Royal Society, a Royal Institution, membros do governo francês e da Academia de Belas-artes francesa estivessem entre os participantes iniciais do campo fotográfico. Todos esses indivíduos estavam suficientemente bem posicionados no campo do poder para reconhecer e ocupar posições de campo recém-criadas e consagrar essas posições. É claro que eles foram seguidos por outros. Os *habitus* dos indivíduos mudaram como consequência de suas respostas diferentes a essas mudanças nas estruturas do campo, mas sempre há uma diferença no tempo – *histerese*. Foi apenas com a invenção da câmera Kodak Brownie em 1900 que a fotografia se tornou uma atividade popular. No caso do campo fotográfico, demorou mais de meio século entre a participação dos poucos privilegiados e o consumo de massa e a instituição social de práticas fotográficas (cf. BOURDIEU et al., 1965a).

No campo fotográfico, o desenvolvimento da câmera digital e da câmera de celular, hoje onipresentes, produziu uma *histerese* semelhante, mais uma vez como resultado de invenções tecnológicas. Como no passado, as novas tecnologias reconfiguraram o campo da produção fotográfica, desta vez através da digitalização e da possibilidade de transformar e transmitir instantaneamente as imagens. Seguiram-se mudanças dramáticas no campo do consumo, não apenas na facilidade e velocidade de comunicar imagens ou nas novas habilidades necessárias para manipular imagens digitais, mas também num novo produto – os direitos de reprodução. Como em outros deslocamentos de campo, aqueles nas posições de campo mais dominantes são os primeiros a ocuparem novas posições de campo; por exemplo, Bill Gates, que já ocupa uma posição consagrada e dominante no campo da tecnologia da informação e que supostamente adquiriu dezessete milhões de imagens de arquivos de imprensa para digitalizá-las (LÉVI-STRAUSS, 2003: 189). Manobras de campo como a aquisição de grande escala de *copyrights* de imagens por Gates ao mesmo tempo antecipam e moldam mudanças irrevogáveis no consumo de imagens fotográficas – ou seja, nas estruturas do campo fotográfico. Quando um campo é transformado significativamente, como nesse caso, o habitus também muda porque cada indivíduo responde de sua própria maneira à situação com a qual não tem familiaridade. Como Bourdieu escreve: "O habitus não é necessariamente adaptado, nem necessariamente coerente. Possui seus graus de integração – que correspondem, sobretudo, a graus de 'cristalização' do estatuto ocupado" (BOURDIEU, 2001b: 195-196 [1997: 230]). Mas, com o passar do tempo, o *habitus* se transforma de modo a se encaixar a novas estruturas de campo. Em outras palavras, quando Bill Gates abre um caminho, nós inevitavelmente o seguiremos.

### Histerese *no campo artístico: Manet e Couture*

A maioria das pessoas, incluindo fotógrafos e artistas, experimentará a *histerese* em algum ponto de suas vidas. Como um subproduto da *mudança de campo*, elas mesmas envelhecem e, tendo em vista a durabilidade do *habitus* adquirido no começo da vida, suas práticas tornam-se antiquadas. No campo artístico, a obra de um artista pode se tornar antiquada quando o artista envelhece, mas o efeito desse envelhecimento sobre o quão desejável é a posição de campo de um artista depende de mudanças correspondentes nas estruturas de campo tanto do campo artístico quanto do campo do poder. Aqui, a mudança quanto ao que é valorizado no campo artístico é demonstrada claramente através das próprias obras de arte e da sucessão de gerações artísticas que Bourdieu descreveu como "vanguardas" (cf. BOURDIEU, 1996b: 183 [1992: 265]; GRENFELL & HARDY, 2007). Diferentemente das outras aplicações práticas, este exemplo de *histerese* está situado historicamente no campo artístico à época da Revolução Francesa (cf. BOURDIEU, 1993c; HARDY, 2009, para uma discussão adicional).

Édouard Manet (1932-1983), muitas vezes visto como o "inventor" da visão impressionista francesa, treinou para ser um artista numa época onde a própria França estava em tumulto e uma sucessão de revoluções significava que o campo do poder francês estava sujeito a mudanças dramáticas e, para alguns grupos sociais e culturais, catastróficas. O próprio Manet estava social e economicamente bem posicionado o bastante para sobreviver a essas perturbações e enxergar novas oportunidades possíveis com as estruturas em mutação do campo artístico. O professor de Manet, Thomas Couture, teve menos sucesso na manutenção de sua posição de campo desejável – um exemplo de *histerese* no campo artístico. Couture ensinou Manet a pintar de acordo com as práticas legitimadas de sua época – o que e como pintar. Como um vencedor do prêmio do Salon e professor bem-sucedido que ocupava uma *posição de campo* de prestígio quando Manet começou a estudar com ele, Couture estava bem colocado para ensinar aos alunos a *doxa* artística dessa época. Depois, quando Manet e os impressionistas começaram a estabelecer uma nova estética com novas técnicas, novos assuntos e novas formas de expor e vender suas pinturas, Couture e outros artistas como ele – que pintavam alegorias clássicas majestosas para o Estado e seus representantes – lentamente perderam prestígio[3]. Apesar dos *habitus* e das *posições de campo* correspondentes aparentemente terem sido mantidas, os benefícios concedidos por essas *posições de campo* diminuíram. Com o passar do tempo, e enquanto a obra de Manet lentamente obtinha reconhecimento no Salon e além dele, as novas *posições de campo* passaram, de modo geral, a ser reconhecidas como dignas de ocupação. Quando outros artistas começaram a ocupar essas posições, as *estruturas de campo* mudaram como

---

3 Imagens das pinturas de Thomas Couture e Édouard Manet podem ser encontradas na página do Museu de Orsay: www.musee-orsay.fr

resposta. Ao mesmo tempo, Couture, cujas pinturas não recebiam mais prêmios de prestígio, já que sua obra não era mais favorecida pelo júri do Salon, sofreu os efeitos da *histerese*. Em outras palavras, surgiu um desencaixe entre seu *habitus* e as estruturas reformadas do *campo*: um desencaixe que foi experimentado por Couture como a exclusão das *posições de campo* mais prestigiadas – *histerese*. Aqui, uma configuração inalterada de *capital simbólico* (*habitus*) não mais se encaixava com a mesma *posição de campo dominante*. Couture respondeu positivamente, alterando sua posição de *campo* teórica e literalmente – ele ocupava uma *posição de campo* menos desejável no campo artístico parisiense, por isso se mudou para as províncias para encontrar um novo mercado para seu trabalho, que vendia então para visitantes americanos ricos (OTTINGER, 2008). Portanto, a geração artística à qual Couture pertencia envelheceu em relação ao *campo artístico* francês como um todo e foi relegada a posições de campo de menor prestígio pela vanguarda de Manet e dos impressionistas, agora reconhecida. Couture e seus colegas artistas do Salon experimentaram a *histerese*, mas isso não ocorreu com Manet, cuja obra não foi completamente reconhecida durante sua vida.

Nesse exemplo, as mudanças nas estruturas do campo do poder agiram como o impulso para mudanças estruturais no campo artístico e o efeito de *histerese* resultante para alguns artistas.

*Histerese e a mudança social internacional*
Nesse último exemplo prático, a mudança num campo age como catalisador da mudança em campos muito separados. Onde isso acontece, teremos *histerese* em vários campos de uma vez. Assim, quando mudanças sociais e políticas de larga escala ocorrem no campo do poder europeu, podemos considerá-las resultado de outras transformações em campos nacionais e globais – e criadoras dessas transformações ao mesmo tempo. Houve uma transformação recente do campo econômico internacional quando a União Europeia expandiu-se gradualmente para incluir mais países, e, mais recentemente, quando crises bancárias atingiram vários países de modo diferente. Essas mudanças oferecem um exemplo contínuo e complexo de *his-*

*terese* através de vários campos internacionais e nacionais: econômico, cultural, social e linguístico.

Inicialmente, um número cada vez maior de pessoas tornou-se qualificado para viver e trabalhar em países da União Europeia, de modo que mudanças de larga escala no campo econômico internacional serviram para transformar tanto as estruturas de campos econômicos nacionais quanto, subsequentemente, os *habitus* individuais dos migrantes. Se um recém-chegado quiser alcançar uma posição de campo desejável no ambiente que escolheu, é preciso uma transformação para encontrar o "melhor encaixe" do *habitus* desse indivíduo às estruturas de campo do país onde essa pessoa agora mora e trabalha. Quando esse processo é conscientemente regulado, Bourdieu afirma que o resultado será um *habitus* alterado que se encaixa às novas estruturas de campo:

> O habitus não apenas pode ser transformado na prática (sempre dentro de limites definidos) pelo efeito da trajetória social que leva a condições de vida diferentes das iniciais, mas também pode ser controlado através do despertar da consciência e da socioanálise (BOURDIEU, 1994c: 116).

Aprender a falar uma língua representa uma dessas "transformações práticas" que podem ser realizadas por um indivíduo que busca melhorar o alinhamento de seu *habitus* às estruturas de campo do contexto nacional escolhido. Por exemplo, o Reino Unido era um destino popular para a migração econômica porque o inglês é a segunda língua de muitos europeus. Como consequência, o perfil linguístico do país foi alterado, o que criou uma reestruturação significativa em vários campos nacionais diferentes: educacional, político e econômico. Exemplos de mudanças recentes incluem:

- diretivas educacionais nacionais que agora encorajam as escolas a treinarem sua equipe que trabalha com crianças cuja língua materna não é o inglês;
- a introdução de regulamentações estatais recentes que exigem um certo nível de competência em inglês[4] antes de ser possível obter a cidadania britânica;

---

4 A participação em aulas de Inglês para falantes de outras línguas (Esol, na sigla em inglês) ou a aprovação num teste sobre "A vida no Reino Unido" são caminhos alter-

- mudanças nos padrões de emprego nos setores de aprovisionamento e construção ou nas mercadorias disponíveis nas lojas para incluir iguarias de certos países europeus, como, por exemplo, a Polônia.

Nessa aplicação prática podemos ver que ao longo de duas décadas experimenta-se um efeito de *histerese* em larga escala geográfica, social e culturalmente. Mudanças nas regulamentações nacionais e internacionais (estruturas de campo) levam os indivíduos a buscar transformar os *habitus*; mudanças que, por sua vez, produzem uma reestruturação em vários campos nacionais e internacionais diferentes. É claro que essas mudanças nas disposições individuais e nos campos nacionais levam tempo para obter um encaixe entre o *campo* e o *habitus* para estabelecer uma nova *doxa*.

## Conclusão

Neste capítulo eu apresentei uma definição do que Bourdieu pretende com o termo *histerese* e chamei a atenção para o modo como ele aparece – tanto explícita quanto implicitamente – em sua obra e em outros lugares. As características essenciais da *histerese* foram demonstradas: o desencaixe entre *habitus* e *campo* e a dimensão temporal associada a ele – como o *habitus* está fora de sintonia com o *campo*. Eu ofereci um conjunto de exemplos que mostram alguns dos modos onde a diferença de tempo, que é uma característica da *histerese*, pode ocorrer em contextos práticos e como respostas diferentes de organizações e indivíduos levam ao deslocamento e perturbação do *habitus* que ocorre com qualquer mudança do campo. Quando a *histerese* ocorre, novas oportunidades são criadas pelas estruturas de campo alteradas. Entretanto, há um alto nível de risco associado à *histerese*, já que, pelo menos por um tempo, as lutas no campo ocorrem no contexto de um futuro desconhecido. Os resultados da mudança de campo podem, portanto, ser a perda de posição, poder e riqueza devido à reavaliação de capitais simbólicos e fontes de legitimidade. Muitas vezes, são aqueles já bem-dotados de capi-

---

nativos para a obtenção do padrão mínimo de inglês (Nível 3 no Esol) exigido para a cidadania britânica.

tal econômico e simbólico que são capazes de atingir as posições dominantes desejáveis nas novas estruturas de campo. Para resumir, a *histerese*, enquanto ferramenta de pensar, oferece ligações explícitas entre a natureza objetiva da mudança sistêmica (transformação do campo) e o caráter subjetivo de uma resposta individual a essa mudança (o *habitus* alterado). Desse modo, ela permite que apreciemos a natureza e as consequências das mudanças de campo experimentadas pessoalmente e também num nível de ambiente social.

# Parte IV

*Condições de campo*

# Introdução

*Michael Grenfell*

A natureza integrada dos conceitos-chave de Bourdieu foi enfatizada durante todo este livro. Eles não são características separadas de sistemas sociais, e sim focos particulares da mesma coisa; dois lados da mesma moeda. Ainda assim é possível se basear em cada conceito individual para uma visão particular dos fenômenos sociais, especialmente em relação aos aspectos individuais deles. A Parte III tratou de quatro conceitos sob o título "Mecanismos de campo", e a intenção era examinar termos que destacavam a estrutura dos campos e como eles operam de acordo com a teoria da prática de Bourdieu. O foco estava em mecanismos objetivos: as estruturas, meio de operação e características que surgiam desses procedimentos. A Parte IV deste livro agora se volta para as dimensões mais subjetivas dos campos. Aceitar que o objetivo e o subjetivo estão sempre mutuamente implicados e expressados não significa que não seja possível mover nossa orientação de um lado para o outro. Todos os quatro conceitos desta parte lidam com a natureza mais individual ou subjetiva das condições de campo; em outras palavras, como os campos estão presentes nos indivíduos e suas repercussões.

O Capítulo 9 trata de *interesse*. Aqui, vemos o modo como as condições de campo possibilitam o surgimento de interesses particulares, estejam estes baseados em classes ou não. O capítulo demonstra as implicações de ações "interessadas" tanto para os pesquisados quanto para os pesquisadores e faz a seguinte pergunta: "Pode haver um ato *desinteressado*?" Os interesses frequentemente exprimem aquilo que é mais pessoal e profundamente privado, o que gera questões de motivação e objetivos. No Capítulo 10 tratamos daquele que talvez seja o mais psicológico dos conceitos de Bourdieu – *conatus*. Como ocorre com outros termos, esse conceito não foi criado por ele e nosso capítulo demonstra uma derivação que retrocede até a filosofia clássica. Ainda assim, a utilização de *conatus* por Bourdieu foi particular, e isso é destacado no capítulo em relação a aspectos da psicologia individual e da teoria sociológica. O interesse e o *conatus* são condições de campo. O *sofrimento social* também é, e o Capítulo 11 destaca a centralidade desse conceito, ao lado da violência simbólica, para a visão de Bourdieu do mundo social. O capítulo examina as várias manifestações de sofrimento social, sua natureza quase nativa aos campos, e as consequências que elas têm. A abordagem de Bourdieu é essencialmente "reflexiva". É, portanto, apropriado que o capítulo final desta parte trate da *reflexividade*. Esse capítulo estabelece a reflexividade dentro de um campo mais amplo de literatura sobre o assunto e mostra como a versão de Bourdieu é distinta. A reflexividade é uma questão particularmente pertinente para aspirantes a pesquisador, e o capítulo trata de questões feitas no capítulo inicial da Parte IV e mostra por que, e como (o que talvez seja mais importante), ela precisa ser operacionalizada na prática.

# 9
# Interesse

*Michael Grenfell*

**Introdução**

A utilização que Bourdieu faz do termo *interesse* é um bom exemplo do modo como um conceito particular surgiu e se desenvolveu no decorrer de sua carreira profissional. Neste capítulo vemos o modo como ele quase assombra sua obra inicial. Subsequentemente, ele surge como uma característica-chave em suas análises empíricas. Depois ele é formulado como um conceito plenamente desenvolvido e se junta às suas outras "ferramentas de pensar" como um instrumento fundamental da análise. Ainda depois, o conceito evolui para formas diferentes; Bourdieu o renomeou como *illusio* ou *libido*. Por fim, as implicações e ramificações de "interesse" são tratadas teoricamente, o que leva a uma exploração filosófica de sua importância. O próprio conceito está presente nas relações que Bourdieu investiga em seus estudos iniciais. Desse modo, nós vemos como a prática serve a teoria para Bourdieu. Ele é nomeado e depois sua importância teórica é elaborada. Este capítulo mostra esse processo em operação.

**Um interesse na prática**

Em partes anteriores deste livro nós nos referimos à formação da visão de mundo intelectual de Bourdieu e também ao clima que o envolvia quando ele começou sua carreira acadêmica, e isso foi justaposto às fortes experiências pessoais que ele teve nessa época na Argélia e no Béarn. Chamamos a atenção a tendências intelectuais predominantes na França; especialmente o existencialismo e o estruturalismo. Tratamos também do modo como questões de subjetividade e objetividade atravessavam várias tradições intelectuais e como a teoria da prática de Bourdieu foi desenvolvida a partir de um impulso dele (tanto pessoal quanto profissional) de transcender essa visão dicotômica do conhecimento. No Béarn e na Argélia, a prática social, por exemplo, dos padrões de matrimônio não era governada nem pela escolha livre do indivíduo nem por regras estritas. Nós notamos como Bourdieu afirmou que a *estratégia* era um conceito melhor para indicar os modos como os indivíduos agem para orientar sua prática social. Mas essa prática se baseia não apenas na ligação entre seus habitus individuais e as condições de campo que os envolvem, mas também no cálculo inconsciente de lucro (em última instância, o melhoramento de sua própria posição no campo). Por isso, eles tinham *interesse* pessoal no resultado.

Essa percepção do papel que o interesse representava na relação entre campo e habitus ocuparia Bourdieu pela maior parte do resto de sua carreira. Em seu trabalho no Béarn, ele repetidamente voltou ao ponto de que a prática social individual nunca é "determinada" de acordo com regras específicas, sendo incessante e variavelmente negociada de acordo com circunstâncias pessoais. O que existiam eram "regularidades" e tendências – não *regras*. Da mesma forma, o trabalho inicial na Argélia foi realizado não apenas como uma parte fundamental de seus primeiros estudos substantivos, mas também revisitado em ocasiões subsequentes enquanto ele desenvolvia sua teoria da prática (p. ex., BOURDIEU, 1972a, 2009 [1980]). Por trás de todo esse trabalho está a noção de que os indivíduos têm um *interesse* definido por suas circunstâncias e que permite que eles ajam de modo particular no contexto onde eles se encontram para definir e melhorar sua posição. De certo modo, o "interesse" é o *habitus* encarnado, que por sua vez é criado pelas condições de *campo* pelas quais os indivíduos passam. Mas o que é esse *interesse* e como ele opera?

Bourdieu descreve "interesse" do seguinte modo:

> A noção de interesse – eu sempre falo de *interesse específico* – foi concebida como um instrumento de ruptura que pretendia trazer o modo materialista de questionamento a reinos de onde ele estava ausente, particularmente para a esfera da produção cultural [...]. Nesse aspecto eu me sinto

muito próximo a Max Weber, que utilizou o modelo econômico para estender a crítica material para o reino da religião e para descobrir os interesses específicos dos grandes protagonistas do jogo religioso (BOURDIEU, 1994c: 106-107).

Portanto, o interesse é um conceito utilizado para chamar atenção às práticas sociais como um tipo de jogo – e um tipo de jogo econômico. Em outras palavras, os indivíduos agem para maximizar o lucro. Mas esses atos são mais do que simplesmente escolhas calculadas ou decisões conscientes, assim como podemos decidir como obter os melhores juros [*interest*] para nossas economias. Na verdade, ao empregar uma metáfora econômica, Bourdieu busca ao mesmo tempo criticar e romper com o economismo enquanto tal:

> Romper com o economismo para descrever o universo das economias possíveis significa escapar à alternativa do interesse puramente material, estreitamente econômico, e do *desinteresse*, e se outorgar o meio de satisfazer ao princípio da razão suficiente; esta quer que não haja ação sem razão de ser, ou seja, sem interesse ou, caso se prefira, *sem investimento num jogo e com algo em jogo, illusio, commitment* (BOURDIEU, 2009: 84n30 [1980: 85n30], tradução modificada).

Portanto, apesar do interesse ser um meio de ação econômica, ele não pode ser reduzido à intencionalidade nem à obtenção consciente de fins de acordo com objetivos materiais específicos – a abordagem costumeira da economia. É claro que o cálculo racional ocorre, mas Bourdieu diz que a vasta maioria da prática social ocorre longe da apreensão direta de fins de modo utilitário e intencionalista. Como isso pode ser assim?

A rota desse argumento nos devolve ao *habitus*, *campo* e *capital*; em outras palavras, suas três ferramentas de pensar primárias – a cumplicidade ontológica entre as duas primeiras e seu meio de operação através da última. Como sugerido na introdução à Parte II, por trás dos conceitos de *habitus* e *campo* está a noção de relações estruturais; mas a estrutura num sentido tanto subjetivo quanto objetivo e tanto estável quanto dinâmica – *estruturada* e *estruturante*. A base dessa estrutura é a conexão entre um indivíduo e o mundo material e social. As ligações intensionais sobre as quais escrevemos precisam ser tratadas em termos da relação entre os seres humanos e os fenômenos – tanto materiais quanto ideacionais – com os quais eles entram em contato. Tudo que sabemos sobre o mundo – os *noemas* (para utilizar um termo husserliano) – é ao mesmo tempo estabelecido e desenvolvido como uma consequência de atos individuais de percepção – a *noesis*. Entretanto, essa experiência primária não ocorre num ambiente neutro em relação a valores, tendo em vista que lógicas da prática já existem; portanto, esses atos de percepção são formados de acordo com certos princípios ambientais e, de muitos modos, chegam a reapresentá-los. Esses atos são produto e processo do que "já passou" – os valores que servem o *status quo* e/ou formas sociais emergentes. A prática social que surge dessa experiência estrutural (estruturada e estruturante), portanto, já tem como seu princípio definidor a expressão de um certo modo de ver o mundo de acordo com um sistema de valores particular com seu interesse específico.

Assim, o interesse está no coração da filosofia de Bourdieu, já que precisamos ver a experiência fenomenológica primária como algo que ocorre num meio que está saturado de valores – o interesse está lá na concepção humana e sua subsequente socialização.

Podemos utilizar uma abordagem semelhante à crítica de Bourdieu à filosofia kantiana. Para Kant, a experiência e o conhecimento só podem ser compreendidos através de formas *a priori*: por exemplo, do tempo e do espaço. A própria compreensão depende da capacidade de formular conceitos: de substância, qualidade, quantidade, relação, lugar, tempo, posição, posse, ação e passividade. Entretanto, para Bourdieu esses conceitos não existem como universais primitivos livres de valores, e sim sempre como uma expressão de certos interesses – os interesses dos campos através dos quais os indivíduos passaram e agora se encontram (em maior ou menor grau). Desse modo, a atitude de um indivíduo diante do passado, do presente e do futuro é moldada por esse interesse.

De fato, para Bourdieu o próprio tempo é *feito*: o tempo humano não é o mesmo que o tempo biológico ou astronômico. Ele utiliza a distinção de Husserl entre *projeto* e *protensão*: o "projeto" é uma visada consciente do futuro; a "protensão" é uma "visada pré-reflexiva de um porvir que se entrega como quase presente no visível [...] do que é diretamente percebido" (BOURDIEU, 2001b: 254 [1997: 300]). O que Bourdieu quer dizer é que muitas vezes, em retrospecto, a *protensão* é confundida com o *projeto*; em outras palavras, como uma interpretação *a posteriori* de um evento como algo calculado e consciente, quando o que na verdade aconteceu foi simplesmente um ato ajustado imediatamente a uma sensação do *porvir* do jogo. Nesse sentido, o interesse é uma palavra utilizada para compreender a lógica do campo, que permite atos instintivos e semiconscientes de comportamento em termos de uma maximização do lucro de acordo com formas simbólicas correntes. De modo semelhante ao interesse econômico, Bourdieu muitas vezes utiliza a analogia de um "jogo" para descrever um campo: um espaço social onde todos têm interesse de vencer – ou seja, de assegurar as posições mais vantajosas nele (cf. Capítulo 14). Aqui, existem "regras" explícitas do jogo – o *nomos* – ou o que é permitido nele ou não. Ainda assim, a grande maioria da atividade social ocorre implicitamente, limitada pelas regras, mas desempenhada de acordo com uma lógica completamente diferente; por exemplo, a do jogador que só sabe semiconscientemente, se é que sabe, por que fez isso ou aquilo diante de uma escolha particular de ação ou decisão.

Como vimos antes, grande parte do trabalho inicial de Bourdieu na Argélia e no Béarn se baseou nessa tentativa de romper com noções de regras e consciência nas ciências sociais, ou objetividade e subjetividade, ou determinismo e liberdade total. O habitus e o campo ofereceram a ele um mecanismo através do qual os interesses de indivíduos e grupos de indivíduos eram definidos de acordo com a relação entre estruturas motivadoras cognitivas, o contexto estruturado (e estruturante) socialmente, e as funções sociais objetivas imanentes do campo (cf. BOURDIEU, 1983b: 61-62 [1972: 257-258]). Na Argélia ele viu os interesses como expressões de parentesco. É por isso que os padrões de matrimônio não podiam simplesmente seguir regras e costumes. Isso não era o bastante para unir os indivíduos, especialmente num mundo socialmente turbulento. Em vez disso, os indivíduos também precisavam de "interesses compartilhados", que podiam eles próprios ser expressões da coletividade social, sua propriedade e força ou vulnerabilidade em relação ao futuro. Os conflitos de interesse refletiam conflitos de grupos ou indivíduos e suas posições respectivas no campo, além de sua visão do futuro. As estratégias então são desenvolvidas para regularizar esses interesses, de modo que o indivíduo seja ajustado ao interesse coletivo – ou isso ocorre ou o indivíduo parece irracional.

Bourdieu enxergava diferenças significantes entre sociedades pré-capitalistas e capitalistas. Entretanto, ele também viu que elas se pareciam na lógica geradora de sua prática social. Inversamente, ele criticou qualquer ciência da economia que aplique métodos modernos e contemporâneos a "economias arcaicas"; por exemplo, utilizando uma "definição restrita de interesse econômico", que o compreende apenas em termos da maximização da riqueza monetária, em vez de reconhecer a natureza essencialmente econômica de toda prática social:

> [...] a prática nunca deixa de se conformar ao cálculo econômico, mesmo quando exibe uma aparência total de desinteresse ao se separar da lógica do cálculo interessado (no sentido estreito) e ao disputar algo que não é material nem facilmente quantificado (BOURDIEU, 1977: 177).

Nas sociedades pré-capitalistas – por exemplo, a Argélia e o Béarn – a *economia da boa-fé* opera para ocultar a lógica econômica da troca social. Os presentes, a honra e a virtude são colocados acima do lucro. O homem de boa-fé se esforça para distribuir a melhor comida fresca para amigos e vizinhos em vez de vendê-la para outros camponeses. Desse modo, constrói-se uma rede social – *capital social* – com a expectativa explícita de reciprocidade e estabelece-se uma moeda simbólica: "as condutas de honra têm como princípio um interesse para o qual o economismo não tem nome e que é preciso chamar simbólico mesmo que seja de natureza a determinar ações muito diretamente materiais" (BOURDIEU, 2009: 201 [1980: 205]).

Quanto mais impessoal a troca se torna, mais provável é que o dinheiro seja a moeda de troca; em outras palavras, quando os laços mais tradicionais são rompidos e os modos de produção capitalistas tomam seus lugares. Pode-se ver essa tendência por toda a Europa durante o processo de industrialização nos séculos XVIII e XIX. Onde isso ocorreu, o dinheiro – *capital econômico* – substituiu o valor de troca das redes locais e seus sistemas de honra e virtude – *capital simbólico*. Para Bourdieu, a ironia é que, obviamente, o próprio capital econômico foi deslocado no mundo contemporâneo, onde o *capital cultural* (e cada vez mais o *capital social*) ganha precedência como o meio para a expressão de interesses de campo. O meio é simbólico, a racionalidade substantiva é econômica. Como Bourdieu afirma, "a maior parte das ações é objetivamente econômica sem ser econômica subjetivamente" (BOURDIEU, 1990: 130 [1987: 128]). Em última instância, nossos interesses têm consequências econômicas, mas nem sempre são expressos em termos abertamente econômicos. Com efeito, o simbólico produz um efeito na medida em que disfarça o material. De fato, esse *desconhecimento* é necessário para obscurecer a lógica implícita dos sistemas, com toda sua violência simbólica (cf. mais adiante), cujo reconhecimento ameaçaria sua própria sobrevivência. Para Bourdieu, isso leva a uma "ciência geral da economia da prática". Nas próximas seções trataremos das implicações dessa abordagem a áreas específicas da sociedade.

*Interesses na educação, arte e economia*

Em um certo ponto Bourdieu afirma que há tantos interesses quanto campos, e supostamente subcampos, ainda que esses interesses também devam ser vistos, e parcialmente se definam, em relação uns com os outros. Depois que ele estabeleceu o que os interesses eram e como eles operavam, foi capaz de expressar o conceito num conjunto de contextos sociais.

*Educação*

Os interesses operam em todos os níveis do sistema educacional. Bourdieu constrói sua análise da educação ao redor de conceitos como *ação pedagógica, autoridade pedagógica, trabalho pedagógico* e *autoridade escolar*. A partir de suas análises empíricas, Bourdieu conclui que a ação pedagógica não busca, como normalmente se afirma, chegar a oportunidades iguais no sistema educacional; pelo contrário, ela é constituída de acordo com princípios – sobre os quais as formas e o conteúdo do ensino e do aprendizado são criados – que se baseiam numa cultura de classe particular: a das classes dominantes. Esses pré-requisitos culturais são arbitrários; eles precisam apenas agir como um meio através do qual a cultura dos dominantes atue de modo a excluir a dos dominados. Isso ocorre de modo implícito, o que é necessário para impedir a oposição daqueles excluídos pelo sistema educacional por não serem "um de nós". Em outras palavras, a educação, através da imposição de significados, modos de pensar e formas de expressão particulares, age como portadora da cultura das classes dominantes; ela, portanto, opera para perpetuar relações de poder específicas enquanto elas se desenrolam e são expressas na dinâmica da evolução social. A ação pedagógica – e o arbitrário cultural em que ela se baseia – torna-se então uma forma de *violência simbólica*, correspondendo aos "interesses objetivos (materiais, simbólicos e [...] pedagógicos) dos grupos ou classes dominantes" (BOURDIEU & PASSERON, 2011a: 28 [1970: 22]). Esses interesses podem se expressar em todos os lugares da educação; com efeito, eles se tornam ainda mais pronunciados durante o avanço dos estudantes. Por exemplo, no momento em que os estudantes franceses são tutelados o suficiente para entrar numa das prestigiosas *grandes écoles* da educação superior francesa, seu sucesso depende deles já compartilharem a *illusio* – os interesses – das classes ou grupos dominantes; e isso de acordo com o foco especializado da escola em particular: École Polytechnique – engenharia e forças armadas; École Normale Supérieure – ensino; École des Mines – engenharia industrial; École des Hautes Études Commerciales – comércio e negócios; e, cada vez mais depois de sua fundação após a Segunda Guerra Mundial, a École Nationale d'Administration – administração pública (cf. BOURDIEU, 1989b: 237). Esses interesses também são representados em termos de atitudes, vestuário e consumo cultural, como demonstrado no estudo de Bourdieu sobre o gosto: *A distinção* (2007 [1979]). Segue-se que qualquer política planejada para abrir o acesso ao sucesso educacional – através, por exemplo, da formação de uma *pedagogia racional* (cf. GRENFELL, 2007: 77s.) ou da democratização da educação – está destinada ao fracasso, pois implicaria uma forma de trabalho pedagógico que se opõe "aos interesses das classes dominantes que lhe delegam sua autoridade pedagógica" (BOURDIEU & PASSERON, 2011a: 76 [1970: 69]). Qualquer noção de um "interesse geral" é puramente idealista, já que "nenhuma das funções do sistema de ensino pode ser definida independentemente de um determinado estado da estrutura das relações de classe" (2011a: 216 [1970: 217]). Portanto, para Bourdieu os interesses no campo educacional são constituídos a partir de relações objetivas de classes e grupos que são expressas nos sistemas simbólicos do campo, cuja lógica da prática é a distinção através do meio da acumulação de capital – especialmente *capital cultural*.

*Arte e literatura*
Um processo semelhante opera no campo artístico ou literário. Eu me referi anteriormente à crítica de Bourdieu da filosofia kantiana e da noção das formas *a priori* necessárias para a experiência e a compreensão. As mesmas questões surgem com nossa compreensão da arte e da estética. Para Kant, a experiência só pode ser considerada estética quando ela existe no reino do "desinteresse", ou seja, livre de qualquer desejo, necessidade e interesse na existência efetiva dos objetos apreendidos – qualquer um deles distorceria a apreciação "pura" (cf. GRENFELL & HARDY, 2007: 38ss.). Entretanto, para Bourdieu esse desinteresse nunca pode existir, já que, como vimos antes, o ato mais básico de engajamento fenomenológico ocorre num contexto onde os interesses são a *raison d'être* definidora. Esses desejos, necessidades e interesses podem, portanto, ser tácitos, implícitos ou inconscientes, mas eles não deixam de ser poderosos por isso (na verdade se tornam mais poderosos). O consumo cultural nunca existe em algum reino puro da apreciação estética, pois é sempre uma expressão de um certo modo de ser no mundo – do gosto – e do estatuto ontológico que esse comportamento reivindica. Desse modo, a estética "desinteressada" (disfarçando interesses de clas-

se) da "burguesia" é justaposta aos interesses no que é agradável e sensual – ao gosto popular. Consequentemente, há interesse em ser de uma certa cultura porque ela expressa uma posição de classe particular.

O mesmo se aplica à produção artística – grupos de escritores, artistas, músicos, e assim por diante. Para Bourdieu, esses "artistas" constroem sua obra em relação às possibilidades disponíveis no campo e na posição que eles ocupam dentro dele. Eles têm interesse em preservar ou transformar o campo através de seu trabalho dependendo de sua posição percebida "no jogo". É por isso que existem duas formas fundamentais de arte: a arte comercial que busca lucro econômico e a arte "pura", definida em termos da "arte pela arte". Para o aspirante a artista, reivindicar o lucro comercial como o motivo de seu trabalho significa sabotar qualquer reivindicação de ter sintonia com a estética visionária pura do talento e da originalidade. Portanto, essas duas formas de arte se expressam de acordo com uma dicotomia explícita entre *autonomia* e *heteronomia*. A autonomia implica o controle sobre a própria arte e a exaltação dos valores do desinteresse. A heteronomia implica o oposto. É por isso que Bourdieu afirma que os novatos no campo artístico têm mais *interesse* numa negação do interesse (BOURDIEU, 1993c: 82), já que apenas essa reivindicação pode legitimar seu próprio senso de valor de sua arte *em si mesma*. Desse modo, o repúdio do interesse é ele próprio uma afirmação simbólica de interesse. O interesse – a *illusio* – tem todas as aparências de ser natural, quando na verdade é um produto do campo, enquanto ato coletivo, apreendido pelos indivíduos de acordo com seus próprios habitus constituídos socialmente. A linha ontológica entre o objetivismo e o subjetivismo é fina; ver a arte ou como um ato espontâneo de expressão individual – a "atitude contemplativa" – ou um subproduto direto das condições socioeconômicas – materiais.

Para Bourdieu, a realidade (o senso comum, p. ex.) é uma forma de *ilusão* porque ela não reconhece explicitamente os interesses – eles próprios *illusio* – que estão subjacentes a ela. No campo literário, portanto, a ficção escrita para representar essa realidade muitas vezes oferece um tipo de ilusão dupla: primeiro, que ela é *tomada* como realidade; segundo, que ela opera como se *expressasse* essa realidade. Na obra de um romancista como Flaubert, Bourdieu aponta que seus personagens românticos são aqueles que levam a ficção a sério porque não conseguem levar a realidade a sério – *como ela se apresenta*. A ilusão romanceada conjurada por Flaubert é que a linha entre a realidade e a ficção é indistinta, de modo que a realidade pode aparecer como ilusão. O funcionamento suave dos mecanismos sociais depende da manutenção da *illusio*, do interesse, nos sentidos econômico e psicológico. Quando há uma ruptura, por exemplo, frequentemente entre adolescentes que ainda não foram revestidos completamente com a *illusio*, há uma relutância em "jogar o jogo". Esse fenômeno é um lembrete para todos nós:

> Objetificar a ilusão romântica e ficcional e, acima de tudo, a relação com o suposto mundo real no qual ela se apoia é ser lembrado de que a realidade contra a qual medimos tudo que imaginamos é meramente o referente reconhecido para uma ilusão (quase) universalmente reconhecida (BOURDIEU, 1993c: 160).

Bourdieu afirma que autores como Flaubert são extremamente convincentes porque eles utilizam as estruturas do mundo social: eles engajam as mesmas estruturas que estão presentes nas estruturas mentais dos leitores, que então "acreditam" na ficção do mesmo modo como "acreditam" em sua experiência do mundo. Mas agir sob essa *illusio* – sem declarar os interesses – é agir sob uma forma de *mauvaise foi* – má-fé – sociológica.

Até agora nós vimos que o conceito de *interesse* permite a Bourdieu desafiar a visão de senso comum de "escolha livre" e "interpretação livre", mesmo em nossas práticas culturais. Ele aplica a mesma abordagem à tomada de decisões econômicas e a todos aqueles que acreditam que os indivíduos realizam ações "racionais".

*Economia*
Bourdieu nota a associação que compartilha com a "nova sociologia econômica". Ele reconhece que desenvolvia o conceito de *capital cultural* no mesmo período em que o sociólogo econômico americano Gary Becker apresentava a noção de capital humano,

mas a descreve como "mole e vaga, e carregada com o peso de pressupostos sociologicamente inaceitáveis" (BOURDIEU, 2006a [2000: 12]). As concepções de capital de Bourdieu e Becker são consideravelmente diferentes. Ambas se baseiam em metáforas econômicas para suas construções teóricas da prática social. Entretanto, como afirmei antes, a essência do argumento para Bourdieu é uma oposição ao que ele considera um "economismo" grosseiro. O argumento é o seguinte:

> Desde Adam Smith considera-se que os homens são motivados pelo *interesse próprio* e que agem de acordo com ele pelo ganho financeiro. Becker estendeu essa abordagem econômica que definia a ação em termos de "escolhas racionais" na direção da maximização do lucro financeiro a todas as áreas da vida. Entretanto, para Bourdieu, Becker fez isso de modo literal, enquanto seu próprio uso da analogia econômica foi bastante diferente. Por exemplo, ambos escrevem sobre o "custo" de ter filhos. Enquanto Becker enxerga os indivíduos agindo de acordo com "normas" de custos e lucros calculados, Bourdieu compreende as ações em termos de *interesses* (benefícios e perdas culturais e sociais, além de econômicos) – novamente, a *illusio* – e *estratégias*: "os economistas têm o mérito aparente de elaborar explicitamente a questão da relação – e de sua evolução no tempo – entre as taxas de lucro garantidas pelo investimento educacional e pelo investimento econômico" (BOURDIEU, 1989b: 391).

Entretanto, essa relação não se expressa simplesmente em termos de escolhas econômicas racionais e explícitas, mas envolve jogadas a respeito da mobilização dos estoques completos (atuais e previstos) e da configuração de *capital econômico, cultural* e *social*, assim como uma orientação profusa ao passado, presente e futuro. Assim, Becker também é criticado por não reconhecer que a reprodução social está envolvida – para além de despesas e rendimentos monetários – no investimento educacional. A "habilidade" e a "aptidão acadêmica" dependem da cultura do lar e de até que ponto ela se encaixa com a das escolas, de modo que os interesses das escolas e dos alunos são unidos por um processo de *afinidades eletivas*. Não é, como Becker afirma, simplesmente um cálculo do custo material das opções de escolas.

No caso de ter filhos (ou de decidir quantos ter), Bourdieu utiliza suas descobertas na Argélia para afirmar que as decisões são feitas em termos de toda uma atitude para o futuro (BOURDIEU & DARBEL, 1966b). Essa atitude varia de acordo com os grupos individuais e seu senso coletivo de segurança dentro do sistema social, e o grau em que o futuro ameaça e/ou oferece oportunidades. De certo modo, esse argumento revisita a posição fenomenológica delineada anteriormente. Em outras palavras, a prática econômica individual trata tanto da *protensão* quanto do *projeto*. O que ocorre na prática é determinado pela força do interesse quando um indivíduo se defronta com condições sociais objetivas: o passado é projetado no futuro e está presente no presente. Ele segue tendências visíveis, e não existe apenas para os indivíduos, mas para classes inteiras. Por exemplo, na década de 1960 Bourdieu afirmou que as tendências "malthusianas" das classes médias francesas eram o resultado tanto de um interesse em se distinguir das classes trabalhadoras que tinham filhos demais e de seu próprio senso do custo de criar filhos de acordo com a educação à qual elas aspiravam (BOURDIEU & DARBEL, 1966b).

O antieconomismo de Bourdieu, que colocava o interesse acima do cálculo como o motivo principal da ação, também se estendeu para sua crítica da teoria da ação racional (TAR) ou teoria da escolha racional (TER). Os defensores dessa abordagem consideram que os indivíduos agem de acordo com alternativas claras e resultados visíveis e calculáveis. Para Bourdieu, a TAR e a TER são, na melhor das hipóteses, idealistas. Ambas negligenciam o fato de que qualquer habitus individual age "racionalmente", ou pelo menos razoavelmente, porque essa é uma precondição da posse de capital econômico e cultural apropriado para uma época e local. Os cálculos de chances – aquilo que é provável, possível e potencial – são sempre feitos de acordo com condições econômicas e sociais possíveis e as consequentes oportunidades percebidas: "Ao postular a existência de um interesse universal e pré-constituído, [a TAR] ignora a questão da gênese social das diferentes formas de interesse" (BOURDIEU & WACQUANT, 2005a [1992: 100]).

Bourdieu prossegue afirmando que, ainda assim, por ser uma abordagem que "concebe a ação como determinada pela mira consciente de objetivos colocados explicitamente", ela é uma "ilusão bem fundamentada" (BOURDIEU & WACQUANT, 2005a [1992: 100]) – uma expressão criada a partir de Durkheim e utilizada em outras ocasiões por Bourdieu (cf. BOURDIEU, 1996b: 367 [1992: 539], tradução modificada) para descrever a concessão de realidade à ficção e a percepção da *illusio* em sua verossimilhança, do mesmo modo que na operação da religião. O senso do jogo implicado a um ajuste previsto ao futuro através do habitus ao se defrontar com as necessidades e probabilidades do campo pode ser concebido como "mirar no futuro". Além do mais, a ação coletiva pode parecer representar uma convergência atribuível ao interesse comum, e não uma intenção ou plano consciente de grupo. Desse modo, Bourdieu afirma que os fenômenos teleológicos causam problemas sérios para a TAR, já que ela se propõe a explicar a ação em termos de uma eficácia direta da causa ou das "escolhas de uma compreensão pura que comanda uma vontade perfeita" (BOURDIEU & WACQUANT, 2005a [1992: 101]).

Para Bourdieu, o problema essencial é que a TAR pode ser "empiricamente bem fundada" e ao mesmo tempo "antropologicamente falsa". Em outras palavras, aqueles que trabalham com a TAR notam algo que é verdadeiro, mas oferecem uma interpretação errônea. A questão é epistemológica e metodológica. Esses teóricos (juntos com Becker) cometem a falácia de projetar o *sujet savant* (sujeito que conhece) no *sujet agissant* (sujeito que age) – como notado antes neste livro, a "tomar as coisas da lógica [...] pela lógica das coisas" (BOURDIEU, 2009: 81-82 [1980: 82], tradução modificada). Ele conclui:

> [...] há uma *economia das práticas*, ou seja, uma razão imanente às práticas que não encontra sua "origem" nem nas "decisões" da razão como cálculo consciente nem nas determinações de mecanismos exteriores e superiores aos agentes. [...] Essa economia pode se definir em relação a todas as espécies de funções, entre elas a maximização do lucro em dinheiro [...]. Dito de outra forma, por não reconhecer nenhuma outra forma de ação além da ação racional ou da

reação mecânica, impede-se a compreensão da lógica de todas as ações que são razoáveis sem ser o produto de um *design* razoável [...] ajustadas ao futuro sem ser o produto de um projeto ou de um plano. E não reconhecer que a economia que a teoria econômica descreve é um caso particular de todo um universo de *economias*, ou seja, de campos de lutas que diferem tanto pelo que está em jogo e pela escassez que ali se engendra quanto pelas espécies de capital que ali se engajam, impede explicar as formas, os conteúdos e os pontos de aplicação específicos que se encontram assim impostos à busca da maximização dos lucros específicos e às estratégias bem gerais de otimização (das quais as estratégias econômicas no sentido restrito são uma forma entre outras) (BOURDIEU, 2009: 81-82 [1980: 84-85 [1980: 85-86], tradução modificada).

Em outras palavras, a prática "econômica" precisa ser compreendida em termos do simbólico e do estratégico além do monetário e do cálculo consciente de lucro. Os pesquisadores podem explicar o lugar do econômico numa teoria mais abrangente da prática social apenas se adotarem essa compreensão mais ampla:

> A economia ortodoxa ignora o fato de que as práticas podem ter outros princípios que não as causas mecânicas ou a intenção consciente de maximizar a utilidade e ainda assim obedecer a uma lógica econômica imanente: as práticas têm uma economia, uma razão imanente, que não pode ser reduzida à razão econômica, porque a economia das práticas pode ser definida por referência a uma grande variedade de funções e de fins (BOURDIEU & WACQUANT, 2005a [1992: 95]).

Bourdieu enxerga semelhanças entre o caso da Argélia na década de 1950 e os países europeus modernos atuais, apesar de suas divergências óbvias. Essas semelhanças não estão em questões de taxas de câmbio monetárias, que são sempre diferentes, mas na existência de sistemas de trocas de capital simbólico e a lógica da prática que eles representam.

### Para concluir: o interesse universal

Consequentemente, a premissa básica de Bourdieu é que não pode existir um ato *desinteressado*. O interesse começa na infância como uma forma de "investimento no espaço doméstico" (BOURDIEU, 2001b: 201 [1997: 239]), onde o sexual e o social estão interligados. A necessidade de "reconhecimento" está no coração desse processo, e a transformação sociopsicológica ocorre através de toda uma série de transações imperceptíveis nas fronteiras entre a consciência e a "projeção, identificação, transformação, sublimação" (BOURDIEU, 2001b: 200 [1997: 238]) tácitas. Durante esse desenvolvimento, os impulsos, pulsões e desejos são estimulados, mas não são individualistas nem idiossincráticos porque seguem padrões condicionados pelo ambiente social. Quando chega a hora dos indivíduos entrarem em campos sociais – por exemplo, na escola – eles estão equipados com todo um conjunto de disposições que expressam uma origem social e uma trajetória particulares. Devido às afinidades e des-afinidades, eles gravitam na direção dos locais sociais que mais compartilham os valores e interesses de suas próprias proveniências, visões e práticas sociais. Desse modo, os interesses e os valores são reafirmados. Os indivíduos não exatamente ocupam campos sociais específicos, e sim são ocupados por eles: a "boa" escola "escolhe" o aluno tanto quanto o aluno escolhe a escola (cf. BOURDIEU, 2001b: 200 [1997: 238]).

Os atores sociais são *pré-ocupados* por disposições que orientam os pensamentos, ações e escolhas (Bourdieu cita Heidegger e a noção de *Fürsorge*[1] para designar o modo como uma certa preocupação pode quase *assombrar* os indivíduos). Essa concepção da prática humana pretende romper com duas posições opostas: a da livre-escolha – a perspectiva utilitarista; e a do cálculo racional – a perspectiva economicista. Para Bourdieu, as pessoas podem ter objetivos racionais sem serem elas mesmas racionais, podem ser "economicistas" sem um cálculo explícito de lucro. O interesse significa enxergar objetivos sem os colocar; um futuro que é quase presente porque age neste; um jogo que é tão bom que esquece ser um jogo. Os objetivos declarados, portanto, nunca são o que parecem já que são os epifenômenos do interesse. Esse interesse é *dóxico* por corresponder (ou não) a

---

1 Conceito heideggeriano que pode ser traduzido como "cuidado", "preocupação" ou "solicitude", dependendo do contexto [N.T.].

uma ortodoxia particular e se expressa através do habitus devido à estrutura imanente que o constitui numa relação ontológica com o ambiente do campo. A trajetória de vida, portanto, nunca é apenas um plano consciente, mas também o resultado da resposta ao que a vida nos apresenta: "o habitus é um tipo de máquina que propõe valores sem que seja necessário propor a questão do valor daquilo que é proposto como valor" (BOURDIEU, 1988b: 37).

Bourdieu utiliza essa citação para contrastar com a posição sartreana do homem como um agente que está sujeito aos valores que cultiva através de suas ações – que podem ser autênticas ou em *má-fé*. Para Bourdieu, esse não pode ser o caso: a *illusio* é o conhecimento nascido dentro do campo – "está na minha pele. Eu estou preso: eu não escolhi o jogo que jogo e ao mesmo tempo não sou o sujeito de minhas ações". Segue-se que posso ser violento "sem saber". Em outras palavras, eu não preciso agir para dominar ou subjugar alguém. É suficiente que eu expresse os interesses de minha proveniência social – constituídos pelas estruturas de classe – para que a violência simbólica ocorra, porque os interesses privilegiarão uma visão de mundo em detrimento de outra e eu não tenho escolha a não ser representar a minha.

Portanto, podemos ver que o interesse, para Bourdieu, é fundamental para toda a sua teoria da prática. Ser humano é avaliar [*to value*]; avaliar é ter preferências; as preferências são determinadas pelo interesse num resultado possível. Em um certo momento, Bourdieu afirma (BOURDIEU & WACQUANT, 2005a [1992: 92]) que o interesse se opõe a qualquer noção de desinteresse ou de gratuidade. O interesse não permite a indiferença; mas, como vimos, pode existir um interesse em parecer desinteressado, ou mesmo indiferente. Com efeito, a indiferença é mais um estado ético ou axiológico, onde não é possível diferenciar entre o que está em oferta. Ele nota que esse era o objetivo dos estoicos: alcançar um estado de *ataraxia* (de não ser perturbado). O interesse, ou a ilusão, são o oposto: estar subsumido ao "jogo" e ser dirigido por ele. Portanto, o interesse não é uma "invariável antropológica", um simples interesse próprio, nem algo utilitarista para Bourdieu. Ele é uma construção histórica;

arbitrária porque surge de condições sócio-históricas específicas. Segue-se que isso só pode ser compreendido através de uma análise sócio-histórica. Ele cita a "economia da dádiva" de Mauss porque o interesse permite um certo relacionamento com o tempo e a honra que é exigido por trocas socioeconômicas específicas.

Essa perspectiva sobre a ação social pode parecer bastante pessimista e até fatalista. Como vimos, a conclusão é que mesmo os atos mais desinteressados – por exemplo, aqueles de artistas que lutam para estabelecer sua prática como arte pela arte – são revelados como atos que servem interesses particulares de distinção, representação, desafio e dominação implícita. Ainda assim, Bourdieu chega a explorar a noção de *desinteresse* tanto aparente quanto em potencial. Se não existe um ato *desinteressado*, será que existe o *desinteresse*?

Para Bourdieu há um monopólio da universalidade que é mantido pelas classes dominantes; na França isso significa tradicionalmente a burguesia – seja tradicional ou moderna. Com universalidade ele quer dizer qualquer ato – da parte, por exemplo, da filosofia, ciência, direito e arte – na direção de enunciados e práticas que reivindiquem atribuição ou aplicação universal. Ele as considera simplesmente uma mistificação desses enunciados para criar um "imperialismo do universal" disfarçado – para defender interesses particulares (normalmente de classes sociais). Esses universais muitas vezes são expressos por agentes do Estado e legitimam suas reivindicações em termos do interesse geral. E o Estado reivindica legitimidade por agir pelo bem público. Bourdieu observou "*sociétés d'honneurs*" ["sociedades de honra"] – onde os próprios interesses particulares são reprimidos – especialmente na Argélia; por exemplo, em famílias nobres – *noblesse oblige* – onde se cultiva um "habitus desinteressado". O aristocrata precisa ser generoso e subordinar seu próprio interesse ao das pessoas ao seu redor para justificar seu título. Aqui, temos um "privilégio do desinteresse". Entretanto, como consequência, pode-se considerar que ele tenha "interesse pelo desinteresse". Bourdieu afirma que se pode dizer o mesmo dos sistemas burocráticos modernos. Eles legitimam sua posição como "servidores do Estado", quando na verdade têm interesse em ter o

Estado a seu serviço. Assim, será que a virtude é possível no mundo? Bourdieu reformula a pergunta como: "Quais são as condições sociais de locais possíveis onde a virtude compensa, onde há interesse no desinteresse?" (BOURDIEU, 1988b: 44).

Bourdieu não desconta atos individuais de altruísmo ou mesmo de heroísmo, mas busca a expressão da virtude como uma ocorrência rotineira. Entretanto, é apenas na situação doméstica da família que ele vê uma "suspensão" genuína do interesse. Parece que na família nós "não jogamos mais o jogo". Com efeito, Bourdieu considera a suspensão dos interesses econômicos no coração da família como um dos dois tabus fundamentais do parentesco (o outro é o incesto). Aqui existe aquilo que Aristóteles chamou de *philia* – o gostar ou a "amizade" –, onde os envolvidos não competem economicamente uns com os outros. Dentro da confiança da família suspende-se o mercado... mas apenas por causa do lucro emocional(!). Para Bourdieu isso se aplica apenas à família. Outros grupos sociais – mesmo aqueles com um *esprit de corps* [espírito de grupo] forte – não obedecem à lógica da *philia*. Por exemplo, nas *grandes écoles* da elite francesa, os membros realmente compartilham um espírito comum. Entretanto, seu interesse ainda é essencialmente econômico: através dos contatos sociais – capital social – o pertencimento disponibiliza uma rede social vantajosa para a entrada em posições de campo de prestígio. Ainda assim, esse caso ilustra o que é possível no modo como uma relação quase misteriosa se estabelece entre o indivíduo e o grupo ao qual ele pertence. O corpo (grupo/campo) se encarna em cada indivíduo, é incorporado e cada indivíduo fala em nome do corpo. A questão então não é "será que esse corpo pode expressar a virtude?", mas sim será que é possível criar condições em que esse corpo tenha "interesse na virtude"? (BOURDIEU, 1988b: 53).

O corpo intelectual é um exemplo. Essa exploração envolve instâncias de *desinteresse* aparente da parte dos indivíduos e grupos e move-se na delimitação de um espaço de "desinteresse" possível como a contribuição potencial da atividade intelectual do tipo que Bourdieu defende. Que caminho esse argumento segue?

Como vimos, para Bourdieu o campo intelectual tem interesse em utilizar a razão com intenção universalista como um meio de dominação. Os grupos intelectuais dentro do "campo científico" "tendem a transformar em escolhas epistemológicas [...] os interesses associados à posse de um tipo determinado de capital científico [...] e a uma posição determinada no campo científico" (BOURDIEU, 1992e: 171 [1971: 121-122]); por exemplo, entre teoria e empirismo, formalismo e positivismo, de fato, também a escolha entre disciplinas separadas. Para resumir, a ambição científica de falar sobre as coisas como elas são, mesmo ao analisar o que é para elas uma *illusio*, é outra forma de *illusio*. Extrapolando o argumento anterior sobre a virtude, a questão não é se a universalidade é possível, mas como se pode criar as condições para o acesso a essa universalidade:

> A história só pode produzir universalidade trans-histórica ao instituir universos sociais que, pelo efeito da alquimia social de suas leis específicas de funcionamento, tendem a extrair a essência sublimada do universal do confronto muitas vezes impiedoso entre interesses particulares (BOURDIEU, 1993c: 190-191).

Com efeito, isso é realizado por Bourdieu através do uso de sua sociologia reflexiva. O direito, a ciência ou a arte universais não podem causar essa universalidade porque são todos criados de acordo com interesses de campo e posições de campo particulares. Entretanto, Bourdieu raciocina que também existe uma luta legítima para defender o "exercício da razão":

> Cumpre, pois, apelar a uma *Realpolitik* do universal, forma específica de luta política destinada a defender as condições sociais de exercício da razão e as bases institucionais da atividade intelectual, bem como a dotar a razão dos instrumentos que constituem a condição de sua realização na história (BOURDIEU, 2001b: 98 [1997: 116]).

Esse argumento representa uma aplicação de sua teoria da prática, que busca ir além dessas dicotomias e construir "um racionalismo ampliado e realista do razoável e da prudência (no sentido aristotélico de *phronesis*), capaz de defender as razões específicas da razão prática sem cair na exaltação da prática e da tradição que um certo populismo irracionalista e reacionário quis opor ao racionalismo" (BOURDIEU, 2001b: 99 [1997: 117]).

Para Bourdieu, o "universalismo intelectualista" está no coração da ilusão escolástica: considerar seu conhecimento "carregado de interesses" como verdades universais. A única alternativa é trabalhar "para universalizar as condições de acesso ao universal" (BOURDIEU, 1996c: 212 [1994: 227]). A afirmação é que apenas um tipo bourdieusiano de historicização seria capaz de revelar os vieses intelectuais inerentes à atividade intelectual e os interesses que os criam. Ainda assim, o campo intelectual é capaz de ser mais independente do que a maioria dos outros e tem mecanismos internos de ética e neutralidade que mantêm o interesse no universal. Bourdieu também afirmou que os mecanismos do campo intelectual de competição, verificação crítica e busca de reconhecimento são na verdade interesses que servem aos interesses da racionalidade expressa nos tipos de universos descritos anteriormente – capaz de pelo menos separar o econômico do social e o geral do particular. Desse modo, os lucros do universalismo beneficiam aqueles com interesse no desinteresse como uma expressão de racionalidade, formando o que Bourdieu chama de "corporativismo do universal". Nesse caso, a *illusio* científica se reconstitui como uma *libido sciendi* universal. O verdadeiro papel dos intelectuais é de fato a formação desse estado interno, como um tipo de incorporação individual de "uma comunidade da verdade". Com efeito, esse é quase seu destino: "Afirmar-se como um poder internacional de crítica e de vigilância" (BOURDIEU, 1996b: 378 [1992: 558]), mas apenas se estiverem armados com o tipo de teoria da prática oferecido por Bourdieu, pois somente isso é capaz de libertar os envolvidos da má-fé moral em seus pensamentos, palavras e realizações.

A visão de Bourdieu do mundo social é, de muitas formas, bastante pessimista e fatalista. O próprio conceito de interesse, que raramente permite qualquer ato que não tenha um cálculo de lucro – simbólico ou não – por trás dele, pode levar a uma visão desencantada do mundo. Ainda assim, essa "sociologia da desconfiança" pode ela própria constituir uma participação nos lucros do universal:

> Como deixar de ver em todo caso que, em seu aparente niilismo, [essa crítica] na verdade encerra o reconhecimento de princípios universais, lógicos ou éticos, que deve invocar, pelo menos tacitamente, para enunciar ou denunciar a lógica egoísta, interessada ou parcial, subjetiva, das estratégias de universalização? (BOURDIEU, 1996c: 220 [1994: 236], tradução modificada).

Nesse caso, a produção *do universal* é transformada num interesse coletivo e numa atividade coletiva. Essa atividade é uma forma de "liberdade" não no sentido sartreano de liberdade individual, mas como uma prática coletiva para *arrancar* "o científico" do social e objetificar o sujeito empírico e científico. Através do conceito de "interesse" vemos que a sociedade é a fonte da dominação e do aprisionamento naquilo que pensamos e falamos – pessoal, profissional e coletivamente. Entretanto, a filosofia de Bourdieu conclui sugerindo que também pode ser exatamente a fonte para fugirmos de ambos. Provavelmente é por isso que ele termina as *Meditações pascalianas* com as famosas palavras de Durkheim de que "a sociedade é Deus" (BOURDIEU, 2001b: 300 [1997: 351]) – talvez o paradoxo final do *interesse* de Bourdieu.

# 10
# Conatus

*Steve Fuller*

Apesar de *conatus* não aparecer com frequência no *corpus* de Bourdieu, ele se conforma à sua teorização mais geral. O conceito traz à autoconsciência filosófica uma atitude considerada evidente revelada na pesquisa social normal. Com efeito, *conatus* é um termo antiquado até mesmo para a maioria dos filósofos atuais, a não ser que por acaso eles se especializem na história da física até o século XVII, ou da metafísica do século XVII em diante. Também é verdade que na maioria dos casos onde Bourdieu invoca ou alude ao *conatus* em seu trabalho empírico, pode-se substituir o termo latino sem nenhum problema por "trajetória de vida" sem grande perda de sentido. Mas *conatus* também pretende oferecer um espelho para a própria prática do cientista tanto quanto para o objeto de pesquisa.

*Conatus* é o particípio passado do verbo latino *conari*, "tentar (fazer alguma coisa)". Ele significa literalmente "ter tentado", sem nenhuma implicação de sucesso. Nas traduções inglesas originais dos racionalistas continentais do século XVII – Descartes, Espinosa e Leibniz – *conatus* foi vertido para "esforço" [*"endeavour"*], o termo preferido por seu grande contemporâneo inglês e colega viajante intelectual, Thomas Hobbes, em seus escritos. Apesar de ter sido nesse período que *conatus* recebeu seu tratamento analítico mais completo, o conceito já era usado há dois milênios, desde a época dos estoicos, para se referir ao movimento inercial dos corpos físicos e à tendência geral da vida para a autopreservação.

Entre os pensadores mais dispostos à metafísica da Revolução Científica, pensava-se que o *conatus* poderia servir como um conceito unificador para toda a ciência, um princípio geral de movimento que viria, em última instância, de Deus e evitaria as consequências empiricamente autocontraditórias da teoria do movimento de Aristóteles. Este compreendera de modo confuso vários conceitos físicos devido à sua recusa, por princípio, de sujeitá-los ao tratamento matemático. Por exemplo, ele confundia a velocidade média e a instantânea de um objeto em movimento. Mas, ao mesmo tempo, a estratégia geral de Aristóteles de pressupor que todos os movimentos seriam suscetíveis a uma teoria geral da mudança (ou, como diríamos hoje em dia, "diferença") ainda era atraente – pelo menos até Newton. O *conatus* manteve esse sonho vivo. O quadro metafísico que o *conatus* implicava postulava Deus como aquele que originalmente conferia o movimento – ou, mais especificamente, soprava a vida – que continuaria a animar um corpo até que fosse alterado por outros corpos ou pela fricção no ambiente físico, que até Einstein foi teorizado como "éter". Entretanto, como em Aristóteles, além desse momento como *primum mobile*, Deus nunca reaparece (pelo menos não com esse nome) para intervir na interação física.

Apesar de *conatus* ter começado na física, ele durou mais tempo na sociologia. Hoje em dia, a imagem de um corpo se movendo por um éter persiste na "física popular" – ou seja, na compreensão do movimento físico pressuposta pelo senso comum. Mas ela não tem nenhum papel na teoria física científica que enxerga apenas a interação de corpos de tamanhos e formas de número indefinido, idealmente de acordo com o mesmo conjunto finito de forças que a física tenta unificar. Nesse contexto, aquilo que é chamado de "corpo" é completamente relativizado. Passando para a biologia, a imagem de um organismo adaptando-se ao seu ambiente para sobreviver ainda é válida em ramos mais ecologicamente orientados da disciplina que enfocam como a vida aparece a olho nu. Mas na biologia molecular essa imagem no máximo serve como uma simplificação para compreender como células ou pedaços de material genético particulares respondem a várias mudanças induzidas externamente em ambientes específicos determinados experimentalmente. Finalmente, na sociologia, a imagem da trajetória de vida de uma pessoa ocorrendo contra o pano de fundo da sociedade particular ainda recebe um peso considerável como um esquema de referência empírico. Ideias correspondentes de que as pessoas podem ser "carregadas", "esvaziadas", "contidas", "empurradas" e assim por diante durante suas vidas por aspectos do contexto do ambiente social são testemunhas da relevância contínua do *conatus*.

Três versões principais de *conatus* foram propostas entre Aristóteles e Newton, e cada uma delas também pode ser tratada como um modelo sociológico de uma trajetória de vida (a última delas se aproxima muito do conceito newtoniano de inércia):

1) João Filopono (século VI): o *conatus* concedido a um objeto se dissipa espontaneamente quanto mais ele se afasta de sua origem. Essa é a versão que provavelmente é menos aceita pelo *corpus* de Bourdieu, tendo em vista sua compreensão da natureza altamente estratificada da sociedade francesa, onde a origem de uma pessoa é facilmente identificada mesmo em questões muito pequenas de expressão pessoal. A esse respeito, para utilizar o próprio Bourdieu como um exemplo, pode-se adquirir um novo *status* (como o de professor) sem jamais ser possível se desvencilhar de seu *status* antigo (como o de filho de um carteiro). Entretanto, há evidências de que a exposição generalizada e repetida às mídias de massa homogeneizou certas marcas de classe, como o sotaque, o que permite a pessoas de formações diferentes se enxergarem como parte de uma plateia/mercado comum (cf. mais adiante a conexão com os filmes *7 Up*). Entretanto, Bourdieu (1996c [1994]) era cético quanto à extensão da transformação causada por essa aparente convergência do *conatus*.

2) Averróis (século XII): o *conatus* concedido a um objeto é mantido e guiado enquanto ele passa pelo éter. Bourdieu registra essa possibilidade como a competição que existe entre, por exemplo, membros do campo acadêmico, onde todos têm motivações semelhantes e reforçam uns aos outros através do reconhecimento mútuo desse fato. A esse respeito, para qualquer acadêmico, todos os outros acadêmicos funcionam como o éter que facilita seu progresso, independentemente de seu resultado final (BOURDIEU, 1988b: 174-179). Essa questão

destaca o que Bourdieu (com uma alusão a *Homo ludens*, de Johan Huizinga) considerava o caráter de jogo das relações sociais significativas que são conceituadas apropriadamente como "campos": elas pressupõem a presença de outros jogadores cujo engajamento (*illusio*) é necessário para manter nosso próprio engajamento, pois a princípio poderíamos investir nosso capital cultural em outras atividades (BOURDIEU, 1996c: 139-142 [1994: 151-153]).

3) Jean Buridan (século XIV): o *conatus* concedido a um objeto permanece constante a não ser que sofra interferência ativa. Apesar de Bourdieu não acreditar que as marcas de nossa origem possam (ou precisem) ser completamente apagadas no decorrer da vida, ele reconhece que elas podem ser desviadas de suas configurações-padrão. Vejamos o caso de alguém parecido com o próprio Bourdieu, mas menos autorreflexivo – alguém que nasceu numa família da classe trabalhadora que através de uma série de exames competitivos consegue se mover com facilidade relativa das atividades lúdicas da infância para as versões mais refinadas permitidas ao acadêmico profissional. Essa pessoa está propensa a perder a intuição marxista de que merecemos uma certa quantidade de dinheiro por uma certa quantidade de trabalho porque suas próprias atividades não respondem a resultados fixos produzidos em horários fixos. Pelo contrário, o emprego é mantido simplesmente com relação a como ela se comporta no local de trabalho (p. ex., parecendo diligente, o que indica competência de modo geral; BOURDIEU, 2001b: 24-25 [1997: 29-30]).

Como dissemos, o conceito de *conatus* aparece esporadicamente na obra de Bourdieu. Por exemplo, em *Homo academicus* ele o define como "essa combinação de disposições e de interesses associados a uma classe particular de posição social que inclina os agentes a se esforçarem a reproduzir, constantemente ou cada vez mais, as propriedades constitutivas de sua identidade social sem sequer ser preciso saber ou querer isso" (BOURDIEU, 2011b [1984: 230]). Essa passagem aparece num capítulo chamado "O momento crítico", onde ele afirma que as perturbações de 1968 na França podem ser explicadas em termos das cisões sociais na sociedade francesa – particularmente, no mundo acadêmico – causadas como resultado da expansão do pós-guerra e o consequente desenvolvimento desigual de facções particulares da sociedade. De algumas maneiras, pelo que ele descreve, o *conatus* parece se assemelhar ao *habitus*. Entretanto, os aspectos-chave da citação acima certamente são a "taxa de reprodução" das propriedades da identidade social e o grau em que elas são inconscientes.

Essa definição faz do *conatus* um conceito psicológico particular: os impulsos que se desenvolvem e se expressam (mais ou menos) como resposta a aspectos particulares das condições sociais. O *conatus* parece ao mesmo tempo ser profundamente pessoal e também coletivo, enraizado no ambiente social.

Além do mais, esse ambiente não é simplesmente derivado da classe – ele é imanente no espaço doméstico. Talvez se lembrando de seu trabalho sobre as estratégias matrimoniais no Béarn, Bourdieu também menciona o *conatus* como "pulsão da família, da casa, para perpetuar-se, perpetuando sua unidade contra os fatores de divisão, especialmente contra os que são inerentes à competição pela propriedade que funda a unidade da família" (BOURDIEU, 1996c: 176 [1994: 193]). Porém, ao mesmo tempo, essa "pulsão" pode ter uma consequência destrutiva para aqueles presos em sua matriz. Por exemplo, a dinâmica entre pai e filho é examinada por Bourdieu em *A miséria do mundo*, onde ele revela o peso da herança e da expectativa: "O pai é o lugar e o instrumento de um 'projeto' (ou, melhor, de um *conatus*) que [está] inscrito em suas disposições herdadas" (BOURDIEU, 1997a: 588 [1993: 712], tradução modificada). A questão é que essas disposições são transmitidas inconscientemente como "todo um modo de ser". Herdá-las é perpetuá-las. Nesse caso, o filho está preso no "dilema" ("*double bind*") de satisfazer a expectativa de herança de seu pai enquanto define seu próprio "ser no mundo": preservar o "projeto" genealógico de seu pai ou definir o seu próprio. Não surpreende que o potencial de conflito esteja sempre presente; especialmente quando o filho não se identifica com o desejo de seu pai e se recusa a ser "herdado pela herança", como ocorre no caso apresentado aqui.

Um bom modo para os anglófonos imaginarem o *conatus* é assistir a série de documentários *7 Up*, de Michael Apted, que segue a vida de doze crianças de ambos os extremos do sistema de classes britânico a partir de 1964, com sete anos de idade, e depois a cada sete anos. Apted (1999) notou algumas convergências do destino – especialmente em termos de sotaque –, mas as diferenças de classe se mantiveram intactas em grande parte e são reconhecidas como tal, ainda que em termos um tanto atenuados. Além do mais, os sujeitos tendem a racionalizar tanto o fracasso quanto o sucesso pessoal em termos que mantêm a lógica geral da ordem social da qual surgiram. É isso que Bourdieu, agora utilizando o latim de Nietzsche (especialmente em *A gaia ciência*), chamou de *amor fati*, literalmente "amor do destino" (BOURDIEU, 2007: 169 [1979: 199]). A marca do *conatus* é que as pessoas ajustam suas expectativas subjetivas para se encaixarem com suas chances objetivas, o que um dos críticos de Bourdieu, Jon Elster (1983), chamou de "formação adaptativa de preferência". A palavra *amor* é apropriada nesse contexto porque os sujeitos de Apted não dão crédito nem culpam a si mesmos ou a outras pessoas por seu destino. Em vez disso, eles passam a aceitar seu destino como o que deve ser, de modo a acreditarem que isso é o melhor para cada um.

Esse emprego do *conatus* também evoca a ciência do século XVII da "teodiceia", que se preocupava literalmente com a averiguação da justiça divina. Eu utilizo "ciência" aqui deliberadamente, porque em seu auge a teodiceia era considerada o ramo mais racional da teologia. Ela tentava integrar uma miríade de estados de coisas imperfeitos, de desastres naturais a nascimentos monstruosos, numa teoria geral de nosso mundo como a solução perfeita para o problema que Deus enfrenta ao tentar realizar seu projeto numa matéria recalcitrante: aquilo que Voltaire satirizou no *Cândido* como "o melhor de todos os mundos possíveis" (SCHNEEWIND, 1997: 215-260). Atualmente, alguns teólogos enxergam no acentuado funcionalismo e historicismo da teodiceia o pano de fundo religioso da teoria social moderna (p. ex., MILBANK, 1990; cf. FULLER, 2006a: 141-156).

Podemos detectar na sociologia de Bourdieu a influência do tipo particular de teodiceia de Espinosa. Para este, o *amor fati* é equivalente ao *amor dei* porque Deus não é nada além da resolução definitiva de forças naturais contravalentes numa única ordem cósmica. Em sua época, Espinosa foi acusado de um ateísmo do qual os termos "panteísmo" e "naturalismo" foram cunhados para capturar a coincidência entre Deus e a natureza (ISRAEL, 2001). Assim, estar reconciliado com o próprio destino é estar reconciliado com Deus. Espinosa chega até a oferecer sua própria sociologia na *Ética*, Livro IV, proposição 18. Ele acredita que todos os agentes racionais desejariam manter a ordem social do jeito que está porque é exatamente sob essas condições que seus interesses egoístas podem ser expressos juntos. Espinosa pressupõe que qualquer outro Estado poderia ser benéfico para alguns, mas prejudicial a outros, talvez chegando a ponto de proibir sua expressão pessoal. Aqui, temos o lado oposto e menos conhecido das "uvas verdes" [*"sour grapes"*], que Elster (1983) chama de "limões doces": onde o *status quo* parece ótimo tendo em vista como as coisas poderiam ser muito piores.

Vale a pena enfatizar que a influência de Espinosa sobre Bourdieu aqui é empírica, e não normativa. Bourdieu não endossa Espinosa como o autor definitivo sobre a condição humana, mas ele teoriza como se os seres humanos realmente racionalizassem espontaneamente sua condição em termos espinosanos. Mas, como Israel (2001) observa, a postura aparentemente quiescente de Espinosa quanto a nosso lugar na vida foi, na verdade, uma fonte considerável de atividades subversivas e até revolucionárias nos cento e cinquenta anos após sua morte. Isso ocorreu porque considerou-se que Espinosa teria desmistificado a aceitação das pessoas de seu destino. Onde no passado elas teriam atribuído seu senso de destino a um Deus transcendente e, em última instância, inescrutável, que poderia então ser elevado ao *amor fati*, a metafísica de Espinosa proibia esse recurso. Em vez disso, Espinosa sugeria que cada pessoa, enquanto constituinte do corpo divino, é cúmplice em sua aceitação de como as coisas são. Visto desse modo, era plausível concluir, como fez Rousseau quase um século depois, que os seres humanos permanecem escravizados apenas porque não conseguem enxergar que são, coletivamente, os únicos senhores de seu destino. Não há nenhuma entidade suprema chamada "Deus" para detê-los.

Kant inferiu a conclusão óbvia do argumento de Rousseau, a saber, que nas questões de moralidade não faz sentido imaginar como queremos que os outros ajam sem começar imaginando nós mesmos como os legisladores de nossas ações. Nesse caso, a racionalidade é algo a ser julgado prospectivamente, e não retrospectivamente – em termos daquilo que é implicado pelo que decidimos, e não daquilo que inferimos do que outros decidiram (mesmo se em nosso nome). As modernas éticas normativa e política começam dessa premissa kantiana. Com efeito, é assim que os inimigos escolásticos dos kantianos – os utilitaristas – são marcados de forma mais óbvia como teóricos normativos modernos. Afinal, para Bentham e Mill, diferentemente de Espinosa e Leibniz, "o maior bem para o maior número de pessoas" significava principalmente um lema para melhorar o futuro, e não para interpretar o passado. A utilização de Bourdieu do termo *conatus* parecia se conformar a essas transformações filosóficas. Mas, no final, apesar de ele ter vivido depois de Marx e ser contemporâneo do marxismo, Bourdieu não chegou a articular completamente uma sociologia normativa que rompesse em definitivo com esse tipo de teodiceia social.

Como implicado pelo fácil movimento histórico de *conatus* através dos campos da biologia, psicologia e sociologia, o senso ordinário de "vontade" não consegue capturar totalmente seu significado. Isso já estava claro na definição original de *conatus* de Espinosa na *Ética*, Parte III, proposições 7-8, onde *conatus* é equiparado à "vontade" apenas quando é racionalizado ou perseguido de modo consciente. Quando o *conatus* é meramente reconhecido, mas não perseguido conscientemente, ele é "desejo"; e quando ele não é reconhecido enquanto tal e, portanto, perseguido apenas inconscientemente, ele é "apetite". Seguindo Bourdieu, poderíamos dizer que mesmo quando nosso *conatus* é frustrado pelas vicissitudes da vida, nosso *habitus* ainda assim é reproduzido como um tipo de orientação geral ao mundo social que demonstra publicamente nosso senso de engajamento – com efeito, de disposição de jogar o jogo – que, por sua vez, é reconhecido pelos outros (cf. BOURDIEU, 2001b: 183-186 [1997: 217-219). De um ponto de vista espinosano, talvez a presença do desejo, mas o fracasso da vontade no indivíduo permita que o *conatus* seja reconciliado no mundo social. Mas, novamente, Bourdieu consideraria isso uma afirmação sociológica empírica, não normativa.

Apesar desse conjunto de significados ao longo de toda a gama de nossa ontologia mental, o senso de ação implicado em *conatus* ainda é bastante diferente daquele sugerido por *liberdade*. "Liberdade" ["*liberty*"] historicamente se refere àqueles que viviam sem ter que utilizar as mãos (ou seja, livres da escravidão ou da labuta, de modo geral). Em outra acepção, a "liberdade" ["*freedom*"], pelo contrário, implica historicamente um "domínio" – normalmente um terreno, mas também talvez um ser humano, sobre o qual alguém tinha controle absoluto. Expressas nesses termos, essas duas acepções de "liberdade" são conceitos complementares: um distanciamento do controle (que os outros têm sobre nós) *versus* uma aproximação do controle (que temos sobre os outros). Por trás de ambas está uma distinção clara entre a entidade controladora e a controlada.

Em contraste a tudo isso, o *conatus* trata a ação como um processo puro cujas várias atividades aparecem como meras fases desse processo e não momentos definidores na relação entre duas entidades separadas, uma que controla e a outra que é controlada. Há pelo menos duas vantagens sociológicas óbvias nesse conceito que Bourdieu explorou. Primeiro, o *conatus* dota as pessoas de certas propensões, através do *habitus* acumulado nelas, que evoluem para projetos de vida pessoais. Esse dote é de expressão claramente biológica – em termos de nosso comportamento físico – e mesmo parcialmente biológico na natureza, à medida que se pode afirmar que o *status* social seja em parte previsível por critérios hereditários. Entretanto, o que é transmitido através da história de uma família não é tanto o "capital" genético, mas sim o cultural. Aqui, Bourdieu parece ter sido influenciado pela leitura bastante leibniziana que Gilles Deleuze fez de David Hume, que teria distinguido os seres humanos por sua capacidade natural de adquirir capacidades não naturais (BOURDIEU, 2001b: 166 [1997: 197]). Segundo, o *conatus* sugere que podemos ter a permissão de agir de certos modos e ser reconhecidos por outras pessoas como possuidores dessas capacidades, mesmo sem muita premeditação do agente e independentemente de seu projeto de vida declarado.

Nesse segundo aspecto, o *conatus* fornece o caráter dinâmico ao *habitus* ao chamar a atenção à sua operação num campo de relações sociais em cujos termos os indivíduos se engajam num processo contínuo de orientação mútua. Às vezes Bourdieu utiliza a teoria relacional do espaço de Leibniz, para a qual o espaço é criado através da exclusão mútua de objetos que se movem simultaneamente, cada um dotado de *conatus* e que se apresenta aos outros como *habitus* (p. ex., BOURDIEU, 2001b: 164 [1997: 195]). Em termos da teoria dos campos eletromagnéticos do início do século XX, a versão de maior desenvolvimento científico da visão leibniziana, o *habitus* é para o *conatus* num ser humano vivo como a posição é para o momento num corpo em movimento.

Vejamos dois exemplos de polos opostos de uma sociedade estratificada complexa. Por um lado, temos o fenômeno da *noblesse oblige*, por onde se espera que indivíduos de maior *status* realizarão ou permitirão ações para outros sem recompensa direta (BOURDIEU, 1996c: 151-152 [1994: 162-163]). Por outro lado, existe a expectativa geral de que aqueles de nascimento ignóbil não terminarão muito longe de seu ponto de partida na vida, independentemente de ideologias difusas de autoaperfeiçoamento neoliberais e pós-coloniais. Isso gera um senso de tolerância alimentado pelo fatalismo (BOURDIEU, 1997a [1993]). De um ponto de vista marxista estrito, isso certamente gerará indignação, já que as pessoas são encorajadas a fazer muito mais (no primeiro caso) ou muito menos (no segundo) do que elas *deveriam* para serem consideradas membros funcionais da sociedade (cf. GOULDNER, 1973: 260-299). Mas isso, é claro, seria presumir que a contribuição de cada pessoa à sociedade conta do mesmo modo – o que, na análise estritamente fisicalista implicada pelo *conatus*, significaria que todos os objetos são atraídos igualmente pelas mesmas forças. Por mais desejável que tal situação possa ser, ela não é o único meio através do qual uma sociedade complexa mantém o equilíbrio geral – nem o mais provável.

A operação cotidiana das reais sociedades capitalistas modernas pressupõe uma economia psíquica profundamente assimétrica que espera magnanimidade do topo e abnegação do fundo, mas o efeito geral ainda é o equilíbrio social. Em um nível ideológico, isso pode refletir uma teodiceia comum expressa em termos de compensação mútua pelos destinos dos indivíduos naquilo que é, em última instância, uma distribuição arbitrária dos indivíduos através dos estratos sociais – a "loteria da vida". Aqui a física nos ajuda a elaborar a intuição subjacente. Um modo de manter o equilíbrio num sistema de corpos em movimento é o cancelamento mútuo de forças opostas através da terceira lei do movimento de Newton: para cada ação há uma reação igual em sentido contrário. Portanto, a *noblesse oblige* só funciona porque os beneficiários de classe baixa não tratam os "presentes" da classe alta como atos de condescendência e sim como reconhecimentos genuínos de valor. Isso, por sua vez, inibe esses beneficiários – ou, de modo mais preciso, os membros de sua classe que testemunham e sabem desses "presentes", de formas mais gerais, e tipicamente violentas, de reparação de diferenças de classe persistentes. Pelo contrário, sua aceitação dos presentes serve para reproduzir o campo que mantém essas relações assimétricas.

Para resumir, Bourdieu oferece elementos sobre como as pessoas são "compradas" no sistema social. Ele foi para Parsons o que Marx foi para Ricardo. Em outras palavras, o sistema social francês atual, como a economia política da Grã-Bretanha do século XIX, mantém sua estabilidade através de ilusões complementares sobre a esfera de ação das pessoas. Por mais firmes que sejam nossas expectativas do que as pessoas farão em certas situações, os presentes funcionam apenas se forem dados e recebidos com "graça" – ou seja, como se não precisassem ter sido dados nem recebidos. É aqui que podemos confundir mais facilmente o *conatus* com a liberdade nas duas acepções, como comentadores políticos libertários fazem com frequência.

Bourdieu nos oferece uma análise interessante sobre a natureza bem ajustada desse sistema social ao observar as implicações de uma consciência mesmo levemente maior da parte de agentes posicionados de modo complementar. Ele indica as máximas famosas de François de La Rochefoucauld, um nobre da corte de Luís XIV (BOURDIEU, 1996c: 151-152 [1994: 163]). Os chistes de La Rochefoucauld refletiam uma sociedade de honra em crise onde, por exemplo, os nobres não davam de modo generoso – apenas o mínimo possível para ainda forçar uma resposta agradecida daqueles que dependiam materialmente de suas doações. Aqui, podemos testemunhar uma das máximas mais conhecidas de La Rochefoucauld, "a familiaridade gera o desprezo", atuando em ambos os lados da relação de presentes, o que se intensificaria no século seguinte até culminar na Revolução Francesa de 1789 (cf. FULLER, 2006b: 127-128). Em termos mais gerais, essa corrupção do campo social envolve a redução de um senso compartilhado de uma ordem social funcionalmente diferenciada a cálculos individuais de utilidade marginal. Bourdieu observou originalmente esse fenômeno como característico da Argélia em transição de colônia para Estado-nação, onde as normas agrárias tradicionais que já estavam em crise sob o colonialismo foram completamente "desenraizadas" (*déracinés*) na nação. Desse modo, ele caracterizou a Argélia como uma sociedade "autoalienada" (BOURDIEU & SAYAD, 1964).

Aqui, podemos ver o valor de nos apegarmos à física como o esquema de referência de Bourdieu. Os corpos deixados à sua própria conta sem a coerção exercida por outros corpos simplesmente fazem o que já estão inclinados a fazer. O *conatus* difere da inércia de Newton por implicar que os corpos contêm a capacidade de orientação mútua em movimento, enquanto o conceito newtoniano não implica essa capacidade, e, pelo contrário, requer uma força externa – o que Newton chamou de "gravidade" – exercida através de outros corpos para fazer um dado corpo se conformar. As implicações sociológicas das duas ideias são significativamente diferentes como respostas para a pergunta: Por que a ordem normativa de uma sociedade se esfacela? Na visão do *conatus*, é porque ninguém mais na sociedade mantém a ordem em termos da qual nossas próprias ações podem se orientar para criar um equilíbrio geral. Na visão da inércia, é porque não existe nenhuma autoridade maior respeitada de modo uniforme entre todos os indivíduos relevantes que alguém possa invocar para retornar um indivíduo rebelde à conformidade.

A diferença pode ser ilustrada da seguinte forma: por um lado, não é provável que você aja como um cristão se os outros também não o fizerem; por outro lado, não é provável que você aja como um cristão se não existir um cristianismo com o qual os outros possam responsabilizá-lo. Em termos metafísicos, essa distinção reinventa a batalha medieval entre nominalistas e realistas quanto à existência de "universais" – ou seja, propriedades que se aplicam da mesma forma a todos os casos independentemente do contexto. Aqui, o "universal" relevante é algum senso geral de "sociedade" pronto para julgar aquilo que seus membros constituintes fazem. Essa ideia, uma marca da herança durkheimiana da sociologia, pressupõe que o Estado é a fonte definitiva da "gravidade" da sociedade. Para Bourdieu, isso ignorava as formas espontâneas de controle social mútuo capturadas pelo *conatus*, que não se baseiam na existência anterior do Estado ou de qualquer outro garantidor autodeclarado da sociedade e, como no caso da Argélia, poderiam até ser distorcidas por isso (cf. GRENFELL, 2004a: 15-16). Entretanto, é preciso dizer que no decorrer de sua carreira, especialmente tendo em vista o aumento geral da miséria humana imputado ao neoliberalismo, Bourdieu passou a apreciar o valor justamente desse tipo de entidade durkheimiana (cf. FULLER, 2006c).

# 11
# Sofrimento / violência simbólica

*J. Daniel Schubert*

> Os nomes que constroem a realidade social ao mesmo tempo em que a exprimem são, por excelência, o que está em jogo na luta política (BOURDIEU, 1990: 162 [1987: 159], tradução modificada).

## Introdução

Podemos dizer que Pierre Bourdieu, durante toda sua carreira, se preocupou em saber como as sociedades funcionam. Os conceitos que ele desenvolveu, como habitus, campo e capital cultural, tiveram tremendo valor heurístico e ontológico para aqueles que estudam a sociedade. Embora eu fale de *como* as sociedades funcionam neste capítulo, o foco aqui estará no que Bourdieu nos diz implicitamente sobre *por que* devemos nos dar ao trabalho de estudar a sociedade, para começar. De acordo com Bourdieu, as hierarquias sociais contemporâneas e a desigualdade social, assim como o sofrimento que elas causam, são produzidas e mantidas não primariamente através da força física, mas de formas de dominação simbólica. Ele se refere aos resultados dessa dominação como *violência simbólica*. Apesar de referências explícitas a essa violência não estarem presentes em todas as publicações de Bourdieu, eu sigo Loïc Wacquant (BOURDIEU & WACQUANT, 2005a [1992: 22]) ao afirmar que o conceito alimenta toda a sua obra. Com efeito, a noção de *violência simbólica* segue de sua compreensão da linguagem e é uma consequência dela. Ele enxerga a linguagem como "um instrumento de poder e de ação" (cf. EAGLETON. In: BOURDIEU & EAGLETON, 1996d: 265 [1992]). A própria linguagem é uma forma de dominação. Eu argumento que apesar de podermos considerar que a dominação simbólica parece ter feito parte de todas as formações sociais, ela está se tornando cada vez mais significativa nas sociedades capitalistas avançadas contemporâneas.

As análises que Bourdieu faz dessas sociedades se preocupam essencialmente com processos de classificação e dominação. Seu argumento é o seguinte: as categorizações compõem e ordenam o mundo e, portanto, constituem e ordenam as pessoas dentro dele. Encontramos a luta política nos esforços para legitimar esses sistemas de classificação e categorização, e a violência é o resultado quando desconhecemos [*misrecognize*] os sistemas de classificação, considerando-os naturais quando na realidade são culturalmente arbitrários e históricos. Portanto, a violência simbólica é uma forma geralmente não percebida de violência e, em contraste aos sistemas onde a força é necessária para manter a hierarquia social, ela é uma forma eficaz e eficiente de dominação porque os membros das classes dominantes não precisam despender muita energia para manter seu domínio. Eles precisam apenas "*deixar o sistema que dominam agir livremente* para exercer de modo durável a dominação" (BOURDIEU, 2009: 217 [1980: 223], tradução modificada, itálico no original). Em outras palavras, os membros das classes dominantes precisam apenas seguir suas vidas cotidianas normalmente, aderindo às regras do sistema que fornece a eles suas posições de privilégio. As hierarquias e os sistemas de dominação são assim reproduzidos à medida que os dominantes e os dominados percebem esses sistemas como legítimos, e, portanto, pensam e agem segundo seus próprios interesses dentro do contexto do próprio sistema[1].

A violência simbólica pode, de algumas maneiras, ser mais "gentil" do que a violência física, mas não é menos real. O sofrimento é o resultado de ambas as formas de violência. As origens sociais desse sofrimento são frequentemente desconhecidas e internalizadas pe-

---

1 Como Wacquant (BOURDIEU & WACQUANT, 2005a [1992: 241n55]) afirma, essa é uma das diferenças primárias entre a noção de Bourdieu de violência simbólica e a teoria da hegemonia de Gramsci: "a primeira não exige ser inculcada ativamente, não exige nenhum trabalho de persuasão". Para mais sobre esse assunto, cf. Schubert, 2002.

los membros da sociedade, um fato que serve apenas para exacerbar o sofrimento e perpetuar sistemas simbólicos de dominação. Desse modo, a violência simbólica tende a ser "um meio de opressão mais eficaz e, nesse sentido, mais brutal" (BOURDIEU. In: BOURDIEU & EAGLETON, 1996d: 270 [1992]). Bourdieu se volta para a sociologia porque ela permite que ele enfoque e nomeie a violência simbólica e porque ela pode identificar os locais onde a ação política pode ser mais eficaz. A melhor sociologia tentará localizar os modos como essa forma menos óbvia de violência opera tanto para produzir quanto para proteger interesses dominantes enquanto ao mesmo tempo inflige sofrimento e miséria a segmentos dominados da população. O maior valor da sociologia, então, está em poder oferecer as "armas" para enxergar e combater a violência simbólica que leva ao sofrimento distribuído socialmente (cf. BOURDIEU, 1983a: 75 [1980: 95]).

Este capítulo trata tanto do *sofrimento* quanto da *violência simbólica*. Ele tem três seções. Na primeira, eu examino o sofrimento que Bourdieu enfocou em seus trabalhos iniciais sobre o colonialismo francês na Argélia e argumento que, antes de qualquer outra coisa, testemunhar esse sofrimento foi um dos motivos que o levou à sociologia e, particularmente, para a sociologia engajada que ele praticou. Obviamente, havia outras formas de violência ocorrendo nesse período, mas Bourdieu oferece descrições dos modos como a modernização e as mudanças na estrutura social levaram o sofrimento para aqueles criados numa sociedade mais tradicional. Na segunda seção eu me concentro na violência simbólica *per se*, analisando primeiro suas exposições da expansão do sistema educacional francês. Esse sistema marginalizou muitos membros da classe trabalhadora ao mesmo tempo em que serviu para reproduzir as hierarquias de classe na França do pós-guerra. A instituição de um sistema supostamente meritocrático – e as credenciais que ele legava – resultou em violência simbólica contra aqueles que esse sistema deixou para trás. Os alunos não apenas sofreram como consequência de sua marginalização – eles foram ensinados que seu fracasso no desempenho acadêmico e em desfrutar dos benefícios do sucesso acadêmico era resultado de sua própria falta de talento natural. Eu também examino as formas como a violência simbólica ocorre em processos de consumo, reconhecendo o impacto significativo de Bourdieu no campo crescente dos estudos do consumismo. Uma contribuição importante para esses estudos é a observação de Bourdieu das maneiras como aqueles que sofrem de violência simbólica normalmente são participantes voluntários, ou "aplicados", ou "interessados" nos sistemas que os ferem (BOURDIEU & WACQUANT, 2005a [1992: 142]). Isso ocorre, é claro, porque há homologias entre o sistema e o campo que os produzem, e dentro desse sistema e campo. Muitas vezes é do interesse dos atores, dentro do contexto de um dado campo, agir de modos que acabam dando crédito aos próprios sistemas simbólicos de dominação que resultam em violência simbólica, e reproduzindo-os. Finalmente, eu passo para *A miséria do mundo*, o trabalho colaborativo de Bourdieu sobre o sofrimento social, descrevendo-o, e também falo das maneiras como ele pode contribuir para o campo crescente da sociologia do sofrimento.

### Estudar o sofrimento na sociedade argelina

Ao descrever Bourdieu como um *"agent provocateur"* acadêmico e intelectual, Grenfell (2004a: 15-16) sugere que a trajetória inicial de Bourdieu na academia – da filosofia para a antropologia e finalmente para a sociologia – foi alimentada em parte por suas experiências na forma de observações diretas, trabalho fotográfico extenso e entrevistas na Argélia[2]. Com efeito, Bourdieu tinha uma percepção desfavorável da academia, independentemente da disciplina, antes de partir para o serviço militar na Argélia em 1955 (2004a: 33-34). Ao testemunhar em primeira mão o terror e o sofrimento causado pelos colonialistas franceses, Bourdieu se voltou para a sociologia como um meio de compreender e articular os modos como a destruição de uma economia e sociedade tradicionais eram experimentados por aqueles que viviam nelas. Como Grenfell

---

2   Isso certamente não significa afirmar que essa experiência foi a única influência na passagem de Bourdieu para a sociologia. Vários autores, incluindo Grenfell (2004a), Robbins (1991) e Swartz (1997), descrevem outras influências importantes na trajetória pessoal de Bourdieu, especialmente sua própria experiência como um forasteiro durante toda sua carreira educacional.

demonstrou, a influência da Argélia alimentaria o trabalho de Bourdieu durante toda sua carreira (GRENFELL, 2006).

As observações mais influentes para Bourdieu talvez tenham sido as dos ex-camponeses argelinos "despossuídos" (2006: 34). Apesar de nesse ponto ele não falar em termos de violência simbólica, sua descrição das rupturas temporais e espaciais que resultaram da imposição de um sistema econômico capitalista antecipa essa adição conceitual posterior à sua obra. Bourdieu não se concentra na violência física que ocorreu durante o período da colonização, mas sim "na dominação que impõe aos colonizados a adoção da lei do colonizador em relação à economia e até ao estilo de vida, proibindo à sociedade dominada o exercício do poder de escolha" (BOURDIEU, 1979a: 84). Utilizando uma linguagem que evoca noções durkheimianas (DURKHEIM, 1964 [1883]) das diferenças entre solidariedade mecânica e orgânica, Bourdieu sugere que um modo diferente de conhecer e ser no mundo – portanto, um mundo diferente – foi imposto pelos colonos franceses. A orientação camponesa argelina mais tradicional – seu habitus – foi perturbada devido a condições sociais e econômicas em mutação rápida, o que resultou num efeito de histerese (cf. Capítulo 8, para mais detalhes): foram impostas condições diferentes de existência que ofereciam "definições diferentes do impossível, do possível, do provável" (BOURDIEU, 1983b: 64 [1972: 261]). O sofrimento que Bourdieu testemunhou era resultado de uma disjunção entre o habitus estruturado dentro de uma sociedade mais tradicional e aquele inerente às estruturas de um sistema econômico capitalista racionalizado[3]. Os modos antigos de ser não se encaixam mais ao novo sistema econômico, e o novo sistema econômico que oferece empregos precários e desemprego produz

> uma desorganização da conduta onde seria um erro enxergar uma inovação fundamentada numa conversão da atitude. O tradicionalismo do desespero e a falta de um plano de vida são as duas faces de uma mesma realidade (BOURDIEU, 1979a: 65).

---

3 Apesar da sociedade, ou o espaço social, ser multidimensional e consistir em muitos campos relativamente autônomos, Bourdieu muitas vezes reconhece a subordinação desses campos ao econômico. Cf., p. ex., Bourdieu, 1998c: 153 [2001: 314].

Vale a pena notar aqui, antecipando a discussão de *A miséria do mundo*, que a violência como resultado de uma mudança nos sistemas econômicos durante a colonização se manifesta de várias maneiras. O sofrimento era sentido não apenas econômica e fisicamente, mas também em termos de relações com a terra, relações entre os gêneros e relações dentro do lar. Seu impacto pode ser visto na "passividade resignada" e nas "explosões elementares sem objetivo explícito" que Bourdieu encontrou entre muitos residentes da Argélia colonizada (BOURDIEU, 1979a: 116).

*A violência simbólica na educação*

Como notei, a preocupação com a violência simbólica percorre toda a obra de Bourdieu. Mas em nenhum lugar ela é mais prevalente e importante para seus argumentos do que em seus trabalhos sobre a educação. Entretanto, os comentários iniciais sobre livros como *A reprodução* e *Os herdeiros* tenderam a uma interpretação estruturalista que examinava as relações entre os sistemas de educação e a reprodução da estrutura de classes na França, prestando muito menos atenção à violência simbólica[4]. Apesar de os sistemas educacionais – básico, médio e superior – serem certamente importantes a este respeito (cf., p. ex., BOURDIEU, 1992g: 295 [1971]), eles não eram o principal foco de Bourdieu. A reprodução não ocorre através de alguma relação mecanicista entre as estruturas sociais, como a teoria dos sistemas poderia imaginar. Ela também não ocorre organicamente, como poderiam afirmar os funcionalistas estruturais. A reprodução da ordem social ocorre apenas "através das estratégias e das práticas pelas quais os agentes se temporalizam e contribuem à criação do tempo do mundo" (BOURDIEU & WACQUANT, 2005a [1992: 114]). Entretanto, esses atores que têm estratégias e práticas estão "situados" em vários campos sociais que são constitutivos do habitus individual e grupal, e também são constituídos por ele. Assim, as análises que Bourdieu fez das instituições educacionais têm paralelos com sua pesquisa sobre os

---

4 Robbins (1998: 29) oferece uma exposição dessa "representação errônea" da obra de Bourdieu, enfocando em particular as interpretações estruturalistas da reprodução da classe social oferecidas por Young (1971) e Swartz (1977).

povos cabilas quando ele examina as maneiras como os habitus estruturados e estruturantes dos agentes estão posicionados nos campos onde eles formulam estratégias e agem. Falar tanto do habitus quanto do campo como estruturas estruturadas e estruturantes requer uma sociologia que tenha consciência da história e seja alimentada por ela (BOURDIEU, 2007: 164 [1979: 191]). A estruturação das estruturas é um processo histórico.

Para compreender as dificuldades que muitos estudantes de classe baixa e trabalhadora tinham na escola nas décadas de 1950 e 1960, e para explicar o fato de que relativamente poucos graduados do ensino médio dessas classes entravam nas universidades, Bourdieu examinou as mudanças dramáticas que a educação básica e média francesa sofreu anteriormente, em particular depois da Segunda Guerra Mundial. Houve uma expansão geral do sistema e uma democratização do acesso, de modo que mais crianças das classes baixas e trabalhadoras pudessem entrar. Além disso, já prevendo os resultados longe da perfeição que logo viriam de grandes segmentos do corpo estudantil de origem na classe trabalhadora, aumentou-se o papel do ensino profissionalizante no sistema, o que significava que grandes parcelas do sistema do ensino médio orientavam-se para o mundo do trabalho (cf. GRENFELL, 2004b: 60).

Ostensivamente, a função das escolas é ensinar e socializar os alunos, mas Bourdieu enfatiza que as escolas ensinam coisas *particulares* aos alunos e os socializam de maneiras *particulares*. Apenas certos assuntos são ensinados, e só de certas maneiras e com certas formas de avaliação. Apenas uma linguagem de um tipo específico é utilizada para o ensino[5]. Os dias, semanas e anos escolares são estruturados de certos modos, e as crianças na escola são agrupadas acadêmica e espacialmente, e disciplinadas de acordo com a lógica particular que as define. Certamente poderiam ser utilizados outros assuntos, linguagens, arranjos temporais e sistemas de avaliação e

---

5 Cf., p. ex., as maravilhosas páginas de abertura de Bourdieu et al. (1965b), onde se sugere que o discurso acadêmico tem a "função ilustre de manter o aluno a distância".

disciplina?[6] Portanto, existe a necessidade de "questionar as funções sociais e políticas subjacentes de uma relação de ensino que fracassa com tanta frequência" para o estudante que ela deveria ajudar (cf. BOURDIEU et al., 1965b). E lembremos que "toda ação pedagógica é objetivamente uma violência simbólica enquanto imposição, por um poder arbitrário, de um arbitrário cultural" (BOURDIEU & PASSERON, 2011a: 26 [1970: 19]).

Em sua expansão do pós-guerra, o sistema educacional francês estendeu a admissão aparentemente por mérito (no nível do ensino médio) e os padrões de avaliação. Ao mesmo tempo, ele implicitamente impôs regras sobre as maneiras como a comunicação e o comportamento poderiam ocorrer na escola, maneiras que já eram familiares e relativamente confortáveis para os membros das classes sociais alta e média exatamente porque essas regras foram modeladas na comunicação e comportamento das classes alta e média. Criados em ambientes familiares privilegiados, esses estudantes, portanto, possuíam o capital cultural apropriado para serem bem-sucedidos na escola. Ao fazer da cultura das classes médias um exemplo, o sistema escolar com efeito a "consagrou", e o meio para esse processo é a linguagem:

> [...] toda pedagogia institucionalizada [...] pretende instituir [...] regras extraídas pelo trabalho dos gramáticos da prática dos profissionais da expressão escrita (do passado) [...]. Não se pode dar conta inteiramente [...] dos efeitos sociais da língua legítima, a menos que se levem em consideração tanto as condições sociais de produção da língua literária e de sua gramática como também as condições sociais de imposição e de inculcação deste código erudito enquanto princípio de produção e de avaliação da fala (BOURDIEU, 1996a: 48-49 [2001: 93-94]).

Além de virem da própria cultura da qual a cultura escolástica é retirada, a ameaça percebida do aumento da competição que resulta da educação democratizada levou muitos pais de classe alta e média

---

6 Para uma descrição particularmente divertida desse argumento em Bourdieu, cf. sua resposta à crítica de Jenkins (1989) ao texto de *Homo academicus* em Bourdieu e Wacquant, 2005a [1992: 143-145].

a aumentar seu investimento na educação de seus filhos, alargando ainda mais a lacuna entre aqueles literalmente "preparados" para ter sucesso e aqueles que não (cf. BOURDIEU & CHAMPAGNE. In: BOURDIEU 1997a: 482 [1993: 598-599]). As crianças de grupos que eram previamente excluídos da educação básica e média entravam na escola sem o capital cultural e linguístico apropriados para serem bem-sucedidos[7]. Como resultado, o desempenho acadêmico era muito mais difícil. As condições sociais em que o código acadêmico estranho eram impostas, e sob o qual o desempenho era avaliado, eram consequentemente muito diferentes das condições sociais que eles conheciam. O fato de que o acesso à escola estava agora disponível para todos, e de que as realizações na escola se baseavam em padrões meritocráticos para todos, significava que o desconforto na escola e o desempenho baixo nas avaliações eram interpretados como sinais de inferioridade pessoal. Antes da democratização da educação podia-se responsabilizar o Estado pela exclusão educacional. Depois que a escola foi aberta a todos, a culpa era dos indivíduos. O fato de haver relativamente menos sucesso entre as crianças de grupos de classe trabalhadora serviu apenas para reforçar a crença de que aqueles que se saíam mal eram intelectual e/ou socialmente inferiores. As crianças eram culpadas pelo mau desempenho devido à sua falta de talento, e seus pais eram culpados por não oferecerem a formação apropriada – ou seja, o capital cultural apropriado – para o sucesso na escola. A falta de encaixe entre o habitus das classes baixas e trabalhadoras com o campo educacional e a responsabilização dos indivíduos envolvidos por seu mau desempenho são uma forma de violência simbólica através da qual a hierarquia de classes sociais é reproduzida. Aqueles que tiveram menor sucesso no sistema francês de educação recentemente expandido costumavam sair rapidamente do caminho acadêmico antes de

---

[7] Bourdieu (1996a: 49 [2001: 94]) identifica o *capital linguístico* como um componente do capital cultural (cf. GRENFELL, 2004a, 2007, 2011; GRENFELL et al., 2012, para outras discussões). Seria incorreto dizer que esses estudantes não tinham capital cultural. Todos nós temos capital cultural. A pergunta é: Nós temos os tipos apropriados de capital cultural sancionado? Será que o capital cultural que possuímos permitirá um encaixe sem problemas entre nosso habitus e o campo educacional?

entrarem no ensino médio. Eles passaram esses anos preenchendo as vagas das novas escolas profissionalizantes que o Estado construiu no período da expansão do pós-guerra para oferecer trabalhadores treinados para a economia industrial moderna[8].

Para que não se pense que essas práticas terminam depois da conclusão do ensino médio, Bourdieu oferece descrições comparáveis da violência simbólica na academia em *Homo academicus* (2011b [1984]) e *A nobreza do Estado* (1989b). Apesar de ele não utilizar o termo no primeiro livro, descreve as várias moedas simbólicas que governam as interações entre os acadêmicos, o segmento dominado da classe dominante, e as maneiras como as carreiras são feitas ou desmoronam no caminho porque "o campo universitário, como qualquer campo, é o local de uma luta para determinar as condições e os critérios legítimos de pertencimento e da hierarquia" (BOURDIEU, 2011b [1984: 22]). Em *A nobreza do Estado* Bourdieu descreve os modos como as instituições educacionais de elite da França consagram gerações emergentes de administradores políticos. Em última instância, Bourdieu nos conta que todo o sistema de classificações educacionais e cognitivas utilizado na academia – que pode incluir títulos acadêmicos como *mestre, doutor* e *professor*, mas também consiste em termos valorativos como *inteligente, brilhante, interessante, talentoso,* e, com mais negatividade e menosprezo, *esforçado* e *diligente* – é meramente "uma classificação social eufemizada, porque tornada natural, absoluta" (BOURDIEU, 1983a: 207 [1980: 266], tradução modificada; cf. tb. BOURDIEU, 1989b: 538, 556; SWARTZ, 1997: 202).

Não surpreende que *esforçado* [*hard-working*], por exemplo, seja uma caracterização utilizada na academia para depreciar e menosprezar. As elites que surgiram com a ascendência da academia não eram da classe trabalhadora. Ryan e Sackey (1984) descrevem isso no contexto dos Estados Unidos ao afirmar que as novas elites educacionais não realizavam trabalhos manuais e supunham-se naturalmente superiores àqueles que o faziam. Seus sucessos intelectuais

---

8 Antes que alguém atribua esse fato à benevolência do Estado, é bom lembrarmos que a próxima geração de trabalhadores manuais do capitalismo agora era treinada às custas do Estado.

eram considerados o resultado de habilidade e comportamento naturais, e não a consequência de trabalho duro. De uma perspectiva bourdieusiana, elas estavam erradas. O sucesso, em vez disso, era o resultado da posição social e do privilégio que as dispensavam desse trabalho. Entretanto, vale notar que o desconhecimento do privilégio social como superioridade natural dessa forma serve para solidificar esse privilégio e, para membros dos grupos subordinados, exacerbar a violência simbólica e intensificar o sofrimento social. Mas aqueles que são bem-sucedidos na academia podem hoje esperar colher grandes benefícios à medida que exista "uma contribuição cada vez maior que a instituição escolar traz para a reprodução e a legitimação do poder" (BOURDIEU, 1989b: 556). E podemos esperar que seus filhos entrem nas mesmas academias.

## A violência simbólica e a cultura do consumo

Embora a parte mais extensa dos escritos de Bourdieu sobre a violência simbólica lide com os sistemas educacionais, também encontramos essa violência em outros campos[9]. Um lugar onde ela está presente, mas frequentemente é desconhecida, é no campo do consumo[10]. Autores numa subdisciplina crescente na sociologia e em outros

---

9  É particularmente relevante aqui, ainda que não incluída neste ensaio por limitações de espaço, a exposição de Bourdieu (2002d [1998]) da violência simbólica no campo do gênero. Várias acadêmicas feministas, especialmente Judith Butler (1997), criticaram Bourdieu por suas descrições das contribuições das mulheres para sua própria dominação na sociedade patriarcal e por ele não conseguir reconhecer o potencial subversivo da performatividade da atividade prática. Para exposições desse debate e da descrição de Bourdieu da violência simbólica das categorias de gênero, cf. Lane (2006: 108-119) e os ensaios em Adkins & Skeggs (2007).

10  Eu venho seguindo Bourdieu ao utilizar o termo *desconhecimento* para descrever o processo através do qual as pessoas não conseguem enxergar as origens sociais das categorias sociais e cognitivas, mas vale a pena notar aqui, especialmente num capítulo sobre violência simbólica (e especialmente numa seção desse capítulo que discute o gosto estético), que essas próprias categorias são produzidas socialmente. As categorias sociais e as categorias cognitivas são homólogas. É preciso tomar cuidado ao falar de "desconhecimento" porque uma compreensão superficial do termo pareceria culpar os indivíduos por não conseguirem enxergar as origens sociais das categorias; portanto, ele próprio poderia ser uma forma de violência simbólica. Com efeito, esses desconhecimentos são efetivamente reconhecimentos precisos à medida que as categorias cognitivas dos agentes se alinham com as categorias sociais de um campo particular. Poderíamos dizer que tais agentes são letrados culturalmente. Bourdieu reconhece isso, e diz

campos de estudos culturais sugerem que a classe e outros tipos de relações sociais nas sociedades modernizadas contemporâneas não são determinadas em termos da relação com os meios de produção no sentido marxiano. Profundamente influenciados pelo trabalho de Bourdieu, esses autores procuram, em vez disso, os modos como as hierarquias de classes são mantidas dentro de sistemas de consumo. Bourdieu realmente afirma que as distinções e hierarquias de classes são mantidas através de práticas de consumo, apesar de chegar a indicar que existe uma "homologia funcional e estrutural" (BOURDIEU, 2007: 217 [1979: 257]) nas lógicas da produção e do consumo. *A distinção*, o trabalho mais influente de Bourdieu nos estudos do consumismo, tem o subtítulo de "Crítica social do juízo", uma referência à crítica kantiana do juízo estético[11]. Bourdieu rejeita a ideia de um juízo soberano *desinteressado* descrita por Kant e afirma que o senso estético *nunca* está separado de algum interesse. Ele expande as ideias de Durkheim e Mauss (1963 [1903]) de que as categorias da mente têm origem social para argumentar que, apesar das classificações estéticas certamente serem geradas, desenvolvidas e mantidas socialmente, também é o caso que elas são utilizadas para manter e expandir um sistema de dominação na sociedade – as categorias codificam diferenciais de poder dentro de grupos sociais e entre eles:

> *O gosto classifica, e classifica aquele que classifica*: os sujeitos sociais distinguem-se pelas distinções que eles operam entre o belo e o feio, o distinto e o vulgar; por seu intermédio exprime-se ou traduz-se a posição desses sujeitos nas classificações objetivas (BOURDIEU, 2007: 13 [1979: vi], tradução modificada, itálico adicionado).

O importante aqui é que, embora possa parecer que o gosto é uma qualidade pessoal, na verdade ela é social. Toda vez que um membro

---

que "a teoria da violência simbólica apoia-se em uma teoria da crença, ou, *melhor, em uma teoria da produção da crença*, do trabalho de socialização necessário para produzir agentes dotados de esquemas de percepção e de avaliação que lhes permitirão perceber as injunções inscritas numa situação, ou num discurso, e obedecê-las" (BOURDIEU, 1996c: 171 [1994: 188], tradução modificada, itálico adicionado).

11 A tradução brasileira do livro escolheu "Crítica social do julgamento", que considero inadequado por perder exatamente a alusão kantiana que Bourdieu certamente intencionava [N.T.].

da sociedade compra algo numa loja ou toma uma decisão sobre em qual loja entrar ou expressa uma preferência de um tipo particular de música ou de filme ou de arte, ele expressa, por mais involuntário que seja, as predisposições da "estrutura estruturada" que é o habitus. A violência simbólica que resulta desse processo pode ser vista mesmo em práticas aparentemente triviais, como pode ocorrer quando um cliente pequeno-burguês ou da classe trabalhadora "inculto" senta-se num restaurante caro com membros da classe alta, sem saber qual garfo usar com sua salada ou qual colher com a sopa. Essa cena imaginada não é trivial. Assim como a "troca de presentes" reproduz a estrutura social, a identidade e a moralidade em sociedades menos desenvolvidas (cf. MAUSS, 1967), a ansiedade e o constrangimento que surgem com o uso errôneo de um garfo de salada significam e reproduzem tanto a posição do agente numa estrutura social existente quanto a legitimidade dessa estrutura.

O uso errôneo de um garfo provavelmente significa que o "usuário errado" não está num ambiente social confortável. Entretanto, ele também implica que tal ambiente distinto existe. Nós não *simplesmente* utilizamos talheres errados. Nós nos *distinguimos* como membros de certas classes e reproduzimos as diferenças entre classes que são marcadas pelo uso errôneo de talheres. O "usuário errado" muito provavelmente acatará a "perícia" dos outros sobre o uso apropriado do garfo, reconhecendo assim a superioridade deles, e talvez no futuro até se previna das experiências dolorosas de situações semelhantes ao evitá-las completamente. Ao evitar esse desconforto, e em seu desconhecimento [*misrecognition*] de que o uso "apropriado" de um garfo é de algum modo superior, a hierarquia social é reproduzida e os limites sociais são estabelecidos para o agente subordinado. Aqueles que sabem como usar o garfo são, de alguma forma, melhores do que aqueles que não sabem; assim como aqueles que sabem como lidar com um sistema educacional são, de alguma forma, superiores àqueles que não sabem. O que todos na mesa de jantar desconhecem é que:

> a relação pequeno-burguesa com a cultura e sua capacidade de converter em cultura média tudo o que ela toca [...] não

é, se é que se pode falar assim, sua "natureza", mas a própria posição do pequeno-burguês no espaço social, a natureza social do pequeno-burguês [...]. É, simplesmente, o fato de que a cultura legítima *não é feita para ele*, quando não é feita contra ele, e que, portanto, ele não é feito para ela, que, por sua vez, deixa de ser o que é quando ele se apropria dela (BOURDIEU, 2007: 307 [1979: 377], tradução modificada, itálico no original).

Nesse exemplo trivial de ansiedade no restaurante podemos ver os modos como a "gentileza" da violência simbólica funciona. É claro que não existe nada inerentemente superior no uso de um garfo ou colher ou qualquer outra coisa do tipo. Só existe uma superioridade social devido à posição de classe relativa de várias práticas culinárias. Mais uma vez, é importante lembrar que, apesar da violência simbólica que caracteriza as sociedades capitalistas tardias ser realmente de algumas maneiras "mais gentil" do que outras formas de violência, suas manifestações em termos das formas como as pessoas sofrem são muitas e podem ser severas. Nós podemos ver a gentileza em coisas tão mundanas como o ostracismo que surge quando membros de classes sociais diferentes mastigam sua comida e mantêm sua postura de modo diferente durante as refeições. Nós podemos ver a severidade e a brutalidade ao examinar as taxas diferentes de enfermidades e mortalidade para categorias diferentes de agentes. A violência é simbólica, mas o sofrimento e a reprodução de hierarquias de classes que resultam dela são muito reais.

### Um retorno ao sofrimento

A ênfase de Bourdieu em grande parte de sua obra é na violência simbólica, e não no sofrimento que resulta dessa violência. Com efeito, David Swartz (1997: 83) sugere que, quase sempre, Bourdieu presta relativamente pouca atenção a "sistemas culturais subordinados" ou ao sofrimento que as pessoas subordinadas suportam. Entretanto, o foco de Bourdieu é epistemológica e politicamente razoável tendo em vista suas crenças de que os sistemas simbólicos dominantes funcionam como instrumentos de violência simbólica e de reprodução social e que os membros de grupos subordinados tendem a adotar as crenças, valores e modas culturais dos grupos acima deles no espaço social (cf. BOURDIEU, 2007 [1979]). O trabalho inicial de Bourdieu na Argélia é uma exceção parcial, mas é na obra colaborativa *A miséria do mundo: sofrimento social na sociedade contemporânea*[12] que Bourdieu e seus colegas trazem as experiências de membros dos grupos subordinados ao primeiro plano. Enquanto nos trabalhos anteriores sobre a Argélia Bourdieu investigara os modos como o colonialismo francês afetou as culturas tradicionais argelinas, em *A miséria do mundo* os efeitos da pós-industrialização, da unificação europeia, da imigração e das mudanças nas relações étnicas e de gênero na França do final do século XX são examinados através de entrevistas com aqueles que melhor conhecem os efeitos destrutivos desses processos.

Émile Durkheim (1938 [1895]) identificou um dilema metodológico que os sociólogos enfrentam. Em *As regras do método sociológico* ele afirmou que os sociólogos estudam *fatos* sociais, *coisas* sociais reais, que existem no exterior dos membros individuais da sociedade e exercem coerção sobre eles. O dilema era que os fatos sociais não podiam ser estudados em si mesmos – eles só podiam ser estudados ao examinarmos seus efeitos nos membros das sociedades. Em *O suicídio* (1952 [1897]), Durkheim estudou variações nas taxas de suicídios não porque ele tivesse um interesse inerente em suicídios, mas porque as taxas variáveis eram o resultado de graus variáveis de integração e regulação social. Os dados sobre indivíduos (e as taxas de eventos individuais dentro das populações e entre elas) lhe informavam sobre as sociedades. Em *A miséria do mundo* Bourdieu e seus colegas também coletaram dados sobre indivíduos. Eles conduziram entrevistas extensas durante três anos, coletando histórias de pessoas que sofreram devido às mudanças sociais e culturais dramáticas que ocorriam no final do século XX. O livro contém excertos longos dessas entrevistas onde os indivíduos descrevem suas experiências em suas próprias palavras – falando, entre outras coisas, sobre isolamento social e solidão, desilusão e

---

12 Esse subtítulo da edição inglesa não está presente nem no original francês nem na tradução brasileira [N.T.].

deslocamentos, marginalização e exclusão, violência doméstica e desintegração familiar, uso e abuso de álcool e drogas, depressão, desemprego, silêncio, vida no gueto e deterioração de moradias, doença, estigmas, pobreza, sexismo e racismo[13].

Apesar de os relatos no livro serem histórias pessoais de sofrimento, seu valor para o leitor está em falarem sobre as origens sociais e culturais e a distribuição desse sofrimento. Eles falam de detalhes *pessoais* em vozes *pessoais* que relatam os modos como a violência simbólica se manifesta na vida cotidiana. Assim, elas também são histórias *sociais*, contadas em vozes *sociais*. Por exemplo, a coautora Rosine Christin afirma que, no processo de falar com uma narradora chamada Maryse:

> Pareceu-me que era preciso escutar de maneira diferente aqueles que, como Maryse, *não têm como evocar uma vida penetrada pela história coletiva senão com palavras privadas*, "pequenas histórias", histórias de mulher, sempre excluídas da história oficial, mesmo quando ela é escrita por mulheres (BOURDIEU, 1997a: 413 [1993: 474], itálico adicionado, tradução modificada).

Isso ocorre num ambiente social. A própria pesquisa é um ato social e, como o caso de Christin ilustra, precisa ser conduzida com uma consciência ética e política reflexiva sobre a importância de ouvir. Há benefícios potenciais para o narrador nesse tipo de pesquisa, especialmente quando realizada com aqueles que sofrem. Se é verdade que o próprio eu é construído narrativamente, então os eus são contados no processo de realização de pesquisas. Subjetividades emergem[14].

O trabalho que Bourdieu e seus colegas realizaram em *A miséria do mundo* é uma contribuição importante ao campo crescente dos estudos do sofrimento social. Ao nomear a violência simbólica

---

13 O fato de essas histórias serem contadas com as palavras dos próprios narradores e não nas vozes dos pesquisadores envolvidos no projeto reflete as preocupações que Bourdieu (cf., em particular, 1996a [2001]) e outros autores têm com a representação e a violência simbólica que os pesquisadores acadêmicos e outros profissionais podem exercer em seus sujeitos de pesquisa ao falar em nome deles.

14 Para mais sobre a ética da voz em relação àqueles que sofrem, cf. Frank (1995, 2004).

como uma forma "real" de violência que é distribuída de modo desigual dentro das sociedades e entre elas, seu trabalho complementa aquele feito por pesquisadores como Arthur Kleinman e seus colegas (KLEINMAN, 1988; KLEINMAN et al., 1997), Veena Das e seus colegas (DAS et al., 2000; DAS, 2006) e Paul Farmer (2001, 2004), que investigam os efeitos da violência distribuída socialmente (tanto física quanto simbólica, apesar de não ser chamada assim) em populações marginalizadas[15]. O trabalho de Bourdieu serve como mais encorajamento para esses pesquisadores examinarem as mudanças sociais e estruturais que resultarão na violência simbólica num mundo em globalização acelerada. *A miséria do mundo* é um exemplo desse projeto, pois ela documenta as mudanças sociais dramáticas que ocorreram na França na segunda metade do século XX e suas consequências perigosas – tanto para os agentes cujo habitus foi formado em grande parte no período imediatamente após a Segunda Guerra Mundial quanto para seus filhos, que testemunharam o sofrimento dos seus pais e também experimentaram os efeitos da mudança social em suas próprias vidas e futuro.

Nos relatos encontrados em *A miséria do mundo* e também em cada um dos exemplos oferecidos neste capítulo, o sofrimento e a violência simbólica resultam de um encaixe inapropriado entre o habitus e o campo. Seja por causa de mudanças históricas dramáticas, ou porque as pessoas simplesmente se encontram em situações sociais onde não têm as várias formas de capital necessárias para funcionar de modo eficaz, a violência simbólica ocorre. O que não é tão desenvolvido na obra de Bourdieu ou na literatura relacionada é a questão de se o habitus enquanto tal constitui uma violência simbólica. À medida que todos os campos têm uma hierarquia interna, e que todos os campos são, em última instância, distribuídos dentro do campo do poder, então o habitus contribui para o posicionamento desigual dos atores nesses campos, no poder. O habitus estrutura

---

15  Um autor que fez referências explícitas às contribuições que o trabalho de Bourdieu oferece para o estudo do sofrimento é Iain Wilkinson. Em *Sofrimento: uma introdução sociológica*, Wilkinson (2005: 94) afirma que Bourdieu trata do "sofrimento ordinário" que resulta da marginalização e da impotência.

de maneiras que contribuem, no final das contas, para a reprodução da exclusão social, da hierarquia e da violência simbólica.

Alguns leitores podem supor que o foco no sofrimento que resulta da violência simbólica menospreza o sofrimento efetivo experimentado por aqueles que são vítimas da violência "real". Entretanto, a própria rejeição da realidade da violência é simbólica é um ato de violência simbólica. Negar esse sofrimento porque ele não seria genuíno aumenta os efeitos da violência simbólica ao levar os sofredores a questionar a legitimidade de sua própria dor e miséria. Essa posição acaba efetivamente culpando a vítima:

> Mas estabelecer a grande miséria [pobreza material] como medida exclusiva de todas as misérias é proibir-se de *perceber* e compreender toda uma parte de sofrimentos característicos de uma ordem social que [...] também multiplicou os espaços sociais [...], que têm oferecido as condições favoráveis a um desenvolvimento sem precedentes de todas as formas da pequena miséria [sofrimento ordinário] (BOURDIEU, 1997a: 13 [1993: 11], itálico no original, tradução modificada).

## Conclusão

Ter a violência simbólica como um conceito com o qual identificar e nomear fenômenos sociais é valioso não só para campos acadêmicos como a sociologia, antropologia e filosofia, mas também no campo da política (definido de modo amplo). Bourdieu identificou uma forma particularmente insidiosa de violência. Visto que ela é frequentemente desconhecida e (de algumas maneiras) mais gentil do que outras formas de violência, a resistência a ela é especialmente difícil. A "dominação simbólica [...] é algo que se absorve como o ar, algo pelo qual o sujeito não se sente pressionado; está em toda parte e em lugar nenhum, e é muito difícil escapar dela" (BOURDIEU. In: BOURDIEU & EAGLETON, 1996d: 270 [1992]). Ela está *em toda parte* porque todos nós vivemos em sistemas simbólicos que, no processo de classificar e categorizar, impõem hierarquias e modos de ser e de conhecer o mundo que distribuem desigualmente o sofrimento, e limitam até os modos pelos quais podemos imaginar a possibilidade de um mundo alternativo. Ela também não está *em lugar nenhum* porque, por sua gentileza e sutileza, nós não reconhecemos a sua própria existência e muito menos o modo como ela está na raiz de muita violência e sofrimento.

Entretanto, nós agora possuímos toda uma obra para nos basear e nos ajudar a lembrar que a dominação simbólica está realmente "em todo lugar" e "em lugar nenhum". A sociologia bourdieusiana identifica a violência simbólica e o sofrimento que ela causa. Para Bourdieu, a sociologia é um meio pelo qual a violência simbólica é tornada visível enquanto violência e, apesar dessa sociologia não poder mudar o mundo, ela pode identificar o "*momento crítico* onde, ao romper com a experiência ordinária do tempo [...], tudo se torna possível" (BOURDIEU, 2011b [1984: 236], itálico no original). Apesar de a sociologia não prescrever modos particulares de agir, ela encoraja uma "tomada de consciência" da natureza arbitrária da dominação simbólica. Bourdieu nos lembra que o mundo é social e historicamente construído e que, em sua construção, hierarquias são criadas e reproduzidas – e resultam numa violência que é expressada simbolicamente. É devido ao próprio *caráter de construção* dessas hierarquias que a ação política se torna possível. Se mundos são construídos, então eles podem ser reconstruídos de outros modos e *em outras palavras*[16]. A resistência à dominação e à violência simbólica é então possível na forma da heterodoxia. Uma palavra de Bourdieu para terminar:

> É na medida em que o discurso heterodoxo destrói as falsas evidências da ortodoxia, restauração fictícia da *doxa*, e lhe neutraliza o poder de desmobilização, que ele encerra um poder simbólico de mobilização e de subversão, poder de tornar efetivo o poder potencial das classes dominadas (BOURDIEU 1998e: 15n8 [2001: 211n7], tradução modificada).

---

16  Essa coleção de traduções inglesas de vários dos ensaios de Bourdieu tem um título apropriado e pelo menos três significados. *Em outras palavras* [*In Other Words*] se refere primeiro à tradução das palavras de uma língua para outra; segundo, à tentativa de explicar melhor ideias teóricas; terceiro, ao fato de que outros mundos podem ser criados utilizando-se outras palavras. *Outras palavras* [*words*] criam outros mundos [*worlds*]. • A coleção a que esta nota se refere chama-se originalmente *Choses dites* e a edição brasileira manteve o título *Coisas ditas* (BOURDIEU, 1990 [1987]) [N.T.].

# 12
# Reflexividade

*Cécile Deer*

**Introdução**

De *Sociologia da Argélia* (BOURDIEU, 1958) às *Meditações pascalianas* (BOURDIEU, 2001b [1997]) e *Para uma sociologia da ciência*[1] (BOURDIEU, 2004b [2001]), a noção de reflexividade está na origem e no centro da obra de Pierre Bourdieu. Como um conceito metodológico, a reflexividade ocupa um papel central na evolução de sua obra, para não dizermos um papel definidor, se quisermos compreendê-la dentro do *campo* intelectual:

> Bourdieu não cessa de afirmar a possibilidade de uma *economia unificada das práticas*, e especialmente do poder simbólico, que funde a abordagem fenomenológica e a estrutural num modo de investigação social integrado, epistemologicamente coerente e de aplicabilidade universal [...] mas o que distingue [esse modo] é que ele abrange explicitamente as atividades do próprio analista" (WACQUANT. In: BOURDIEU & WACQUANT, 2005a [1992: 14]).

Define-se um conceito de acordo com o modo de sua compreensão e extensão. Dessa maneira, a reflexividade no trabalho empírico e teórico entrelaçado de Bourdieu é a representação em movimento de um objeto através da (re)formulação/expressão constante de seu uso e de seu significado. Acompanha-se isso com ilustrações paralelas de sua relevância e significância científica e epistemológica baseadas na prática (BOURDIEU, 1972a, 2009 [1980], 2011b [1984], 1990 [1987], 1996c [1994]). Certos conceitos ganham mais aplicabilidade através da extensão do modo como eles podem ser

---

1  Cf. uma resenha interessante em Mialet (2003). • O título original dessa obra é *Science de la science et réflexivité*, literalmente *Ciência da ciência e reflexividade* [N.T.].

compreendidos e utilizados – muitas vezes às custas da coerência. Entretanto, a reflexividade, como definida na obra de Bourdieu, seguiu um caminho diferente, pois ele buscou explicar e refinar seu significado e sua aplicabilidade múltipla, especialmente em relação a seu ambiente em evolução. Já que a reflexividade abrange toda a obra de Bourdieu, partindo da década de 1960 até o começo da década de 2000, e já que esse período é de mudanças intelectuais, políticas e econômicas significativas, não surpreende descobrir que o conceito evoluiu. Nesse sentido, justifica-se dizer que Bourdieu mudou sua base para se adequar a evoluções sociais e intelectuais, mas isso seria uma explicação superficial daquela que provavelmente foi uma das mais difíceis de suas jornadas intelectuais, não apenas conceitualmente, mas também pessoal e politicamente.

### A reflexividade na obra de Bourdieu

A reflexividade como um conceito metodológico na obra de Bourdieu é alimentada por uma investigação teórica crítica, que é ela própria impulsionada por uma abordagem fenomenológica da criação de conhecimento: se, como e até que ponto um processo de pesquisa permite que o sujeito do conhecimento compreenda a parte essencial do objeto que escolheu estudar. Desse modo, a noção de reflexividade atravessa duas áreas de pesquisa inter-relacionadas: um método social-científico relacionado à sociologia e um discurso crítico relacionado à filosofia.

Enquanto método científico, a compreensão de Bourdieu da reflexividade pode ser definida como uma abordagem epistemológica crítica que consiste em objetificar a própria conceituação e o processo da objetificação científica. Isso significa que não é apenas o objeto de pesquisa que precisa ser examinado e sobre o qual deve-se refletir, mas também a própria elaboração do objeto de pesquisa e as condições de sua elaboração. Bourdieu percebia obstáculos ao conhecimento científico tanto em metodologias baseadas na "observação participante" quanto em metodologias distantes demais do objeto de estudo. Ele considerava a proximidade excessiva da primeira uma familiarização artificial com um ambiente social estranho, enquanto a última se baseava demais numa compreensão intelectual transcendental que pertencia à *doxa* escolástica. Para superar esses problemas, Bourdieu insistiu na importância epistemológica da *objetivação participante* (BOURDIEU, 2003c), que deve permitir aos cientistas sociais analisarem metodicamente os elementos pré-reflexivos de seu método, classificações e observações.

Na visão de Bourdieu, esse tipo de abordagem reflexiva permitiria que os cientistas sociais reduzissem a influência de uma fonte importante de discrepâncias em relação ao conhecimento, a saber, a falha inconsciente disseminada entre os pesquisadores em reconhecer e controlar os efeitos e influência de sua própria relação com o objeto de pesquisa (p. ex., o posicionamento social e as estruturas internalizadas; cf. Capítulo 7 sobre *doxa*). Essa crítica é lançada a várias áreas de produção de conhecimento – e primeiro à antropologia, etnologia, linguística e história da arte – quando Bourdieu discute como os observadores e analistas nesses campos projetam sua própria visão do mundo na sua compreensão das práticas sociais que são o objeto de seus estudos (comunidades silvícolas, gramática, linguagem, estética), portanto atribuindo inconscientemente ao objeto de suas observações características que são inerentemente deles e de sua própria percepção e compreensão do mundo (BOURDIEU, 2009 [1980]).

É ainda mais forte a crítica de Bourdieu da visão filosófica que busca oferecer uma explicação transcendental do mundo (*la prétention du fondement*) ["a pretensão do fundamento"] sem reconhecer as condições sociais que moldam e permitem observações, discursos e teorias possíveis. Essa crítica almeja de modo mais geral o ponto de vista escolástico por não refletir sobre as condições históricas do aparecimento de um campo acadêmico relativamente autônomo, as condições práticas de sua existência, as estruturas sociais e condições que embasam o domínio de seu discurso e os mecanismos de sua reprodução – e por sequer levá-los em conta. Ele também afirma que a pesquisa sociológica exibe falhas semelhantes e sua produção teria um conjunto amplo de experiências e sentimentos subjetivos não analisados (ressentimento, inveja, aspirações inconscientes, fascinações ou ódio; cf. WACQUANT, 1992: 33).

Para Bourdieu a reflexividade significa que todos os produtores de conhecimento devem se esforçar para reconhecer sua própria posição objetiva no campo intelectual e acadêmico. É por isso que os sociólogos, como os outros – e possivelmente mais que os outros –, devem se esforçar para objetificar sua prática ao se engajarem numa "sociologia da sociologia" que explicaria tanto o que está em jogo para eles quanto as condições e estruturas implícitas de sua prática. Para Bourdieu, essa *objetivação* do sujeito investigador é a condição *sine qua non* de qualquer tentativa científica de compreender o mundo social. A reflexividade deve contribuir para a construção de um objeto de pesquisa destituído de qualquer projeção inconsciente da relação do cientista com ele. É por isso que, de acordo com Bourdieu, qualquer abordagem reflexiva genuína dificilmente está ao alcance dos leigos, porque as condições científicas da prática e também a mobilização de conhecimento que ela requer necessariamente estão além do escopo da experiência cotidiana e do conhecimento pré-reflexivo daqueles que não são especialistas (BOURDIEU, 1972a, 2009 [1980]). A intuição de senso comum dos praticantes não pode estar à altura das descobertas objetificadas e racionais dos analistas. Por outro lado, a reflexividade enquanto uma precondição científica para os intelectuais no campo intelectual representa a dimensão epistemológica adicional que ajuda o movimento para além das categorias do senso comum e dos dualismos aceitos (p. ex., micro *versus* macro, ação *versus* estrutura, normativo *versus* racional, sincronia *versus* diacronia etc.) que são meramente parte das mesmas doxas predominantes que eles próprios ajudam a reforçar. Com isso em mente, Bourdieu é particularmente contundente contra o que ele enxerga como produções narcisistas e pseudorreflexivas dos pós-modernistas, já que considera que estes invadiram o campo da sociologia de forma fácil e barata sem se conformar às regras epistemológicas e metodológicas do campo social-científico em que entraram (cf. BOURDIEU, 2004b [2001]).

Na visão de Bourdieu, a reflexividade não pode ser um exercício desempenhado apenas individualmente. Ela precisa ser um esforço comum e compartilhado que busque explicitar as categorias, percepções, teorias e estruturas "não pensadas" que embasam qualquer compreensão pré-reflexiva do ambiente social. Quando o próprio Bourdieu passa a discutir e teorizar longamente sobre sua trajetória pessoal (BOURDIEU, 2001b [1997]), ele enfatiza que isso deve ser visto apenas como uma ilustração de como os cientistas sociais podem objetificar suas próprias posições e práticas.

Enquanto discurso crítico na obra de Bourdieu, a reflexividade é ao mesmo tempo uma narrativa em abismo [*mise en abyme*] crítica do campo intelectual onde está incorporada e dentro da qual é produzida, e uma ferramenta de empoderamento para se compreender o mundo social e agir de forma eficaz sobre ele de um modo verdadeiramente bem-informado. Bourdieu desenvolveu esses dois aspectos inter-relacionados empírica e teoricamente num estágio posterior de seu trabalho, especialmente como resultado de uma combinação da evolução de sua própria trajetória pessoal e a do campo intelectual e seu ambiente.

### A reflexividade como uma prática "não reconstruída"

É interessante notar que para um sociólogo que buscou fundamentar sua pesquisa numa teoria da prática, a necessidade de Bourdieu, quando um jovem filósofo na década de 1960, de adotar uma dimensão reflexiva em sua estratégia intelectual se originou mais na prática não teorizada de um antropólogo autodidata que se esforçava para obter uma objetividade científica genuína (diferentemente do objetivismo artificial da antropologia estruturalista simbolizada pelo trabalho de Claude Lévi-Strauss) do que de qualquer tentativa de articular um princípio de relevância epistemológica universal. Em um estágio posterior, o próprio Bourdieu reconheceu que a reflexividade foi algo que primeiro *sentiu* que precisava fazer e não algo que ele *pensou* que deveria fazer, e que só veio a teorizar essa abordagem posteriormente:

Essas questões impuseram-se a mim, para além de qualquer intenção de pura especulação, em uma série de situações de pesquisa nas quais precisei refletir sobre o modo de conhecimento acadêmico para compreender minhas estratégias ou meu material (BOURDIEU, 1996c: 203 [1994: 219], tradução modificada).

Nesse estágio da sua trajetória de vida, Bourdieu já passara por duas evoluções rápidas de sociedades tradicionais para modernas e de volta para as primeiras: cronologicamente, da França rural da infância para Paris como aluno de Filosofia na École Normale Supérieure e depois de Paris para o norte rural da Argélia, onde foi postado como soldado durante a guerra argelina (cf. GRENFELL, 2006; Parte I deste livro). Ao mesmo tempo, Bourdieu passava por uma jornada intelectual que tinha todos os ingredientes de uma transição, para não dizer de uma oposição: da filosofia para a sociologia através da antropologia. Ele experimentou a necessidade da reflexividade – *Erlebnis* – durante sua pesquisa etnográfica na Argélia, particularmente como uma resposta para seu desconforto em relação à dicotomia aceita entre aquilo que é considerado "familiar" ou mundano pelo cientista social e, portanto, é uma experiência interna não questionada, e aquilo que é percebido como "estranho" ["*unfamiliar*"], exótico, a prática "lá fora", digno de ser o objeto de pesquisa (BOURDIEU, 1972a: 222). Ele então experimentou epistemologicamente com a reflexividade em seu estudo etnográfico subsequente da vida camponesa no Béarn (BOURDIEU, 2002b)[2] e conseguiu defini-la, teorizá-la e sistematizá-la – *Erfahrung* – como um conceito que se tornou central para sua pesquisa sobre a classe, cultura e política francesa no último quarto do século XX.

A publicação sucessiva de *Os herdeiros* (BOURDIEU & PASSERON, 2013a [1964]), *A reprodução* (BOURDIEU & PASSERON, 2011a [1970]) e *A distinção* (BOURDIEU, 2007 [1979]) ecoou e retransmitiu muitos dos temas e conceituações teóricas que foram estabelecidos em *Esboço de uma teoria da prática* e desenvolvidos em *O senso prático*. A reflexividade está presente como pano de fun-

---

2  Uma coleção de três textos publicados em 1962, 1972 e 1989.

do epistemológico em todos esses estudos, cujo objeto estava muito próximo da experiência pessoal de Bourdieu. Entretanto, a ênfase era menos em questões epistemológicas do que em desenvolver, refinar e experimentar com ferramentas conceituais fundamentais, particularmente *habitus, campo, doxa, capital cultural* e *poder simbólico* para desvelar formas de arbitrariedade social e processos de legitimação social em vários campos sociais. Pode-se dizer – e o próprio Bourdieu reconheceu isso (BOURDIEU, 2001b [1997]) – que nesse período de tempo particular (as décadas de 1960 e 1970) sua prática e conceituação da reflexividade compartilhavam uma semelhança com aquilo que ele acabaria descrevendo como uma forma parcial e limitada de reflexividade. Comparadas com o conceito de reflexividade em várias camadas elaborado e implementado nas décadas de 1980 e 1990 em relação ao ponto de vista escolástico e à *doxa* epistemológica do campo intelectual, elas não tinham a auto-objetivação sistemática e elaborada que ele passaria a defender num estágio posterior. A partir desse ponto, a noção de reflexividade também seria concebida como incorporada ao ambiente intelectual e político específico do qual emergira e se desenvolvera. Ela passou a ser conceituada como um discurso crítico que compete pela verdade com outros discursos, como parte da *Realpolitik* da verdade mencionada em capítulos anteriores.

**A reflexividade como uma epistemologia crítica: da revelação de doxas modernas para a objetivação participante**

O uso original da reflexividade como uma abordagem para buscar "o outro" surgiu da abordagem adotada por Lévi-Strauss em *Tristes trópicos* (1955) e permitiu inicialmente o desenvolvimento de vários dos conceitos-chave de Bourdieu (cf. BOURDIEU & WACQUANT, 2005a [1992]; REED-DANAHAY, 2004). Em um segundo estágio, o uso da reflexividade foi desenvolvido a ponto de se tornar uma premissa epistemológica: qualquer pesquisa nas ciências sociais deve ser reflexiva criticamente para revelar as categorias não pensadas do pensamento que predeterminam e delimitam o que é pensável (cf. BOURDIEU, 2001a [1982]). É isso que Bourdieu se propôs a fazer em sua pesquisa empírica e análise de vários campos sociais e os *habitus* e *doxas* relacionados (p. ex., campos da educação, cultura/estética, intelectual/academia, poder), enfatizando no processo como aquilo que normalmente é considerado uma prática apropriada e aceita em vários campos é composta de formas não reconhecidas, não formuladas ou desconhecidas de sabedoria recebida, impossibilidades aceitas ou de ignorância (*illusio, nomos, logos*; cf. Capítulo 9, para uma discussão). Esse é um aspecto dominante de sua obra extensa sobre a educação superior (os estudantes, a profissão acadêmica, as elites) que foi recebida e interpretada de diversas formas. Do mesmo modo, Bourdieu desenvolveu uma compreensão crítica – e contestada – do campo cultural e/ou estético, onde buscou destacar as "questões que não colocamos à estética porque as condições sociais de possibilidade de nossa reflexão são também as da postura estética" (BOURDIEU, 1996c: 202 [1994: 218]).

No coração dessa abordagem está a reflexão de Bourdieu sobre sua formação filosófica, sua reação a esta e seu desejo de se afastar de qualquer pretensão de transcendência no objetivismo e na geração da verdade. Bourdieu acreditava que muitos filósofos e cientistas sociais do passado e do presente (p. ex., Kant, Pascal, Sartre, Heidegger, Saussure, Lévi-Strauss, Chomsky) adotaram esse tipo de posição em relação ao seu objeto de estudo, mas que isso tinha pouca relevância para qualquer construção racional do conhecimento e na verdade tinha mais a ver com o poder ortodoxo de julgar conferido pela propriedade regulamentar dos discursos autorizados que definem, classificam e categorizam o mundo social, e contribuem para a criação e recriação das divisões da ordem social nas mentes e nas coisas: *rex cum regere fines et regere sacra* (cf. BOURDIEU, 1996a: 108-109 [2001: 283-284])[3]. Podemos sentir aqui a influência óbvia da linguística estrutural, particularmente a de Émile Benve-

---

3 Nessa citação, Bourdieu se refere ao trabalho de Émile Benveniste sobre a origem da palavra *rex* (rei) em latim e sua relação com o conceito de *regio* (ponto atingido em linha reta – a acepção atual de "região" é posterior). O *rex* era aquele que possuía *regere fines*, que significa literalmente "traçar os limites em linhas retas" – limites, neste caso, do espaço sagrado onde um templo deveria ser construído. Isso porque o rei também possuía *regere sacra*, as linhas sagradas [N.T.].

niste. Em relação a essa influência, uma abordagem social-científica verdadeiramente reflexiva buscaria, pelo contrário, desvelar as mitologias que justificam formas aceitas de arbitrariedades sociais em termos racionais. Ela se esforçaria para explicitar as pressuposições antropológicas que estão inscritas na linguagem utilizada pelos agentes sociais, e especialmente por intelectuais, para explicar a prática (BOURDIEU, 1996c: 10-11 [1994: 10-11]). Isso exige, acima de tudo, uma compreensão crítica da visão acadêmica, uma epistemologia crítica do ponto de vista escolástico (*skholè*) para explicar os efeitos do fato de que esses pensamentos são produzidos no campo acadêmico, que tem suas regras do jogo próprias, seu *habitus*, *ethos*, *nomos* e *doxas* próprios (BOURDIEU, 1996c, cap. 7). É isso que Bourdieu se propõe a fazer teórica e empiricamente em *Homo academicus* (BOURDIEU, 2011b [1984]).

Como visto em capítulos anteriores, os dados empíricos utilizados em *Homo academicus* foram coletados num momento de mudanças drásticas na academia francesa (1968). A análise e interpretação desses dados, publicada vinte anos depois, pode ser considerada a implementação e o teste da abordagem epistemologicamente reflexiva delineada na produção teórica de Bourdieu. O objetivo era produzir uma compreensão sociológica reflexiva do campo acadêmico ao operacionalizar a objetivação sociológica dupla defendida pelo sociólogo: a do objeto de estudo *e também* a da relação do observador com o objeto (cf. o cap. 1 de *Homo academicus*). Esta última é obtida quando o/a cientista social considera seu próprio campo acadêmico e intelectual como um objeto estranho, de modo a descobrir o que está implícito e é considerado óbvio nas trocas sociais cotidianas no campo estudado. É por isso que *Homo academicus* representa tanto uma forma de continuidade e também uma inflexão no uso epistemológico e teórico que Bourdieu faz da reflexividade. Ele representa continuidade em relação ao *Esboço de uma teoria da prática* e *O baile dos solteiros* por ser mais uma instância onde Bourdieu utiliza um ambiente familiar como objeto de estudo para refletir sobre a possibilidade de explicitar as estruturas e crenças, o *habitus* e a *doxa* que estão implícitos na prática dos agentes do campo. Ele também representa continuidade em relação à *distinção*, a *Os herdeiros* e em relação ao seu trabalho sobre linguagem e poder (BOURDIEU et al., 1965b), porque aprofunda e dá substância de modo reflexivo ao esquema teórico e à compreensão dos vários aspectos em que o capital cultural, social e simbólico podem ser acumulados. Por outro lado, ao tentar pôr em prática o tipo de metodologia de pesquisa reflexiva que Bourdieu defende para os cientistas sociais, *Homo academicus* também é um livro que assinala a necessidade que Bourdieu percebia de esclarecer seus próprios pensamentos, posicionamento e prática em relação a vários campos (acadêmico, intelectual e, num estágio posterior, sociológico e político) e suas características discursivas e dóxicas em evolução.

A reflexividade é a filosofia da ação de Bourdieu aplicada ao cientista social em seu trabalho, e seu propósito é explicitar a relação de mão dupla entre as estruturas objetivas dos campos intelectual, acadêmico e social-científico e as práticas incorporadas (ou seja, o *habitus*) daqueles que operam nesses campos. Referir-se ao posicionamento social do produtor cultural para objetivar o ponto de vista objetivador – por exemplo, "um homem branco burguês que está inscrito num contexto histórico" – não é uma estratégia radical e sim superficial, porque o que também é importante é objetificar a posição do produtor intelectual/cultural no mundo da produção cultural/intelectual, que é composta de campos que são espaços sociais relativamente autônomos. Essa compreensão da abordagem reflexiva é enfatizada em *Convite à sociologia reflexiva*, uma publicação que buscou esclarecer o posicionamento epistemológico de Bourdieu em relação à agenda "pós-moderna" cada vez mais proeminente. Em *Meditações pascalianas* – utilizando sua própria trajetória intelectual e profissional – Bourdieu buscou oferecer mais uma ilustração de como os pesquisadores sociais podem trabalhar para obter uma objetivação de sua própria postura e posição através da utilização do conceito de campo, alcançando assim uma compreensão reflexiva de ambas ("Confissões impessoais"; BOURDIEU, 2001b: 44-54 [1997: 53-65]). O paralelo entre a abordagem reflexiva do filósofo-transformado-em-sociólogo em relação à sua própria trajetória e o ponto de vista dentro do campo intelectual, e seu trabalho sobre as trajetórias de Baudelaire, Flaubert ou Manet em relação a seus próprios respectivos campos artísticos (a literatura e as artes visuais; BOURDIEU, 1993c) ajuda a entender exatamente o que Bourdieu quer dizer quando se refere à reflexividade como uma "sociologia da sociologia".

Entretanto, para que o processo de reflexividade seja o mais abrangente possível, o/a cientista social precisa examinar outro aspecto de sua prática, a saber, as determinações invisíveis inerentes à própria postura intelectual (BOURDIEU, 1996c [1994], 2002d [1998]), aquilo que ele chama de "etnocentrismo do cientista", onde as observações e discursos sobre o mundo social são feitas por intelectuais que estão, de modo geral, afastados dele. Assim, o conhecimento teórico deve várias de suas propriedades definidoras ao fato de ser produzido sob condições específicas que não são as da prática (WACQUANT, 1992: 69-70). Esse aspecto é discutido em profundidade em *Razões práticas* no capítulo chamado "O ponto de vista escolástico", que é a transcrição de uma apresentação de 1989 (BOURDIEU, 1996c: 199-215 [1994: 215-230]). Material e praticamente libertados das contingências, urgências e necessidades, os produtores intelectuais podem jogar seriamente seu jogo intelectual de acordo com conjuntos de regras que são específicas ao campo cultural em que eles operam e se inter-relacionam profissionalmente. No caso mais extremo, essa distância do olhar acadêmico lançado sobre o mundo social pode levar a uma posição política conservadora contraintuitiva, uma situação ilustrada pela análise que Bourdieu faz da filosofia de Martin Heidegger em relação à ascensão do nazismo na Alemanha (BOURDIEU, 1989a [1988]). Isso se segue diretamente da crítica anterior de Bourdieu ao campo filosófico e, particularmente, de seus avisos persistentes sobre a falácia da verdade transcendental.

Entretanto, nesse estágio Bourdieu também tinha de reconhecer que vários pontos de vista sobre o objeto de estudo podem coexistir e que ele mesmo tinha que objetivar sua própria tentação a falar de um ponto de vista absoluto. É por isso que suas obras finais abrangem três tentativas muito diferentes de colocar em prática o tipo de "objetivação participante" e de prática de pesquisa reflexiva que ele defendia para testar sua validade científica (BOURDIEU, 1997a [1993]), ilustrar sua relevância epistemológica (BOURDIEU, 2001b [1997]) e finalmente engajar as ideias de outros produtores no campo intelectual através da mediação de sua compreensão epistemológica e teórica (BOURDIEU, 1997b [1996]; BOURDIEU, 2004b [2001]). Parte desse engajamento posterior tinha escopo e propósito político e na época foi percebido como conflituoso pelos produtores culturais e intelectuais que operavam nos campos, sendo investigados. Nesse sentido, a recepção dos jornalistas ao trabalho de Bourdieu sobre a mídia (p. ex., SCHNEIDERMANN, 1999) não foi mais calorosa do que a dos acadêmicos ao seu trabalho sobre a educação superior. Ainda assim, depois de *Homo academicus* e *Razões práticas*, não é exagero afirmar que essa foi a segunda inflexão de Pierre Bourdieu na definição e utilização da reflexividade como parte de uma teoria da prática e da ação. Agora, o que estava em jogo era o conhecimento objetivado como fonte de empoderamento e de ações bem-formadas (cf. BOUVERESSE, 2004). Essa inflexão representou uma evolução significativa e um exercício de ligação em relação ao conceito inicial da reflexividade como uma ferramenta social-científica em grande parte separada e fora do alcance dos "praticantes" observados e radicalmente diferente da intuição espontânea dos leigos. Essa abordagem gerara críticas de clausura, elitismo e de ser um beco sem saída que Bourdieu tentou refutar tanto empírica quanto teoricamente ao mostrar como o/a cientista social podia se engajar com o mundo de dentro, para além do campo acadêmico, e contribuir com a ação sobre o mundo através de seu trabalho ao revelar os mecanismos desconhecidos da ordem estabelecida, da violência simbólica e do compartilhamento desse conhecimento numa aliança reflexiva e política com os dominados – os "oprimidos" – como uma forma de contrapoder. Isso ecoava sua posição de que a reflexividade é a única fonte de ações realmente bem-formadas que podem – para além da ortodoxia – romper com a *doxa* (BOURDIEU, 2002d [1998]).

## A reflexividade como um conceito reconstrutor e seus limites epistemológicos

> A sociologia, que aparentemente destrói os fundamentos da razão e, portanto, seus próprios fundamentos, não será capaz de fundar um discurso racional e até de oferecer técnicas que permitam propor uma política da razão, uma *Realpolitik* da razão? (BOURDIEU, 1996c: 199 [1994: 215]).

A eleição de Bourdieu para o Collège de France e sua palestra inaugural ofereceram a ele uma oportunidade única – para não dizer uma necessidade – de esclarecer sua compreensão da reflexividade, particularmente em relação à *doxa* e ao poder simbólico (BOURDIEU, 2001a [1982]). Esses esclarecimentos eram ainda mais necessários porque a interpretação parcial de seu *corpus* teórico e, em particular, de sua noção de reflexividade aplicada à geração de conhecimento social-científico verdadeiro levara ao questionamento da posição de sua obra, ideias e compreensão em relação ao cada vez mais influente ultrarrelativismo do discurso "pós-moderno" que questionava radicalmente qualquer reivindicação da sociologia científica. Isso culminou na farsa de Sokal no meio da década de 1990 (SOKAL, 1996).

> Os "pós-modernos" nas humanidades se baseiam na natureza fragmentária e aleatória da experiência. Sociólogos, historiadores e filósofos enxergam as leis da natureza como construções sociais. Os críticos culturais encontram a mancha do sexismo, racismo, colonialismo, militarismo ou capitalismo não apenas na prática da pesquisa científica, mas até em suas conclusões (WEINBERG, 2001: 140).

A reflexão de Bourdieu sobre o assunto resultou na publicação de diversos livros e artigos sobre a sociologia reflexiva no final da década de 1980 e início da década de 1990 (BOURDIEU & WACQUANT, 2005a [1992], p. ex.). Isso coincidiu com uma inflexão no foco de seu trabalho de pesquisa e pensamento teórico, afastando-se de estudos antropológicos com base numa interpretação teórica objetificada de observações empíricas na direção de uma compreensão através da qual o objeto sociológico se torna a luta pelo monopólio da representação legítima. Isso anunciou os principais temas que seriam tratados em maiores detalhes nas *Meditações pascalianas* e em seu curso final no Collège de France (BOURDIEU, 2004b [2001]).

Para Bourdieu, uma sociologia reflexiva que objetivasse completamente as formas de racionalidade ligadas ao corpo e à prática – elas próprias relacionadas a campos e habitus – não levaria a uma compreensão através da qual o próprio campo científico se dissolveria (e deveria se dissolver) num "relativismo niilista mal ocultado" (BOURDIEU & WACQUANT, 2005a [1992: 52]) como no "programa forte" da sociologia da ciência simbolizado por Bruno Latour na França (BOURDIEU, 2004b [2001]). Pelo contrário, a premissa epistemológica reflexiva era antes de tudo parte de um posicionamento científico estruturante incorporado a um campo intelectual autônomo com sua própria racionalidade *científica* e condições sócio-históricas de surgimento, onde o discurso e a prática são os de praticantes científicos qualificados. Um corolário direto – mas controverso – da abordagem de Bourdieu é sua postura quanto às pessoas "comuns" que estão envolvidas na prática cotidiana. Ele considera que seria um erro atribuir qualidades reflexivas à sua percepção e compreensão de senso comum mesmo quando há um elemento de autocrítica, já que isso provavelmente refletirá a ordem predominante e suas categorias – e, portanto, as reforçará. Qualquer emancipação verdadeira da *doxa* predominante precisa ser mediada pelo cientista social reflexivo.

A tentativa de Bourdieu de diferenciar seu conceito de reflexividade daquele do discurso e da prática "pós-moderna" segue linhas similares, partindo do ponto de que aquilo que é cada vez mais central ao debate é não exatamente determinar quem está certo ou errado, mas a verdade da luta pela verdade. É por isso que ele tinha a opinião de que, para fundamentar seu conhecimento na razão, os sociólogos teriam que lidar cada vez mais com as ciências sociais passadas em seu objeto de estudo (BOURDIEU, 2001a: 13-16 [1982: 15-17]). Para ele, uma análise reflexiva e crítica genuína do campo acadêmico – e do campo sociológico dentro dele – não é nem uma atividade intelectual pura nem um exercício complacente. Ela não é um exercício discursivo que se dobra sobre si mesmo de modo autorreprodutivo e certamente não é uma autoanálise narcisista do produtor de conhecimento. Ao se referir à sua própria trajetória e experiência pessoal, Bourdieu sempre enfatiza que o propósito é ilustrar como a abordagem reflexiva pode ser utilizada pelo[a] cientista para objetivar suas relações com o objeto de estudo e também sua posição e ação num campo. Isso fica articulado claramente no primeiro capítulo de *Homo academicus* e é estendido nas *Meditações pascalianas* e no último capítulo de *Para uma sociologia da ciência*. Para reforçarmos nossa posição de poder no campo intelectual é preciso jogar o jogo de acordo com as regras, o que quer dizer que é preciso encontrar argumentos racionais para justificarmos a própria compreensão. As *Meditações pascalianas* são, em grande parte, uma tentativa teórica de reconciliar a reflexividade tanto como um modo de compreensão (epistêmico) quanto como uma fonte de ação bem--formada (existencial). Esse uso de nosso passado social através da autossocioanálise foi anunciado em *Convite à sociologia reflexiva*, e sabemos que na época de sua morte Bourdieu estava envolvido nesse projeto. Crucialmente, como vimos, Bourdieu considerava que a reflexividade não pode ser um exercício realizado individualmente e que deve ser um projeto comum e compartilhado (BOURDIEU, 1996f [1986]). Isso explica por que, ao lado das descobertas e teorizações de suas próprias publicações de pesquisa (p. ex., BOURDIEU, 2011b [1984]), ele desenvolveu ativamente uma estratégia de "escola de pensamento" através da publicação de revistas acadêmicas específicas como a *Actes de la Recherche en Sciences Sociales*, de traduções em várias línguas, de publicações independentes e, a partir de um certo momento, de intervenções diretas em debates públicos.

Os últimos grandes trabalhos empíricos e teóricos de Bourdieu publicados, *A miséria do mundo* (BOURDIEU, 1997a [1993]), *Meditações pascalianas* (BOURDIEU, 2001b [1997]) e *Para uma sociologia da ciência* (BOURDIEU, 2004b [2001]), ilustram essa evolução. Em *A miséria do mundo* Bourdieu tenta pôr em prática, no contexto de entrevistas sociológicas diretas, o tipo de abordagem social--científica reflexiva que defende. Um dos propósitos era demonstrar como a teoria pode ser implementada ao permitir que os raciocínios e pontos de vista dos atores tenham precedência em relação às categorias mentais e expectativas dos observadores (cf. BOURDIEU & EAGLETON, 1996d: 274 [1992]) de modo a diminuir o desequilíbrio relacional inerente que afeta todas as metodologias de pesquisa:

> Como pretender fazer ciência dos pressupostos sem se esforçar para conseguir uma ciência de seus próprios pressupostos? Principalmente esforçando-se para fazer um uso reflexivo dos achados da ciência social para controlar os efeitos da própria pesquisa e começar a interrogação já dominando os efeitos inevitáveis da interrogação. [...] A diferença não é entre a ciência que realiza uma construção e aquela que não o faz, mas entre aquela que o faz sem o saber e aquela que, sabendo, se esforça para conhecer e dominar o mais completamente possível seus atos, inevitáveis, de construção e os efeitos que eles produzem também inevitavelmente (BOURDIEU, 1997a: 694-695 [1993: 904-905], tradução modificada).

Essa metodologia de pesquisa não tem como evitar colocar o/a cientista social numa posição privilegiada ao traduzir o discurso de outras pessoas. A situação só pode ser mitigada através da habilidade dos entrevistadores de objetificar sua própria compreensão dos pontos de vista dos entrevistados (cf. MYLES, 2004: 91-107). Para além de quaisquer críticas de reducionismo, regressão crítica, elitismo ou mesmo de anti-humanismo que podem surgir de uma certa interpretação do texto de Bourdieu, a noção de objetivação participante traz novamente ao primeiro plano a questão da origem do conhecimento e as condições sócio-históricas de sua produção e justificação, que são um tema recorrente nas *Meditações pascalianas*. Da reflexividade como uma precondição metodológica e epistemológica do conhecimento à reflexividade como uma condição filosófica e quase ontológica da verdade, é como se o conceito tivesse fechado um círculo. Em última instância, a reflexividade sofre da aporia de sua própria "narrativa em abismo" metodológica e teórica, que são alvos fáceis para aqueles que buscaram criticar a estratégia de revelação reflexiva de Bourdieu (cf., p. ex., ALEXANDER, 1995).

Em sua tentativa de representar as condições dos dominados socialmente através da metodologia da objetivação participante, *A miséria do mundo* tem muito em comum com o trabalho anterior de Bourdieu sobre o campo da produção cultural através do uso da fotografia como uma forma de arte (BOURDIEU et al., 1965a). A *miséria do mundo* não foi simplesmente um empreendimento intelectual, um projeto de pesquisa social que pretendia testar a viabilidade e a implementação de uma boa prática epistemológica, mas foi também parte de uma forma consciente de engajamento no campo político; não é por acaso que a publicação do livro na França coincidiu com a presença cada vez maior de Bourdieu em debates públicos[4] e com a publicação de panfletos controversos que se engajaram criticamente com as *doxas* e poderes simbólicos modernos que Bourdieu considerava serem reproduzidos no discurso e na prática nos campos da mídia, da política e da economia (BOURDIEU, 1998a [1997], 1997b [1996], 2006a [2000], 2002d [1998], 2001c). Isso sugere comparações interessantes com Jean-Paul Sartre e a tradição do *intellectuel engagé* e reacendeu perguntas sobre a relação de Bourdieu com o marxismo. Esse engajamento mais direto ocorreu no mesmo momento em que Bourdieu se envolveu com outros campos da produção cultural e com partes do campo intelectual/acadêmico, tentando ilustrar durante o processo como a objetificação crítica poderia contribuir para a emancipação.

O conceito de reflexividade se baseia numa compreensão fenomenológica da prática e da ação. Enquanto tal, ele deve ser considerado e compreendido como um horizonte, um princípio orientador e não um objetivo bem definido. Por fim, ao lermos os prefácios e posfácios, as reedições e as traduções, podemos também nos perguntar se a utilização da reflexividade por Bourdieu no campo sociológico não é reminiscente da utilização de biografia por Rousseau no campo literário de sua época.

---

4 Como ocorreu quando Bourdieu defendeu publicamente a greve dos servidores públicos franceses em meados da década de 1990.

# Parte V

*Aplicações*

# Introdução

*Michael Grenfell*

Apesar de oferecerem uma descrição de conceitos que, aparentemente, parecem ser de caráter altamente abstrato, os vários participantes deste livro buscaram enfatizar que a abordagem de Bourdieu tem base numa teoria *da* prática. Em outras palavras, por mais complexa que a perspectiva epistemológica subjacente seja, ela só tem valor à medida que é aplicada a fins práticos. Vários exemplos práticos foram oferecidos ao longo de todos os capítulos para ilustrar cada conceito. Nesta última parte nós nos perguntamos o que o método representa *como um todo*. Aqui, voltamos nossa atenção a características metodológicas como um modo de guiar futuros pesquisadores interessados em adotar, ou ao menos incorporar, aspectos do método de Bourdieu em seus próprios projetos. Portanto, esta parte se chama "Aplicações".

O Capítulo 13 é todo sobre metodologia. Ele trata da relação entre o mundo social real e a linguagem/terminologia utilizada para expressá-lo e representá-lo. Em particular, examinamos como os conceitos de Bourdieu se formaram à luz de investigações empíricas profundas e os limites da representação. A classe social é utilizada como um exemplo. O capítulo estabelece então uma abordagem para a pesquisa bourdieusiana em termos de uma "metodologia de três níveis". O primeiro nível trata da construção do objeto de pesquisa e como isso molda todo o empreendimento. O nível 2 é a análise de campo, expressa em termos de três estágios: campos dentro do campo do poder, a estrutura do próprio campo, e o habitus daqueles posicionados relacionalmente dentro dele. O nível 3 trata então da objetivação participante, onde voltamos para as dimensões reflexivas fundamentais para se trabalhar com o método de Bourdieu. Esse último ponto é então estendido em termos dos motivos e responsabilidade do pesquisador. O conjunto pretende oferecer um esboço para a adoção de uma abordagem bourdieusiana, e contém, portanto, a implicação que omitir qualquer parte empobrece o conjunto final.

Perto do final de sua vida, Bourdieu apresentou suas próprias *leçons* anuais no Collège de France como "Explorações adicionais na teoria de campos" e fica claro para qualquer um que estude sua carreira que "campo" se tornou uma preocupação central para ele, tanto conceitualmente quanto como uma estrutura de delineação para orientar a pesquisa nas ciências sociais. Como vimos, os aspectos do conceito de campo foram estabelecidos no Capítulo 4. Entretanto, nem tudo no mundo social existe dentro de um campo limitado explicitamente, pois se desenrola num contexto mais amplo de *espaço social*. Ainda assim, o espaço social é tão governado por forças estruturadas e estruturantes quanto os campos, e a epistemologia e teoria da prática básicas valem para os dois. O Capítulo 14 trata dessa definição mais ampla de espaço social, novamente com ênfase na aplicação prática. O capítulo revisita alguns dos princípios orientadores notáveis de vários capítulos e explora mais uma vez a relação entre o "mundo real" e como podemos representá-lo. O aspecto da mudança também é examinado junto com o relacionamento entre campos e o espaço social. Para terminar, há uma orientação metodológica e exemplos práticos extensos para ilustrar os vários níveis e estágios de análise necessários para o estudo de campos e do espaço social. A intenção aqui é outra vez oferecer exemplos práticos como uma maneira de estimular os leitores e as leitoras a desenvolverem os seus próprios exemplos.

Nós sabemos que o trabalho de Bourdieu forjou-se em resposta a forças sociais enormes e que muitos de seus principais tópicos – educação, cultura etc. – foram aspectos definidores no desenvolvimento da França do pós-guerra. Seus estudos não eram simplesmente exposições sociológicas para serem lidas *por si mesmas* – eles carregavam implicações políticas acentuadas. Em outras palavras, o trabalho de Bourdieu tinha um propósito, e esse propósito, em última instância, era a ação política. Portanto, o Capítulo 15 lida com os conceitos em termos da política. Esse capítulo começa com uma consideração da teoria política implícita no núcleo da abordagem de Bourdieu e sua própria visão do "campo político". Nós vemos os limites da delegação e da representação política. O capítulo parte então para a exploração do ativismo político de Bourdieu não apenas em termos de seus próprios envolvimentos específicos em movimentos políticos, mas também do tipo de estratégias que eles nos oferecem em termos de nossa própria ação política. Em outras palavras, o que devemos *fazer* com este trabalho? O tema fundamental aqui é a responsabilidade do intelectual "comprometido" e da intelectual "comprometida" de agir com o seu trabalho.

Os três capítulos são, portanto, oferecidos como uma contribuição para a explicação de como utilizar esses conceitos – e também como um encorajamento para fazê-lo!

# 13
# Metodologia

*Michael Grenfell*

**Introdução**

Como vimos na introdução deste livro, é bastante incomum lidar com os conceitos de Bourdieu como entidades discretas. Ainda assim, ao fazê-lo, cada capítulo permitiu uma consideração aprofundada de cada termo de uma perspectiva teórica e prática. Enfatizamos em várias ocasiões como a "teoria da prática" de Bourdieu é essencialmente uma "teoria da prática da pesquisa". Portanto, seus conceitos-chave só fazem sentido quando aplicados à pesquisa prática, e toda a *raison d'être* da abordagem é que eles devem ser utilizados em projetos novos. Este capítulo trata da relação entre os conceitos e a pesquisa empírica, e então estabelece princípios metodológicos em três níveis: a construção do objeto de pesquisa; a análise de campo em três níveis; e a objetivação participante. Existe um compromisso "moral" no coração da filosofia de Bourdieu que exige uma certa vigilância quanto ao ato de pesquisa e de ser um pesquisador, o que por sua vez envolve um engajamento sociopolítico. Qual é a natureza dessa vigilância e desse engajamento? Este capítulo também tenta responder essa pergunta.

**A linguagem dos conceitos: o simbólico e o efetivo**

Bourdieu muitas vezes faz uma distinção entre os pontos de vista respectivos do teórico e do pesquisador: um teórico se interessa em desenvolver hipóteses que expliquem as particularidades e o funcionamento de um objeto de estudo, enquanto um pesquisador coleta dados empíricos para obter um retrato de como o "mundo real" é constituído. Ambos esses pontos de vista oferecem apenas uma visão parcial se utilizados sozinhos, e a abordagem de Bourdieu busca usar não só os dois, mas também mais do que isso. Com efeito, o modo mais simples de descrever o estudo de um objeto social é como uma inter-relação contínua e reflexiva entre as duas posições – a investigação empírica e a explicação teórica. Em vez da separação entre as duas posições mitigada apenas por interações intensificadas, Bourdieu defende a fusão entre a construção teórica e as operações de pesquisa prática – uma *teoria da prática* que é ao mesmo tempo uma *prática da teoria*. O mundo é infinitamente complexo. Qualquer pesquisador tem dificuldades para representar essa complexidade. Diante da multidimensionalidade, parece haver uma escolha entre dois modos principais de lidar com ela. Normalmente se considera a abordagem "teórica" como mais robusta e "científica" ao buscar extrair, simplificar e criar hipóteses com bases em achados, que são então testadas em relação a análises adicionais de dados. A abordagem de Bourdieu para investigar o mundo social, por outro lado, é essencialmente empírica: um empirismo visto como de natureza estrutural, relacional e dinâmica. Seus próprios estudos enfocam as estruturas e instituições em mudança neste mundo (como leituras objetivas externas) enquanto analisam a natureza e extensão da participação dos indivíduos nelas (uma leitura subjetiva interna). Essas duas lógicas sociais distintas se interpenetram e são mutuamente geradoras, gerando as "estruturas estruturantes e estruturadas" que foram discutidas na Parte II. Esse método começa com a totalidade, aceita a complexidade e busca estruturas organizadoras dentro dela e também seus princípios subjacentes gerados. A lógica desses princípios é sempre diferenciar, mas eles realmente se expressam em termos diferenciais. Essa propriedade explica como os princípios podem ser funcionalmente operantes enquanto ao mesmo tempo são desconhecidos: se não fosse assim, eles não seriam tão eficientes. Todo o universo conceitual de Bourdieu – sua teoria da prática e os termos pelos quais ela é expressa (habitus, campo, capital, disposição, interesse, *doxa* etc.) – está predicado nessa postura epistemológica. Portanto, é útil tratarmos melhor da relação entre conceito, análise e fenômeno social, que ofereceremos com uma ilustração prática ao voltarmos à questão do agrupamento social e da classe que vimos no Capítulo 6.

Como afirmado anteriormente, precisamos nos lembrar de que Bourdieu sempre começa com um contexto prático – às vezes até uma imagem, às vezes uma entidade social – e utiliza isso para conduzir suas investigações. Primeiro se coleta os dados, e só então a teoria é desenvolvida, depois da imersão na análise deles. Esse é um estágio inicial necessário para realmente realizar uma "ruptura com o pré-construído". Ele diz isso em entrevistas onde descreve o principal motivo para estudar e publicar análises sobre a Argélia como "o desejo de elucidar um tópico que era mal-entendido pela maioria dos homens e mulheres franceses" (BOURDIEU & GRENFELL, 1995b: 17). Da mesma maneira, ele declara que seu trabalho sobre a educação surgiu em parte de um desejo de compreender o que significava ser "um estudante" (também parte de uma autoidentificação da vida acadêmica). Assim, é importante enfatizar que existe um fenômeno ou pergunta de pesquisa particular no ponto de partida do trabalho de Bourdieu – não um motivo teórico. Ele diz isso explicitamente em várias ocasiões, e no prefácio de *A reprodução* faz todo o possível para insistir que, apesar de o livro ser dividido em duas partes – a primeira teórica e a segunda empírica –, sua proveniência deve na verdade ser compreendida como o contrário, da prática para a teoria; em outras palavras, a tentativa de chegar a um conjunto de proposições para a pesquisa que fossem "logicamente exigidas para fundamentar os resultados" (BOURDIEU & PASSERON, 2011a: 15 [1970: 9], tradução modificada).

Nós notamos o modo como Bourdieu busca constantemente romper com o "pré-dado" ou o "pré-construído". Esse objetivo fica aparente em sua primeira publicação sobre a Argélia (BOURDIEU, 1958), onde ele começa argumentando que a própria "Argélia" é um construto social que precisa primeiro ser compreendido em termos de sua existência efetiva em vez de qualquer acúmulo histórico de significado. O que se segue representa uma topografia social da morfologia da sociedade argelina. Da mesma maneira, em relação à educação, ele discute a posição "de senso comum" da escola democrática, tão louvada e sustentada por governos sucessivos da República Francesa depois de sua fundação pelos jacobinos (cf. BOURDIEU, 2002a: 55). Essa preocupação com a "construção social" dos "fatos" sociais e em descobrir as palavras para expressá-los interessaria Bourdieu pelo resto de sua carreira. Vale a pena, portanto, seguir seu próprio relato da descrição do modo como certos conceitos surgiram de um engajamento empírico com os dados sociais e o que foi encontrado neles:

> [...] o conceito de *habitus*, nascido do esforço para dar conta das práticas de homens e mulheres que se encontram arremessados num cosmos econômico estranho e estrangeiro, importado e imposto pela colonização, com um equipamento cultural e disposições – particularmente econômicas – adquiridas num universo pré-capitalista; o conceito de *capital cultural* que, elaborado e utilizado mais ou menos no mesmo momento onde Gary Becker colocou em circulação a noção de "capital humano", mole e vaga, e carregada com o peso de pressupostos sociologicamente inaceitáveis, buscava dar conta de diferenças de outra forma inexplicáveis quanto ao desempenho escolar de crianças de dotes culturais desiguais e, de modo mais geral, quanto a todo tipo de forma de práticas culturais e econômicas; o conceito de *capital social* que forjei, nos meus primeiros trabalhos de etnologia na Cabila e no Béarn, para dar conta de diferenças residuais ligadas, *grosso modo*, a recursos que podiam ser reunidos, por procuração, através de redes de "relações" mais ou menos numerosas e mais ou menos ricas [...]; o conceito de *capital simbólico* que tive que construir para dar conta da lógica da economia da honra e da "boa-fé" e que pude tornar mais preciso e refinado na análise da economia dos bens simbólicos, especialmente das obras de arte, e para essa análise, e por ela; finalmente, e sobretudo, a noção de *campo*, que obteve um certo sucesso [...] A introdução dessas noções é apenas um aspecto de uma mudança mais global da linguagem (marcada, p. ex., pela substituição do léxico da decisão pelo da disposição ou do adjetivo "racional" por "razoável") que é indispensável para exprimir uma visão da ação radicalmente diferente daquela que fundamenta, frequentemente de modo implícito, a teoria neoclássica (BOURDIEU, 2006a [2000: 12-13]).

O interesse de Bourdieu por um termo como "classe social" era secundário. As fotos dos mascates argelinos (BOURDIEU, 2003b) mostram indivíduos que não têm classe enquanto tal. As perguntas importantes sobre eles são mais etnográficas: Quem são eles? Por que estão ali? Da mesma maneira, as fotos dos camponeses no Béarn (BOURDIEU, 2002b) mostram indivíduos que são todos da mesma classe – são camponeses. Entretanto, aqui temos perguntas importantes sobre como a diferenciação ocorre, e por quê. Quais são as estruturas que operam para excluir um certo grupo do matrimônio? O argumento metodológico é que Bourdieu desenvolveu conceitos como campo, habitus e capital para responder a perguntas desse tipo. Não era uma tentativa de oferecer uma teoria da "classe social", e sim uma explicação da trajetória individual e da mudança na sociedade. Portanto, a visão de Bourdieu sobre a "classe social" precisa ser compreendida filosófica e metodologicamente – para ele, os dois níveis se interpenetram – e, com efeito, em última instância politicamente. Entretanto, esses três aspectos também precisam ser compreendidos em seu desenrolar no decorrer de seu desenvolvimento intelectual.

Vale lembrar que, para Bourdieu, o ato primário é de cognição; ou seja, um indivíduo se engajando em seu ambiente social (material e ideacional). A resposta dos agentes sociais é empírica e ingênua na fonte, mas cada vez mais condicionada pelo pré-dado, aquilo que foi experimentado anteriormente. Essa internalização, para Bourdieu, é ao mesmo tempo mental e corpórea – incorporada no ser dos agentes sociais. Bourdieu busca "romper" com esse estado empírico ao revelar o significado da ação social. Entretanto, como vimos na Parte II, essa ruptura é montada em termos de "rupturas" adicionais com formas diferentes de conhecimento derivadas do campo filosófico; a saber, o conhecimento subjetivista e objetivista (cf. GRENFELL & JAMES, 1998, cap. 2; GRENFELL, 2004b: 174ss., para uma discussão aprofundada). Como também vimos, Bourdieu considerava essa dicotomia "fundamental" e "danosa" (BOURDIEU, 2009: 43 [1980: 43]) para as ciências sociais. Por um lado, temos o "modo objetivo" com suas representações da realidade como coisas que devem ser postas em alto relevo. Por outro, temos o "modo subjetivo", onde os agentes manipulam suas autoimagens ao se apresentarem a um mundo que é experimentado como uma série de eventos espontâneos. Essa questão é central para o pensamento de Bourdieu, já que, com efeito, ela representa uma luta por nossas próprias percepções do mundo social; uma luta onde a "verdade está em jogo". Isso leva a uma pergunta fundamental: "As classes são uma construção científica ou elas existem?" Se as encarássemos através do modo do conhecimento substancialista, elas seriam vistas como geradores "prontos" da prática social. A ação dos membros sociais seria assim reduzida a serem um produto de seu pertencimento a certos grupos sociais identificados pelos pesquisadores. O modo relacional, por outro lado, enxerga as classes em termos de relacionamentos invisíveis que são efetivados em qualquer momento dado. Aquilo que é visto em termos de classe social não existe; enquanto aquilo que não é visto existe. Ninguém realmente sabe quando e onde uma classe termina e outra começa e, na realidade, qualquer indivíduo pode existir em várias "classes" durante sua vida sem jamais pertencer a nenhuma delas. Para Bourdieu, "o real" é relacional porque a realidade não é nada mais do que a estrutura, um conjunto de relacionamentos, "obscurecidos pelas realidades da experiência sensorial ordinária" (BOURDIEU, 1987: 3). Essa leitura relacional da obra de Bourdieu é fundamental para compreender o que ele de fato oferece em suas análises "baseadas em classes". Então o que é que Bourdieu faz de diferente?

Em vez de atribuir práticas particulares a classes particulares, a intenção de Bourdieu é construir um modelo do espaço social que explique um conjunto de práticas encontradas lá. Essas práticas se diferenciam de acordo com diferenças observadas com base nos princípios que definem a posição no espaço social. O que está em jogo aqui não são tanto as semelhanças que as classes compartilham, mas suas diferenças; nós precisamos "construir o espaço multidimensional de modo a nos permitir reproduzir a distribuição dessas diferenças" (BOURDIEU, 1994c: 117). O que ele oferece é, portanto, menos uma sociologia da "classe social" do que uma sociologia da distinção, de sua lógica da prática definidora e da classificação social. Aqui, reconhecer que a "distinção" é um instinto humano básico não é o suficiente. De fato, Bourdieu rejeita a posição de Veblen do "consumo conspícuo", já que ser conspícuo não é o bastante – é preciso ser percebido em termos de um sinal específico de significação. As classes só existem, portanto, à medida que são reconhecidas como tais em contextos práticos governados pelos princípios particulares de sua posição no espaço social. O propósito da sociologia é indicar os processos e consequências desse reconhecimento. Qualquer outra coisa é confundir "as coisas da lógica pela lógica das coisas" (BOURDIEU, 1990: 79 [1987: 77]). Nomear uma classe sem essa visão é equivalente a um insulto, pois significa agir como uma forma de "violência simbólica" ao impor um certo perspectivismo (absoluto).

Ao pesquisar a classificação social, Bourdieu estabelece, portanto, uma distinção entre a estrutura efetiva do sistema social em sua estratificação multidimensional e os produtos simbólicos que surgem dela: "Na realidade, o espaço das posturas simbólicas e o espaço das posições sociais são dois espaços independentes, mas homólogos" (BOURDIEU, 1994c: 113).

Essas propriedades acabam sendo definidas em termos de *capital*: em outras palavras, aquilo que é valorizado simbolicamente. As regiões são então "cortadas" para enxergar a operação e a colocação de um conjunto de agrupamentos sociais. Esses agrupamentos podem ser de qualquer tipo – raça, gênero –, apesar de, pelo menos em seu trabalho sobre educação e cultura, a ocupação ser um classificador fundamental, mas nomes e aglomerados de ocupações definidos em termos de critérios e afinidades, e o modo como eles foram distribuídos através do conjunto de categorias ocupacionais. Bourdieu argumenta também que em seus estudos empíricos os princípios "primários" mais importantes de diferenciação devem ser atribuídos tanto ao *volume* quanto à *configuração* particular de *capital* (cultural, social e econômico). Em outras palavras, indivíduos e grupos se definem através de quanto capital possuem *e* da distribuição de tipos de capital nessa posse. Um outro ponto é as trajetórias sociais de indivíduos e grupos. Esse é um modo de relacionar classes sociais *no papel* com o que existe na realidade. À medida que vários indivíduos possuem volumes e configurações semelhantes de capital (ou seja, compartilham condições materiais) em conjunto com outros, eles constituem um grupo homogêneo e, portanto, identificável. Em outras palavras, eles compartilham uma posição semelhante na estrutura geral do espaço social e, assim, também compartilham um *habitus* semelhante e características disposicionais consequentes. *As classes sociais, portanto, não existem*. O que existe é o "espaço social" e classes virtuais definidas em termos de atividades particulares dentro dele.

A questão da "classe social" e como ela é definida, portanto, está no coração da filosofia e do método de Bourdieu. Ele luta para não substanciar as "classes" num campo onde seu *modus operandi* inclui uma luta pela proeminência filosófica e metodológica. "Nomear" alguma coisa é equivalente a um ato de magia, já que, se aceito, permite que uma visão ganhe precedência sobre outra, o que representa uma forma de "violência simbólica". As estratégias classificatórias marcam uma ambição de aceitar ou modificar uma certa visão de mundo: Capitalista? Marxista? Bourdieusiana? Portanto, devemos tomar cuidado com pesquisadores que ignoram o aspecto relacional das "classes no papel", e tomar ainda mais cuidado com seu aspecto virtual. Mas Bourdieu diz que é exatamente isso que ocorre nos campos científicos onde certos pesquisadores (com seus próprios interesses objetivos) distribuem certos membros em certas categorias. Esses pesquisadores podem existir nos campos políticos, acadêmicos ou da mídia. Entretanto, em cada caso há uma questão de "legitimidade" na *nomeação* de outros. O argumento move Bourdieu para uma posição de tomar o processo efetivo das "classes" e da "classificação" como um objeto de estudo: "Não se pode fazer uma ciência das classificações sem se fazer uma ciência da luta dessas classificações e sem levar em conta a posição que, nessa luta pelo poder do conhecimento [...], ocupa cada um dos agentes ou grupos de agentes que nela se acham envolvidos" (BOURDIEU, 1998c: 149 [2001: 310-311], tradução modificada). A questão aqui é que Bourdieu argumenta que certos agentes, ou grupos, têm poder sobre outros ao designar definições de classe. O poder de fazer isso é quase um ato "sagrado" ao separar grupos sociais – a elite e as massas – como bons e maus, distintos e vulgares; sendo, portanto inerentemente político: "A análise da luta das classificações traz à luz a ambição política que atormenta a ambição gnoseológica de produzir a boa classificação" (1998c: 150-151 [2001: 312]). Isso é compreensível para os dominantes, que têm *interesse* em preservar o *status quo* e o espaço social como é rotineiramente concebido. Isso não é aceitável para uma "ciência" que busca descobrir a realidade da classe. Em última instância, portanto, essa discussão nos move na direção de questões metodológicas de prática – para evitar reificar a classe e objetificar a própria ambição de objetificar as classes.

Eu quero agora tratar de alguns detalhes metodológicos em termos da operacionalização desses princípios na prática.

### Uma metodologia em três níveis
*1) A construção do objeto de pesquisa*

Num certo momento, Bourdieu se refere à "construção do objeto de pesquisa" como uma "suma da arte" da pesquisa nas ciências sociais (BOURDIEU & WACQUANT, 1989d: 51). Enquanto pesquisadores, nossa escolha de tópico de pesquisa é moldada por nossa própria formação e trajetória acadêmica. Nessa medida, nossa atividade de pesquisa é uma homologia simbólica da infraestrutura acadêmica com suas várias posições e agrupamentos estruturais. Os conceitos-chave nas ciências sociais estão sujeitos a debates intensos sobre os termos de sua representação. Por exemplo, "idosos", "jovens", "imigrantes", "pobreza", "sala de aula", e assim por diante. Bourdieu avisa os aspirantes a pesquisadores a "tomarem cuidado com as palavras": tomem cuidado com elas porque as palavras se apresentam como se fossem neutras em relação a valores, quando na verdade são construções sócio-históricas, consideradas óbvias como expressões do "senso comum", mas com pressuposições especializadas sobre seus significados e imbuídas de implicações logicamente práticas desses significados. Na prática, as palavras estão suscetíveis a uma espécie de "dupla historicização": primeiro, uma palavra é utilizada para representar um certo fenômeno num ponto particular do tempo – ponto que muitas vezes é construído e apresentado de modo a considerar transparentes os aspectos social e histórico de sua construção; segundo, essa forma des-historicizada é então sujeita a uma historicização adicional quando a forma original é tomada como a base do fato a partir do qual trabalhos e elaborações posteriores são operacionalizados. Desse modo, a palavra mais inocente pode carregar consigo todo um conjunto de pressuposições, interesses e significados não objetificados que confundem a realidade da representação com a representação da realidade – confundem o pensamento "substancialista" com o "relacional". Com efeito, é muito fácil confundir os construtos como coisas *em si mesmas* em vez de conjuntos de relações. Fazer o primeiro e não o segundo – sem saber disso, muito menos reconhecer isso – é aceitar toda uma matriz epistemológica que tem consequências diretas para o modo como se pensa um objeto de pesquisa, com as implicações que esse erro acarreta para as metodologias empregadas para coletar e analisar dados e para as conclusões tomadas como consequência disso. Bourdieu oferece o exemplo da palavra "profissão" e afirma que assim que ela é tomada como um *instrumento* e não como um *objeto* de análise, segue-se todo um conjunto de consequências. Além do mais, essas pressuposições não são apenas um descuido inocente, já que um *modus operandi* necessário se coloca contra outro num *campo* para competir pelo *capital simbólico* limitado que pode ser obtido com a ocupação de uma posição dominante nele. Isso também vale para o campo científico. Tudo isso gera perguntas sobre o valor, poder e integridade de uma palavra para representar tanto um produto quanto um processo. Facções diferentes do campo acadêmico utilizam palavras como elementos em suas lutas por posições dominantes nele. Muitas simplesmente não reconhecem a natureza contestada dos "conceitos". Nessa medida, a "construção do objeto de pesquisa" é frequentemente o estágio metodológico mais difícil de realizar: primeiro, porque seus termos – os nomes do jogo – são o produto da história e assim desenvolveram uma certa ortodoxia "evidente"; segundo, porque todo um conjunto de interesses específicos é muitas vezes coextensivo com ver o mundo desse modo. Bourdieu afirma que romper com isso arrisca "relegar ao passado" (BOURDIEU,

1996b: 184 [1992: 264]) todo um conjunto de pensamentos, estabelecido hierarquicamente pela história e pela estrutura consequente do próprio campo científico. Empregos poderiam literalmente ser perdidos, carreiras arruinadas, e assim por diante! O que Bourdieu defende é uma combinação de "ambição teórica imensa" com "modéstia empírica extrema"; a constituição de "objetos socialmente insignificantes" em "objetos científicos" e a tradução de "problemas muito abstratos" em "operações científicas concretas" (BOURDIEU. In: BOURDIEU & WACQUANT, 1989d: 51):

> A construção do objeto – pelo menos em minha experiência de pesquisador – não é algo que se opera de uma só vez, através de uma espécie de ato teórico inaugural [...] é um trabalho de longo prazo, que se realiza de pouco a pouco, através de retoques sucessivos, de toda uma série de correções e retificações [...] ou seja, o conjunto de princípios práticos que orienta escolhas ao mesmo tempo minúsculas e decisivas [...] (BOURDIEU & WACQUANT, 2005a [1992: 199]).

> Uma das dificuldades da análise relacional é que na maior parte do tempo só podemos compreender os espaços sociais através da forma das distribuições de propriedades entre indivíduos. Isso porque a informação acessível está ligada a indivíduos (2005a [1992: 201]).

Quando o objeto de pesquisa está "construído", ele é estudado em termos de uma análise de campo em três estágios.

*2) Análise de campo*

Quando questionado explicitamente por Loïc Wacquant (2005a [1992: 80-83]) para resumir essa abordagem metodológica, Bourdieu a descreveu em termos de três níveis distintos (cf. tb. os Capítulos 5 e 14):

1) Analisar a posição do campo em relação ao campo do poder.
2) Mapear a estrutura objetiva das relações entre as posições ocupadas por agentes que competem pelas formas legítimas de autoridade específica das quais o campo é um local.

3) Analisar o habitus dos agentes; os sistemas de disposições que eles adquiriram ao internalizar um tipo determinado de condição social e econômica.

É possível ver como esses três níveis representam os vários estratos de interação entre *habitus* e *campo*.

No *nível 1*, é necessário ver um *campo* em relação a outros campos; particularmente o campo do poder reconhecido. Em última instância, este é o poder político e o governo, ainda que existam várias instituições e campos mediadores: a realeza, os negócios internacionais, e assim por diante.

No *nível 2*, analisa-se a topografia estrutural do próprio campo: todos dentro dele e as posições que mantêm. Esse posicionamento é expresso em termos de *capital* e de suas configurações. Nós vimos que o *capital* pode ser expresso de três formas: econômico, social e cultural. O *econômico* se refere à riqueza monetária; o *social* a relações de rede úteis e prestigiosas; e o *cultural* a atributos culturais simbolicamente poderosos derivados da educação, da formação familiar e das posses. Todos são *capitais* porque agem para "comprar" posicionamentos no campo. Portanto, o *capital* tem um valor derivado do campo como a moeda de troca reconhecida e atribuída ao campo, de modo a ser capaz de se organizar e posicionar aqueles dentro do campo de acordo com seus princípios definidores. Nós já vimos como os princípios geradores de um campo têm uma lógica da prática, uma moeda comum expressa através do meio de seu *capital*. Ela define o que é e não é pensável e o que é factível dentro do campo através de sistemas de reconhecimento, ou de não reconhecimento, que dão valores diferenciais de acordo com princípios de escassez e raridade. Em outras palavras, aquilo que é mais valorizado é mais raro; então mais desejado e, portanto, valioso. Aquilo que é mais comum tem menos valor.

No *nível 3*, analisa-se o agente individual real dentro do campo; sua formação, trajetória e posicionamento. Entretanto, o nível 3 deve ser lido como uma análise dos relacionamentos ou correspondências entre indivíduos, e não dos indivíduos em si mesmos. Esse nível se expressa em termos dos traços individuais das características dos indivíduos, mas apenas à medida que estes se relacionam com o campo no passado e no presente. Em outras palavras, estamos interessados em atributos particulares que são sociais porque só têm valor em termos do campo como um todo. Não estamos preocupados com idiossincrasias individuais. O *habitus* direciona e posiciona os indivíduos no campo em termos da configuração de capital que eles possuem e como isso se alinha, ou não, aos princípios governantes da lógica do campo. Podemos então comparar correspondências entre indivíduos, grupos e o modo como as estruturas se interseccionam e se alinham nas homologias estabelecidas no decorrer das operações desse campo com outros campos. Para a pesquisa, isso implica dar uma atenção maior a aspectos como a biografia, a trajetória (pessoal e profissional) e a prática local em relação à lógica da prática dos campos em que elas ocorrem.

A estrutura dos campos, sua lógica definidora, sua derivação e o modo como essas lógicas são efetivadas na prática são importantes; especialmente aquelas de discursos oficiais etc. Por fim, e como demonstrado na Parte II, são os elos entre indivíduos (*habitus*), estruturas de campo e os posicionamentos tanto dentro quanto entre campos que formam um esquema conceitual para a pesquisa (cf. GRENFELL, 1996, para uma aplicação dessa análise de três níveis na área da educação de professores; e GRENFELL & HARDY, 2007, para o estudo da arte e da estética na educação).

A análise de campo de três estágios complementa as possibilidades de conceituar o espaço social oferecido no Capítulo 14. É claro que há uma pergunta se o pesquisador começa com o nível 1, 2 ou 3. Em um certo sentido, a coleta de dados possivelmente pressupõe uma reunião inicial de descrições pessoais (nível 3) – habitus – como um modo de construir uma etnografia dos participantes do campo. Entretanto, é preciso enfatizar que apenas os dados biográficos não são suficientes. Eles também precisam ser analisados em relação a posições de campo, estruturas e sua lógica da prática subjacente; e, o que é mais importante, ao *relacionamento* entre o campo e o habitus – não apenas um e/ou o outro. Finalmente, essa análise de campo e suas interações com os habitus individuais precisa ser ligada a uma análise posterior das relações entre o campo e sua posição nas estruturas gerais dos campos do poder. Portanto, todos os três níveis são necessários.

Para construir essa análise de campo, a questão da dicotomia tradicional entre abordagens qualitativas e quantitativas torna-se menos significativa. Com efeito, o[a] pesquisador[a] precisa obter as melhores análises de dados para realizar a construção de uma análise relacional; tanto dentro de campos quanto entre eles. Elas podem ser análise de correspondências múltiplas; análise documental; estudos biográficos; estudos de caso etnográficos, e assim por diante (cf. BOURDIEU & WACQUANT, 2005a [1992: 72]). O que uma análise de três níveis representa é uma aplicação metodológica de uma "teoria do caráter situado" ou uma "analítica existencial". Entretanto, Bourdieu previu críticas:

> É provável que no começo o questionamento do objetivismo seja compreendido como uma reabilitação do subjetivismo e seja misturado com a crítica que o humanismo ingênuo apresenta à objetificação científica em nome da "experiência vivida" e dos direitos da "subjetividade" (BOURDIEU, 1977: 3-4).

Entretanto, ele afirmava que tal abordagem era absolutamente essencial se quisermos nos libertar dos erros do passado e "escapar da escolha ritual 'ou isto ou aquilo' entre o objetivismo e o subjetivismo" (1977: 3-4). O modo que Bourdieu encontrou para fazer isso foi expresso em termos de suas idas e vindas entre *habitus* e *campo*.

Finalmente, devemos notar mais uma vez que qualquer visão teórica do mundo, do especialista ou do não especialista, precisa necessariamente envolver, para Bourdieu, uma afirmação simbólica da verdade na luta pela *legitimação*; ou seja, pelo reconhecimento da autenticidade. É por isso que qualquer teoria do conhecimento precisava ter caráter ontológico *e* político, já que representa uma visão de mundo ou *raison d'être* particular junto com os *interesses* latentes apresentados nela. Como discutido no Capítulo 12, portanto, o que a teoria da prática de Bourdieu tenta fazer é olhar a lógica desses "pontos de vista" em termos da complementaridade epistemológica das estruturas objetivas e das estruturas cognitivas – mas fazer isso de modo a aplicar a mesma abordagem epistemológica para o[a] pesquisador[a]/filósofo[a] e ao pesquisado/teoria do conhecimento. É uma coisa compreender a ação prática e o conhecimento desse modo, e outra coisa tentar compreender *essa* compreensão. A "objetivação participante" tenta fazer isso.

*3) Objetivação participante*

Em um certo sentido, a principal convicção por trás de uma abordagem bourdieusiana não é simplesmente que em nosso estado operativo normal o mundo é muito mais complicado do que pensamos, mas que ele é mais complicado do que *podemos* pensar. As ferramentas de pensar que o método de Bourdieu oferece pretendem ser um modo de abrir essa complexidade para obter novas percepções. Entretanto, seria um erro considerar o emprego de termos como habitus, campo e capital como um fim em si mesmo, ou que simplesmente expressar a análise de dados com essas palavras seria uma rota suficiente para a compreensão e a explicação. No seu limite, tal abordagem resulta em pouco mais do que uma *metaforização* dos dados com uma linguagem bourdieusiana. A abordagem de três níveis da análise de dados delineada acima pretende ser uma chave para evitar tal reificação de termos conceituais. Entretanto, já vimos que há um terceiro ingrediente vital para Bourdieu – a reflexividade. Ela está em toda parte de sua obra.

Todo o foco na construção do objeto de pesquisa significa que ela é, em parte, uma tentativa de romper com o "pré-dado" do mundo, especialmente o mundo acadêmico, e repensar o objeto de estudo de uma nova maneira. Como parte desse processo, a reflexividade é mais do que uma opção pragmática; ela é uma necessidade epistemológica. Como vimos antes, o que Bourdieu propõe é romper com o próprio "conhecimento escolástico"! Em outras palavras, o mundo escolástico da teoria sobre um objeto científico precisa ser visto como tão propenso quanto o mundo empírico a agir com base em pressupostos criados historicamente; tanto que há realmente um perigo do conhecimento de pesquisa tornar-se um tipo de "falácia escolástica", onde aquilo que é oferecido em nome do conhecimento científico é na realidade simplesmente a reprodução de uma certa relação escolástica com o mundo, relação essa imbuída de seus próprios interesses. Bourdieu escreve sobre três pressupostos que são perigos fundamentais nessa "representação falsa" em potencial (cf. BOURDIEU, 2001b: 20 [1997: 24]). Primeiro, há o pressuposto associado a uma posição particular no espaço social; em outras palavras, o habitus particular (incluindo o gênero) do[a] pesquisador[a] constituído por uma trajetória de vida particular e, portanto, as estruturas cognitivas que orientam o pensamento e a prática. Segundo, há a ortodoxia do local particular do próprio campo científico – sua *doxa* – com seu imperativo de pensar (apenas!) nesses termos, já que eles são os únicos reconhecidos como legítimos dentro do campo. Terceiro, há toda a relação com o mundo social implicada pela própria *skholè* escolástica; em outras palavras, enxergar o mundo social como substantivo, dado e como objeto de contemplação em vez de relacional e existencialmente dinâmico – praxiologicamente. Por fim, para romper com a própria razão escolástica não é suficiente, para Bourdieu, simplesmente ter consciência através de alguma forma de retorno do pensamento ao próprio pensamento. Para ele, essas ações fazem parte da mesma fantasia escolástica que acredita que o pensamento pode transcender o pensamento e, ao fazê-lo, escapar de todos os pressupostos construídos socioculturalmente listados acima. Como esses pressupostos são inconscientes, implicados e obstruídos na própria natureza do pensamento, é necessário encontrar um outro modo de escapar deles que não o tipo de reflexividade normalmente aceito pelos cientistas sociais (p. ex., Alvin Gouldner). Para Bourdieu, a alternativa necessária é através do processo de "objetivação participante", ou a "objetificação do sujeito objetificante". O que é isso?

> Com isto quero dizer aquela que, destituindo o sujeito conhecedor do privilégio de que ele se sente investido, arma-se de todos os instrumentos de objetivação disponíveis [...] para revelar os pressupostos que ele ostenta por conta de sua inclusão no objeto de conhecimento (BOURDIEU, 2001b: 20 [1997: 24]).

Os cientistas sociais são convocados a aplicar os mesmos métodos de análise de seu objeto de pesquisa a si mesmos. O que isso significa, com efeito, é enxergar seu próprio campo de pesquisa em termos de habitus, campo e capital e objetivar sua própria posição dentro dele. Bourdieu tentou esse procedimento em livros como *Homo academicus* (BOURDIEU, 2011b [1984]) e *Esboço de autoanálise* (BOURDIEU, 2005b [2004]). Entretanto, um ponto fica crucialmente claro: apesar dessa empreitada poder ser tentada individualmente, e ser necessária, em parte, por um imperativo epistemológico pessoal, o que é ainda mais importante é que os participantes num campo acadêmico particular se comprometam com um processo semelhante de reflexividade como uma maneira de expor os limites de sua ciência. Bourdieu sabe muito bem que tal atividade vai contra a lógica da prática convencional do campo científico com seu interesse em afirmar sua própria visão de mundo ao competir por uma posição dominante no campo acadêmico geral. Como resultado disso, muitas vezes há uma relutância da parte dos acadêmicos em reconhecer os limites do pensamento que um processo verdadeiramente reflexivo revelaria. Para Bourdieu, é a missão particular da sociologia – ou, pelo menos, de sua versão da sociologia – insistir nessa postura reflexiva. Com efeito, qualquer outra coisa é uma espécie de ato definitivo de má-fé escolástica.

**Agir com responsabilidade**

Qualquer engajamento com a obra de Bourdieu está repleto de paradoxos. Como mostra sua trajetória de vida, é possível ser altamente crítico do próprio sistema que recompensa um indivíduo; portanto, Bourdieu chegou ao topo de um sistema educacional que ele mesmo criticava constantemente. Isso gera uma pergunta sobre integridade e honestidade intelectual. Além do mais, nos Capítulos 1 e 15 nós vemos uma passagem do acadêmico profissional particular para a celebridade intelectual pública no decorrer da carreira de Bourdieu. Essas passagens mais uma vez geram perguntas sobre motivos e ações que são pertinentes para nós como pesquisadores hoje em dia. O que fica claro é que a filosofia de Bourdieu era altamente crítica e radical; de fato, ela está quase na tradição dos "cínicos" do século V a.C. e sua rejeição dos valores que fundamentavam as convenções e os costumes. Além do mais, é uma visão da sociedade que pode ser aplicada da "objetividade" dos estudos do campo da educação à "subjetividade" do sofrimento social na França. Além da metodologia de três estágios e da análise de campo em três níveis, quais princípios devem guiar nossa prática?

Primeiro, para seguir o próprio conselho de Bourdieu, "cuidado com as palavras"; cuidado para não "metaforizar" os dados etnográficos de modo a simplesmente aplicar um verniz bourdieusiano a uma narrativa mais convencional. O risco aqui é acabar numa forma fraca de construtivismo, onde a prática atual é articulada em termos de experiências e atributos do passado. Lembremos, acima de tudo, que os conceitos bourdieusianos tiveram sua origem e proveniência por necessidades empíricas e tiveram motivação epistemológica. A abordagem de Bourdieu a conceitos é na verdade bastante ascética e ele raramente cria um conceito novo quando um antigo já serve.

Segundo, empregar toda a metodologia de três estágios, incluindo a "construção do objeto de pesquisa", a "análise de campo em três níveis" e a "objetivação participante". O argumento aqui é que omitir qualquer uma dessas partes é uma redução séria daquilo que o método tenta realizar. A construção do objeto de pesquisa é um estágio "pré-reflexivo" essencial na interrogação do sujeito de estudo em seus próprios termos pré-dados, como um caminho na direção de sua reconstrução numa perspectiva bourdieusiana. Essa jogada implica uma ruptura radical com o passado acadêmico e uma libertação do objeto para um novo nível de análise.

Em sua exposição da análise do campo, Bourdieu frequentemente começa com o nível "mais alto": as relações entre o campo e o campo do poder, então parte para a estrutura do próprio campo, antes de lidar com os habitus dos indivíduos envolvidos. Mas há uma tendência geral em muitas pesquisas das ciências sociais que utilizam Bourdieu a realizar a análise na direção oposta. Então, por exemplo, dados biográficos são coletados, analisados e então discutidos com referências gerais à formação pessoal e ao contexto social. Essa abordagem muitas vezes negligencia tanto o "mapeamento" de qualquer campo dado e sua constituição em termos das relações com o campo de poder; mapeamento, quer dizer, na forma de posicionamento estrutural real. Com efeito, a posição no campo e o campo do poder é muitas vezes descritiva do caso particular em vez do campo, das configurações de capital em geral, e assim por diante.

Terceiro é a *objetivação participante*. Muito pouco trabalho foi tentado para a obtenção de qualquer grau de "objetificação do sujeito cognitivo". A consciência pessoal não é o bastante – apesar de ser um começo. É preciso haver uma tentativa genuína da parte dos pesquisadores de objetivar sua própria posição de campo e as disposições e pressupostos que são inerentes a esse posicionamento. A maioria não sabe e não quer saber como trabalhar a partir de uma postura genuinamente reflexiva, já que essa postura pode por definição desarmá-los, enquanto a lógica da prática de pesquisa acadêmica é empoderar os agentes individuais no campo. Essa má-fé intelectual precisa ser sacrificada se quisermos um compromisso genuíno com uma ciência mais verdadeira.

Quarto, não fazer de Bourdieu algo mais interessante do que a pesquisa à qual suas ideias são aplicadas. De fato, a vida e a época de um intelectual francês que viveu na segunda metade do século XX são incidentais ao uso a que suas ideias podem ser aplicadas. Além do mais, lembremos que a posição de Bourdieu sempre era de um compromisso sociopolítico. O livro *Intervenções* mostra como esse nível de envolvimento estava até na obra mais antiga e não era simplesmente uma característica do ativismo posterior. Entretanto, ele também mostra aquilo que era possível para um intelectual – de destaque – num período e lugar particulares. Eu sugeri que um "Bourdieu moderno" não agiria desse modo e teria outras formas de comportamento político à disposição. Indivíduos de menos destaque têm muito menos possibilidades de deixar uma marca política com sua pesquisa; mas isso não os exonera do dever moral de ter clareza sobre a utilidade prática e o potencial para ação política e emancipação que surge da pesquisa – mesmo que apenas no fato simples da formulação de políticas públicas. Como agimos no campo da formulação de políticas e do financiamento de pesquisas não exige menos do que qualquer outro aspecto da vida política.

## Conclusão

Este capítulo refletiu sobre questões de princípios e de prática no emprego dos conceitos-chave de Bourdieu na pesquisa nas ciências sociais. Ele buscou estabelecer a epistemologia subjacente por trás dos conceitos e o modo como eles foram derivados. Essa derivação tem implicações teóricas e práticas, especialmente em termos de metodologias específicas empregadas em estudos de pesquisa. Exemplos foram dados para ilustrar o relacionamento entre o simbólico e o real. Reflexões posteriores foram feitas sobre a metodologia de três estágios, onde cada parte é essencial para uma abordagem bourdieusiana a qualquer tópico de pesquisa. Por fim, aludi brevemente à pesquisa como um "ato responsável" em termos de orientação ao emprego de Bourdieu tanto em termos de prática de pesquisa quanto do que devemos fazer com esse "conhecimento encontrado".

Enfim, se quisermos aceitar o próprio convite de Bourdieu para participar de uma sociologia reflexiva, podemos muito bem perguntar o que significa "conhecer" desse modo, "construir" o conhecimento desse modo e "qual uso" pode ser feito dele. Espero que respostas a essas perguntas estejam disponíveis em grande parte deste capítulo – e deste livro. Entretanto, para além dessas perguntas há um outro assunto-chave: o relacionamento entre o indivíduo e o grupo. De alguns modos, a filosofia de Bourdieu é em grande parte a abordagem de um indivíduo e trata do lugar do indivíduo no mundo social – seja empírico ou científico. Entretanto, no final das contas a abordagem só se constituirá como um paradigma de pesquisa genuíno se houver um ato coletivo de engajamento na direção do tipo de "comunidade da verdade" que sempre foi uma parte da visão de Bourdieu do mundo social: um mundo como fonte tanto do aprisionamento quanto da liberação dos impulsos inerentes à sua constituição. Essa visão é real para todos nós, inclusive os pesquisadores com nossa própria missão particular pelo conhecimento científico e o reconhecimento que esse saber confere.

# 14
# Espaço social

*Cheryl Hardy*

**Introdução**

O método de Bourdieu mapeia o espaço social em termos das posições relativas ocupadas por indivíduos e agrupamentos dentro dele. O campo era um modo particular de expressar tais posições e relações. Entretanto, Bourdieu também utilizou um conceito mais amplo de "espaço social" e empregou um conjunto de métodos representacionais para oferecer mapeamentos desse espaço. Este capítulo trata de um conjunto de formas visuais utilizadas por Bourdieu e por outros, incluindo diagramas – alguns baseados em análises de correspondências geométricas – e fotografias. Ele também oferece aos leitores um construto de pesquisa inicial prático, através da coleta e análise de dados, para apresentar e discutir resultados. O objetivo é oferecer uma orientação metodológica adicional para a realização de um estudo a partir de uma perspectiva bourdieusiana.

**Espaço social**

O termo "espaço social" é muitas vezes utilizado em escritos sociológicos como uma metáfora genérica para indicar o pano de fundo mais amplo do fenômeno social sob estudo (cf. CROSSLEY, 2005: 306). Bourdieu utiliza o termo "espaço social" de modo mais específico, quando pretende indicar o conjunto de todas as posições possíveis disponíveis para ocupação em qualquer momento ou local dado. Como a teoria da prática de Bourdieu é *relacional*, essas posições possíveis são definidas em relação umas com as outras. Como ele escreve, "deve-se poder evocar, em cada um de seus pontos, a totalidade da rede de relações que, de certa maneira, aí se encontra engajada" (BOURDIEU, 2007: 116 [1979: 139], tradução modificada). As posições dentro do espaço social são geradas pelas formas e quantidades de capital, tanto econômico quanto simbólico, que são reconhecidas na sociedade nesse momento e pelos valores relativos atribuídos a configurações e volumes diferentes desses capitais. Há uma distinção a fazer entre o conjunto de posições reconhecidas e as posições que são ocupadas. Nem todas as posições serão ocupadas em qualquer momento dado. Assim, cada indivíduo diferente com quantidades e configurações diferentes de capital terá um conjunto de posições disponíveis que são delimitadas pelo capital que possuem e pelas escolhas que fazem sobre seu desejo de qualquer posição particular – sua estratégia de campo. Ao escrever sobre proprietários de casas, Bourdieu nos lembra que não é uma análise antropológica ou fenomenológica que define os espaços, e sim os agentes cujas "experiências e expectativas são diferenciadas, e através de um princípio que não é nada menos do que a posição ocupada no espaço social" (BOURDIEU, 2006a [2000: 46]). Portanto, a posição já ocupada no espaço social influencia as posições disponíveis no futuro e permite uma visão particular do espaço social – literalmente, um ponto de vista. Pode-se afirmar que a estrutura do espaço social é a sedimentação num dado momento do ponto de vista de todo e qualquer indivíduo – sua trajetória pretendida ao longo do tempo.

A mudança social de larga escala também afeta a estrutura objetiva de um espaço social; algumas posições desaparecem e outras são criadas. Bourdieu escreve que, pelo menos no começo de cada mudança:

> estas posições situadas em pontos críticos da estrutura social atraem, prioritariamente, aqueles que, por sua origem social, têm a propensão pelos investimentos arriscados, estabelecem as relações necessárias para efetuá-los e conseguem as informações indispensáveis para terem sucesso neles (BOURDIEU, 2007: 277 [1979: 339], tradução modificada).

A passagem de Bourdieu da filosofia para a sociologia, que coincidiu com mudanças dramáticas na educação superior francesa no final da década de 1960, é um desses exemplos (cf. BOURDIEU, 2005b [2004] para uma discussão adicional).

*Qual é a diferença entre um "campo" e o "espaço social"?*
Bourdieu utiliza o termo "campo" de modo a combinar três significados distintos. Primeiro, a ideia de um campo de jogo, por exemplo quando escreve sobre ter um "senso do jogo" (BOURDIEU, 2009: 108 [1980: 111]). Segundo, a ideia de uma luta num campo de batalha, por exemplo quando escreve sobre "o que está em jogo" (BOURDIEU, 1996c: 52 [1994: 56], tradução modificada). Terceiro, a ideia mais neutra do campo como uma área geográfica – uma área limitada que pode ser mapeada (BOURDIEU, 2007: 243 [1979: 296]). O Capítulo 4 deste livro discute o campo.

O termo "espaço social" é utilizado para indicar a soma total de posições sociais ocupáveis em qualquer momento e lugar – em termos matemáticos, é um "conjunto universal" – tudo que é possível. Em contraste, o termo "campo" é utilizado para se referir a um subconjunto particular das posições disponíveis que recebe coerência através dos interesses, atividades e disposições compartilhadas dos participantes. Então, por exemplo, em *A distinção*, onde se estuda o campo do consumo cultural francês, todos os participantes estão engajados em atividades culturais e na tomada de decisões sobre o que, quando e como consumir. Em *As regras da arte* (BOURDIEU, 1996b [1992]) e *O campo da produção cultural* (BOURDIEU, 1993c), os participantes têm um envolvimento compartilhado na concepção, produção e venda de artefatos culturais, sejam produtos físicos como livros ou pinturas ou ideias inovadoras mais efêmeras como poemas ou estilos artísticos.

Um indivíduo pode estar ativo em muitos campos diferentes ao mesmo tempo. Aqui, as mesmas disposições, estratégias e capital (habitus) podem ser valorizados de modo muito diferente em contextos de campo diferentes, de modo que um agente pode ocupar uma posição dominante desejável num campo, mas uma posição menos valorizada em outro. Por exemplo, artistas estabelecidos ocupam uma posição dominante no campo da produção artística, uma posição dominada no campo do poder e uma posição dominada no campo da moradia (BOURDIEU, 2006a [2000: 50]), onde sua posição é semelhante à de trabalhadores semiespecializados. Posições de campo contrastantes como essas citadas anteriormente são constituintes das posições dos indivíduos num espaço social mais amplo.

**Mapear o espaço social**

Ao escrever sobre a natureza relacional de suas análises do consumo cultural em *A distinção* (BOURDIEU, 2007 [1979]), Bourdieu identifica dois "espaços" distintos, mas conectados – um de *posturas* e outro de *posições* – que interagem continuamente um com o outro. É possível visualizar isso de forma simples como dois planos separados – um de posturas ou disposições e outro de espaços sociais ou posições com conexões complexas entre eles (cf. Figura 14.1).

**Figura 14.1 Os espaços de posturas e posições: independentes, mas correspondentes**

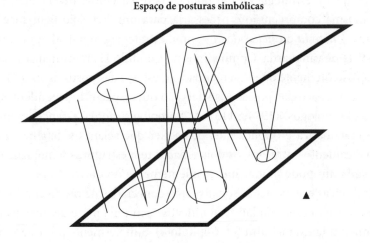

O espaço das posturas é subjetivo e pessoal, e suas estruturas são derivadas de atitudes individuais, disposições mentais e incorporadas e outras "distinções" pessoais – todas as propriedades simbólicas que são definidas como habitus. Em outras palavras, o espaço das posturas é constituído pelo conjunto e pela variedade do habitus de cada indivíduo. O espaço das posições (o espaço social) é constituído de todas as posições objetivas disponíveis para um indivíduo ocupar ou aspirar a ocupar – ou seja, todas as posições reconhecíveis e pensáveis com seus graus variáveis de legitimidade. De dentro do espaço subjetivo e personalizado (o habitus) um indivíduo tem consciência de seu lugar e dos lugares ocupados por outros interessados na mesma esfera de atividade (o campo). Essa compreensão de nosso próprio lugar dentro do espaço social mais amplo é descrita por Bourdieu como "um domínio prático dos dois espaços independentes e homólogos, e de sua correspondência" (BOURDIEU, 1994c: 113-114). Esse domínio é uma compreensão de como campos particulares funcionam, um reconhecimento de estruturas de campo estabelecidas e de como interpretá-las nas lutas por posições de campo desejáveis. Ele é um entendimento intuitivo de "como se melhorar" ao se conformar à *doxa* de um campo particular – por exemplo, a estratégia de um político bem-sucedido. Inversamente, a mesma compreensão é necessária para uma rebelião bem-sucedida – *heresia* ou *heterodoxa* –, uma estratégia empregada por um artista de vanguarda. Como vimos no Capítulo 13, Bourdieu afirma consistentemente que: "na realidade, o espaço das posturas simbólicas e o espaço das posições sociais são dois espaços independentes, mas homólogos" (1994c: 113). A "homologia" aqui é essencialmente matemática e implica que, quaisquer que sejam os detalhes do mapeamento entre eles, os dois espaços têm estruturas semelhantes e cada um pode mudar independentemente do outro. As posturas simbólicas e as posições sociais estão conectadas de modo complexo, por isso uma mudança significativa em uma pode desencadear uma mudança na outra (cf. Capítulo 8). Simplesmente por estarem ao mesmo tempo inter-relacionados intimamente e serem independentes, os dois espaços e suas correspondências são inerentemente instáveis, ou, de modo mais positivo, transformáveis e dinâmicos. Como diz Bourdieu:

> É por isso que a estática do sistema, ou seja, a correspondência entre os dois espaços num dado ponto do tempo, é o motivo principal da dinâmica do sistema: qualquer ação que busque modificar a correspondência [...] determina

uma transformação de todo o sistema de relações entre os dois espaços (1994c: 114).

A surpresa, portanto, não é que a teoria da prática de Bourdieu ofereça um mecanismo de mudança, mas que exista uma estabilidade essencial nas estruturas geradoras do sistema como um todo. Bourdieu utiliza o termo "o campo do poder" para designar um subconjunto muito particular do espaço social. O campo do poder é constituído de modo diferente dos outros campos porque é ocupado apenas pelos indivíduos mais dominantes num espaço social, ou seja, "os agentes suficientemente providos de um dos diferentes tipos de capital para poderem dominar o campo correspondente e cujas lutas se intensificam sempre que o valor relativo dos diferentes tipos de capital é posto em questão" (BOURDIEU, 1996c: 53 [1994: 56]). As mudanças no campo do poder têm forte influência (que não é explicada por outros meios) sobre as estruturas dentro do espaço social mais amplo. São os indivíduos no campo do poder que são capazes de determinar as taxas de câmbio entre as formas específicas de capital que geram a estruturação de um espaço social mais amplo. Ministros do governo têm esse tipo de poder no campo político; juízes no campo do direito; Manet no campo da produção artística – todos dominantes o suficiente para redefinir a importância relativa dos capitais cultural, simbólico e econômico em seus respectivos campos (cf. Capítulo 8; HARDY, 2009, para uma discussão posterior).

Bourdieu e seus colegas utilizaram técnicas de correspondência geométrica para examinar a complexidade das correspondências e variações e para identificar padrões estatísticos entre as características dos indivíduos e suas práticas, identificando assim os grupos com os quais eles se relacionam melhor. *O amor pela arte* (visitantes de museus de arte; BOURDIEU, et al. 2003a [1966]), *A distinção* (consumo cultural; BOURDIEU, 2007 [1979]) e *A nobreza do Estado* (educação superior francesa; BOURDIEU, 1989b) se baseiam em investigações empíricas de larga escala sobre as relações entre posições sociais e posturas sociais na sociedade francesa nas décadas de 1960 e 1970. Na próxima seção apresentarei vários modos visuais de representar relações de campo.

**Formas gráficas e visuais**

*1) Uma representação gráfica de oposições-chave do espaço social*

Ao escrever em *A distinção* sobre a homologia entre espaços, Bourdieu indica que as oposições-chave que criam a estrutura de qualquer espaço social particular são entre a configuração do capital e o valor geral do capital. Ele afirma que essas oposições "aplicam-se, por simples transferência, aos mais diferentes domínios da prática" (BOURDIEU, 2007: 167 [1979: 196]). Em outras palavras, existem oposições objetivas que são derivadas de condições socioeconômicas que, por sua vez, geram estruturas homólogas em áreas distintas da prática como "escolhas de comida", "cônjuge" ou "visitas a museus" porque as estruturas em cada prática distinta são derivadas das mesmas tensões dialéticas entre o valor do capital e a configuração do capital. Em *A distinção*, onde o objeto de pesquisa é o consumo cultural francês, a principal oposição ocorre entre as práticas das facções dominantes da sociedade, ricas em capital econômico e cultural, que buscam distinção a partir da raridade de suas práticas culturais, e aqueles que são pobres e cuja prática é identificada como "*vulgar* – por ser, a um só tempo, *fácil* e *comum*" (2007: 167 [1979: 196]). Esse espaço social é mapeado em diagramas com eixos verticais que representam o volume de capital possuído e eixos horizontais que representam a configuração de capital – o equilíbrio entre os capitais econômico (CE) e cultural (CC). Uma versão simplificada dessa relação foi oferecida no Capítulo 5 deste livro, onde vários indivíduos são posicionados em relação a essas oposições-chave (cf. Figura 5.1, p. 123). Em *A distinção*, temos diagramas mais complexos (p. ex., BOURDIEU, 2007: 118-119, 243, 320 ou 423 [1979: 140-141, 296, 392 ou 527]). Duas construções diferentes do espaço social são superpostas no mesmo diagrama: primeiro, a das condições sociais representadas pela configuração de capital e volume do capital; segundo, o espaço das práticas e das propriedades (em *A distinção*, o espaço dos estilos de vida). Bourdieu afirma que esses diagramas, apesar de complicados, oferecem um forte retrato intuitivo de quais estruturas existem e também de como elas variam ao longo do tempo (2007: 118-119 [1979: 140-141], p. ex.). Uma terceira construção do mesmo espaço social – o modelo teórico do habitus que é construído implicitamente pelas escolhas do[a] pesquisador[a] sobre a codificação e equivalências do capital – poderia se sobrepor aos mesmos diagramas para apresentar uma perspectiva adicional do espaço social, mas isso poderia tornar o diagrama ilegível!

As oposições-chave em diagramas desse tipo – entre volume e configuração do capital – significam que qualquer mudança vertical de posição representa um volume crescente ou decrescente de capital sem nenhuma mudança na configuração do capital – ou seja, uma tomada de posição que move um agente na direção de uma posição mais dominante ou mais dominada no mesmo campo. Em contraste, uma mudança horizontal no diagrama move um agente de um campo para outro. Como escreve Bourdieu:

> Os deslocamentos transversais pressupõem a passagem para um outro campo, portanto, a *reconversão* de uma espécie de capital para uma outra ou de uma subespécie de capital econômico ou de capital cultural para uma outra – por exemplo, de propriedade de terras para um capital industrial, ou de uma cultura literária ou histórica para uma cultura econômica –, portanto, uma transformação da estrutura patrimonial, que é a condição da salvaguarda do volume global do capital e da manutenção da posição na dimensão vertical do espaço social (BOURDIEU, 2007: 123 [1979: 146]).

Exemplos dessas mudanças verticais e horizontais de posição e das mudanças correspondentes na configuração ou volume do capital podem ser vistos em diagramas apresentados em *A distinção* (p. ex., "Espaço das posições sociais": 2007: 118-119 [1979: 140-141] ou "Variantes do gosto dominante": 2007: 243 [1979: 296]). Diagramas semelhantes com base em análises de correspondências múltiplas (ACM) de dados empíricos podem ser encontrados em *Homo academicus* (2011b [1984]) e *A nobreza do Estado* (1989b). As aplicações de análises de correspondência na obra de Bourdieu são discutidas por Lebaron (2009).

Os métodos de pesquisa de *A distinção* foram replicados recentemente por Bennett et al. (2008) para mapear o espaço social e os estilos de vida de participantes de campo no Reino Unido. Como vimos, outros pesquisadores utilizaram métodos de ACM e representações visuais de oposições-chave nos espaços sociais, por exemplo, para mapear o espaço social no Canadá (VEENSTRA, 2009) e para mapear o campo do poder na Noruega (HJELLBREKKE & KORSNES, 2009).

*2) Representar relacionamentos entre o espaço social e campos*

Uma representação visual diferente do espaço social é apresentada em *As regras da arte* (BOURDIEU, 1996b: 144 [1992: 207]), onde as oposições entre o volume e a configuração do capital são apresentadas em diagramas, mas, dessa vez, em relação aos campos de poder e da produção cultural (cf. Figura 14.2).

**Figura 14.2 Relacionamentos entre o campo da produção cultural, o campo do poder e o espaço social (com base em BOURDIEU, 1996b: 144 [1992: 207]).**

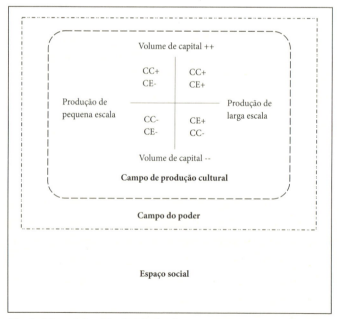

CE = Capital econômico; CC = Capital cultural

O campo do poder é representado como um subconjunto do espaço social nacional. É interessante notar que Bourdieu posiciona todos os produtores culturais dentro do campo do poder, mas em posições dominadas, porque eles dependem, em vários graus, daqueles mais ricos em capital, qualquer que seja sua configuração. O próprio campo da produção cultural é subdividido pela estratégia de campo adotada pelos produtores: de grande escala e popular (CE+) ou produção de pequena escala e restrita (CC+). Essas justaposições entre produção de larga escala (comum, p. ex., *vaudeville*) e produção de pequena escala (rara; p. ex., *boemia*) geram estruturas dentro do campo da produção cultural. Esse tipo de representação visual de estruturas dentro de espaços sociais foi utilizado de forma modificada como uma ferramenta de trabalho para as análises de nível 1 descritas nos Capítulos 4 e 13 para representar os relacionamentos entre diferentes campos de atividade e o campo artístico (cf. GRENFELL & HARDY, 2007; HARDY, 2009).

*3) Representar a mudança de geração no espaço social*
Os indivíduos lutam ao longo do tempo pelas posições de campo mais prestigiosas e, consequentemente, as estruturas internas de campos particulares mudam. Um modelo visual para essas mudanças temporais é discutido em *As regras da arte* (BOURDIEU, 1996b: 183 [1992: 265]) onde gerações diferentes de produtores culturais são representadas em termos de dimensões diferentes de idade em relação a um campo particular: idade biológica; idade da prática cultural; idade da sociedade; idade artística e idade do próprio campo (cf. Figura 14.3).

**Figura 14.3 Mudança de geração no espaço social**

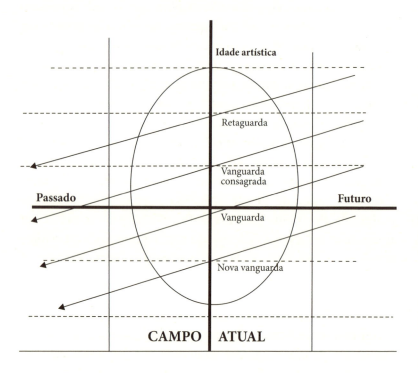

Bourdieu afirma que esse modelo "impõe-se com uma clareza particular hoje porque [...] cada ato artístico que marca época ao introduzir uma posição nova no campo 'desloca' a série inteira de atos artísticos anteriores" (BOURDIEU, 1996b: 185 [1992: 266]). A mudança de geração dentro de um campo pode ser mapeada diretamente através das práticas culturais de seus produtores e do estilo de seus produtos culturais porque cada geração artística deixa evidências de sua posição de campo em seus artefatos e em como seus valores designados (CC e CE) mudam ao longo do tempo. O valor desses diagramas para mostrar a mudança de geração no campo artístico foi explorado por Hardy e Grenfell (2006).

*4) O uso de fotografias para representar o espaço social*

Bourdieu com frequência utilizava fotografias como representações visuais de um espaço social. Os melhores exemplos talvez sejam suas fotografias de argelinos – trabalhadores, camponeses rurais e moradores de aldeias (BOURDIEU, 2003b). Essas fotografias mostram os relacionamentos aparentemente paradoxais vistos no cotidiano da Argélia na década de 1950: um caixeiro-viajante usa uma bicicleta moderna para transportar e exibir suas mercadorias tradicionais; ou as mulheres argelinas escondidas em seus trajes tradicionais discutindo uma vitrine cheia de sapatos de salto alto. São esses contrastes muito específicos e justaposições inesperadas de práticas culturais que ilustram como o espaço social é estruturado no tempo e no espaço.

Analisar fotografias *com Bourdieu*, por assim dizer, exige uma análise relacional. São necessárias tanto leituras *externas* quanto *internas* da imagem visual: uma leitura externa que mostra como o assunto da fotografia se relaciona com o ambiente (o contexto de *campo*) e com a posição do fotógrafo nela; uma leitura interna que trata das pessoas fotografadas, suas relações umas com as outras e com os espaços que ocupam.

Seguindo os passos de Bourdieu, eu fotografo os espaços sociais que pesquiso e muitas vezes sou a fotógrafa e a analista. Desde o trabalho de Bourdieu na Argélia, a necessidade de obter permissões dos fotografados mudou dramaticamente; portanto, agora peço ao[à] leitor[a] para imaginar uma fotografia que eu mesma tirei em meados da década de 2000.

A fotografia mostra um homem fotografando uma pintura grande num museu de arte. Ele segura um mapa do museu. Logo à frente dele está uma menina, mais próxima da pintura, que se volta para investigar o que ele está fazendo.

A imagem tem um viés inerente – meu ponto de vista – que deve ser explicitado através do meu posicionamento como participante do campo e observadora: a *"objetivação participante"* (cf. Capítulos 12 e 13 deste livro). Minha fotografia só foi possível porque o habitus me coloca como "um peixe n'água" num espaço de museu –

classe média, meia-idade e renda média –, enquanto minha posição universitária como pesquisadora fornece *capital simbólico* suficiente para que eu frequentemente receba permissão dos museus para fotografar em suas galerias. Apesar da imagem registrar objetivamente "o que estava lá", é o meu interesse sobre o que o aprendizado significa nos museus que condicionou minha escolha de assunto e a fotografia resultante.

• *Uma leitura interna*. O homem e a garota na fotografia estão diante de um quadro de Roy Lichtenstein: *Drowning Girl 1963* [*Garota se afogando 1963*]. O quadro claramente é importante, porque está sozinho na parede da galeria (cf. www.moma.org).

Consideremos em primeiro lugar os relacionamentos entre o homem, a garota e o quadro. O quadro enorme tem uma qualidade de revista em quadrinhos, mas está numa posição isolada na galeria, que concede a ele um capital cultural objetificado altamente consagrado. O homem reconhece o *status* do quadro – portanto, ele merece uma fotografia – apesar de sua ação revelar que ele provavelmente está "consumindo" o quadro como um turista em vez de um *connoisseur* de arte (estes raramente fotografam quadros, já que podem comprá-los). A garota, possivelmente sua filha, está presa entre o quadro e o adulto. Sua linguagem corporal sugere uma pergunta. O fato de ela parecer confusa por essa imagem de cartum talvez não surpreenda, já que ela provavelmente conhece melhor esse gênero através de histórias em quadrinhos. Portanto, ela se pergunta por que ele merece uma fotografia.

• *Uma leitura externa*. Depois, olho para a cena de modo mais objetivo e analítico. Então, podemos dizer que a fotografia apresenta o quadro em relação a seu contexto físico – um museu (CC+, CE+) e sua posição geográfica no centro de Nova York (CC, CE++). Nós notamos na página da internet do museu que o quadro foi doado por colecionadores – portanto, quase certamente um presente para dedução de impostos.

A relação entre o artista, a pintura e seu contexto na história da arte também pode ser considerada. Em outras palavras, o papel de instituições legitimadas pode ser visto em relação ao assunto da fotografia e também à fotografia enquanto objeto. Minha prática como fotógrafa, meus contextos acadêmicos e culturais, e por que o aprendizado em museus é importante para mim – tudo isso faz parte de uma leitura externa. Em outras palavras, uma fotografia oferece uma representação visual de um *espaço social* e daquilo que é valorizado nele. Consequentemente, ela pode ser sujeitada a uma análise de três níveis como estabelecida no Capítulo 13. Desse modo, imagens fotográficas podem ser vistas como fontes úteis de dados para análises de campo bourdieusianas.

Cada uma das diferentes representações visuais do espaço social oferecidas acima tenta ilustrar as estruturas de um campo. Entretanto, uma distinção crucial deve ser feita entre essas imagens mentais ou visuais de um espaço social que são, com efeito, formas de teorizar e apresentar hipóteses sobre estruturas de campo e as evidências, estatísticas ou de outra natureza, para essa estruturação do espaço social. Agora voltaremos a essas evidências e o método de analisá-las.

### Orientação metodológica e exemplos práticos

Então, como realizar uma análise prática? Realcemos que aquilo que é crucial para a teoria da prática de Bourdieu é que qualquer análise deve ser relacional; é por isso que suas ferramentas relacionais de pensar, campo, habitus e capital devem ser utilizadas em conjunto. Em análises de campo bourdieusianas, o objeto de pesquisa é examinado em relação a seus contextos nacionais ou internacionais; depois em relação aos elos que existem com e entre instituições e organizações; e em último lugar, em relação a indivíduos particulares que estão ativos nesse período (cf. tb. Capítulo 14). Na prática, a ênfase relativa dada a cada um dos três níveis da análise depende da definição do objeto de pesquisa, enquanto a ordem em que os três níveis são realizados pode variar de campo para campo. Ainda assim, o processo de pesquisa em si é essencialmente o mesmo daquele de qualquer pesquisa empírica rigorosa. Ele inclui: a construção inicial da pesquisa; a coleta de dados; a análise de campo; a apresentação e discussão de resultados. A próxima parte deste capítulo está disposta sob essas cinco subseções com princípios gerais seguidos de material ilustrativo de uma análise de campo particular: o campo artístico em St. Ives, na Cornualha, de 1930 a 1950 (cf. BIRD, 2009).

*A construção inicial da pesquisa*
É no começo de qualquer projeto de pesquisa que se estabelece a escala, natureza e foco da investigação, mas, com Bourdieu, um objeto de pesquisa nunca é analisado em si mesmo e para si mesmo; pelo contrário, constrói-se uma representação objetiva dele através da identificação de um conjunto sistemático de relacionamentos associado a seus participantes, instituições e o espaço social mais amplo que é o seu contexto. Assim, a construção de um objeto de pesquisa permanece aberta a revisões durante toda a investigação. Como Bourdieu escreve:

> Somos colocados diante de uma espécie de círculo hermenêutico: para construir o campo devemos identificar as formas específicas de capital que são eficientes nele, e para construir essas formas específicas de capital devemos conhecer a lógica específica do campo. São idas e vindas incessantes no processo de pesquisa que é longo e difícil (BOURDIEU & WACQUANT, 2005a [1992: 83]).

Então é essencial que o[a] pesquisador[a] construa a melhor representação possível dos relacionamentos de *campo*, garantindo que o processo de pesquisa seja iterativo e cíclico – porque nunca é possível analisar completamente os relacionamentos sempre em mudança entre o capital, o habitus e o campo. Como a teoria sempre é construída a partir de uma posição particular no campo – o ponto de vista do[a] pesquisador[a] – ela reflete seu habitus e a posição de campo que ele[a] ocupa. A teorização resultante é, portanto, contingente – não um relato pessoal, mas uma visão parcial do fenômeno social moldada pelo ponto de vista do[a] pesquisador[a]. É por isso que é necessário objetificar o sujeito objetificante – a objetivação participante – como parte do processo de pesquisa.

É nos estágios iniciais de um projeto de pesquisa que tratamos pela primeira vez da abordagem aos dados. Quando se escolhe uma abordagem quantitativa de larga escala, os dados coletados devem ser uma amostra representativa de todos os agentes e organizações ativos no campo. A qualidade da representação resultante do objeto de pesquisa é então uma função de quão bem o processo de amostragem reflete toda a população.

Quando se conjectura um projeto de menor escala, então os dados sobre os indivíduos e instituições mais significativos no espaço social são os mais úteis, porque esses participantes do campo ocupam as posições de campo mais dominantes e, portanto, também ocupam posições no campo do poder, onde são capazes de determinar o valor de capitais específicos do campo. Aqui, os dados coletados não são uma amostra estatística, e devem ser um subconjunto particular dos indivíduos selecionados devido à sua influência poderosa no campo. Isso é verdade mesmo quando os métodos de análise são sistemáticos e numéricos!

- *Exemplo de caso: construção inicial da pesquisa – o campo da arte.* Este exemplo se baseia num estudo do campo da arte em St. Ives, no Reino Unido. O projeto de pesquisa era uma exploração de história da arte sobre as práticas e características dos artistas que trabalharam lá até antes de 1950. As perguntas iniciais de pesquisa eram: Quais eram as estruturas do campo artístico em St. Ives na primeira parte do século XX? E por que houve uma mudança tão marcante na prática artística em St. Ives? Objetivação participante – Quais eram meus interesses e experiência em relação a esse objeto de pesquisa?

Eu sou uma acadêmica, matemática, educadora de professores e *designer* têxtil praticante. Na época do primeiro estudo dos artistas de St. Ives, eu morava na Cornualha, amava visitar galerias de arte e estudava para um mestrado em História da arte na Escola de Arte Falmouth. Meu interesse na educação influenciou as perguntas feitas e os dados coletados (cf. HARDY, 2009, para uma discussão adicional).

A abordagem adotada foi de pequena escala, cerca de cinquenta participantes do campo. Os dados eram documentais e em grande parte biográficos. Eu queria que a coleta e análise de dados fosse qualitativa, apesar de pretender utilizar o software Excel para registrar os dados de modo consistente quanto ao conjunto de artistas. Esse processo seria cíclico, revisitando e revisando o banco de dados em vários estágios na busca de características e correspondências invariantes. O "meu" método começou aqui com os habitus dos agentes (nível 3, Capítulo 13) e não com o espaço social mais amplo (nível 1).

*A coleta de dados*

Numa abordagem bourdieusiana, os dados servem duas funções distintas. Primeiro, como informação sobre as *práticas e atitudes dos indivíduos* – muitas vezes coletados através de entrevistas ou questionários. Esses dados são as partes constituintes dos habitus e permitem a identificação daquilo que age como capital simbólico ou específico do campo num espaço social.

Segundo, a informação sobre as *características dos participantes* do campo é utilizada como um meio de avaliar o capital cultural e econômico que cada um acumulou, de modo a posicioná-los em termos das oposições-chave – configuração e volume do capital.

Em seus estudos empíricos (p. ex., BOURDIEU, 2011b [1984]; BOURDIEU et al., 2003a [1966]; BOURDIEU, 2007 [1979]), Bourdieu estabelece explicitamente o conjunto de dados que coletou e utilizou para indicar a posse de capital econômico, cultural e simbólico. Por exemplo, em *O amor pela arte* ele utilizou categorias analíticas que incluíam o gênero, a idade, a ocupação, o local de residência e o nível de qualificação mais alta. Isso foi estudado em relação a dados sobre atitudes e visitas a museus e galerias de arte para investigar regularidades possíveis em relação ao volume e configuração do capital (habitus). Por exemplo, a maioria dos visitantes regulares (cinquenta e cinco por cento) tinha pelo menos uma qualificação de bacharelado (BOURDIEU et al., 2003a: 37-38 [1966]). Processos semelhantes de coleta de dados são descritos em *A distinção* e *Homo academicus*. O conjunto de dados coletados varia em relação ao objeto de pesquisa porque indicadores significativos de capital simbólico variam de campo para campo e são definidos pelo campo particular estudado.

• *Exemplo de caso: a coleta de dados*. No campo da produção artística de St. Ives, as biografias publicadas de artistas foram utilizadas como fontes de informação sobre características individuais, enquanto obras de arte foram consideradas representantes de práticas e disposições. Essa utilização de material publicado foi modelada no trabalho de Bourdieu em *A nobreza do Estado* (BOURDIEU, 1989b: 56-57n4) onde ele analisou obituários; num trabalho posterior de Fowler, que utilizou obituários como indicadores do habitus (FOWLER, 2000: 145); e no trabalho apresentado em *As regras da arte*, onde Bourdieu utiliza biografias pessoais (BOURDIEU, 1996b [1992]).

As biografias publicadas de artistas são uma forma altamente estilizada e convencional, onde dados semelhantes são oferecidos sobre cada artista com a vantagem de fornecer informações consistentes. Como essas biografias são escritas (frequentemente pelos próprios biografados) para mostrar os artistas sob uma luz favorável, elas incluem apenas realizações como o treinamento, exposições, honras e prêmios, assim como a data de nascimento e muitas vezes a formação familiar: o tipo de informação necessário para tratar do *habitus* de modo relativamente sistemático. Eu pude, portanto, construir um perfil (o retrato mais auspicioso) de cada artista que, quando examinado em relação às suas obras, indicava o *volume e configuração de capital* que cada indivíduo acumulara.

Na prática, eu comecei coletando dados documentais históricos sobre o campo artístico e os indivíduos nele, fossem textos discursivos, detalhes biográficos ou exemplos de obras de arte. Eu simplesmente reuni a maior quantidade de dados possível sobre quem viveu e atuou em St. Ives de 1930 a 1950 para gerar um quadro amplo do que estava em jogo nesse campo. Nesse estágio, fiz escolhas sobre o que incluir e excluir para enfocar melhor o objeto de pesquisa. Também fiz juízos de valor sobre a legitimidade relativa de tipos diferentes de capital. Essas escolhas e juízos começaram a desenvolver o modelo teórico de habitus para fundamentar a pesquisa. Essas escolhas foram revisitadas várias vezes à medida que as estruturas e valores de capitais específicos do campo eram esclarecidas.

*A análise de campo*

As análises de *campo* de Bourdieu se baseavam em análises de correspondência geométrica de grandes amostras de populações. Por exemplo, *A distinção* envolveu 1.217 participantes. Hoje existem vários pacotes estatísticos que identificam correspondências para auxiliar estudos de larga escala como esses (cf. LE ROUX & ROUANET, 2004, 2010; GREENACRE & BLASIUS, 2006). Adotar uma abordagem bourdieusiana não exige a utilização de análise estatística, mas utilizar todos os três níveis analíticos é essencial (como no Capítulo 13 deste livro). Os três níveis são discutidos aqui na ordem em que foram empregados no exemplo de caso (nível 3 para nível 1): eu ofereço instruções para descrever o que é necessário em cada nível de uma análise de campo de *pequena escala*:

• *Nível 3: comparar os habitus de um conjunto de indivíduos.* Examinar rigorosamente as características de participantes individuais do *campo*, incluindo os mais dominantes, para identificar quais formas de capital são mais valiosas no campo. Buscar características comuns e correspondências próximas entre participantes do campo. Lembrar que a análise é de relacionamentos. Esse estágio de análise enfoca o desenvolvimento de categorias que diferenciam os indivíduos. Boas ferramentas de trabalho para isso são paciência, atenção sistemática, tabelas de correspondência e, se desejado, softwares estatísticos como Excel, SPSS e Spad.

• *Nível 2: examinar as interconexões entre agentes e instituições do* campo. Ligar indivíduos engajados no campo a organizações, instituições e outros agrupamentos ou coletividades. Identificar quais instituições estão ligadas mais intimamente a quais agentes e a natureza das interconexões. Tudo isso ajudará a identificar quais são os outros campos ativos nesse espaço social. As estruturas emergentes podem ser esclarecidas através do esboço de ligações em diagramas. À medida que a análise progride, esses diagramas podem ser refinados para representar o capital social de associações com indivíduos, ou o capital cultural de organizações legitimadas de modo diferencial. Há relacionamentos de mão dupla entre organizações e agentes. Um indivíduo ganha

capital valioso ao se associar a instituições prestigiosas, enquanto associações com indivíduos dominantes aumentam o prestígio de uma instituição. Procure esses tipos de relacionamentos.
• *Nível 1: examinar o* campo *em relação a outros campos, particularmente o* campo *do poder.* Identificar e esmiuçar os contextos econômico, cultural e político de larga escala do objeto de pesquisa (o espaço social mais amplo) para ver como isso molda o funcionamento da atividade social em questão. Depois de já ter identificado os indivíduos e instituições ativos no espaço social, ficará claro quais campos de atividade são necessários para uma análise particular. Diagramas como a Figura 14.3 são ferramentas de trabalho úteis para analisar e reanalisar os inter-relacionamentos de campos e o campo do poder.

Cada um desses três níveis de análise oferece uma perspectiva diferente sobre o espaço social e juntos produzem um retrato do fenômeno social como um complexo dinâmico de inter-relações entre pessoas e organizações – relações que são construídas pelo valor designado pelos mais dominantes a diferentes disposições e atributos. O resultado é a construção de um espaço objetivo de posições ocupadas e um retrato dos agentes que as ocupam.

No estudo de St. Ives, um primeiro ciclo pelos três níveis mostra padrões de dados que apontam para regiões dentro do campo onde estão localizados indivíduos e instituições dominantes. Um segundo ciclo é então necessário para investigar outros indivíduos e instituições que "surgem" durante o primeiro ciclo porque desempenharam papéis notáveis no funcionamento do campo, por exemplo, Borlase Smart ou Julius Olson, ambos professores mais antigos em St. Ives. Esses indivíduos nem sempre são participantes ativos no próprio campo, mas são indivíduos influentes do campo do poder, por exemplo, Herbert Read – um crítico de arte influente. Com cada ciclo de análise subsequente, o número de indivíduos adicionais diminui e a análise se estabiliza. Em outras palavras, à medida que as análises procedem, o objeto de pesquisa é representado cada vez mais claramente. Podem ser necessárias várias revisões para estabilizar uma análise.

- *Exemplo de caso: a análise de campo.* Coletei informações sobre cerca de cinquenta artistas nascidos entre 1890 e 1920 que se destacaram no campo – todos expunham e vendiam suas obras de arte durante a década de 1940. Eu tabulei esses dados e trabalhei iterativamente entre os dados em si e os agrupamentos que eu escolhera inicialmente até surgir uma categorização estável (ou um sistema de codificação, se o trabalho for quantitativo). A Tabela 14.1 mostra um extrato desse banco de dados.

As categorias utilizadas ofereceram o número máximo de diferenças entre indivíduos (nível 3) e trouxeram à tona os relacionamentos dos artistas com instituições e organizações no campo (nível 2). Com apenas cinquenta participantes para levar em consideração foi possível, ainda que trabalhoso, identificar conexões qualitativas e quantitativas. No início da análise esbocei uma série de diagramas de trabalho para mostrar ligações entre indivíduos (p. ex., Ben Nicholson ou Borlase Smart), sociedades locais (p. ex., a Sociedade das Artes de St. Ives) e instituições nacionais (como a Academia Real). Esses diagramas mostraram estruturas emergentes – em particular, uma divisão pronunciada no campo entre artistas figurativos mais velhos que expunham quase sempre na Academia Real e artistas mais novos e "recém-chegados" que preferiam a abstração, expunham em galerias comerciais em Londres, e conheciam artistas europeus como Picasso, Mondrian e Gabo (nível 2). Os dois grupos exibiam configurações de capital muito diferentes. Havia oposições muito claras que surgiam da diferença de idade, prática artística e local de origem. O grupo mais velho de artistas possui capital derivado em grande parte do campo artístico local enquanto o grupo artístico mais jovem tem capital cultural derivado do campo artístico nacional.

Mas por quê? A terceira perspectiva (análise de nível 1) do campo artístico de St. Ives vem de seu contexto social e político e dos relacionamentos dentro do espaço social mais amplo. Nesse estágio foram avaliados os graus relativos de consagração de instituições artísticas diferentes para oferecer um retrato da distância do campo em questão ao campo do poder. Então, por exemplo, um artista que expunha com a Sociedade Penwith (de vanguarda) em St. Ives

Tabela 14.1 Extrato do banco de dados de habitus de artistas de St. Ives (nível 3)

| Habitus do artista | Barbara Hepworth | Naum Gabo | Wilhemina Barns-Graham | Peter Lanyon | Bernard Ninnes |
|---|---|---|---|---|---|
| Ano de nascimento | 1903 | 1913 | 1912 | 1918 | 1899 |
| Origem | Wakefield, Reino Unido | Briansk, Rússia | Fife, Escócia | St. Ives | Reigate, Surrey |
| Conexões córnicas | Convidada pelos Stokes para Carbis Bay, St. Ives em 1938 | Mudou-se para a Cornualha em 1930 para se juntar aos Nicholsons e aos Stokes | St. Ives em 1940 depois de visita a Mellis/Stokes | Nasceu lá | Morou em St. Ives depois de se casar em 1930 |
| Família | Confortável, mas não artística | Imigrante russo; sobrenome original Pevsner | Família contrária à carreira artística | Pai músico/artista, mãe de família rica de mineração de estanho | Pai era ferrageiro em St. Ives |
| Educação | Escola de Arte de Leeds | Estudou medicina em Munique | Escola de Arte de Edimburgo | Educação particular no Clifton College em Bristol, escolas de Arte Penzance e Euston Road | Escola de Arte do Oeste da Inglaterra, Escola de Arte Slade |
| Escolas de arte / grupos | Grupo "Sete e Cinco", Sociedade de Artes de St. Ives, Grupo da Cripta, Sociedade Penwith | Convidado para comandar o departamento de cerâmica da nova Academia de Moscou, escolheu em vez disso editar jornal semanal sobre as funções da arte | Lecionou na Escola de Arte de Leeds 1956-1957, Sociedade de Artes de St. Ives, Grupo da Cripta, Sociedade Penwith | Sociedade de Artes de St. Ives, como seu pai; Grupo da Cripta; lecionou em Falmouth e na Academia do Oeste da Inglaterra | Sociedade de Artes de St. Ives, Instituto Real de Pintores a Óleo |
| Honrarias públicas | CBE 1958, DBE 1965¹, curadora da Galeria Tate 1965-1972 | Nenhuma | CBE 2001, doutora *honoris causa* nas universidades St. Andrews, Plymouth, Exeter, Herriot Watt | | Membro do comitê e vice-presidente da Sociedade de Artes de St. Ives |
| Prática artística | Escultora abstrata | Construções abstratas em 3D | Pintura abstrata, muitas vezes representacional | Pintura de paisagens abstratas | Paisagens figurativas |

1. DBE: Dama Comandante da Ordem do Império Britânico; CBE: Comandante da Ordem do Império Britânico, respectivamente a segunda e a terceira categorias mais importantes das honrarias concedidas pela monarquia britânica [N.T.].

pertencia à parte restrita do campo de produção local; mas como Herbert Read foi seu primeiro presidente, essa sociedade local tinha legitimação local e nacional.

Entretanto, isso ocorreu durante a Segunda Guerra Mundial. O funcionamento de muitos campos foi perturbado. Foi uma época onde as pessoas se moviam: soldados eram recrutados, famílias fugiam de Londres em busca de segurança e muitos artistas europeus saíram da Europa e foram para a Inglaterra ou para a América. O campo do poder se expandiu com a proliferação das regulações estatais, enquanto aqueles nesse campo estavam em sua maioria concentrados no esforço de guerra, na sobrevivência nacional e na vitória. Como o nível 2 demonstrou, o campo artístico de St. Ives também estava dividido geograficamente no campo artístico local de St. Ives, o campo nacional e um campo artístico internacional.

*A apresentação da pesquisa*

Uma abordagem bourdieusiana sempre busca capturar as estruturas objetivas do espaço social e as experiências subjetivas de agentes individuais, e os relacionamentos entre elas. Análises estatísticas são suplementadas pela exemplificação das posições, atitudes e, literalmente, pontos de vista de indivíduos particulares. Representações visuais, como discutimos anteriormente, oferecem modos de mapear os relacionamentos objetivos e sistemáticos do campo e o espaço social mais amplo. Entretanto, os diagramas não são suficientes sem exemplos e estudos de caso da experiência vivida de agentes individuais. A montagem discursiva de *A distinção* demonstra uma forma de fazer isso através da justaposição de enunciados generalizados com exemplos ilustrativos. As descrições das experiências de indivíduos em *A miséria do mundo* (BOURDIEU, 1997a [1993]) demonstram outra.

• *Exemplo de caso: apresentação.* Os elementos socioculturais analisados que agiram como capital cultural no campo da arte de St. Ives são apresentados na Tabela 14.1. O desenvolvimento dessas categorias constitui uma parte fundamental de um modelo teórico do habitus que funcionava em St. Ives nesse período. Escolhi os artistas porque eles eram perceptíveis: quer dizer, eles acumularam volumes suficientes de capital para ocupar posições dominantes. Entretanto, as configurações de capital que cada um possuía variavam muito entre os artistas figurativos mais velhos e os artistas mais jovens que praticavam a abstração. Para leitores interessados, a página da internet da Galeria Tate (www.tate.org.uk) oferece muitos exemplos das obras desses artistas. Exemplos de como essas imagens podem ser discutidas em relação aos habitus e padrões de prática dos artistas são apresentados visualmente num estudo extenso desse campo (cf. HARDY, 2009). Os resultados dessa análise de campo também foram publicados em "Quando dois campos colidem" (HARDY & GRENFELL, 2006).

*A discussão da pesquisa*
Então quais são as vantagens de adotar essa metodologia? Os benefícios de qualquer análise de três níveis são o fato de ela levar a um retrato articulado de como um espaço social é estruturado, o que é considerado mais valioso em qualquer momento ou local dado, e quem ocupa posições suficientemente dominantes para poder influenciar as taxas de câmbio de tipos diferentes de capital no campo. Os custos da adoção dessa abordagem são as grandes quantidades de dados que precisam ser utilizados para a identificação das correspondências mais significativas entre pessoas, organizações e o contexto sociocultural mais amplo. Os achados de pesquisa são moldados pela disponibilidade, ou, mais frequentemente, pela inacessibilidade de tipos particulares de dados – muitas vezes, dados econômicos – e, é claro, sua validade depende dos dados coletados e das categorias analíticas estabelecidas. Por esses motivos a discussão dos resultados deve não apenas ser relacional, mas também voltar às escolhas e decisões feitas sobre o conjunto e a natureza dos dados coletados para refletir sobre as consequências dessa construção teórica do habitus.

• *Exemplo de caso: a discussão da pesquisa.* Para o campo de St. Ives eram discerníveis configurações compartilhadas de capital entre os artistas. Fundamentalmente, essas configurações de capital se mostraram fortemente associadas à prática artística – representacional ou abstração, e de modo mais geral com a idade artística e biológica. Uma das características mais fortes foi a divisão entre artistas mais velhos com base em St. Ives, cuja prática artística era representacional e que expunham na Academia Real, e os artistas mais jovens com base em Londres que estavam comprometidos com a abstração e tinham elos fortes com vanguardas europeias reconhecidas e com as galerias comerciais londrinas. Também existiam padrões claramente discerníveis, ainda que complexos, nas formas do capital educacional dos artistas que variavam com idade, gênero e natureza da prática artística. Em outras palavras, apesar de estarem incluídos no banco de dados apenas um período de tempo limitado e um número restrito de artistas, surge um quadro de como o campo estava estruturado e como essas estruturas mudaram com o tempo, passando da representação para a abstração, da Sociedade de Artes de St. Ives para a Sociedade Penwith, e do campo local para o nacional.

Após uma reflexão, minha decisão de coletar dados sobre os artistas mais dominantes no campo teve um efeito sobre a visão das estruturas de campo que foi produzida. Numericamente, havia menos mulheres artistas no banco de dados do que homens, mas havia um subgrupo feminino distinto que treinara na Academia Colarossi em Paris. Eu também descobri que havia grande número de mulheres que fazia parte da Sociedade de Artes de St. Ives, mas raramente expunha. Essas descobertas levaram a análises de campo mais recentes de mulheres artistas em períodos diferentes (HARDY, 2007, 2010) e mostraram que as práticas artísticas das mulheres exibiam estruturas diferentes das práticas dos homens, diferenciadas em parte pelo papel das mulheres no espaço social mais amplo, mas também por aquilo que era considerado uma educação artística apropriada para mulheres. Em outras palavras, apesar de análises bourdieusianas realmente oferecerem descrições relacionais do funcionamento de espaços particulares, elas também levam a perguntas de pesquisa adicionais e a extensões iterativas do campo analisado.

**Observações finais**

Os modos de pensar e representar o espaço social são centrais para muitas das análises empíricas de Bourdieu. Vários exemplos foram oferecidos neste capítulo. Cada representação visual fornece uma perspectiva das inter-relações complexas do espaço social; um espaço que, segundo Bourdieu, é gerado pelas oposições-chave entre configurações e volume de capital e pelas transformações delas ao longo do tempo.

Para análises bourdieusianas, devemos notar vários princípios:

• A necessidade de distinguir entre as estruturas de um espaço social teórico e as evidências oferecidas para essas estruturas através da análise empírica.

• O efeito de decisões sobre a escolha de participantes do campo, sobre categorias analíticas e sobre escalas de tempo no modelo teórico de habitus de fundamentação.

• A necessidade de lembrar que as instituições legitimadas mantêm a *doxa* do campo e, por isso, são um elemento crucial em todo processo de três estágios.

• O imperativo de utilizar todos os três níveis analíticos e todas as três ferramentas de pensar – capital, campo e habitus – em cada estudo.

Ao escolher adotar uma metodologia bourdieusiana, o[a] pesquisador[a] se compromete com um processo relacional, cíclico e complexo, mas que é capaz de oferecer uma representação dinâmica da atividade humana e que aprofunda nossa compreensão dos inter-relacionamentos entre estruturas objetivas e experiências vividas pessoais.

# 15
# Política

*Michael Grenfell*

**Introdução**

Em 1993, no final de *A miséria do mundo*, Pierre Bourdieu escreve sobre a necessidade de "ir além das manifestações aparentes", "remontar aos verdadeiros determinantes econômicos e sociais" dos ataques à liberdade dos indivíduos para serem felizes e realizados e para romper as "projeções odiosas" que mascaram o sofrimento social. Ele oferece então seu próprio "método" como um modo para os indivíduos compreenderem as causas sociais que alimentam seu mal-estar; o conhecimento que pode ele próprio contribuir para "desfazer" o que o mundo "fez". Com efeito, ele afirma que qualquer programa político que não utilize aquilo que a ciência descobriu é culpado de "não assistência à pessoa em perigo". Em outras palavras, e ao contrário de muitos que defendem o oposto, a intervenção da ciência social na política é uma parte necessária de toda sua *raison d'être*. Ele contrapõe o "racionalismo dogmático" num extremo e o "irracionalismo niilista" no outro (duas tendências intelectuais dominantes) para defender um lugar para as "verdades parciais e provisórias" que podem garantir "os únicos meios racionais de utilizar plenamente as margens de manobra deixadas para a liberdade, isto é, para a ação política" (BOURDIEU, 1997a: 735-736 [1993: 943-944]).

Esse enunciado poderia ter sido escrito em qualquer estágio de sua carreira, e a própria afirmação é bastante irônica, pois, durante boa parte dela, ele foi visto como um acadêmico parisiense distante, satisfeito em pesquisar e publicar com pouca atenção ao "mundo real". Quando interveio nas greves gerais que atravessaram a França em 1995, ele foi acusado de "chegar tarde" à política. O objetivo deste capítulo é mostrar que isso não era verdade e que, desde seus primeiros dias, o projeto de Bourdieu precisa ser visto como inerentemente político; nós exploraremos a validade dessa afirmação ao tratar, em primeiro lugar, da natureza crítica e radical de sua abordagem e ilustraremos essas preocupações com vários exemplos do engajamento político de Bourdieu. Como já sugeri, uma característica-chave da discussão será o relacionamento apropriado entre os mundos acadêmico e social e o lugar onde eles podem se encontrar na política. Nós veremos como as estratégias de intervenção política evoluíram no decorrer da carreira de Bourdieu, parcialmente como resposta aos sistemas de comunicação disponíveis para ele e pela natureza das questões envolvidas. Finalmente, eu quero perguntar, em termos bourdieusianos, o que significa ser um "intelectual comprometido" no mundo contemporâneo e que ações isso implica.

**Uma perspectiva política**

Está claro que a própria teoria da prática de Bourdieu se baseia numa epistemologia que em seu núcleo é radical e crítica. Qualquer coisa que aspire "romper" com o senso comum cotidiano e então "romper" com representações dominantes da teoria acadêmica – estruturalismo e existencialismo, subjetividade e objetividade, e positivismo e pós-modernismo – está se colocando contra uma grande parte do universo intelectual inteiro. Um desafio desses é um ato político. Além do mais, desenvolver um "vocabulário alternativo" – os "conceitos-chave" deste livro – é buscar, no mínimo, enfraquecer a terminologia aceita. Ironicamente, o caso do Estado oferece um exemplo perfeito do modo como as instituições sociais concentram, totalizam, objetivam, classificam e codificam através da linguagem para impor uma visão particular do mundo (BOURDIEU, 1996c: 104ss. [1994: 114ss.]). É por isso que Bourdieu nos avisa para "tomar cuidado com as palavras" (BOURDIEU & WACQUANT, 1989d) porque elas importam consigo, de modo oculto, toda uma visão de mundo construída ao redor do pensamento historicizado; uma espécie de cavalo de Troia linguístico. O mesmo vale para as ciências sociais, presas como estão a precedentes e construções históricas. Ele escreve sobre a "ilusão do 'fundamento'" (BOURDIEU, 2001b: 42 [1997: 50]) para descrever qualquer conhecimento teórico que apresente um ponto de vista que não esteja disposto a aplicar a si mesmo – através da recusa da "objetivação do sujeito objetivante". É isso, em essência, que Bourdieu pretende substituir ao clamar por um "novo olhar", uma *metanoia* sobre o mundo social construída ao redor de seus próprios preceitos epistemológicos. Mas, novamente, esse é um chamado político, com sua implicação de que não o fazer representa um ato de má-fé intelectual, "estimar mais a estima dos homens do que a busca da verdade" (PASCAL. Pensamentos. Citado em BOURDIEU, 2001b: 293 [1997: 343], tradução modificada). Apesar de na realidade obviamente ninguém agradecer àquele que aponta desconhecimentos, especialmente quando carreiras inteiras são construídas sobre eles e fazer isso arrisca relegar ao "passado o conjunto dos produtores, dos produtos e dos sistemas [...] hierarquizados sob o aspecto do grau de legitimidade" (BOURDIEU, 1996b: 184 [1992: 264]).

Várias obras de Bourdieu – por exemplo, *A nobreza do Estado* e *Homo academicus* – atestam a sua visão do próprio campo acadêmico como compreensível apenas em termos de suas estruturas internas e daqueles posicionados dentro delas. A própria sociologia não tinha um *status* alto na década de 1950, quando Bourdieu se voltou a ela para sintetizar a filosofia e a antropologia para compreender o "choque da Argélia". Além do mais, seu ramo de sociologia – que ele sempre chamou de *La Sociologie* – era muito difícil de comparar com o que estava em oferta na França da década de 1950, que ele descreveu como "mediocremente empírica, sem nenhuma inspiração teórica nem empírica" (cf. GRENFELL, 2004b: 14). Isso parece muito diferente da versão carregada epistemologicamente que Bourdieu desenvolveu e seus imperativos políticos implicados. Por exemplo, seu ataque a princípios tão nobres como a "escola democrática" (BOURDIEU, 2002a: 55), que desafia um dos compromissos mais sacrossantos de qualquer Estado democrático moderno. É claro que a própria universidade está repleta de divisões e sectarismos; portanto, há oposições entre as "faculdades menores" – Línguas, História e Geografia –, por um lado, e as "faculdades maiores" da Universidade Imperial[1] – Direito, Medicina e Teologia –, por outro, cada uma caracterizada por configurações específicas de capital social, cultural e econômico, cujo valor é imputado a seu período de existência. Além do mais, há uma outra oposição dentro das universidades entre a suposta competência "científica" e a "social", que resultam do exercício do poder "acadêmico" e "temporal" – e são produzidos por ele. Em outras palavras, há na universidade moderna duas facções opostas – aqueles que pesquisam e aqueles que administram – que definem objetivos, operações e atividades legítimas a partir de duas visões de mundo extremamente diferentes: uma contestação de quem "é dono" da universidade e define seu propósito. Esse tipo de análise questiona e, portanto, abre para investigação o que passa em nome da universidade; se ela deve ser encarada em termos de erudição e conhecimento universal ou como parte de uma educação "dirigida economicamente" cujo principal propósito é servir a sociedade e o Estado. Portanto, a posição intelectual de Bourdieu era altamente política. Mas e o campo político em si?

**O Estado e o campo político**

Em 1989, Bourdieu publicou *A nobreza do Estado*, onde desenvolve uma análise das escolas de treinamento da elite na França – as *grandes écoles*. Tanto o título quanto a data de publicação do livro são importantes. Com "nobreza do Estado", Bourdieu sugeria num tom um tanto irônico que o aparato estatal estabelecido depois da grande Revolução de 1789 – cujo ducentésimo aniversário foi o ano da publicação do livro – tinha, com efeito, tomado para si todas as características funcionais da nobreza do *Ancien Régime*. De fato, em "Da casa do rei à razão de Estado" (BOURDIEU, 2005c [1997]), Bourdieu afirma explicitamente que devemos compreender o campo político moderno em termos da evolução de um Estado dinástico para um burocrático envolvendo as mesmas oposições entre herança e treinamento. Dessa forma, Bourdieu chama novamente a atenção para o modo como as sociedades modernas, em

---

1 Referência à reorganização do ensino superior francês realizada por Napoleão no século XIX [N.T.].

sua base, comportam-se das mesmas maneiras que as sociedades tradicionais. Ocorre que as estruturas de superfície precisam evoluir para refletir discursos modernos. Então, por exemplo, mesmo a "divisão do trabalho" industrial pode ser vista como originária da luta interdinástica entre irmãos (BOURDIEU, 2005c [1997: 59]). Além do mais, a tensão entre as necessidades dos irmãos do rei e dos ministros do rei no mundo tradicional é um caso de conflito entre dois modos de reprodução, um hereditário e o outro baseado na educação e no treinamento que, no mundo moderno, resultou no segundo expulsando o primeiro para assumir seu papel funcional instituindo assim um modo burocrático de reprodução no lugar de um com base na família. A escolaridade e a educação mediam o recrutamento para o Estado de um modo que antes ocorria através da linhagem (2005c [1997: 61]).

Bourdieu enxerga a cúria como a primeira desafiante natural pelo poder e posição no Estado contra o controle dinástico e, portanto, por uma transformação das estratégias de herança afastando-se do nobre, do herdeiro e do juiz, na direção da instituição e da constituição – de *phusei* "por natureza" ao *nomo* (*ex instituto*) "pela lei" (2005c [1997: 64]). A racionalização da corte como uma burocracia crescente em termos modernos refletia em parte o treinamento dos funcionários como cautelosos, prudentes e corteses. Um dos aspectos-chave desse valor ético é a quase invenção da noção de "bem público", que revela uma mudança subjacente no relacionamento do interesse próprio guiado pelo ego para o interesse público. Com efeito, esse é um bom exemplo daquilo que Bourdieu chamou de desconhecimento, já que o interesse próprio é subsumido pelo interesse público e assim opera fora da visão.

A partir dessa discussão, podemos ver alguns dos elementos-chave de uma análise bourdieusiana do campo político: o habitus daqueles envolvidos nele, suas estratégias de reprodução, o capital que lá é valorizado e as formas subjacentes de racionalidade e razão inerentes a ele, as oposições e contradições, e a estrutura diferenciada do campo. Bourdieu afirma que, não obstante, o Estado sempre foi associado a uma espécie de "capitalismo fiscal", a "monopolização de altas posições com altos lucros" (2005c [1997: 68]). Entretanto, enquanto esses lucros eram auferidos em nome do rei em períodos dinásticos, o campo burocrático os conquistou como "capital estadista" e agora é um foro para uma luta de recursos desempenhada em termos de salários e benefícios (capital econômico) e honrarias e títulos (capital cultural); com a exceção óbvia de que a admissão nesse jogo está restrita àqueles que ganharam a entrada para ele, ou seja, obtiveram as qualificações educacionais exigidas (2005c [1997: 68]).

*A nobreza do Estado* trata de muitas dessas questões em termos analíticos detalhados para mostrar as homologias entre estruturas sociais e mentais, o modo como a educação média entre as duas, e a efetividade do poder do Estado. Em *A distinção* (BOURDIEU, 2007 [1979]) temos detalhes adicionais dos gostos e hábitos culturais dos próprios burocratas, assim como dos habitus das principais facções políticas. Uma das características particulares do campo do poder francês é a especialização dentro da elite de treinamento. Assim, a instituição normal para a entrada no Estado sob o sistema napoleônico era a Escola Politécnica (EP), uma escola de elite baseada em tradições militares. Entretanto, ela foi superada desde a Segunda Guerra Mundial pela Escola Normal de Administração (ENA), uma universidade de treinamento de alto nível para administradores públicos. O exame oral de admissão na ENA exige o domínio de situações complexas demonstrado pelo comando da linguagem. Esse estilo contrasta fortemente com o dos alunos da Escola Normal Superior (ENS), a universidade para intelectuais que voam alto, onde "clareza", "convicção" e "presença de espírito" são exigidas (BOURDIEU, 1989b: 64). Bourdieu denuncia todo o modo como o discurso político foi invadido por indivíduos treinados pelo Estado e cujo objetivo é prestar serviços ao Estado. Eles apresentam as visões ortodoxas do Estado de um modo que sugere uma objetividade falsa. Esses *doxósofos* (BOURDIEU, 1982: 153 [1972: 26]), como ele os chama, fazem parte do modo como a política é oferecida como uma quase ciência, e, assim, lógica, prática e neutra, em vez de reconhecer uma visão de mundo contestada e os desafios para os valores inerentes a ela. O Instituto de Estudos Políticos – conhecido como

Sciences-Po – é, junto com a ENA, um dos principais meios da propagação dessa nova raça de burocratas e políticos *dirigistes, technicistes*[2]. Ironicamente, portanto, a "profissionalização" da política levou à sua "despolitização".

Essa análise questiona toda a natureza do próprio campo político e, com efeito, a possibilidade da política. Certamente, dentro de um sistema bourdieusiano que questiona a realidade de atos sem "interesse próprio" (Capítulo 9), onde todos se comportam de acordo com disposições pré-programadas para favorecer uma visão de mundo em detrimento de outra através dos sistemas simbólicos diferentes expressados nelas, questiona-se até que ponto qualquer indivíduo pode ser compreendido como "representante" das posições de outro.

Portanto, como vimos antes, a política precisa ser compreendida em termos de seu comportamento de campo. Há então um processo de limitação do acesso através de formas de censura. Qualquer membro de classe social pode ter interesses políticos, mas a possibilidade de expressá-los no campo político é governada por sua posição em relação a ele. Uma proclamação política feita socialmente só será considerada uma manifestação pública se for *reconhecida* como tal, de modo a ela mesma constituir um ato de instituição (cf. BOURDIEU, 1998f: 163 [2001: 213]). Há então um censor que decide quem pode e não pode falar "em nome de" certos grupos sociais dentro do campo político, assim como uma definição dóxica do que se pode e não se pode falar e pensar ao representá-los.

Bourdieu se une a Marx ao afirmar que é possível traçar os modos como as organizações políticas passam da representação dos interesses de seu grupo social para a defesa da própria organização, mas estende isso para enfatizar que, ao longo dessa evolução, existe "a ameaça do desapossamento dos membros 'insignificantes' da classe" (1998f: 167 [2001: 215]). Isso é sempre um correlato da *representação* política através da atribuição do poder de falar por um grupo para as mãos de profissionais. Com efeito, como aludimos anteriormente, dentro de um campo político moderno as habilida-

---

2 *"Dirigiste"* refere-se ao sistema econômico altamente intervencionista da França do pós-guerra. *"Techniciste"* seria algo como nossos "tecnocratas" [N.T.].

des e técnicas profissionais transmitidas por instituições consagradas são de fato um pré-requisito para a capacidade de operar de modo eficaz (reconhecido) nos vários foros políticos.

Mais uma vez, a ameaça é que aquilo que é constituído e transmitido seja na realidade os interesses de uma facção particular das classes dominantes, embora legitimado em termos de servir aos interesses de outras. Assim como na linguagem há uma distinção entre o significante (símbolo) e o significado (conteúdo substantivo), há no discurso político uma distinção entre os representantes (ação dos agentes) e a representação (interesses substantivos). Realiza-se então uma espécie de "jogo duplo" onde uma luta simbólica pela conservação ou transformação do mundo social acontece em termos de visões rivais do mundo social. Entretanto, essa visão expressa menos os interesses do grupo social particular do que aqueles dos profissionais políticos.

Com efeito, Bourdieu chega ao ponto de afirmar que a representação política de interesses de classe só será expressa à medida que eles sirvam os interesses da organização política particular, "de modo tanto mais exato quanto mais exata é a coincidência de sua posição na estrutura do campo político com a posição dos seus clientes na estrutura do campo social" (1998f: 177 [2001: 229], tradução modificada). Não obstante, o grupo de base é absolutamente fundamental e, de fato, a representação política só pode atuar com ele como suporte moral, validação, legitimação e justificação. Desse modo, o objetivo do "profissional" é controlar o "não profissional" de modo que, quando aquele abre sua boca, fala com todo o poder investido nele pelo grupo enquanto faz o que quer. De fato, há uma espécie de dialética moral, já que o enunciado político perfeito pode ao mesmo tempo formar o grupo – constituí-lo em termos do reconhecimento mútuo de interesse – e estabelecer a autoridade transcendental do orador para incorporar o grupo.

O relacionamento é totêmico; os grupos precisam de representação porque não podem falar como um grupo. Portanto, eles investem sua autoridade moral num indivíduo ou indivíduos que, assim consagrados, são a voz "do povo" – uma reivindicação que recebe seu assentimento tácito. Não surpreende que Bourdieu cite o exemplo do *skeptron* homérico (BOURDIEU, 1991: 193) que na Grécia antiga dava ao orador o direito de falar e ser ouvido. Esse é outro modo de preservar uma funcionalidade moral na era moderna enquanto ela assume uma forma diferente. Bourdieu se refere a essa representação ou delegação política como uma forma de "fetichismo" (BOURDIEU, 1990: 188 [1987: 185]), já que compreende que esse enxergar num outro uma incorporação de algo presente profundamente em si mesmo é, em última instância, uma forma de projeção, idealização e, ao fim e ao cabo, alienação moral. Mas, novamente, é fundamental para essa análise o relacionamento entre o indivíduo e o grupo. Para falar de um contexto de campo da política – o aparelho burocrático – Bourdieu chama a atenção a esse "encaixe" entre os dois quando escreve como se exige que:

> o aparelho dê tudo (e especialmente o poder sobre o aparelho) àqueles que lhe dão tudo e esperam tudo dele porque não têm nada ou não são nada à margem dele [...] [como resultado] o aparelho dá mais valor àqueles que lhe dão mais valor (1990: 203 [1987: 199], tradução modificada).

Se o indivíduo não é nada sem o grupo e o grupo não é nada sem um campo e alguém para representá-lo nele, isso mais uma vez gera perguntas sobre o modo como eles se constituem e se expressam na política. Em um artigo cujo título polêmico ganhou fama, Bourdieu afirma que "a opinião pública não existe" (BOURDIEU, 1983a: 173-182 [1980: 222-235]). Ele ataca como o consenso – de um jeito ou de outro – é "construído" através do modo onde todo tipo de "pré-dados" é inserido em questionários públicos que, portanto, já oferecem uma versão particular da realidade. Ele usa um truque filosófico no enunciado "o rei da França é calvo" (BOURDIEU, 1998c: 159 [2001: 321]) para mostrar como a questão de realmente existir um rei da França é subsumida pela questão de se ele é calvo ou não; em outras palavras, oculta-se o significado, ignora-se as pressuposições e faz-se afirmações autoevidentes.

Mas para além da construção efetiva de qualquer pesquisa de opinião há um conjunto de pressupostos adicionais: que a produção de uma opinião está disponível para todos, que todas as opiniões têm o mesmo valor, que pode haver um consenso (BOURDIEU,

1983a: 173 [1980: 222]). Essa afirmação é exemplificada criticamente através do caso das eleições – onde a "vontade geral" se expressa. Bourdieu se refere a Durkheim para chamar atenção à distinção entre o produto (a opinião) e as condições sociais que o produzem; ou seja, o "modo de existência do grupo" onde ele se expressa.

Portanto, há um contraste claro entre a forma da ação política (o voto ou a opinião) e sua maneira de produção (BOURDIEU, 2000f: 82). Normalmente há uma reunião ocasional de um grupo díspar de indivíduos simplesmente pela "circunstância excepcional" do voto. Bourdieu descreve esses indivíduos como existindo anteriormente num estado de separação, sem quase sequer um mínimo de interação e "interconhecimento" entre aqueles que não cooperaram na produção de suas opiniões, com exceção da formação de opiniões pessoais. Isso se contrasta com uma situação onde existe um grupo contínuo e integrado que é coerente e capaz de produzir uma opinião coletiva. Tal opinião pressupõe consulta, compreensão e a formação de um acordo tácito de instrumentos de comunicação; por exemplo, a linguagem e a cultura.

Essas duas formas diferentes de opinião são, assim, predicadas em "formas de produção" diferentes; uma baseada na coletividade e a outra na particularidade. Em outras palavras, uma visão coletiva não é um agregado de opiniões mobilizado por profissionais políticos periodicamente para sancionar o que estes já pretendem fazer. Bourdieu considera isso uma distinção fundamental entre duas formas de representação política; uma que significa nada mais do que uma redução a uma média estatística de indivíduos; outra onde o grupo tem a possibilidade de constituir independentemente sua própria voz. Obviamente, a primeira é o alicerce da crença neoliberal e sua posição de que "a sociedade não existe" e a expressão individual é um princípio cardeal do comportamento político. Na segunda, Bourdieu defende não um foco no direito de escolha, mas sim numa escolha sobre o modo da construção coletiva da escolha, e defende um sistema de "confrontação", "discussão" e "deliberação" no qual o conteúdo da comunicação é modificado, como são os indivíduos que a realizam como uma "tarefa coletiva" de busca de uma "opinião comum" (BOURDIEU, 2000f: 88).

É claro que no país da grande Revolução de 1789 e de Jean-Jacques Rousseau com sua tese sobre "a ditadura da vontade geral", essas são questões pertinentes. Existe uma "vontade geral"? Ela pode existir? Se for expressa assim, ela deve ditar o que ocorre? Quais são as consequências de sua expressão? Se ela não for expressa, quais são as alternativas? Como é possível melhorar o mecanismo para a produção da vontade geral, de modo que ela tenha um conteúdo mais autêntico, seja mais nuançada e mediada? Tais perguntas nos devolvem à linguagem como o meio natural do discurso político.

No que vimos acima, Bourdieu parece defender o efeito comunicativo inerente da linguagem. Mas, anteriormente, ele criticou com intensidade autores como Habermas, que propunham uma forma de "competência comunicativa" que permitia uma força motivadora racional básica na linguagem, porque ela parece sugerir que o "poder das palavras" está nas próprias palavras (BOURDIEU, 1996a: 30n4 [2001: 68-69n4]). Obviamente, para Bourdieu esse poder só pode vir das condições institucionais que envolvem as palavras e nas quais elas estão localizadas. Tendo em vista o que ele disse sobre a representação e delegação política, perguntamo-nos que tipo de discurso poderia de fato "transcender" essa forma de construção e imposição social em palavras e formar o tipo de debates políticos aludidos nos textos de outros autores? A resposta para essa pergunta é, evidentemente, que tal discurso deve ser formado em torno da própria postura epistemológica de Bourdieu. Nesse momento basta adicionar que ela questiona:

> [...] [as] condições econômicas e sociais a serem preenchidas para que se possa instaurar a própria deliberação pública conducente a um consenso racional [...] um debate em que os interesses particulares em competição receberiam a mesma consideração e onde os participantes [...] tentariam compreender o ponto de vista dos outros e lhe atribuir peso equivalente àquele conferido ao seu próprio ponto de vista (BOURDIEU, 2001b: 80 [1997: 96-97]).

Com essas ideias e princípios em mente, a próxima seção trata do engajamento político do próprio Bourdieu.

**Bourdieu em ação (política)**

Pelo que foi escrito até agora, é possível ver como há várias dimensões na política de Bourdieu. Há a natureza profundamente radical e crítica de sua epistemologia básica e as ramificações que ela tem para o conhecimento e o que é feito com ele. Há também a utilização de sua epistemologia e conceitos para analisar e compreender o próprio campo político com suas operações e funções. Esta seção trata do envolvimento de Bourdieu na política do mundo real: sua atividade no mundo político em vários grupos de pressão política e seus comentários sobre uma série de fenômenos sociais.

Mesmo em seus escritos mais antigos já havia uma consciência sociopolítica evidente em Bourdieu que devemos compreender como um certo ativismo social, uma necessidade de melhorar as coisas. Como fazer isso é outra questão. O sofrimento social que Bourdieu viu no Béarn na década de 1950 como resultado da exclusão social do matrimônio de um certo estrato masculino da comunidade não era menos real que a alienação e o descontentamento experimentados por grandes setores da sociedade francesa no final da década de 1980 como consequência direta das políticas socioeconômicas modernas do Estado. Em cada caso, o objetivo de Bourdieu era em primeiro lugar analisar as condições sociais que produziram esse sofrimento antes de sugerir quais meios devem ser utilizados para cuidar delas. Podemos dizer o mesmo de dois assuntos fundamentais em sua vasta obra: a educação e a Argélia. Em ambos os casos, há uma necessidade inicial de compreender cada um deles como um fenômeno social em si mesmo; uma ambição que exigiu uma enorme quantidade de trabalho que produziu escritos volumosos. Entretanto, podemos ver que essa atividade é fundamentada por um engajamento sociopolítico nos processos de mudança.

Como vimos em outras ocasiões neste livro, a Argélia representou para Bourdieu uma espécie de epifania pessoal em termos de orientação intelectual, e pode-se afirmar que esse tópico foi a principal fonte do desenvolvimento de sua teoria da prática. Mas esse engajamento não foi apenas teórico. Já em 1961, Bourdieu escreveu comentários sobre a cena política da Argélia do pós-guerra (cf. BOURDIEU, 1961). Nessa época, era comum entre os principais intelectuais franceses a interpretação da guerra argelina através da terminologia marxista (cf. SARTRE, 1963; FANON, 1961, p. ex.). Assim, tanto os camponeses quanto os operários eram vistos como a "classe revolucionária". Entretanto, para Bourdieu, isso era uma generalização ampla demais da realidade da situação e, portanto, oferecia uma interpretação errônea do que ocorria na Argélia. Ele enxergou, por exemplo, que não havia nenhuma classe revolucionária madura na Argélia e sim uma mistura de grupos unidos apenas em sua oposição ao "outro" colonial. Ele também enxergou que em tal ambiente a religião islâmica assumiu o papel de unir essas facções (BOURDIEU, 1961: 27). O que se seguiu nas próximas décadas foi uma luta clássica entre o governo civil com inclinações socialistas, o exército, o Islã militante e a sociedade em geral. Em julho de 1997, cerca de 100.000 pessoas já haviam perdido suas vidas como resultado dos conflitos.

É possível seguir o apoio de Bourdieu pelos argelinos e sua oposição ao tratamento deles ao longo dos anos (cf. GRENFELL, 2004b, cap. 2, para maiores detalhes). Por exemplo, ao juntar forças com grupos de ação pública – como o Cisia (Comité International de Soutien aux Intellectuels Algériens [Comitê Internacional de Apoio aos Intelectuais Argelinos]) – para chamar atenção ao que acontecia lá e dar uma voz àqueles ameaçados, ou ao assinar várias petições contra as mudanças de políticas francesas que reduziam a ajuda disponível aos argelinos (cf. BOURDIEU, 2002a: 319).

É igualmente possível traçar uma linha de atividade semelhante no outro grande foco de pesquisa de Bourdieu: a educação. Mais uma vez, vemos um envolvimento inicial num conjunto de contextos sociais; por exemplo, sua denúncia da ideologia jacobina aparente numa política educacional que, por assim dizer, democratiza a educação ao oferecer a todos aquilo que pode ser alcançado apenas por poucos, feita numa semana de discussão marxista em 1966 (BOURDIEU, 2002a: 55); e seu apelo posterior pela organização de uma assembleia geral de ensino e pesquisa de políticas tendo em vista "minimizar os efeitos da herança de classe" (2002a: 65). Além do mais, os eventos de maio de 1968 claramente tiveram um grande efeito em Bourdieu, pois ocorreram numa época em que ele estava fortemente envolvido em pesquisas sobre a educação (cf. BOURDIEU & PASSERON, 2011a [1970], 2013a [1964]). Bourdieu também visitou a maioria das principais faculdades universitárias da época. A chegada do governo socialista em 1981 coincidiu com a eleição de Bourdieu para o Collège de France. Isso deu a Bourdieu uma oportunidade de utilizar seu perfil público de maneira muito mais direta. Uma ocasião inicial de fazer isso foi oferecida a ele quando, em 1984, os professores do Collège de France foram convidados a produzir um relatório sobre os "princípios" pertinentes para uma educação futura (BOURDIEU, 2002a: 199). Depois, Bourdieu foi convidado em 1989 pelo presidente socialista Mitterrand para conduzir um comitê especial sobre a reforma curricular. Esse comitê produziu uma série de *princípios* para mudanças no conteúdo e na organização do ensino como a necessidade de flexibilidade, a importância da revisão pedagógica e um foco maior em correntes contracurriculares. Claramente, tal atividade elevou o perfil da educação e contribuiu para o debate público sobre todos os aspectos do ensino e do aprendizado. Desde 1968, a França estava envolvida num processo de reforma e democratização do ensino. O estilo aristocrata tradicional da educação francesa realmente mudara e adotara um currículo mais apropriado para o mundo moderno. Isto posto, havia poucas evidências que sugerissem que a reprodução social das classes demonstrada por Bourdieu em sua obra na década de 1960 mudara muito. O paradoxo de qualquer reforma, para Bourdieu, era sempre que as "estratégias de reconversão" estavam disponíveis com mais frequência para aqueles que já ocupavam posições dominantes na hierarquia social para modificar seu comportamento e ainda manter seu lugar privilegiado. Um resultado foi a "inflação das qualificações", onde níveis mais altos de certificados compravam para seu portador cada vez menos em termos de empregos e colocação social (cf. Capítulo 8, sobre mudança e histerese). Como relatos em *A miséria do mundo* mostram, mesmo uma política aparentemente honrada de aumentar a porcentagem de jovens que entram no ensino superior resultou meramente em grandes números de jovens adultos com qualificações que não significam muito para eles em termos de retorno econômico.

Tendo em vista as frustrações de ver resultados limitados das intervenções governamentais em áreas como a Argélia e a educação, talvez não surpreenda que Bourdieu realizou cada vez mais ações públicas diretas para questionar os princípios do próprio Estado. Mas há um paradoxo aqui. Por grande parte de sua carreira, pelo menos em teoria, Bourdieu enxergara o Estado como o árbitro final da "violência simbólica" (cf. Capítulo 11) pelo modo como ele agia como a força legitimadora definitiva. Entretanto, a partir da década de 1980 o pensamento econômico neoliberal se tornara dominante na política ocidental. Isso não foi menos verdadeiro na França depois do colapso do "experimento" socialista. Uma característica fundamental desse pensamento era uma redução do envolvimento estatal tanto na economia quanto na sociedade, de modo que neste caso o próprio Estado estava ameaçado. Para Bourdieu, o Estado também precisava ser visto como algo que fora conquistado após séculos de reformas humanistas e seu distanciamento do poder investido em Deus e no rei. Ele precisava então ser defendido pelo seu potencial em agir pelo bem comum. Desse modo, a ação contra o Estado neoliberal preocuparia Bourdieu por grande parte do resto de sua vida.

Como sempre ocorreu com Bourdieu, é importante colocar sua própria ação e enunciados dentro do contexto e dos eventos da época. Não obstante, há uma questão adicional sobre quais foram as ferramentas dos "atos de resistência" de Bourdieu e, por implicação, até que ponto elas ainda estão disponíveis hoje em dia.

Fica claro que a publicação era a forma mais natural de oposição às tendências políticas prevalecentes. Além de *Actes de la Recherche*, livros acadêmicos e relatórios oficiais, Bourdieu ampliou sua escrita na direção de canais mais jornalísticos e populares. Por exemplo, ele fundou a resenha *Liber* em 1989 como um suplemento para os principais jornais europeus – *El País*, *Le Monde*, *Allgemeine Zeitung*, o *Times Literary Supplement* e *L'Indice* – para oferecer um foro para autores e artistas em nível europeu. Após seu trabalho sobre o campo da arte, Bourdieu compreendera o fato que artistas e autores poderiam agir como combatentes contra a hegemonia dominante. Ele convocou uma Internacional dos Intelectuais (BOURDIEU, 2002a: 257) citando a mobilização de Zola de uma voz intelectual contra a ideologia do Estado. A ideia da Internacional era ser independente da interferência do Estado e da mídia de massa para fundar uma "política da pureza". A Internacional se reuniu pela primeira vez em Estrasburgo em 1993 e constituiu um Parlamento Internacional dos Escritores, presidido por Salman Rushdie. Além de Bourdieu, outros membros incluíram Derrida, Édouard Glissant, Toni Morrison e Susan Sontag. Seu objetivo era definir novas formas de ação militante para desenvolver os elos entre a política, a cultura e a economia, além de chamar a atenção para focos internacionais de crise.

*Liber* e a Internacional foram exemplos adicionais da reorientação intelectual de Bourdieu na direção da ação pública. Além de *A miséria do mundo*, que precisa ser compreendido como uma intervenção política no campo (cf. Capítulo 12), Bourdieu também fundou a série *Raisons d'Agir*, projetada como uma coleção de livretos curtos e acessíveis sobre várias questões de política contemporânea. O primeiro, escrito por ele, sobre a televisão e a mídia, foi publicado em 1996; seguiram-se outros sobre o intelectual francês e a mídia (HALIMI, 1997), a reforma do bem-estar social (DUVAL et al., 1998) e o impacto do neoliberalismo na Grã-Bretanha (DIXON, 1998). A série também ofereceu um lar para alguns dos escritos mais polêmicos de Bourdieu. Dois foram publicados sob os títulos *Contrafogos* e *Contrafogos 2* – o primeiro mirou os novos mitos econômicos de nossa época, o segundo atacou a lógica da economia de mercado (BOURDIEU, 1998a [1997], 2001c). Bourdieu justificou essas publicações não acadêmicas afirmando que fazia pouco sentido, depois de um certo período de tempo, continuar a escrever para um mundo pequeno e fechado e que as coisas que ele descobrira precisavam se tornar disponíveis para um público mais amplo (cf. DELSAUT & RIVIÈRE, 2002: 237-239).

Essa presença pública mais evidente também foi complementada por aparições mais frequentes na televisão e no rádio e na produção de um filme sobre "um ano de vida" (*La sociologie est un sport de combat*) que seguiu Bourdieu em suas várias atividades de "eminência parda" sociológica. Bourdieu também tratou de várias questões políticas da época com artigos e petições para os principais jornais: Sérvia e Kosovo (BOURDIEU, 2002a: 279, 422), a extrema-direita (2002a: 437) e a Argélia (2002a: 429). Entretanto, ele também combinou essas atividades com a ação política direta "nas ruas", por assim dizer. O exemplo mais óbvio disso ocorreu durante os eventos de 1995. Contra um pano de fundo de protestos sindicais e estudantis reivindicando mais recursos para o bem-estar social, o governo de Chirac planejava impor medidas de austeridade que os cortariam; um plano, aliás, apoiado por Olivier Mongin, editor do *Le Monde*, e um grupo de intelectuais franceses proeminentes – Touraine, Julliard, Finkielkraut e Ricoeur. A resposta de Bourdieu foi imediata, lançando um "chamado aos intelectuais pelo apoio aos grevistas"; um manifesto que foi assinado por centenas de intelectuais, incluindo Derrida, Krivine, Debray e Balibar. Em 12 de dezembro de 1995 Bourdieu se juntou aos grevistas na Gare de Lyon e declarou estar lá "contra a destruição de uma civilização" (BOURDIEU, 1998a: 24 [1997: 30]). Ele criticou a "nobreza do Estado" que pregara o definhamento do Estado, a suposta inevitabilidade da política econômica, a economia como pseudociência, as leis de ferro dos mercados financeiros, o mito da globalização, a insegurança profissional e a democracia verdadeira contra a tecnologia. Contra aqueles que propagavam essas ideias, ele convocou mais uma vez os intelectuais, escritores, artistas, cientistas e outros para serem inventivos na formulação de alternativas; algo que pudesse constituir "uma política da felicidade". Era preciso nada menos do que um novo "*Estados Gerais*" (BOURDIEU, 2000d): um "trabalho coletivo" em nível nacional e internacional, um trabalho realmente multidisciplinar que se desse o objetivo de formular uma alternativa ao neoliberalismo.

### O intelectual comprometido(?)

É pertinente perguntar o que essas ações e eventos, que se passaram há bem mais de uma década, podem nos dizer sobre a relevância contínua da obra de Bourdieu em termos de ativismo político. Em um certo sentido, um Bourdieu de hoje em dia não operaria desse modo. Bourdieu era de uma geração que mobilizava a opinião ao reunir indivíduos da mesma opinião, ao escrever panfletos e através do contato direto. Ele também foi capaz de utilizar sua própria posição eminente no Collège de France para tornar suas atividades mais conhecidas. Alguém com um perfil mais modesto não conseguiria fazer isso. Além do mais, a internet, o YouTube e os *smartphones* eclipsaram as formas tradicionais de comunicação política: debates, comícios e jornais. Mas existe uma circularidade na política de Bourdieu – na teoria e na prática – que torna inevitáveis muitas de suas ações e também oferece alguns dos princípios fundadores do que fazemos hoje em dia.

Eu comecei o capítulo afirmando que a própria teoria da prática de Bourdieu era inerentemente política, pois baseava-se numa epistemologia crítica-radical articulada através de suas ferramentas conceituais. A linguagem tem importância central por expressar essas ferramentas e, assim, a epistemologia. Com efeito, a luta por versões do presente e do futuro era inerentemente política ao opor uma forma de realidade a outra. É por isso que a linguagem do neoliberalismo tinha que ser confrontada devido a seus efeitos de "cavalo de Troia". Em palavras como "moderno", "globalização", "flexibilidade", "liberdade" e "complementaridade" existe todo um conjunto de pressupostos ocultos que tinham o efeito de importar todo um modo de pensar. Apenas a crítica racional podia revelar isso, descobrir as agendas escondidas – os desconhecimentos – e oferecer versões alternativas de processos socioeconômicos contemporâneos. Como visto em outros lugares deste livro, as palavras, para Bourdieu, podiam agir de modo a promover uma forma de *violência simbólica* (cf. Capítulos 9, 11 e 13) ao impor um modo de pensar e, assim, de agir. A racionalidade foi conquistada a duras penas na história da espécie humana; ela levou vários séculos para se expressar. Mas mesmo aqui existem perigos na "racionalidade formal" das metáforas econômicas dominantes e no "fanatismo da razão" encontrado em doutrinas universais (BOURDIEU, 1995c).

Evidentemente, Bourdieu desconfiava de qualquer universalidade que se estabelecesse – com razão – em seus próprios termos; e isso incluía muito do que passava pelo nome de argumentos filosóficos e intelectuais. Entretanto, ele defendia uma racionalidade baseada em seu próprio método reflexivo – uma *racionalidade reflexiva*, com base em instrumentos de análise que incluíam não apenas o objeto de pesquisa, mas, como discutido nos Capítulos 12, 13 e 14, a objetificação do próprio sujeito objetificante. Com efeito, essa postura filosófica tinha potencial universal; em outras palavras, os intelectuais precisavam ter *interesse* (cf. Capítulo 9) no universal, já que é apenas através dele que tais verdades podiam ser estabelecidas. Esse modo de pensar, que gerava um certo modo de ver (*metanoia*) e de agir no mundo, está na base daquilo que Bourdieu enxergava como a formação de um habitus científico – uma *libido sciendi*. Como espero que este capítulo tenha sugerido, qualquer um que possua tal ser deve, por definição, adotar uma posição política em relação a quem é, seu trabalho e suas consequentes ações. Essa, finalmente, é a *raison d'être* da atividade científica e, para terminar onde começamos, ela

> se satisfaz com verdades parciais e provisórias que ela pode conquistar contra a visão comum e contra a *doxa* individual e que estão em condições de fornecer os únicos meios racionais de utilizar plenamente as margens de manobra deixadas para a liberdade, isto é, para a ação política (BOURDIEU, 1997a: 736 [1993: 944]).

# Conclusão

*Michael Grenfell*

No decorrer das cinco partes e quinze capítulos deste livro, colocamos sob o microscópio uma seleção dos conceitos-chave de Bourdieu. Na Parte I, as palavras-chave foram *biografia, teoria e prática*. O Capítulo 1 forneceu um esboço da trajetória de vida de Bourdieu e de eventos pessoais relacionados tanto ao ambiente sócio-histórico que o envolveu durante sua carreira e as correntes intelectuais das quais ele fez parte. A ênfase estava nos modos como as ideias de Bourdieu precisam ser compreendidas em termos de sua própria formação pessoal e dos eventos mundiais muito reais que se apresentaram a ele. Vale a pena insistir mais uma vez que a obra de Bourdieu precisa ser compreendida em termos de sua sociogênese e como tentativas de entender fenômenos sociais práticos. O Capítulo 2 estendeu essa discussão ao mostrar como questões de *teoria* e de *prática* sempre estiveram presentes no método de Bourdieu. Sua própria teoria da prática pode ser traçada à tradição radical da qual ele surgiu e às correntes filosóficas particulares que melhor se encaixavam com seus impulsos pessoais e intelectuais.

Nesses conceitos, surgem questões de *subjetividade* e *objetividade*, e elas foram enfrentadas diretamente na Introdução da Parte II. Foi necessário chamar atenção explicitamente para a abordagem filosófica de Bourdieu sobre as fundamentações primárias da experiência humana. A *estrutura* foi o conceito-chave na ligação da subjetividade das vidas individuais à objetividade daquilo que elas moldam e que as moldam. A fenomenologia e o estruturalismo antropológico foram o principal foco dessa discussão, além de outros filósofos na filosofia da história da ciência. A subjetividade e a objetividade eram com efeito dois lados da mesma moeda para Bourdieu e, num certo sentido, toda sua obra pode ser vista como uma tentativa de ir além da realização dicotômica comum desses conceitos nas ciências sociais. Sua ciência se fundava na ambição de reconciliá-los. Os dois capítulos remanescentes da Parte II trataram de suas principais "ferramentas de pensar" – *habitus* e *campo* – como as bases fundamentais de sua abordagem. As duas são coextensivas ao expressar os aspectos subjetivos e objetivos da facticidade humana. Além do mais, elas podem ser operacionalizadas na prática de pesquisa. É preciso enfatizar dois pontos. Primeiro, conceitos como esses não apareceram de modo pré-formado. Eles foram desenvolvidos diante das necessidades que surgiram do engajamento de Bourdieu com problemas sociais empíricos. Segundo, eles não apenas evoluíram e se desenvolveram à medida que Bourdieu trabalhou em vários projetos de pesquisa, mas seu relacionamento um com o outro também mudou. Na cronologia da produção de Bourdieu, o campo aparece relativamente tarde, mas se torna talvez o conceito mais significativo de sua obra.

Os quatro conceitos tratados na Parte III – "Mecanismos de campo" – deram um passo adiante em relação à natureza e o funcionamento dos campos. As questões de teoria e de prática examinadas por Bourdieu são pertinentes para qualquer área da ciência – tanto humanas quanto físicas. Entretanto, seu foco pessoal era em perguntas sobre a sociedade e suas operações, onde a classe social sempre terá uma posição definidora. O capítulo sobre *classe social* estabeleceu a compreensão de Bourdieu desse conceito contra a de outros autores. É uma característica crucial como as classes operam nos sistemas de campos, e como uma expressão desses sistemas, na obra de Bourdieu. Mas os campos aparecem em muitas manifestações, além de agrupamentos socioeconômicos. Alguns são *microcosmos*, ou, localmente, contextos de lugares semiautônomos. Outros se juntam e atravessam um conjunto de campos – por exemplo, o campo da arte é melhor compreendido como um amálgama dos campos artístico, comercial e político. Aqui estão questões sobre a forma e o conteúdo de várias lógicas da prática de campos individuais e também sobre as fronteiras dos campos e a representação pública e privada. Essas representações são articuladas através dos sistemas simbólicos e materiais dos campos.

O capítulo sobre *capital* defendeu que esse conceito permite uma compreensão do meio das operações de campo onde o econômico, o simbólico, o social e o cultural são intraconversíveis em várias maneiras como parte do mundo social em fluxo. É o capital que lubrifica as engrenagens dos mecanismos sociais. Já que a natureza de qualquer lógica da prática é, em sua base, produzir distinção e diferenciação, algumas formas de capital sempre serão mais valorizadas do que outras. Essas formas legítimas de capital constituem uma ortodoxia, o que também implica uma heterodoxia oposta. *Doxa* é o conceito que Bourdieu utiliza para essa "força moral" do estabelecimento dos padrões, de acordo com os quais tudo é avaliado e julgado, ainda que implícita e inconscientemente. Os sistemas de campo tratam em sua maior parte de como tais formas ortodoxas – talvez dos grupos sociais dominantes – são reproduzidas. Há uma circularidade nesse argumento que poderia sugerir um modelo determinista demais dos sistemas sociais. Nada poderia estar mais longe da verdade para Bourdieu, e a mudança está no coração de sua teoria. O capítulo sobre *histerese* mostra o que pode acontecer quando o habitus e o campo perdem a sintonia; particularmente o efeito devastador que pode haver para o indivíduo quando descobre que "o mundo o ultrapassou" e que seu próprio capital não funciona mais na constituição atual do campo. A inflação inerente às qualificações acadêmicas – quanto mais se tem, menos se compra – é um bom exemplo do modo como os cálculos de campo podem não resultar no lucro previsto em termos da obtenção de uma posição social melhor no campo (p. ex., do emprego).

Na Parte IV – "Condições de campo" – o foco mudou para tratar mais dos aspectos individuais dos campos; como os campos são experimentados e o potencial que esse conhecimento tem para o modo como o mundo é visto. O capítulo sobre *interesse* aprofundou a noção de que os campos operam segundo formas dominantes e ortodoxas de pensar e fazer as coisas, e explorou como isso se expressa através de motivos e ações individuais. Esses interesses sempre são formados em antecipação da obtenção de um objetivo particular, ainda que inconsciente e implicitamente. As implicações dessa percepção foram exploradas para testar até que ponto seu efeito ocorre e, de fato, onde e quando o princípio não se aplica. O capítulo ligou o interesse ao interesse no conhecimento e na ciência, e desenvolveu a visão de Bourdieu do modo como o próprio interesse pode ser utilizado para aumentar os níveis de objetividade na ciência. A noção de *universalidade* também foi tratada nesse capítulo. O capítulo seguinte sobre *conatus* analisou explicitamente o modo como o pessoal e o coletivo podem ser expressados num indivíduo particular, incluindo seus impulsos psicológicos. Além disso, o capítulo investigou o modo como Bourdieu, ao adotar um termo da Antiguidade, reconecta-se com toda uma tradição filosófica ao elucidar o privado, o social, o religioso e o científico.

Está implícito na visão de mundo de Bourdieu que a diferenciação e a distinção resultam num tipo de violência que é perpetuado sobre aqueles que não pertencem aos grupos sociais dominantes. O capítulo sobre *sofrimento* apresentou o modo como essa *violência simbólica* se manifesta no mundo contemporâneo e os efeitos muito reais para aqueles que são vítimas de suas consequências. O ponto principal aqui era que o sofrimento pode ser tanto simbólico quanto material, mas ambas as formas são reais.

A Parte IV terminou com um capítulo sobre a *reflexividade*. Esse aspecto da obra de Bourdieu é central – seu método é acima de tudo um *método reflexivo*. O capítulo estabeleceu exatamente o que a reflexividade significava para Bourdieu e também o modo como ela adquiriu um destaque cada vez maior na progressão de sua obra em resposta a seu engajamento político e intelectual. Talvez, acima de tudo, a *reflexividade* seja uma dimensão crítica para a pesquisa científica.

Por fim, a Parte V tomou os conceitos como um todo e ofereceu capítulos onde o foco foi sua "aplicação". O Capítulo 13 estabeleceu uma metodologia bourdieusiana em termos de três níveis, incluindo a construção do objeto de pesquisa, a análise de campo e a objetivação participante. Elementos da teoria e da prática reflexiva foram destacados. Nós também vimos as partes constituintes da análise de campo em termos de estágios de investigação que ligavam os indivíduos e suas posições relativas dentro de campos e, em última instância, dentro do campo do poder. O Capítulo 14 ofereceu então orientações metodológicas adicionais e exemplos práticos para a pesquisa sobre o espaço social e campos.

A esses dois capítulos de foco prático seguiu-se o Capítulo 15, uma discussão das implicações substantivas do método de Bourdieu em termos de ativismo político.

Todas essas *palavras* – todos esses conceitos. É preciso enfatizar que essa lista de conceitos é apenas uma seleção – ainda que dos mais significativos – e outros poderiam ter sido incluídos. Por exemplo, legitimidade, lógica da prática, héxis, consagração, disposição, reconhecimento (e desconhecimento), universal, entre outros. É um paradoxo aparente que um vocabulário tão desenvolvido e complexo tenha surgido de um sociólogo que avisou os aspirantes a pesquisadores para "tomarem cuidado com as palavras". O restante desta conclusão explora esse paradoxo e oferece, por fim, reflexões adicionais sobre o que esses conceitos individuais representam no final das contas.

Bourdieu escreveu numa época onde a própria linguagem estava sob investigação e, como notamos no Capítulo 1, a filosofia do homem tornou-se uma filosofia da linguagem. O próprio termo "discurso" tornou-se uma metáfora analítica para os sistemas sociais, tanto materiais quanto ideacionais, e as palavras foram "interrogadas" sobre sua significação arbitrária. A hostilidade de Bourdieu ao pós-modernismo também foi notada neste livro e uma forma de ler o seu projeto é enxergá-lo como uma tentativa de integrar noções sobre a natureza arbitrária da linguagem e dos fenômenos sociais (expressa de forma mais explícita, provavelmente, no conceito de *capital cultural*) num esquema que fosse estável o bastante para ser expresso em termos objetiváveis. Em outras palavras, sua própria metodologia e conceitos oferecem uma linguagem que estabiliza os termos da análise como um modo de evitar uma queda no tipo de hiper-relatividade ao qual tantos textos pós-modernos se inclinam. Nesse sentido, a linguagem bourdieusiana, como expressa nos conceitos apresentados neste livro, pode ser lida como uma tentativa de romper com a linguagem cotidiana, de investigar as interpretações de senso comum dos fenômenos sociais e de descobrir as estruturas geradoras em suas formas emergentes. Entretanto, a mesmíssima linguagem também pretende atacar a própria linguagem da análise dos cientistas sociais para tentar purgar o conhecimento resultante de suas próprias construções enviesadas socialmente. É por isso que, para Bourdieu, "a verdade é que a verdade está em jogo". A apropriação que Bourdieu faz de palavras antigas – por exemplo, *habitus*, *conatus* e *histerese* – torna imediatamente a linguagem "estranha" e lembra aos leitores o sentido total desses conceitos. Outros são expressos em linguagem mais cotidiana – *interesse*, *campo*, *capital* – e, consequentemente, é preciso tomar mais cuidado em sua utilização para mantermos em mente o que eles implicam. É quase obrigatório escrever esses termos em itálico para manter essa afirmação em primeiro plano quando pensamos com eles. Não fazer isso é arriscar reificar os próprios conceitos, fazendo de qualquer interpretação particular deles sua própria ortodoxia, e acabar naquele ato definitivo de *má-fé* bourdieusiana – tratar os conceitos como mais reais do que as coisas que eles devem representar. Esse modo de trabalhar com eles representa uma transgressão de toda a teoria da prática, pois significa cair na armadilha "substancialista" que mencionei na Introdução da Parte II, onde aspectos de fenômenos sociais são considerados como tendo propriedades concretas inscritas por toda a eternidade como alguma espécie de essência cultural (cf. BOURDIEU, 1996c: 16 [1994: 17]), em vez de ser analisável em termos de suas relações dentro de atividades e pessoas e entre elas. Ao mesmo tempo, é um erro simplesmente tomar os conceitos como termos soltos que podem ser suplementados ou desenvolvidos do modo que for mais conveniente.

Cada um dos capítulos deste livro foi oferecido a partir de uma perspectiva individual, e fica claro que os diferentes autores têm suas preocupações e interpretações particulares. Muitas vezes sentimos que os autores tentam conceber em seus próprios termos uma compreensão das implicações de cada conceito e de seus exemplos práticos. Vale a pena enfatizar mais uma vez que os conceitos não são solitários e precisam ser compreendidos como integrativos, como facetas diferentes da mesma epistemologia. Não obstante, cada conceito tem sua própria formação histórica, ilustração prática e utilidade particular. E subjacente a cada um deles está a necessidade – tanto prática quanto filosófica – que fez surgir os conceitos durante o próprio trabalho de Bourdieu, que é antes de mais nada um engajamento prático. Bourdieu insistiu que nunca "inventou" um conceito como resultado de algum tipo de contemplação teórica e só empregava um termo particular quando ele era necessário. Em termos práticos, "pensar com esses conceitos" permite percepções e interpretações que não estão disponíveis de outro modo e permite elucidar um conjunto de fenômenos sociais, entre eles a própria atividade de conduzir investigações nas ciências sociais e físicas. Portanto, é também necessário manter em mente a importância de reconhecer a filosofia que fundamenta esses conceitos coletiva e individualmente. Como vimos acima, a noção de *estrutura* – em seu sentido subjetivo e objetivo – oferece exatamente esse elo, e é a base da "analítica existencial" de Bourdieu. Em outras palavras, esses conceitos não são apenas "metáforas" para a interpretação de dados num modo realista ou frouxamente construtivista; por exemplo, que o habitus seria uma forma de simplesmente tratar da biografia individual e que o campo se preocuparia com os contextos locais. E que usar os dois juntos seria um modo de reconhecer a interação entre os agentes sociais e seu ambiente. Tal abordagem ignora as homologias estruturais entre habitus e campo, suas lógicas da prática constituintes em comum, a inter-relação local específica entre os dois, o meio dessa interação, o modo como os campos se conectam e evoluem ao longo do tempo e o relacionamento entre as ortodoxias e os interesses dentro dos campos e entre eles. Em outras palavras, esses conceitos não são simplesmente ferramentas narrativas para estruturar etnografias, mas sim matrizes epistemologicamente carregadas aplicadas a fenômenos sociais enquanto eles ocorrem.

Pensar nesses termos – nesses *conceitos-chave* – talvez seja começar a construir o tipo de "novo olhar", ou *metanoica*, ao qual Bourdieu se referiu. Em primeiro lugar, é ver o mundo através dos olhos de um homem – um homem francês que viveu na segunda metade do século XX e que expressou seu ambiente através das disciplinas da Filosofia e da Sociologia. Há um projeto modernista nessa visão que nos leva até o século XVIII e o Iluminismo, com seu foco na racionalidade e no estabelecimento dos direitos humanos. O desafio para os acadêmicos e os intelectuais é tomar esses conceitos, desenvolvê-los e trabalhar com eles, permanecendo fiéis à sua visão epistemológica original; ou seja, não de forma prosaica, mas estendendo-os em termos de aplicação prática e, por fim, de ativismo político. Com efeito, aqueles que trabalham dessa forma já atuam como "agentes praxeológicos" dentro de seus próprios campos especializados e, portanto, têm uma missão clara através do papel que podem desempenhar na formação do mundo social. Mas esse tipo de engajamento também exige um grau de reflexividade da parte daqueles que não são necessariamente reconhecidos por revelar seus próprios pressupostos e a perda de poder em que isso pode implicar. Além do mais, isso gera perguntas sobre o nível e o tipo do ativismo exigido, assim como de seu custo pessoal e coletivo. Não obstante, são necessárias estratégias para a ação como parte de uma agenda intelectual radical para gerar um nível semelhante de consciência da violência simbólica inerente aos sistemas da sociedade em geral. Esse desafio é certamente o propósito substantivo definitivo por trás dos *conceitos-chave* de Bourdieu.

# Cronologia da vida e da obra

Segue-se uma cronologia de eventos significativos biográficos e profissionais, além das principais publicações. Para maiores detalhes, cf. Grenfell (2004), *Pierre Bourdieu: Agent Provocateur*.

| | |
|---|---|
| 1º de agosto de 1930 | Nasce em Denguin (Hautes-Pyrénées), França. |
| 1941-1947 | Liceu de Pau. |
| 1948-1951 | Liceu Louis-le-Grand, Paris. |
| 1951-1954 | École Normale Supérieure, Paris. |
| 1954 | *Agrégé* de Filosofia. |
| 1954-1955 | Professor no Liceu de Moulins. |
| 1955 | Vai para a Argélia como parte do serviço militar. |
| 1958 | Publicação: *Sociologie de l'Algérie*. |
| 1960-1961 | Professor na Faculté des Lettres, Paris. |
| 1961-1964 | *Maître de conferences* na Faculté des Lettres, Lille. |
| 2 de novembro de 1962 | Casa-se com Marie-Claire Brizard (três filhos: Jérôme, Emmanuel e Laurent). |
| 1962 | Publicação: *Travail et travailleurs en Algérie*. |
| 1964 | *Directeur d'études*, École des Hautes Études en Sciences Sociales, Paris. Diretor do Centre de Sociologie Européenne. |
| 1964-1984 | *Chargé de cours*, École Normale Supérieure, Paris. |
| 1964-1992 | Editor da série *Le sens commun* (Éditions de Minuit). |
| 1966 | Publicação: *L'amour de l'art*. |
| 1968 | Publicação: *Le métier de sociologue*. |
| 1970 | Publicação: *La reproduction*. |
| 1972 | Publicação: *Esquisse d'une théorie de la pratique*. |
| 1975 | Fundador e diretor de *Actes de la Recherche en Sciences Sociales*. |

| | |
|---|---|
| 1979 | Publicação: *La distinction*. |
| 1980 | Publicações: *Le sens pratique*; *Questions de sociologie*. |
| 13 de dezembro de 1981 | Organiza uma petição e campanha com Michel Foucault e outros intelectuais contra o golpe militar na Polônia e a supressão do *Solidarność*. |
| 1981 | Depois da eleição de um presidente socialista (Mitterrand) e da maioria parlamentar, é convidado para participar de um comitê do Collège de France sobre a reforma da educação. |
| 1982 | Nomeado Catedrático de Sociologia no Collège de France. |
| 1982 | Publicações: *Leçon sur la leçon* (palestra inaugural no Collège de France); *Ce que parler veut dire*. |
| 1984 | Publicação: *Homo academicus*. |
| 1985 | Publicação: "Propositions pour l'enseignement de l'avenir" (relatório do Collège de France). |
| 1987 | Publicação: *Choses dites*. |
| 1988 | Publicação: *L'ontologie politique de Martin Heidegger*. |
| 1989 | Publicações: *La noblesse d'État*; "Principes pour une réflexion sur les contenus d'enseignement" (relatório de uma comissão estabelecida por François Gros, ministro da Educação, e comandada por Bourdieu). |
| 1992 | Publicações: *Réponses*; *Les règles de l'art*. |
| 1993 | Recebe a Medalha de Ouro do CNRS. |
| 1993 | Publicação: *La misère du monde*. |
| 1994 | Publicação: *Raisons pratiques*. |
| 4 de dezembro de 1995 | Apoio aos grevistas contra o "Plan Juppé" (reforma do Bem--estar Social). Apoio à greve dos mineiros. |
| 1996 | Estabelece a Editora Liber-Raisons d'Agir. Publicação: *Sur la télévision*. |
| 1996-1997 | Apoio ao escritor britânico Salman Rushdie, que fora condenado à morte por líderes iranianos. |
| 1997 | Publicação: *Méditations pascaliennes*. |
| 1998 | Publicações: *Contre-feux*; *La domination masculine*. |
| 2000 | Publicação: *Les structures sociales de l'économie*. |
| 28 de março de 2001 | Última palestra no Collège de France. |

| 2001 | Publicações: *Science de la science et réflexivité*; *Contre-feux 2*. Filme: *La sociologie est un sport de combat*. |
|---|---|
| 2002 | Publicação: *Interventions: science sociale et action politique*. |
| 23 de janeiro de 2002 | Morre vítima de câncer. |
| 2003 | Publicação: *Images d'Algérie*. |
| 2004 | Publicação: *Esquisse pour une auto-analyse*. |
| 2012 | Publicação: *Sur l'État: cours au Collège de France 1989-1992*. |

# Referências*

A lista a seguir contém todas as obras citadas neste livro. No caso de Bourdieu, ela também contém outras referências que serão de interesse dos leitores. Eu enfatizei em várias partes do livro que é importante ler os textos de Bourdieu contra o pano de fundo do período sócio-histórico no qual eles surgiram. Numa produção profissional que durou cerca de cinquenta anos, esse contexto mudou de forma notável; especialmente por representar a segunda metade do século XX. Consequentemente, é sempre importante estabelecer a data das obras traduzidas para o inglês em relação à sua publicação original em francês. Entretanto, tanto no texto quanto abaixo, para a conveniência dos leitores (que muito provavelmente trabalham com o inglês), a data da versão inglesa é oferecida em primeiro lugar. Segue-se então a data francesa como um modo de indicar sua data de publicação original. As referências dadas em francês indicam apenas obras que ainda não receberam traduções publicadas. No texto, quando a versão em francês é citada pelos autores, isso

---

* Para esta tradução em português, as Referências das obras de Bourdieu foram completamente reescritas, removendo as menções às traduções em língua inglesa e adicionando as traduções em língua portuguesa, seguindo as orientações explicadas no parágrafo anterior (ou seja, a primeira data que aparece é a da tradução em português, a segunda do original francês). No texto, sempre que possível foram utilizadas as traduções existentes de Bourdieu para o português, revisadas a partir do original francês. Todo o esforço foi feito para localizar essas traduções existentes no Brasil, mas alguns livros não foram encontrados. Quando isso ocorreu, as traduções das citações de Bourdieu foram feitas diretamente do francês. Algumas poucas traduções em português de Bourdieu foram feitas a partir de traduções inglesas, e não do original francês. Quando esse foi o caso, essas traduções foram ignoradas no texto e traduzi as citações diretamente do francês. Nas citações, fiz referência tanto às edições em português quanto aos originais franceses. Por exemplo (BOURDIEU, 2001b: 42 [1997: 50]), indica o texto em português entre parênteses e o em francês entre colchetes. Quando a edição em português não foi localizada, a referência de página é apenas do original francês, entre colchetes. Alguns poucos textos de Bourdieu foram publicados apenas em inglês – estes foram traduzidos diretamente dessa língua. Por fim, adicionei ao final das Referências alguns livros póstumos de Bourdieu que foram publicados depois da aparição do original *Conceitos-chave* [N.T.].

é mencionado. Além do mais, em vez de separar as obras escritas apenas por Bourdieu daquelas que ele coescreveu e colaborou com outros autores, eu mantive essas obras em sua posição cronológica.

*MG*

## Obras de Pierre Bourdieu

BOURDIEU, P. (1958). *Sociologie de l'Algérie*. [Nova edição revisada e corrigida, 1961]. Paris: Que Sais-je.

BOURDIEU, P. (1961). "Révolution dans la révolution". *Esprit*, jan.: 27-40.

BOURDIEU, P. (1962a). "Célibat et condition paysanne". *Études Rurales*, 5 (6): 32-136.

BOURDIEU, P. (1962b). "De la guerre révolutionnaire à la révolution". In: PERROUX, F. (org.). *L'Algérie de demain*. Paris: PUF.

BOURDIEU, P. & SAYAD, A. (1964). *Le déracinement, la crise de l'agriculture traditionelle em Algérie*. Paris: Les Éditions de Minuit.

BOURDIEU, P.; BOLTANSKI, L.; CASTEL, R. & CHAMBOREDON, J.-C. (1965a). *Un art moyen*: essai sur les usages sociaux de la photographie. Paris: Les Éditions de Minuit.

BOURDIEU, P.; PASSERON, J.-C. & SAINT MARTIN, M. (1965b). *Rapport pédagogique et communication*. Den Haag: Mouton.

BOURDIEU, P. & REYNAUD, J.D. (1966a). "Une sociologie de l'action est-elle possible?" *Revue de Sociologie*, VII (4): 508-517.

BOURDIEU, P. & DARBEL, A. (1966b). "La fin d'un malthusianisme?" In: *Le partage des bénéfices, expansion et inégalités en France*. Paris: Les Éditions de Minuit.

BOURDIEU, P. & PASSERON, J.-C. (1967). "Sociology and Philosophy in France since 1945: Death and Ressurrection of a Philosophy without Subject". *Social Research*, XXXIV (1): 162-212.

BOURDIEU, P. (1968a [1966]). "Campo intelectual e projeto criador". In: POUILLON, J. et al. (orgs.). *Problemas do estruturalismo*. Rio de Janeiro:

Zahar, p. 105-145 [Originalmente publicado como "Champ intellectuel et projet créateur". *Les Temps Modernes*, nov.: 865-906].

BOURDIEU, P. (1968b). "Structuralism and the Theory of Sociological Knowledge". *Social Research* XXXV (4): 681-706.

BOURDIEU, P. (1968c). "Élements d'une théorie sociologique de la perception artistique". *Revue Internationale des Sciences Sociales*, XX (4): 640-664.

BOURDIEU, P. (1971). "The Thinkable and the Unthinkable". *Times Literary Supplement*, 15/10: 1.255-1.256.

BOURDIEU, P. (1972a). *Esquisse d'une théorie de la practice*. Paris: Seuil.

BOURDIEU, P. (1972b). "Les stratégies matrimoniales dans le système de reproduction". *Annales*, XXVII (4-5): 1.105-1.127.

BOURDIEU, P. & BOLTANSKI, L. (1976). "La production de l'idéologie dominante". *Actes de la Recherche en Sciences Sociales*, 2-3: 3-73.

BOURDIEU, P. (1977). *Outline of a Theory of Practice*. Cambridge: Cambridge University Press [O texto em inglês é substancialmente diferente da edição francesa (1972a) [N.T.]].

BOURDIEU, P. (1979a). *Algérie 60*: structures économiques et structures temporelles. Paris: Les Éditions de Minuit.

BOURDIEU, P.; DARBEL, A.; RIVET, J.-P. & SEIBEL, C. (1979b [1963]). *O desencantamento do mundo*: estruturas econômicas e estruturas temporais. São Paulo: Perspectiva [Originalmente publicado como *Travail et travailleurs en Algérie*. Paris/Den Haag: Mouton].

BOURDIEU, P. (1982). "Os doxósofos". In: THIOLLENT, M. (org.). *Crítica metodológica, investigação social e enquete operária*. São Paulo: Pólis, p. 153-168 [Originalmente publicado como "Les doxosophes". *Minuit*, 1: 26-45].

BOURDIEU, P. (1983a [1980]). *Questões de sociologia*. Rio de Janeiro: Marco Zero [Originalmente publicado como *Questions de sociologie*. Paris: Les Éditions de Minuit].

BOURDIEU, P. (1983b). *Sociologia*. São Paulo: Ática. [Org. de R. Ortiz] [Coleção Grandes Cientistas Sociais, vol. 39].

BOURDIEU, P. & SALGAS, J.P. (1985). "Le rapport du Collège de France: Pierre Bourdieu s'explique". *La Quinzaine Littéraire*, 445: 8-10.

BOURDIEU, P. (1985b). "Les intellectuels et les pouvoirs: retour sur notre soutien à Solidarnosc". In: BADINTER, R. (ed.). *Michel Foucault, une histoire de la verité*. Paris: Syros [Também em BOURDIEU (2002a: 171-172) [N.T.]].

BOURDIEU, P.; HONNETH, A.; KOCYBA, H. & SCHWIBS, B. (1986). "The Struggle for Symbolic Order: An Interview with Pierre Bourdieu". *Theory, Culture & Society*, 3 (3): 35-51.

BOURDIEU, P. (1987). "What Makes a Social Class? – On the Theoretical and Practical Existence of Groups". *Berkeley Journal of Sociology*, 32: 1-18.

BOURDIEU, P. (1988a). *Homo academicus*. Cambridge: Polity Press [A versão em inglês é um pouco diferente da original francesa (2011b [1984]) [N.T.]].

BOURDIEU, P. (1988b). "Intérêt et désintéressement". *Cahiers de Recherche*, 7. Université de Lyon.

BOURDIEU, P. (1989a [1988]). *A ontologia política de Martin Heidegger*. Campinas: Papirus [Originalmente publicado como *La ontologie politique de Martin Heidegger*. Paris: Les Éditions de Minuit].

BOURDIEU, P. (1989b). *La noblesse d'État*: grandes écoles et esprit de corps. Paris: Les Éditions de Minuit.

BOURDIEU, P. (1989c). "Principes pour une réflexion sur les contenus d'enseignement". Arquivo do Collège de France [Também em BOURDIEU (2002a: 217-226) [N.T.]].

BOURDIEU, P. & WACQUANT, L. (1989d). "Towards a Reflexive Sociology: A Workshop with Pierre Bourdieu". *Sociological Theory*, 7 (1): 26-63 [Parcialmente contido em BOURDIEU & WACQUANT (2005a [1992])].

BOURDIEU, P. & CHAMPAGNE, P. (1989e). "L'opinion publique". In: AFANASSIEV, Y. & FERRO, M. (eds.). *50 Idées qui ébranlèrent le monde*. Paris: Payot/Progress.

BOURDIEU, P. (1990 [1987]). *Coisas ditas*. São Paulo: Brasiliense [Originalmente publicado como *Choses dites*. Paris: Les Éditions de Minuit].

BOURDIEU, P. (1991). *Language and Symbolic Power*. Cambridge: Polity Press [Os artigos reunidos são um pouco diferentes da edição francesa: BOURDIEU (2001d) [N.T.]].

BOURDIEU, P. (1992a [1967]). "Sistemas de ensino e sistemas de pensamento". In: BOURDIEU (1992h: 203-229) [Originalmente publicado como "Systèmes d'enseignement et systèmes de pensée". *Revue Internationale des Sciences Sociales*, XIX (3): 367-388].

BOURDIEU, P. (1992b [1971]). "Gênese e estrutura do campo religioso". In: BOURDIEU (1992h: 27-78) [Originalmente publicado como "Genèse et structure du champ religieux". *Revue Française de Sociologie*, XII (3): 295-334].

BOURDIEU, P. (1992c [1971]). "Uma interpretação da teoria da religião de Max Weber". In: BOURDIEU (1992h: 79-98) [Originalmente publicado como "Une interprétation de la théorie de la religion selon Max Weber". *Archives Européennes de Sociologie*, XII (1): 3-21].

BOURDIEU, P. (1992d). "Pour une Internationale des intellectuels". *Politis*, 1: 9-15.

BOURDIEU, P. (1992e [1971]). "O mercado de bens simbólicos". In: BOURDIEU (1992h: 99-181) [Originalmente publicado como "Le marché des biens symboliques". *L'Année Sociologique*, 22: 49-126].

BOURDIEU, P. (1992f [1967]). "Estrutura, habitus e prática". In: BOURDIEU, 1992h: 337-361 [Originalmente publicado como "Postface". In: PANOFSKY, E. *Architecture gothique et pensée scolastique*. Paris: Les Éditions de Minuit, p. 135-167].

BOURDIEU, P. (1992g [1971]). "Reprodução cultural e reprodução social". In: BOURDIEU (1992h: 295-336) [Originalmente publicado como "Reproduction culturelle et reproduction sociale". *Information sur les Sciences Sociales*, X (2): 45-79].

BOURDIEU, P. (1992h). *A economia das trocas simbólicas*. São Paulo: Perspectiva [Org. de S. Miceli].

BOURDIEU, P. (1992i). "Questions de mots: une vision plus modeste du role des journalistes". *Les Mensonges du Golfe* – Reporters sans frontières.

Paris: Télérama, p. 27-32 [Também em BOURDIEU (2002a: 391-393) [N.T.]].

BOURDIEU, P. (1993a). "Les responsabilités intellectuelles – Les mots de la guerre em Yougoslavie". *Liber*, 14 (2): 2 [Também em BOURDIEU (2002a: 279-280) [N.T.]].

BOURDIEU, P. (1993b). "Concluding Remarks: for a Sociogenetic Understanding of Intellectual Works". In: CALHOUN, C.; LiPUMA, E. & POSTONE, M. (eds.). *Bourdieu*: Critical Perspectives. Cambridge: Polity Press, p. 263-275.

BOURDIEU, P. (1993c). *The Field of Cultural Production*: Essays on Art and Literature. Cambridge: Polity Press.

BOURDIEU, P. & PASQUIER, S. (1993d). "Notre État de misère". *L'Express*, 18/03: 112-115 [Também em BOURDIEU (2002a: 245-252) [N.T.]].

BOURDIEU, P. (1994a). "Un parlement d'écrivains pour quoi faire?" *Libération*, 03/11: 3-4 [Também em BOURDIEU (2002a: 289-292) [N.T.]].

BOURDIEU, P. (1994b). "Comment sortir du cercle de la peur?" *Liber*, 17: 22-23 [Também em BOURDIEU (2002a: 281-283) [N.T.]].

Bourdieu, P. (1994c). "A Reply to Some Objections". In: *In Other Words*. Stanford: Stanford University Press, p. 106-119.

BOURDIEU, P. & HAACKE, H. (1995a [1994]). *Livre-troca*. Rio de Janeiro: Bertrand Brasil [Originalmente publicado como *Libre-échange*. Paris: Seuil].

BOURDIEU, P. & GRENFELL, M. (1995b). *Entretiens*. Southampton: University of Southampton [CLE Papers 37].

BOURDIEU, P. (1995c). "La misère des médias". *Télérama*, 2.352: 8-12 [Também em BOURDIEU (2002a: 399-405) [N.T.]].

BOURDIEU, P. (1996a [2001]). *A economia das trocas linguísticas*. São Paulo: Edusp [Originalmente publicado como *Ce que parler veut dire*. Paris: Fayard]. • Na França, o livro recebeu uma versão ampliada com título diferente (BOURDIEU, 2001d), à qual as referências no texto apontam [N.T.].

BOURDIEU, P. (1996b [1992]). *As regras da arte*. São Paulo: Companhia das Letras [Originalmente publicado como *Les règles de l'art*: genèse et structure du champ littéraire. Paris: Seuil].

BOURDIEU, P. (1996c [1994]). *Razões práticas*. Campinas: Papirus [Originalmente publicado como *Raisons pratiques: sur la théorie de l'action*. Paris: Seuil].

BOURDIEU, P. & EAGLETON, T. (1996d [1992]). "A *doxa* e a vida cotidiana: uma entrevista". In: ŽIŽEK, S. (org.). *Um mapa da ideologia*. Rio de Janeiro: Contraponto, p. 265-278 [Originalmente publicado como "Doxa and Common Life: An Interview". *New Left Review*, 191: 111-122].

BOURDIEU, P.; DERRIDA, J.; ERIBON, D.; PERROT, M.; VEYNE, P. & VIDAL-NAQUET, P. (1996e). "Pour une reconnaissance légale du couple homosexuel". *Le Monde*, 01/03: 1.

BOURDIEU, P. (1996f [1986]). "A ilusão biográfica". In: FERREIRA, M.M. & AMADO, J. (orgs.). *Usos e abusos da história oral*. Rio de Janeiro: FGV, p. 183-191 [Originalmente publicado como "L'illusion biographique". *Actes de la Recherche en Sciences Sociales*, 62-63: 69-72].

BOURDIEU, P. et al. (1997a [1993]). *A miséria do mundo*. Petrópolis: Vozes [Originalmente publicado como *La misère du monde*. Paris: Seuil].

BOURDIEU, P. (1997b [1996]). *Sobre a televisão*. Rio de Janeiro: Zahar [Originalmente publicado como *Sur la télévision, suivi de l'emprise du journalisme*. Paris: Raisons d'Agir/Liber].

BOURDIEU, P. (1997c [1983]). "The Forms of Capital". In: HALSEY, A.H.; LAUDER, H.; BROWN, P. & STUART WELLS, A. (eds.). *Education, Culture, Economy, Society*. Oxford: Oxford University Press, p. 46-58 [Originalmente publicado como "Ökonomisches Kapital, Kulturelles Kapital, Soziales Kapital". In: KRECKEL, R. (ed.). *Soziale Ungleichheiten*. Göttingen: Otto Schwartz, p. 183-198].

BOURDIEU, P. (1998a [1997]). *Contrafogos*: táticas para enfrentar a invasão neoliberal. Rio de Janeiro: Zahar [Originalmente publicado como *Contre-feux*. Paris: Raisons d'Agir].

BOURDIEU, P. (1998b [1985]). "A gênese dos conceitos de *habitus* e campo". In: BOURDIEU (1998g: 59-73) [Originalmente publicado como "The Genesis of the Concepts of Habitus and Field". *Sociocriticism*, 2 (2): 11-24].

BOURDIEU, P. (1998c [2001]). "Espaço social e gênese das 'classes'". In: BOURDIEU (1998g: 133-161) [Originalmente publicado como "Espace sociale et genèse des 'classes'". *Actes de la Recherche en Sciences Sociales*, 52-53, jun./1984, p. 3-15].

BOURDIEU, P. (1998d). "Le néo-liberalisme comme révolution conservatrice". In: KUFELD, K. (ed.). *Zukunft Gestalten*. Mössingen-Talheim: Talheimer [Também em BOURDIEU (2002a: 349-355 [N.T.]].

BOURDIEU, P. (1998e [2001]). "Sobre o poder simbólico". In: BOURDIEU (1998g: 7-16) [Originalmente publicado como "Sur le pouvoir symbolique". *Annales*, 3, mai.-jun./1977, p. 405-411].

BOURDIEU, P. (1998f [2001]). "A representação política: elementos para uma teoria do campo político". In: BOURDIEU (1998g: 163-207) [Originalmente publicado como "La représentation politique: éléments pour une théorie du champ politique". *Actes de la Recherche en Sciences Sociales*, 64, set./1986, p. 5-19].

BOURDIEU, P. (1998g). *O poder simbólico*. Rio de Janeiro: Bertrand Brasil.

BOURDIEU, P. (1999a). *Statistics and Sociology* – UEL Social Politics Paper 10. University of East London [Parte de BOURDIEU (1979b [1963]) [N.T.]].

BOURDIEU, P. (1999b). "Questions aux vrais maîtres du monde". *Le Monde*, 14/10: 18 [Também em BOURDIEU (2002a: 417-424) [N.T.]].

BOURDIEU, P. (1999c). *The Weight of the World*: Social Suffering in Contemporary Society. Cambridge: Polity Press [A edição inglesa de *La misère du monde* tem algumas diferenças em relação ao original francês e à tradução brasileira [N.T.]].

BOURDIEU, P. (2000a [1989]). "Reprodução proibida: a dimensão simbólica da dominação econômica". In: BOURDIEU (2000g) [Originalmente publicado como "Reproduction interdite: la dimension symbolique de la domination économique". *Études Rurales*, 113-114: 15-36].

BOURDIEU, P. (2000b). "Entre amis". *AWAL*: Cahiers d'Études Berbères, 21: 5-10.

BOURDIEU, P. (2000c). "A Scholarship with Commitment: pour une savoir engagé". *Agone*, 23: 205-211.

BOURDIEU, P. (2000d). "Manifeste pour des états généraux du mouvement social européen". *Le Monde*, 29/04: 7 [Também em BOURDIEU (2002a: 441-442) [N.T.]].

BOURDIEU, P. & WACQUANT, L. (2000e). "La nouvelle vulgate planétaire". *Le Monde Diplomatique*, 6-7, mai. [Também em BOURDIEU (2002a: 443-449) [N.T.]].

BOURDIEU, P. (2000f). *Propos sur le champ politique*. Lion: Presses Universitaires de Lyon.

BOURDIEU, P. (2000g). *O campo econômico*: a dimensão simbólica da dominação. Campinas: Papirus.

BOURDIEU, P. & SWAIN, H. (2000h). "Move Over, Shrinks". *Times Higher Educational Supplement*, 14/04: 19.

BOURDIEU, P. (2001a [1982]). *Lições da aula*. São Paulo: Ática [Originalmente publicado como *Leçon sur la leçon*. Paris: Les Éditions de Minuit].

BOURDIEU, P. (2001b [1997]). *Meditações pascalianas*. Rio de Janeiro: Bertrand Brasil [Originalmente publicado como *Méditations pascaliennes*. Paris: Seuil].

BOURDIEU, P. (2001c). *Contrafogos 2*: por um movimento social europeu. Rio de Janeiro: Zahar [Originalmente publicado como *Contre-feux, 2*. Paris: Raisons d'Agir].

BOURDIEU, P. (2001d). *Langage et pouvoir symbolique*. Paris: Seuil.

BOURDIEU, P. (2002a). *Interventions, 1961-2001*: science sociale et action politique. Marseille: Agone.

BOURDIEU, P. (2002b). *Le bal des célibataires*: crise de la société paysanne en Béarn. Paris: Seuil.

BOURDIEU, P. (2002c). "Pierre par Bourdieu". *Le Nouvel Observateur*, 31/01: 30-31.

BOURDIEU, P. (2002d [1998]). *A dominação masculina*. Rio de Janeiro: Bertrand Brasil [Originalmente publicado como *La domination masculine*. Paris: Seuil].

BOURDIEU, P. & DARBEL, A. (2003a [1966]). *O amor pela arte*: os museus de arte na Europa e seu público. Porto Alegre/São Paulo: Zouk/Edusp [Originalmente publicado como *L'amour de l'art*: les musées d'art européens et leur public. Paris: Les Éditions de Minuit].

BOURDIEU, P. (2003b). *Images d'Algérie*. Paris: Actes Sud.

BOURDIEU, P. (2003c). "L'objectivation participante". *Actes de la Recherche en Sciences Sociales*, 150: 43-58.

BOURDIEU, P.; CHAMBOREDON, J.-C. & PASSERON, J.-C. (2004a [1968]). *Ofício de sociólogo*: metodologia da pesquisa na sociologia. Petrópolis: Vozes [Originalmente publicado como *Le métier de sociologue*. Paris: Mouton-Bordas].

BOURDIEU, P. (2004b [2001]). *Para uma sociologia da ciência*. Lisboa: Ed. 70 [Originalmente publicado como *Science de la science et réflexivité*. Paris: Raisons d'Agir].

BOURDIEU, P. (2004c [2003]). "A formação do habitus econômico". *Sociologia:* Revista da Faculdade de Letras da Universidade do Porto. 14: 9-34 [Originalmente publicado como "La fabrique de l'habitus économique". *Actes de la Recherche en Sciences Sociales*, 150: 79-90].

BOURDIEU, P. & WACQUANT, L. (2005a [1992]). *Um convite à sociologia reflexiva*. Rio de Janeiro: Relume-Dumará [Originalmente publicado como *Réponses:* pour une anthropologie réflexive. Paris: Seuil].

BOURDIEU, P. (2005b [2004]). *Esboço de autoanálise*. São Paulo: Companhia das Letras [Originalmente publicado como *Esquisse pour une auto-analyse*. Paris: Raisons d'Agir].

BOURDIEU, P. (2005c [1997]). "Da casa do rei à razão de Estado: um modelo de gênese do campo burocrático". In: WACQUANT, L. (org.). *O mistério do ministério*. Rio de Janeiro: Revan, p. 41-70 [Originalmente publicado como "De la maison du roi à la raison d'État: un modèle de la genèse du champ bureaucratique". *Actes de la Recherche en Sciences Sociales*, 119: 55-68].

BOURDIEU, P. (2006a [2000]). *As estruturas sociais da economia*. Porto: Campo das Letras [Originalmente publicado como *Les structures sociales de l'économie*. Paris: Seuil].

BOURDIEU, P. (2006b). *A produção da crença*: contribuição para uma economia dos bens simbólicos. Porto Alegre: Zouk.

BOURDIEU, P. (2007 [1979]). *A distinção*. Porto Alegre/São Paulo: Zouk/Edusp [Originalmente publicado como *La distinction*: critique sociale du jugement. Paris: Les Éditions de Minuit].

BOURDIEU, P. (2009 [1980]). *O senso prático*. Petrópolis: Vozes [Originalmente publicado como *Le sens pratique*. Paris: Les Éditions de Minuit].

BOURDIEU, P. & PASSERON, J.-C. (2011a [1970]). *A reprodução*: elementos para uma teoria do sistema de ensino. Petrópolis: Vozes [Originalmente publicado como *La reproduction*: *éléments pour une théorie du système d'enseignement*. Paris: Les Éditions de Minuit].

BOURDIEU, P. (2011b [1984]). *Homo academicus*. Florianópolis: Ed. da UFSC [Originalmente publicado como *Homo academicus*. Paris: Les Éditions de Minuit].

BOURDIEU, P. & PASSERON, J.-C. (2013a [1964]). *Os herdeiros*: os estudantes e a cultura. Florianópolis: Ed. da UFSC [Originalmente publicado como *Les héritiers*: les étudiants et la culture. Paris: Les Éditions de Minuit].

BOURDIEU, P. (2013b). *Manet*: une révolution symbolique. Paris: Seuil.

BOURDIEU, P. (2014 [2012]). *Sobre o Estado*. São Paulo: Companhia das Letras [Originalmente publicado como *Sur L'État*: cours au Collège de France 1989-1992. Paris: Seuil].

BOURDIEU, P. (2015). *Sociologie générale* – Vol. 1: Cours au Collège de France 1981-1983. Paris: Seuil.

BOURDIEU, P. (2016). *Sociologie générale* – Vol. 2: Cours au Collège de France 1983-1986. Paris: Seuil.

## Outras obras

ADKINS, L. & SKEGGS, B. (eds.) (2007). *Feminism After Bourdieu*. Oxford: Blackwell.

ALEXANDER, J. (1995). *Fin de Siècle Social Theory*. Londres: Verso.

ALTHUSSER, L. et al. (1965). *Lire Le capital*. Paris: François Maspero.

ALTHUSSER, L. & BALIBAR, E. (1968). *Lire Le capital*. 2. ed. Paris: François Maspero.

APTED, M. (1999). *7 Up*. Londres: Heinemann.

ARCHER, M. (1995). *Realist Social Theory*: The Morphogenetic Approach. Cambridge: Cambridge University Press.

ARCHER, M. (1996). *Culture and Agency*: The Place of Culture in Social Theory. Cambridge: Cambridge University Press.

ATKINSON, W. (2011). "From Sociological Fictions to Social Fictions: Some Bourdieusian Reflections on the Concepts of 'Institutional Habitus' and 'Family Habitus'". *British Journal of Sociology of Education*, 33 (3): 331-347.

BACHELARD, G. (1949). *Le rationalisme appliqué*. Paris: PUF.

BEAUVOIR, S. (1980 [1949]). *O segundo sexo*. Rio de Janeiro: Nova Fronteira.

BECK, J. (2007). "Education and the Middle Classes: Against Reductionism in Educational Theory and Research". *British Journal of Education Studies* 55 (1): 37-55.

BENNETT, T.; EMMISON, M. & FROW, J. (1999). *Accounting for Tastes*: Australian Everyday Cultures. Cambridge: Cambridge University Press.

BENNETT, T.; SAVAGE, M.; SILVA, E.; WARDE, A.; GAYO-CAL, M. & WRIGHT, D. (2008). *Culture, Class, Distinction*. Abingdon: Routledge.

BERGER, P.L. & LUCKMANN, T. (1971). *The Social Construction of Reality*. Harmondsworth: Penguin.

BERNSTEIN, B. (1975). *Class, Codes and Control*. Vol. III. Londres: Routledge & Kegan Paul.

BERNSTEIN, B. (1996). *Pedagogy, Symbolic Control and Identity*: Theory, Research, Critique. Londres: Taylor & Francis.

BIRD, M. (2009). *St. Ives Artists*: A Companion. Londres: Lund Humphries.

BOSCHETTI, A. (2006). "Bourdieu's Work on Literature: Contexts, Stakes and Perspectives". *Theory, Culture & Society*, 23 (6): 135-155.

BOTMA, G. (2010). "Lightning Strikes Twice: the 2007 Rugby World Cup and Memories of a South African Rainbow Nation". *Communication*, 36 (1): 1-19.

BOUDON, R. (1971). *The Uses of Structuralism*. Londres: Heinemann.

BOUVERESSE, J. (2004). *Bourdieu, savant et politique*. Marseille: Agone.

BUTLER, J. (1997). *Excitable Speech*: A Politics of the Performative. Londres: Routledge.

CARMIC, C. (1986). "The Matter of Habit". *American Journal of Sociology*, 91 (5): 1.039-1.087.

CLAUSEN, S.-E. (1998). *Applied Correspondence Analysis*. Londres: Sage.

COLLINS, R. (2000). *The Sociology of Philosophies*: A Global Theory of Intellectual Change. Cambridge, MA: Harvard University Press.

CROSSLEY, N. (2005). *Key Concepts in Critical Social Theory*. Londres: Sage.

DAS, V. (2006). *Life and Words*: Violence and the Descent into the Ordinary. Berkeley: University of California Press.

DAS, V.; KLEINMAN, A.; RAMPHELE, M. & REYNOLDS, P. (eds.) (2000). *Violence and Subjectivity*. Berkeley: University of California Press.

DE CERTEAU, M. (1988). *The Practice of Everyday Life*. Los Angeles: University of California Press.

DELSAUT, Y. & RIVIÈRE, M.-C. (2002). *Bibliographie des travaux de Pierre Bourdieu*: suivi d'un entretien sur l'esprit de la recherche. Pantin: Le Temps des Cerises.

DEVINE, F. (2004). *Class Practices*. Cambridge: Cambridge University Press.

DfES. (1999). *Primary Strategy for Numeracy*. Londres: Department for Education and Skills.

DIXON, K. (1998). *Un digne héritier*. Paris: Raisons d'Agir.

DURKHEIM, E. (1938 [1895]). *The Rules of Sociological Method.* Chicago: University of Chicago Press.

DURKHEIM, E. (1952 [1897]). *Suicide.* Londres: Routledge.

DURKHEIM, E. & MAUSS, M. (1963 [1903]). *Primitive Classification.* Chicago: University of Chicago Press.

DURKHEIM, E. (1964 [1893]). *The Division of Labour in Society.* Londres: Macmillan,

DURKHEIM, E. (1995 [1912]). *The Elementary Forms of Religious Life.* Nova York: Free Press.

DUVAL, J.; GAUBERT, C.; LEBARON, F.; MARCHETTI, D. & PAVIS, F. (1998). *Le "décembre" des intellectuels français.* Paris: Raisons d'Agir.

EACOTT, S. (2011). "Bourdieu's Strategies and the Challenge for Educational Leadership". *International Journal of Leadership in Education*, 13 (3): 265-281.

EDWARDS, T. (ed.) (2007). *Cultural Theory*: Classical and Contemporary Positions. Londres: Sage.

ELSTER, J. (1983). *Sour Grapes*: Studies in the Subversion of Rationality. Cambridge: Cambridge University Press.

ENTWISTLE, J. & ROCAMORA, A. (2006). "The Field of Fashion Materialized: A Study of London Fashion Week". *Sociology*, 40 (4): 735-751.

FANON, F. (1961). *Les damnés de la terre.* Paris: Gallimard.

FARMER, P. (2001). *Infections and Inequalities*: The Modern Plagues. Berkeley: University of California Press.

FARMER, P. (2004). *Pathologies of Power*: Health, Human Rights, and the New War on the Poor. Berkeley: University of California Press.

FOWLER, B. (ed.) (2000). *Reading Bourdieu on Society and Culture.* Oxford: Blackwell.

FRANK, A. (1995). *The Wounded Storyteller*: Body, Illness, and Ethics. Chicago: University of Chicago Press.

FRANK, A. (2004). *The Renewal of Generosity*: Illness, Medicine, and How to Live. Chicago: University of Chicago Press.

FULLER, S. (2006a). *The Philosophy of Science and Technology Studies*. Londres: Routledge.

FULLER, S. (2006b). *The New Sociological Imagination*. Londres: Sage.

FULLER, S. (2006c). "France's Last Sociologist". *Economy and Society*, 35: 314-323.

GARFINKEL, H. (1967). *Studies in Ethnomethodology*. Nova York: Prentice-Hall.

GIDDENS, A. (1984). *The Constitution of Society*: Outline of the Theory of Structuration. Cambridge: Polity Press.

GOBLOT, E. (1930). *La barrière et le niveau*. Paris: Alcan.

GOULDNER, A. (1973). *For Sociology*: Renewal and Critique in Sociology Today. Nova York: Basic Books.

GRATHOFF, R. (ed.) (1989). *Philosophers in Exile*: The Correspondence of A. Schütz and A. Gurwitsch 1939-1959. Bloomington: Indiana University Press.

GREENACRE, M. & BLASIUS, J. (eds.) (2006). *Multiple Correspondence Analysis and Related Methods*. Londres: Chapman & Hall/CRC.

GRENFELL, M. (1996). "Bourdieu and the Initial Training of Modern Language Teachers". *British Educational Research Journal*, 22 (3): 287-303.

GRENFELL, M. (1998). "Language and the Classroom". In: GRENFELL, M. & JAMES, D. (eds.). *Bourdieu and Education*: Acts of Practical Theory. Londres: Falmer.

GRENFELL, M. & JAMES, D. (1998). *Bourdieu and Education*: Acts of Practical Theory. Londres: Falmer.

GRENFELL, M. & HARDY, C. (2003). "Field Manoeuvres: Bourdieu and the Young British Artists". *Space and Culture*, 6 (1): 19-34.

GRENFELL, M. (2004a). "Bourdieu in the Classroom". In: OLSSEN, M. (ed.). *Language and Culture*. Nova York: Greenwood Press.

GRENFELL, M. (2004b). *Pierre Bourdieu*: Agent Provocateur. Londres: Continuum.

GRENFELL, M. & JAMES, D. (2004). "Change in the Field – Changing the Field: Bourdieu and the Methodological Practice of Educational Research". *British Journal of the Sociology of Education*, 25 (4): 507-524.

GRENFELL, M. & KELLY, M. (eds.) (2004). *Pierre Bourdieu*: Language, Culture and Education. Berna: Peter Lang.

GRENFELL, M. (2006). "Bourdieu in the Field: From the Béarn to Algeria – a Timely Response". *French Cultural Studies*, 17 (2): 223-240.

GRENFELL, M. (2007). *Pierre Bourdieu*: Education and Training. Londres: Continuum.

GRENFELL, M. & HARDY, C. (2007). *Art Rules*: Pierre Bourdieu and the Visual Arts. Oxford: Berg.

GRENFELL, M. (2009). "Social Capital and Educational Policy". *Education, Knowledge and Economy* 3 (1): 17-34.

GRENFELL, M. (2010). "Being Critical: The Practical Logic of Bourdieu's Metanoia". *Critical Studies in Education* 51 (1): 49-62.

GRENFELL, M. (2011). *Bourdieu, Language and Linguistics.* Londres: Continuum.

GRENFELL, M.; BLOOME, D.; HARDY, C.; PAHL, K.; ROWSELL, J. & STREET, B. (2012). *Language, Ethnography and Education*: Bridging New Literacy Studies and Bourdieu. Nova York: Routledge.

GUNTER, H. (2003). "Intellectual Histories in the Field of Education Management in the UK". *International Journal of Leadership in Education* 6 (4): 335-349.

HALBWACHS, M. (1958). *The Psychology of Social Class.* Londres: Heinemann.

HALIMI, S. (1997). *Les nouveaux chiens de garde.* Paris: Raisons d'Agir.

HARDY, C. & GRENFELL, M. (2006). "When Two Fields Collide". *International Journal of Arts in Society*, 1 (2): 77-84 [Disponível em www.arts-society.com].

HARDY, C. (2007). "Feminising the Artistic Field" [Artigo apresentado na conferência de Pesquisa Educacional, História da Educação. Universidade de Gent. Gent, Bélgica, set.].

HARDY, C. (2009). "Bourdieu and the Art of Education: A Socio-Theoretical Investigation of Education, Change and the Arts". Winchester, Reino Unido: Universidade de Southampton [Tese de doutorado inédita].

HARDY, C. (2010). "Why Are There So Few Well Known Women Artists?" [Artigo apresentado na Conferência Anual de Autobiografia da Associação Sociológica Britânica, dez.].

HÉRAN, F. "La seconde nature d'habitus – Tradition philosophique et sens commun dans le language sociologique". *Revue Française de Sociologie* 28 (3): 385-416.

HJELLBREKKE, J. & KORSNES, O. (2009). "Quantifying the Field of Power in Norway". In: ROBSON, K. & SANDERS, C. (eds.). *Quantifying Theory*: Pierre Bourdieu. Nova York: Springer Science and Business Media.

HONNETH, A. (1986 [1984]). "The Fragmented World of Symbolic Forms: Reflections on Pierre Bourdieu's Sociology of Culture". *Theory, Culture and Society*, 3 (3): 55-66.

ISRAEL, J. (2001). *Radical Enlightenment*: Philosophy and the Making of Modernity, 1650-1750. Oxford: Oxford University Press.

JAMES, W. (1976). *Habit*. Norwood: Norwood Press.

JAURÈS, J. (1955 [1903]). "Discours à la jeunesse". *Cahiers Laïques*, 30: 4-11.

JENKINS, R. (1989). "Language, Symbolic Power and Communication: Bourdieu's *Homo academicus*". *Sociology*, 23 (4): 639-645.

JENKINS, R. (1992). *Pierre Bourdieu*. Londres: Routledge.

KANT, I. (1985 [1787]). *Crítica da razão pura*. Lisboa: Calouste Gulbenkian.

KEDWARD, R. (2005). *La vie en bleu* – France and the French since 1900. Londres: Penguin.

KLEINMAN, A. (1988). *The Illness Narratives: Suffering, Healing, and the Human Condition*. Nova York: Basic Books.

KLEINMAN, A.; DAS, V. & LOCK, M. (eds.) (1997). *Social Suffering*. Berkeley: University of California Press.

KOJÈVE, A. (1969). *Introduction to the Reading of Hegel*. Nova York: Basic Books.

LUDWIG, J. (1996). *Academic Distinctions* – Theory and Methodology in the Sociology of School Knowledge. Nova York: Routledge.

LANE, J. (2000). *Pierre Bourdieu*: A Critical Introduction. Londres: Pluto Press.

LANE, J. (2006). *Bourdieu's Politics*: Problems and Possibilities. Londres: Routledge.

LEBARON, F. (2009). "How Bourdieu 'Quantified' Bourdieu: The Geometric Modelling of Data". In: ROBSON, K. & SANDERS, C. (eds.). *Quantifying Theory*: Pierre Bourdieu. Nova York: Springer Science and Business Media.

LEIBNIZ, G. (2001). *Opuscules philosophiques choisis*. Paris: Vrin.

LE ROUX, B. & ROUANET, H. (2004). *Geometric Data Analysis*. Dordrecht: Kluwer.

LE ROUX, B. & ROUANET, H. (2010). *Multiple Correspondence Analysis*. Londres: Sage [Quantitative Applications in Social Sciences n. 163].

LÉVINAS, E. (1930). *Théorie de l'intuition dans la phenomenology de Husserl*. Paris: Alcan.

LÉVI-STRAUSS, C. (1955). *Tristes tropiques*. Paris: Plon.

LEVI-STRAUSS, D. (2003). *Between the Eyes*: Essays on Photography and Politics. Nova York: Aperture Foundation.

LINGARD, B. & RAWOLLE, S. (2004). "Fielding Educational Policy: Positioning Policy Agents in Bourdieu's Ways of Worldmaking". *British Journal of Sociology of Education*, 24 (4): 36-54.

LiPUMA, E. (1993). "Culture and the Concept of Culture in a Theory of Practice". In: CALHOUN, C.; LiPUMA, E. & POSTONE, M. (eds.). *Bourdieu*: Critical Perspectives. Cambridge: Polity Press.

LOUBET DEL BAYLE, J.-L. (1969). *Les non-conformistes des années 30*. Paris: Seuil.

LUKES, S. (1975). *Émile Durkheim, His Life and Work*: A Historical and Critical Study. Harmondsworth: Penguin.

LYOTARD, J.-F. (2008 [1954]). *A fenomenologia*. Lisboa: Ed. 70.

MARX, K. & ENGELS, F. (2007 [1932]). *A ideologia alemã*. São Paulo: Boitempo.

MARX, K. (2013 [1867]). *O capital*: livro I. São Paulo: Boitempo.

MATON, K. (2000). "Languages of Legitimation: The Structuring Significance for Intellectual Fields of Strategic Knowledge Claims". *British Journal of Sociology of Education*, 21 (2): 147-167.

MATON, K. (2003). "Reflexivity, Relationism and Research: Pierre Bourdieu and the Epistemic Conditions of Social Scientific Knowledge". *Space & Culture*, 6 (1): 52-65.

MATON, K. (2005). "The Sacred and the Profane: The Arbitrary Legacy of Pierre Bourdieu". *European Journal of Cultural Studies*, 8 (1): 121-132.

MATON, K. (2012). *Knowledge and Knowers:* Towards a Realist Sociology of Education. Londres: Routledge.

MATON, K.; HOOD, S. & SHAY, S. (eds.) (2012). *Knowledge Building:* Educational Studies in Legitimation Code Theory. Londres: Routledge.

MAUSS, M. (1967). *The Gift:* Forms and Functions of Exchange in Archaic Societies. Nova York: W.W. Norton.

McNAY, L. (1999). "Gender, Habitus and the Field: Pierre Bourdieu and the Limits of Reflexivity". *Theory, Culture & Society*, 16 (1): 95-117.

MELVILLE, W.; HARDY, I. & BARTLEY, A. (2011). "Bourdieu, Department Chairs and Science Education". *International Journal of Science Education*, 33 (16): 2.275-2.293.

MIALET, H. (2003). "The 'Righteous Wrath' of Pierre Bourdieu". *Social Studies of Science*, 33 (4): 613-621.

MILBANK, J. (1990). *Theology and Social Theory*. Oxford: Blackwell.

MOORE, R. & MATON, K. (2001). "Founding the Sociology of Knowledge: Basil Bernstein, Intellectual Fields and the Epistemic Device". In: MORAIS, A.; NEVES, I. DAVIES, B. & DANIELS, H. (eds.). *Towards a Sociology of Pedagogy:* The Contribution of Basil Bernstein to Research. Nova York: Peter Lang.

MOORE, R. (2004). *Education and Society:* Issues and Explanations in the Sociology of Education. Cambridge: Polity.

MOORE, R. (2007). *Sociology of Knowledge and Education.* Londres: Continuum.

MYLES, J.F. (2004). "From Doxa to Experience: Issues in Bourdieu's Adoption of Husserlian Phenomenology". *Theory, Culture & Society,* 21 (2): 91-107.

NAIDOO, R. (2004). "Fields and Institutional Strategy: Bourdieu on the Relationship between Higher Education, Inequality and Society". *British Journal of Sociology of Education,* 25 (4): 457-471.

NASH, R. (1999). "Bourdieu, 'Habitus' and Educational Research: Is It All Worth the Candle?" *British Journal of Sociology of Education,* 20 (2): 175-187.

OED (1989). *Oxford English Dictionary Online* [Disponível em www.oed.com].

OTTINGER, B. (2008). "Thomas Couture et l'Amérique". *La Revue du Musée d'Orsay,* 26, primavera.

PANOFSKY, E. (1957). *Gothic Architecture and Scholasticism.* Nova York: Meridian.

POPP, E. (2009). "Strategic Action Is Not Enough: A Bourdieusian Approach to EU Enlargement". *Perspectives on European Politics and Society,* 10 (2): 253-266.

REED-DANAHAY, D. (2004). "Tristes Paysans: Bourdieu's Early Ethnography in Béarn and Kabylia". *Anthropological Quarterly,* 77 (1): 87-106.

RICOEUR, P. (1950). "Introduction". In: HUSSERL, E. *Idées directrices pour une phenomenology.* Paris: Gallimard.

RIGBY, B. (1993). "Heteronomy and Autonomy in Bourdieu's *Les règles de l'art*". *French Cultural Studies*, 4: 271.

RIST, G. (1984). "La notion medieval d'habitus' dans la sociologie de Pierre Bourdieu". *Revue Européene des Sciences Sociales*, 22 (67): 201-212.

ROBBINS, D. (1991). *The Work of Pierre Bourdieu*. Milton Keynes: Open University Press.

ROBBINS, D. (1998). "The Need for an Epistemological Break". In: GRENFELL, M. & JAMES, D. (eds.). *Bourdieu and Education*: Acts of Practical Theory. Londres: Falmer.

ROBBINS, D.M. (ed.) (2000). *Pierre Bourdieu*. 4 vols. Londres: Sage.

ROBBINS, D.M. (2006a). *On Bourdieu, Education and Society*. Oxford: Bardwell Press.

ROBBINS, D.M. (2006b). "A Social Critique of Judgement". *Theory, Culture & Society*, 23 (6): 1-24.

ROBBINS, D.M. (2007). "Framing Bourdieu". In: EDWARDS, T. (ed.). *Cultural Theory*: Classical and Contemporary Positions. Londres: Sage.

ROBBINS, D. (2011). *French Post-war Social Theory*. Londres: Sage.

RYAN, J. & SACKREY, C. (1984). *Strangers in Paradise*: Academics from the Working Class. Boston: South End.

SARTRE, J.-P. (1963 [1960]). *The Problem of Method*. Londres: Methuen.

SARTRE, J.P. (1997 [1943]). *O ser e o nada*. Petrópolis: Vozes.

SARTRE, J.-P. (2004). *Critique of Dialectical Reason*. Vol. 1. Londres: Verso.

SAVAGE, M. (2000). *Class Analysis and Social Transformation*. Milton Keynes: Open University Press.

SCHNEEWIND, J. (1997). *The Invention of Autonomy*. Cambridge: Cambridge University Press.

SCHNEIDERMANN, D. (1999). *Du journalisme après Bourdieu*. Paris: Fayard.

SCHUBERT, J.D. (2002). "Defending Multiculturalism: From Hegemony to Symbolic Violence". *American Behavioral Scientist*, 45 (7): 1.088-1.102.

SCHÜTZ, A. (1972). *The Phenomenology of the Social World.* Londres: Heinemann.

SMITH, A. (2006). "Beyond a Boundary (of a 'Field of Cultural Production'): Reading C.L.R. James with Bourdieu". *Theory, Culture & Society,* 23 (4): 95-112.

SOKAL, A. (1996). "Transgressing the Boundaries: Towards a Transformative Hermeneutics of Quantum Gravity". *Social Text,* 46 (7).

SWARTZ, D. (1977a). "Pierre Bourdieu: The Cultural Transmission of Social Inequality". *Harvard Educational Review,* 47 (4): 545-555.

SWARTZ, D. (1997b). *Culture and Power*: The Sociology of Pierre Bourdieu. Chicago: University of Chicago Press.

TALBOTT, J.E. (1969). *The Politics of Educational Reform in France, 1918-1940.* Princeton: Princeton University Press.

TRIFONAS, P. & BALOMENAS, E. (2004). *Good Taste*: How What You Choose Defines Who You Are. Cambridge: Icon Books.

VEENSTRA, G. (2009). "Transformations of Capital in Canada". In: ROBSON, K. & SANDERS, C. (eds.). *Quantifying Theory*: Pierre Bourdieu. Nova York: Springer Science and Business Media.

WACQUANT, L. (1992). "The Structure and Logic of Bourdieu's Sociology". In: BOURDIEU, P. & WACQUANT, L. *An Invitation to Reflexive Sociology.* Cambridge: Polity Press.

WACQUANT, L. (2005). "Symbolic Power in the Rule of the 'State Nobility'". In: WACQUANT, L. (ed.). *Pierre Bourdieu and Democratic Politics.* Cambridge: Polity Press.

WEINBERG, S. (2001). *Facing Up*: Science and Its Cultural Adversaries. Cambridge, MA: Harvard University Press.

WILKINSON, I. (2005). *Suffering*: A Sociological Introduction. Cambridge: Polity Press.

WILLIS, P. (1977). *Learning to Labour*: How Working Class Kids Get Working Class Jobs. Farnsborough: Saxon House.

WOOD, R.C. (1996). "Talking to Themselves: Food Commentators, Food Snobbery and Market Reality". *British Food Journal*, 98 (10): 5-11.

YOUNG, M. (1971). *Knowledge and Control.* Londres: Macmillan.

# Índice remissivo*

Academia 31, 132s., 150, 161, 163s., 236
    e *histerese* 177, 179
    cf. tb. Educação, no campo intelectual; *Skholè*

*Actes de la Recherche en Sciences Sociales* 30, 267, 336

Alienação 171, 232, 330, 333

*Allodoxa* 159, 161

Althusser, Louis 15, 42, 46, 59, 60

*Amour de l'art, L'* (Bourdieu) 30, 301, 312

Análise
    de campo 20, 105-110, 113s., 273, 286-290, 301, 303-305, 313-319
    de correspondências geométricas 296, 300s.
    de correspondências múltiplas (ACM) 124s., 128(*n* 1), 289, 303

Anomia 171

Antropologia 15s., 41, 59, 67s., 70, 237, 255, 257
    estrutural 42, 58s., 156

Apted, Michael 226

Argélia 15s., 35, 53, 58, 68, 199s., 232, 258, 278, 280, 307
    *histerese* na 177, 179
    interesse e 203s., 210-214
    política na 326, 333s.
    serviço militar de Bourdieu na 29, 54, 176, 237s.
    sofrimento na 235-239, 333s.

Aron, Raymond 30, 45, 54s.

*Art moyen, Un* (Bourdieu) 30, 158

---

* Números entre parênteses, precedidos por *n*, referem-se a notas de rodapé.

Arte 16, 30, 32, 86, 101, 109, 255, 307s.
   e *histerese* 186-191s.
   e interesse 207-209
   metodologia de pesquisa na 311-321
Averróis 223


Bachelard, Gaston 25s., 43, 46, 50s., 56-59, 61, 72
*Bal des célibataires, Le* (Bourdieu) 173, 261
Barthes, Roland 15, 96
Bauhaus, *design* 148
Béarn 15, 35, 46, 48, 58, 83, 199, 204, 279
   estratégias matrimoniais no 68, 173, 175s., 200, 225, 333
Beauvoir, Simone de 15, 29, 41
Becker, Gary 209, 212
Bernstein, Basil 91, 93, 93($n$ 7)
Biografia(s)
   de artistas 313s.
   objeção de Bourdieu à 27s.
Bourdieu, Pierre
   biografia 15, 17s., 25s., 28-33, 35s., 46-49, 57s., 96, 341, 349-351
   carreira letiva 15, 29s.
   conceitos/"ferramentas de pensar" de 16s., 20, 43s.
   e política; cf. Política
   família 28-30, 46-48
   influência de 16-21, 73s., 234s., 243-246
   influências intelectuais em 17s., 25, 38-57, 61-63
Burocracia 99, 216, 325, 327
Buridan, Jean 224


Campo 16, 44, 47, 73, 76, 95-114, 117s., 259, 274, 342
   analogia com campo de futebol 96s., 111s.
   analogias com campos de força 55, 96, 98-106
   científico 141, 148, 153, 164s., 218, 285

    como quiasmático  100, 112
    conceito de  54, 95s.
    condições de  20, 169, 171, 197, 200
    críticas do  110-113
    da arte  101, 109, 310-319
    da moradia  96, 101s., 108-111
    distinção/qualidade do  101
    do poder  99-103, 105, 107, 111, 184, 188, 190, 273, 286s., 304s., 315
    e capital  100-103, 107, 140s.
    e *conatus*  198
    econômico  99-101, 103, 111, 140, 163, 180, 190, 238(*n* 3)
    e *doxa*  19, 84, 86, 99, 103, 108, 155-164
    e educação  96, 100, 106-114
    e reflexividade  198, 258s.
    e sofrimento social/violência simbólica  198, 250
    e espaço social  297-299
    estruturas dentro do  240
    fronteiras no  110
    e *habitus*  19, 73, 76-78, 84, 86, 88s., 97, 273, 288
    hierarquizado  104, 109
    importância na obra de Bourdieu  96, 104s.
    intelectual  55, 154, 162-166, 219, 253, 259-261, 267, 325
    e interesse  197, 200s.
    inter-relacionamentos do  112s.
    jogo livre no  104
    literário  96, 102, 109
    lógica da prática no  99
    mapeamento do  102, 106, 109, 293
    mudança no  111, 117s.
    níveis semiautônomos do  111
    pesquisa utilizando; cf. Análise, de campo
    político  325-333
    social  97-100
    sub  102s.
Canguilhem, Georges  25, 43, 50, 56, 72

Capital 17, 97, 107, 117, 136-154, 343
  científico 139, 148, 150, 152-154, 218
  cultural 54, 96, 101, 103, 107, 109, 117, 120s., 124, 129, 136s., 139(*n* 3), 145, 147s., 152-154, 180, 205, 207, 209, 224, 242(*n* 7), 259, 262, 279s., 287
  econômico 101, 109, 117, 120-122, 136s., 140, 205, 287
  e desigualdades/relações de poder 140, 146, 146(*n* 4)
  e *doxa* 162s.
  educacional 138, 142, 146(*n* 4), 151, 182
  e espaço social 120-125, 297
  e interesse 200s., 205s., 210
  e *habitus* 137s., 139(*n* 3), 141s., 145, 147-154
  e *histerese* 170, 172, 174, 177, 179s., 182-184, 189, 192
  formação do 146-149
  formas de distinção no 143-146
  formas do 98, 137, 139-142
  humano 209, 279
  linguístico 242(*n* 7)
  mapeamento 121-125, 128
  objetificado/incorporado 141s.
  simbólico 107, 120, 130, 136-141, 145-154, 170, 178, 181, 184, 192s., 205, 262, 279
  social 97, 103, 117, 204s., 217, 262, 279, 287
  subtipos do 139
  uso do termo por Bourdieu 120-122, 136-139
  valor do 139
  visão marxista do 121s.
Capitalismo 39s.
*Ce que parler veut dire* (Bourdieu) 31
*Champ intellectuel et projet créateur* (Bourdieu) 55, 95s., 150
*Choses dites* (Bourdieu) 31, 48-50, 59s., 170, 191, 200, 234, 301
Christin, Rosine 249
Ciência 108, 171s., 186s., 340
  e capital 140, 147-150, 152s., 218
  e *conatus* 221-223, 231s.
  e interesse 218s.

e Pós-modernismo 265s.
filosofia da 25, 29, 43s., 50, 52s.
sociologia da 266
cf. tb. Mudança tecnológica

Ciências sociais
influência de Bourdieu nas 16, 20, 74s., 234, 243s.

Classe social 117, 119-135, 342
burguesia francesa 121, 174, 208, 216
dinâmica da 134s.
e associação diferencial 121
e capital/espaço social 120-125, 128, 131s., 135
e desigualdade 39
e distinção/luta simbólica 130-133
efeitos da teoria na 133
e *habitus* 74s., 126s., 131, 134s., 137, 147
e luta/mobilização política 133s., 328
e *noblesse oblige* 216, 230s.
e "nuvem dos indivíduos" 123, 128
e posição/disposição 120
e práticas de consumo 144, 151, 245
e reprodução 129s.
fronteiras 133
inconsciente 120, 126-129
ideia de Bourdieu da 119s., 280-283
teórica/"no papel" 126, 131
variação intraclasse 152

Collège de France 15, 28, 31s., 43, 265s., 274, 335

Comte, Auguste 39

Comunismo 37, 40-42, 45

*Conatus* 20, 197s., 221-226, 228-233
autores que influenciaram Bourdieu sobre 228-230
confundido com ideias de liberdade 229
definição/usos do termo 221-226, 228-233
e Aristóteles 222
e documentário *7 Up* 226

e Espinosa 227s.
e *habitus* 225
e sistemas sociais 230-233
e teodiceia 226, 231
na sociologia 222, 227s., 232

Conceitos-chave; cf. Ferramentas de pensar

Conhecimento 108, 110, 129, 139s., 167, 202, 254-256, 263s.

*Contre-feux* (Bourdieu) 32, 38, 337

Cultura 16, 30, 32, 35-37, 86, 96, 298
    do consumo 143, 244s., 282
    e antropologia 41
    e distinção 130
    legítima 143, 151
    tradições estruturalistas/funcionalistas da 69
    cf. tb. Capital

Delegação 151

*Déracinement, Le* (Bourdieu) 30

Derrida, Jacques 15, 29, 43, 337s.

Desconhecimento (*méconnaissance*) 140, 145, 155, 157-159, 205, 244, 244(*n* 10), 246, 280s., 291, 323-326, 338

Desindustrialização 96, 103, 121

Desinteresse; cf. Interesse

D'Estaing, Presidente Giscard 37

*Diplôme d'études supérieures* (Bourdieu) 50

Direito 16, 325

*Distinction, La* (Bourdieu) 30, 36, 103, 123, 127-129, 131, 143, 159, 162, 206, 245s., 258, 262, 298s., 302s., 312, 327

Documentário *7 Up* (Apted) 226

*Doxa* 19, 117, 155-168, 300, 343
    acadêmica 161-165, 261, 340
    *allo* 151, 161
    científica 165, 167, 291

    como poder simbólico  158s., 251, 265, 269
    definição  115s.
    e campo/*habitus*  19, 84, 86, 99, 103, 107, 155, 158, 161-164, 191s.
    e campo político  160s., 167s., 340
    e capital  163s.
    e classes sociais  133s., 159
    e ortodoxia/heterodoxia  160s., 163
    epistêmica  166-168
    e reflexividade  156, 161s., 166-168, 258-263, 266
    e semissábios  166
    e sociedades tradicionais  156s.
    influência da  162s.
    na teoria da prática  155-166
    reprodução da  156-159, 166
    rompedores com  159s., 163

*Doxósofos*  167, 327

Durkheim, Émile  25, 39s., 44s., 56, 70s., 75, 82, 147, 150s., 155, 220, 233, 248, 331


Economia  16, 32, 201, 209-214
    antieconomismo  201, 204, 210s.
    de livre-mercado  38
    cf. tb. Capital; Interesse
Educação  16, 26, 31, 48s., 260, 278
    de Bourdieu  29, 35, 48s., 292
    e campo  96, 100, 106-111, 117
    e capital  138, 142, 242(*n* 7)
    e divisão social/de classe  35s., 48, 52-54, 83, 85s., 106-108, 117, 129-131
    e *histerese*  183-187
    e interesses  205-210
    e política  325-327, 333-336
    e violência simbólica  236-239, 241-244, 246
    termos valorativos utilizados na  243
    cf. tb. Academia

Empirismo 50s.

Epistemologia 18, 26, 44s., 51-58, 67, 254s., 277

Espaço social 274, 281-283, 296-321
    formas gráficas/visuais do 302-309
    homólogo 300, 302
    mapeamento 298-300
    orientação metodológica/exemplos práticos do 309-321
    representação da mudança de gerações no 305s.
    representação de campo/campo do poder no 301, 304s., 314-319
    representação de oposições-chave do 302-304
    representação utilizando fotografias 307-309
    cf. tb. Pesquisa

Espinosa, Baruch de 227-229

*Esquisse d'une théorie de la pratique* (Bourdieu) 30, 46, 58

*Esquisse pour une auto-analyse* (Bourdieu) 28, 46, 102, 292

Estruturação (Giddens) 89

Estruturalismo 42, 59, 67, 70s., 79s., 201s., 239s., 277

Existencialismo 41s., 67


Fascismo 40

Fenomenologia 25s., 42s., 45, 52s., 58, 61s., 156

Ferramentas de pensar 16, 20, 72, 76, 112s., 199, 309, 342
    cf. tb. Campo; Capital; *Habitus*

Filipono, João 223

Filosofia 15-19, 25, 29, 32, 35, 50-53, 237, 260
    da ciência 25, 43, 50-53
    linguística 43, 260

Flaubert, Gustave 49, 162, 209, 263

*Forms of Capital, The* (Bourdieu) 136s., 146-148

Fotografia 101, 150, 177s., 186-188, 237, 269, 280
    e representação do espaço social 307-309

Foucault, Michel 15, 43, 93

França 32-38
    colonialismo da; cf. Argélia
    educação na; cf. educação
    imigrantes argelinos na 173, 177, 179s.
    política na; cf. Política
    cf. tb. Béarn
Funcionalismo 59, 69s., 226, 239


Gaulle, Charles de 34s., 37
Gênero 16, 113, 244(*n* 9)
Globalização 96, 103, 338
Goffman, Erving 30, 49
*Gothic Architecture and Scholastic Thought* (Panofsky) 28
Gurwitsch, Aron 61-63


Habermas, Jürgen 46, 49, 59, 332
Habitat (cadeia de lojas) 148
*Habitus* 17, 19, 49, 54, 73-94, 279, 287s., 342
    aplicável em todos os níveis 90
    bem-construído 138, 149-154
    classe 75, 126, 131, 138, 147
    como ideia em evolução 93s.
    compasso do 174s.
    críticas do/perigos com 90-94
    definição 75-78
    dicotomias do 78-81, 88
    distinção entre *habitus* e habitus 73(*n* 1), 89s., 92
    e ação 75s., 78s., 84s.
    e campo 19, 73, 76-78, 84, 86, 106, 118, 288s.
    e cavalaria andante 175s.
    e *conatus* 225
    e condições sociais 83s.
    e interesse 200s., 213-215
    e lógica prática/jogo social 79-81, 85, 142, 145

e o mundo social 83, 85, 87s.
e reflexividade 258-263
e sofrimento/violência simbólica 250
essência relacional do 88s.
e estrutura/disposição 75s., 80, 85s.
estrutura e ação 82s.
história de 81-84
introdução ao conceito 73s.
mudança no; cf. *Histerese*
na educação 82(*n* 4), 83, 86, 239
para além de Bourdieu 88-94

Heidegger, Martin 41, 51, 54, 67, 214, 260

*Héritiers, Les* (Bourdieu e Passeron) 30, 55, 83, 158, 162, 239, 258, 262

Heterodoxia 160s., 300

*Histerese* 19, 87(*n* 5), 118, 169-193, 343
definição 170-172
dupla 180
e arte 188-190
e camponeses argelinos 87, 176s., 238
e imigrantes argelinos 177
e inovação tecnológica 177, 186-188
e intervenção estatal 184-186
e mudança social internacional 190-192
e pobreza 179-182
nas práticas matrimoniais no Béarn 69, 173, 175s.
no campo acadêmico 177-179
origem do termo 171s.
uso de Bourdieu da 173-184

*Homo academicus* (Bourdieu) 31, 36, 106, 123, 161, 164, 177, 224, 241(*n* 6), 243, 261, 264, 267, 292, 303, 324

Honneth, Axel 59

Husserl, Edmund 41, 50-54, 58, 61s., 67, 82


Iluminismo 25, 39, 348

Intelectuais católicos 25, 39s.

Interesse 20, 197, 199-220, 340, 343s.
   definição/uso de Bourdieu do 200-205
   *dóxico* 214
   e autonomia/heteronomia 208
   econômico 205, 209-214
   e desinteresse 201, 204, 207, 213, 215-217
   e experiência estrutural 202s.
   e indivíduo/grupo 217s.
   e interesse próprio 215s.
   e livre-escolha/cálculo racional 201, 214
   em sociedades pré-capitalistas/capitalistas 204s.
   e o antieconomismo de Bourdieu 201, 204, 211-214
   e teoria da ação racional 211-214
   e teoria da prática 200, 215, 218
   e ter filhos 210s.
   *illusio/libido* 199, 206, 208, 212, 218s., 260
   na arte/literatura 207s.
   na educação 205-209, 214
   na infância 213
   no campo intelectual 218s.
   *philia* (amizade) 217
   *phronesis* 218
   universal 213-220
*Intérêt et désintéressement* (Bourdieu) 213-218
Internacional dos Intelectuais 337s.
*Interventions* (Bourdieu) 21, 294


Jaurès, Jean 47


Kant, Immanuel 50-52, 202, 207, 228, 260
Kedward, Roderick 47


*Leçon sur la leçon* (Bourdieu) 31
Leibniz, Gottfried 50, 221, 228, 230

Lévi-Strauss, Claude 25, 41s., 53, 59, 67, 69s., 179, 257, 259s.

Lévinas, Emmanuel 51s.

*Liber* (jornal de resenhas) 336s.

Linguagem 15s., 48, 86, 191, 225, 262, 332
    dos conceitos de Bourdieu 345-348
    e violência simbólica 234-236, 241
    política 328-333, 338-340
    sotaques 35, 183, 223, 226

Literatura 96, 162
    abordagem liberal à 168
    interesse na 207-209

Lyotard, Jean-François 15, 53


Manet, Édouard 162, 188s., 263, 301

Marx, Karl 25, 39, 44, 56, 60, 70s., 121, 126, 174, 328

Marxismo 26, 42, 44s., 60, 120, 171, 228, 230, 269

Mauroy, Primeiro-Ministro Pierre 37

Mauss, Marcel 82, 216, 245

*Méditations pascaliennes* (Bourdieu) 32, 162, 164, 173, 175, 220, 262, 266s.

Merleau-Ponty, Maurice 42, 62, 82

*Métier de sociologue, Le* (Bourdieu) 26, 30, 46, 56

Mídia 16, 109, 113, 223, 264, 337
    cf. tb. Televisão

*Misère du monde, La* (Bourdieu) 16, 31, 38, 103, 167, 173, 179-183, 225, 248, 267, 269, 318, 322, 335
    sofrimento em 237-239, 247-251

Mitterrand, Presidente François 31, 37, 47

Moradia 31, 36, 96, 101-103, 108s., 111s.

Mounier, Emmanuel 41

Movimentos trabalhistas 32, 36-38, 132s., 337s.

Mudança tecnológica 104, 111, 177, 186s.

Nash, Roy 93
Naturalismo 51, 227
Neoliberalismo 31s., 38, 331, 336s.
*Noblesse d'État, La* (Bourdieu) 31, 102, 106, 112, 243, 301, 303, 324, 327
*Noblesse oblige* 216, 230s.
Noema/noesis 202
*Nomos* 163, 203, 260s.

Objetivação participante 167, 255, 264, 268, 273, 290-294, 307
Objetividade; cf. Subjetividade/objetividade
Ontologia 54, 69, 72
*Ontologie politique de Martin Heidegger, L'* (Bourdieu) 31
Opinião pública 330
Ortodoxia 19, 117, 156, 160

Panofsky, Erwin 30, 49, 82, 82(*n* 4)
Passeron, Jean-Claude 54s.
Péguy, Charles 40
Personalismo 41
Pesquisa 20, 29s., 160, 167, 249-250, 255, 276-295, 344s.
    abordagem de três níveis da 273, 284-295
    coleta de dados 312s.
    construção do objeto 284-286, 310s.
    estágio da apresentação 318
    estágio da discussão 319-321
    e teoria da prática 276-284
    e vigilância/engajamento do[a] pesquisador[a] 276, 292-295
    cf. tb. Análise, de campo; Objetivação participante; Reflexividade; Teoria, da prática
Pobreza 127s., 179-182
Política 16, 21, 274s., 322-340
    ação direta de Bourdieu na 16, 336-339
    crise política francesa (1968) 35-37, 87(*n* 5), 161, 178, 334s.

  e classe social/grupo 328-330
  e *doxa* 159s., 167s.
  e educação 325-327, 334-336
  e eleições/pesquisas de opinião 330s.
  e evolução do Estado burocrático 325-328
  e linguagem 329-332, 339
  e sociologia 324
  e teoria da prática 323, 339
  e violência simbólica 235
  na Argélia 324, 333s.
  no Governo Mitterrand 31, 37, 335
Pompidou, Presidente Georges 37
Pós-modernismo 26, 43s., 256, 265s.
Protensão/projeto 202, 211

*Questions de sociologie* (Bourdieu) 31
Quixote, Dom 174s., 180

Racionalismo 51, 53, 56s.
*Raisons Pratiques* (Bourdieu) 32, 219s., 244(*n* 10), 263s.
Reagan, Presidente Ronald 37
Reflexividade 20, 52, 133, 198, 253-269, 340, 344s.
  além de pessoas leigas 256, 264
  central para a obra de Bourdieu 20, 198, 253-255, 257s., 267
  como conceito reconstrutor/limites da 265-269
  como epistemologia 254s., 258-265
  como metodologia científica 167s., 254, 256
  como prática não reconstruída 257-260
  como projeto compartilhado 257, 267
  definição 254-257
  determinações invisíveis na 263
  e *doxa* 156, 161-168, 255
  *Erlebnis* 258
*Règles de la méthode sociologique, Les* (Durkheim) 171, 248

*Règles de l'art, Les* (Bourdieu) 32, 109, 151, 168, 174, 298, 304s., 313

Religião 16, 40s., 150, 201, 226s.

*Réponses: pour une anthropologie réflexive* (Bourdieu e Wacquant) 76s., 88, 105, 114, 214, 253, 267, 283-286, 310

*Reproduction, La* (Bourdieu & Passeron) 30, 55, 83s., 129, 149, 151s., 158, 162, 185, 239, 258, 278

Revolução Francesa (1789) 33, 189, 232, 235, 332

Ricoeur, Paul 52

Rousseau, Jean-Jacques 39, 228, 269, 332


Sartre, Jean-Paul 15, 25, 29, 41, 126s., 260, 269

Saussure, Ferdinand de 43, 260

*Science de la science et réflexivité* (Bourdieu) 32, 108, 162, 253, 267

Schütz, Alfred 45, 61-63, 82

Segunda Guerra Mundial 33, 41, 67, 318

*Sens commun, Le* (Série Editorial) 30

*Sens pratique, Le* (Bourdieu) 31, 80, 83, 174, 258

*Skholè* 108, 113, 156, 166, 261, 291

Sindicatos; cf. Movimentos trabalhistas

Socialismo 37s., 47

Sociologia 15, 20, 25, 35, 39s., 43-45, 53-56, 62, 70s., 73, 236s., 324
    americana 26, 44, 55
    *conatus* na 222s., 226-229, 232s.
    da filosofia 45
    e sofrimento/violência simbólica 235s., 247s.
    e tradição intelectual francesa 39s., 42s.
    pesquisa na; cf. Pesquisa
    reflexiva 27, 218, 254-256, 263, 265-267, 293

*Sociologie de l'Algérie* (Bourdieu) 29

Sofrimento 20, 247-252, 333, 344
    ambientes pessoais/sociais do 248s.
    em *A miséria do mundo* 237, 248-250

e pobreza 179-182
   na Argélia colonial 236-239, 248, 334
   social 16, 20, 31, 198
   cf. tb. Violência simbólica
Sokal, Alan 265
*Structures sociales de l'économie, Les* (Bourdieu) 31, 103, 108
Subjetividade/objetividade 18s., 41, 45, 58s., 67, 69-72, 199s., 208, 280, 289, 293, 341s.
   e *habitus*/campo 78, 203
   cf. tb. Objetivação participante
*Suicide, Le* (Durkheim) 171, 248
*Sur la télévision* (Bourdieu) 32, 104, 109s., 163
*Systèmes d'enseignement et systèmes de pensée* (Bourdieu) 48


Televisão 96, 104, 109, 112, 337
Tempo 62, 87, 141, 202
Teodiceia 99, 226, 231
Teoria
   da ação racional 26, 44, 104, 211s.
   da escolha racional 80, 211
   da prática 16, 18s., 26, 32, 46, 57-61, 112-114, 264, 273, 276-278, 341
   da práxis 60
   e interesse 199, 215, 217-219
   e objetivismo/subjetivismo 67, 70-72, 199s.
   cf. tb. Pesquisa
*Teses sobre Feuerbach* (Marx) 71
Thatcher, Primeira-ministra Margaret 37
Tradição intelectual francesa 39-45
   e Iluminismo 25, 39s.
   e intelectuais católicos 25, 40
Tradição positivista 70
*Travail et travailleurs en Algérie* (Bourdieu) 30

Três graus de monitoração 26, 57
Três modos de conhecimento teórico 58


União Soviética 38, 42
Universalidade 216, 218s., 340, 344
Universalismo intelectualista 219


Violência simbólica 20, 39, 198, 239-252, 282, 336, 339, 344
    campos acadêmicos utilizados na 242s.
    capital como 140, 144s.
    como violência não percebida 235
    como violência real 235, 249s.
    desconhecimento como 140, 145, 205, 244, 244(*n* 10)
    e colonialismo francês na Argélia 237s.
    e cultura do consumo 237, 244-247
    e gênero 244(*n* 3)
    e linguagem 234s., 240s.
    e superioridade social 234
    no sistema educacional francês 206, 236, 239-244


Weber, Max 25, 39, 44s., 56, 61-63, 71, 147, 151, 201

# Coleção Chaves de Leitura
*Coordenador: Robinson dos Santos*

A Coleção se propõe a oferecer "chaves de leitura" às principais obras filosóficas de todos os tempos, da Antiguidade Grega à Era Moderna e aos contemporâneos. Distingue-se ela do padrão de outras introduções por ter em perspectiva a exposição clara e sucinta das ideias-chave, dos principais temas presentes na obra e dos argumentos desenvolvidos pelo autor. Ao mesmo tempo, não abre mão do contexto histórico e da herança filosófica que lhe é pertinente. As obras da Coleção Chaves de Leitura, não pressupõem um conhecimento filosófico prévio, atendendo, dessa forma, perfeitamente ao estudante de graduação e ao leitor interessado em conhecer e estudar os grandes clássicos da Filosofia.

**Coleção Chaves de Leitura:**

- *Fundamentação da metafísica dos costumes – Uma chave de leitura*
  Sally Sedgwick

- *Fenomenologia do espírito – Uma chave de leitura*
  Ralf Ludwig

- *O príncipe – Uma chave de leitura*
  Miguel Vatter

- *Assim falava Zaratustra – Uma chave de leitura*
  Rüdiger Schmidt e Cord Spreckelsen

- *A república – Uma chave de leitura*
  Nickolas Pappas

- *Ser e tempo – Uma chave de leitura*
  Paul Gorner

# A teoria de Pierre Bourdieu e seus usos sociológicos

*Anne Jourdain* e *Sidonie Naulin*

De todos os sociólogos franceses do século XX, Pierre Bourdieu (1930-2002) é sem dúvida, hoje, o mais conhecido e o mais controvertido. Sua obra abundante marcou duravelmente o campo intelectual na França e no mundo. À origem de uma nova teoria do mundo social que se apoia em conceitos-chave como o *habitus*, a violência simbólica ou o campo, Pierre Bourdieu se dedica a trazer à luz a realidade das relações sociais para melhor denunciá-la.

Essa obra apresenta três dimensões centrais na obra de Pierre Bourdieu: sua reflexão epistemológica sobre o ofício de sociólogo, a elaboração de seus principais conceitos de análise através do estudo de domínios particulares (escola e cultura) e, enfim, sua teoria do espaço social. Em cada um dos capítulos são apresentados trabalhos de autores que continuaram a reflexão de Pierre Bourdieu ou que nela se inspiraram. É interessando-se pelos aportes e pelos aspectos críticos da sociologia de Pierre Bourdieu que podem ser compreendidas a importância e a natureza de sua influência intelectual hoje.

**Anne Jourdain** e **Sidonie Naulin** são doutorandas em Sociologia, normalistas e agrégées de Ciências Econômicas e Sociais.

# EDITORA VOZES
## Editorial

### CULTURAL
Administração
Antropologia
Biografias
Comunicação
Dinâmicas e Jogos
Ecologia e Meio Ambiente
Educação e Pedagogia
Filosofia
História
Letras e Literatura
Obras de referência
Política
Psicologia
Saúde e Nutrição
Serviço Social e Trabalho
Sociologia

### CATEQUÉTICO PASTORAL

**Catequese**
Geral
Crisma
Primeira Eucaristia

**Pastoral**
Geral
Sacramental
Familiar
Social
Ensino Religioso Escolar

### TEOLÓGICO ESPIRITUAL
Biografias
Devocionários
Espiritualidade e Mística
Espiritualidade Mariana
Franciscanismo
Autoconhecimento
Liturgia
Obras de referência
Sagrada Escritura e Livros Apócrifos

**Teologia**
Bíblica
Histórica
Prática
Sistemática

### VOZES NOBILIS
Uma linha editorial especial, com importantes autores, alto valor agregado e qualidade superior.

### REVISTAS
Concilium
Estudos Bíblicos
Grande Sinal
REB (Revista Eclesiástica Brasileira)
SEDOC (Serviço de Documentação)

### VOZES DE BOLSO
Obras clássicas de Ciências Humanas em formato de bolso.

### PRODUTOS SAZONAIS
Folhinha do Sagrado Coração de Jesus
Calendário de mesa do Sagrado Coração de Jesus
Agenda do Sagrado Coração de Jesus
Almanaque Santo Antônio
Agendinha
Diário Vozes
Meditações para o dia a dia
Encontro diário com Deus
Guia Litúrgico

CADASTRE-SE
www.vozes.com.br

**EDITORA VOZES LTDA.**
Rua Frei Luís, 100 – Centro – Cep 25689-900 – Petrópolis, RJ
Tel.: (24) 2233-9000 – Fax: (24) 2231-4676 – E-mail: vendas@vozes.com.br

UNIDADES NO BRASIL: Belo Horizonte, MG – Brasília, DF – Campinas, SP – Cuiabá, MT
Curitiba, PR – Fortaleza, CE – Goiânia, GO – Juiz de Fora, MG
Manaus, AM – Petrópolis, RJ – Porto Alegre, RS – Recife, PE – Rio de Janeiro, RJ
Salvador, BA – São Paulo, SP